Carol Riddell · Die Findhorn-Story

Die »Universal Hall«

Carol Riddell

DIE FINDHORN-STORY

Ein Menschenbild für das 21. Jahrhundert

Greuth Hof

Titel der englischen Originalausgabe
The Findhorn Community

Erschienen bei Findhorn Press, Forres, Scotland

Die Findhorn-Story

Übersetzt von Erika Ifang
Gestaltung: Simon
Umschlaggestaltung unter Verwendung eines Fotos von Marianne Kersten
Zeichnungen: Harley Miller

1. Auflage 1991
ISBN 3-923662-28-9
Druck und Bindung: Kösel, Kempten
Printed in Germany

Eileen Caddy gewidmet

Dank

Während der Arbeit an diesem Buch habe ich praktisch von jedem Mitglied der *Findhorn Foundation* sowie von vielen Freunden der Findhorn-Gemeinschaft das eine oder andere Mal Zuwendung und Unterstützung erhalten. An sie alle ein herzliches Dankeschön.

Besondere Erwähnung und Würdigung gebührt Jean Prince, die die Rohfassung dieses Buches sorgfältig geprüft und dabei manche unbeholfene Formulierung und nicht wenige Schreibfehler gefunden hat. Hilfreiche Kommentare zum Text haben unter anderem Michael Hamm, Mary Inglis, Renate Suzuki – meine Tochter –, Rhiannon Hanfman, Eileen und Peter Caddy, Alex Walker und Craig Gibsone abgegeben. Peter Caddy hat mir, obwohl er nicht immer mit meiner Interpretation der Ereignisse einverstanden war, eine Menge Informationen zur Geschichte der Findhorn-Gemeinschaft geliefert, die in Kapitel 5 behandelt wird. Und Sandra Kramer hat das Manuskript wundervoll lektoriert.

Die in diesem Buch vertretenen Ansichten sind, soweit nicht anders vermerkt, meine eigenen. Die Findhorn-Gemeinschaft hat keine offizielle »Philosophie«, und so gibt es fast immer jemanden, der an irgendeinem Punkt anderer Meinung ist. Da ich versucht habe, Überzeugungen wiederzugeben, die allgemein oder von der Mehrheit vertreten wurden, spreche ich im ganzen Buch von »uns«; es sei meinen Lesern jedoch stets gegenwärtig, daß andere Gemeinschaftsmitglieder dem, was ich geschrieben habe, nicht immer zustimmen würden.

Besonderen Dank schulde ich Harley Miller für die Strichzeichnungen, Chris Giles, Dieter Bartholomai und Ron Parker von der Fotoabteilung der Foundation für die Fotos sowie Marianne Kersten für das von der Findhorn Gemeinschaft inspirierte Umschlagbild.

Noch ein letztes Wort: Mein Kaypro-2-Computer »Charlette« und mein Drucker »Brother HR« haben unermüdlich ihren Dienst getan und mich nicht ein einziges Mal im Stich gelassen.

Carol Riddell

Inhalt

Vorwort

Vor einigen Jahren schon wurde uns klar, daß ein neues Buch über die Findhorn-Gemeinschaft geschrieben werden müßte. Nach Erscheinen des Fotobandes *Leben in Findhorn*, der in Wort und Bild die Gemeinschaft in den siebziger Jahren vorstellte, war doch vieles geschehen. Seitdem hat die Gemeinschaft geistig und finanziell schwere Zeiten durchgemacht und eine Führungskrise erlebt, die ihr Bestehen ernsthaft in Frage stellte. Sie ist stärker und klarer daraus hervorgegangen und hat gelernt, bescheidener zu sein und zugleich realistischer bei der engagierten Umsetzung ihrer spirituellen Prinzipien in einen Lebensalltag, der Bestand hat. Sie ist nicht allein Eigentümerin des Campingplatzes geworden, auf dem sie entstanden ist, sondern hat auch zur Gründung einer Vielzahl von gut florierenden Unternehmen und Geschäften in der näheren Umgebung geführt, die zwar mit der Gemeinschaft in Verbindung stehen, aber nicht direkt Teil von ihr sind. Was entstanden ist, ist nicht so sehr ein ländliches Bildungszentrum, sondern eher so etwas wie ein Dorf oder eine Gemeinde. In früheren Büchern war die Rede davon, daß spirituelle Prinzipien beim Aufziehen von Pflanzen und Menschen in die Tat umgesetzt wurden; diese Prinzipien haben sich inzwischen auch auf soziale, kulturelle, politische und wirtschaftliche Bereiche ausgedehnt.

Vor kurzem hat David Spangler, Anfang der siebziger Jahre Berater und Mentor der Gemeinschaft, Findhorn noch einmal besucht und den Gemeinschaftsmitgliedern im Verlauf einer von ihm geleiteten Übung zwei Fragen gestellt. Welches der geistige und philosophische Kern der Gemeinschaft sei, fragte er zuerst. Und zweitens, welches für die Gemeinschaft das absolute Minimum in physischer, materieller und praktischer Hinsicht sei, um sicherzustellen, daß ihre Grundsätze Gestalt annehmen und in die Tat umgesetzt werden könnten.

Die Antworten waren, wie immer in dieser Gemeinschaft, ebenso zahlreich wie unterschiedlich. Aber sie hatten doch auch einen gemeinsamen Tenor, und zum Schluß kristallisierte sich dabei heraus, daß der geistige philosophische Kern *und* die Erfüllung von Minimalanforderungen die gleiche

Voraussetzung haben: nämlich zwei oder mehr im Namen des Geistes versammelte Menschen – dann ist Gott mitten unter ihnen. Im Grunde könnte fast alles Materielle wegfallen, und doch würde das Geschenk, das die Gemeinschaft zu bieten hat, bestehenbleiben, denn was sie repräsentiert, kann unter sehr einfachen Bedingungen Gestalt annehmen und zum Ausdruck kommen. Dieses Geschenk, dieses Herz der Gemeinschaft, ist die Chance, das Heilige mitten unter uns zu entdecken und zu erkennen, mitten in unserem normalen Alltagsleben mit allem, was dazugehört – sich mit ihm zu verbinden und ihm Ausdruck zu verleihen.

Dennoch ist auch alles wichtig und bedeutend, was greifbare Form angenommen hat – ob materiell, sozial, wirtschaftlich oder politisch –, denn diese Formen sind das Medium, in dem das Herz seinen Ausdruck finden kann. Die Formen der Gemeinschaft haben sich im Lauf der Jahre erheblich verändert und werden das zweifellos auch in Zukunft tun. Die Art dieser Veränderungen, das Wie und Was und Warum, kann oft sehr unterschiedlich interpretiert werden – und wird es auch. Als vor einigen Jahren die Idee eines neuen Buches über die Gemeinschaft aufkam, trat eine Gruppe von vier oder fünf alteingesessenen Findhorn-Mitgliedern zusammen, um sich damit zu befassen, und zu ihrem Erstaunen bemerkten sie, daß sie völlig unterschiedliche Ansichten und Auffassungen von den Geschehnissen der letzten zehn Jahre hatten, obwohl sie intensiv mit den gleichen Aufgaben und Problemen zu tun gehabt hatten. Unter zwei oder mehr Versammelten herrscht manchmal auch keinerlei Einigkeit!

Die Stärke der Findhorn-Gemeinschaft liegt zum Teil an dem Freiraum, den sie für Unterschiede läßt. In ihrer besten Form funktioniert die Gemeinschaft wie ein vitaler, dynamischer, zusammenhängender Organismus, der Einheit *und* Vielfalt des Geistes widerspiegelt; seine unabhängigen Teile, seien es einzelne Menschen oder Gruppen, stellen sich eher einzigartig als einheitlich dar. Die Unterschiedlichkeit ist dem Ganzen eher zuträglich als abträglich. Natürlich gibt es dadurch auch Probleme, und bisweilen macht die Gemeinschaft den Eindruck, als liefe absolut nichts mehr, sobald zwei oder mehr versammelt sind! Doch trotz der Zeit, die manche Dinge mitunter brauchen, gilt es hier allgemein als befriedigender und lohnender, Unterschiede nicht zu unterdrücken, sondern sich lieber mit ihnen auf eine Weise auseinanderzusetzen, die sowohl für den einzelnen wie für das Ganze von Nutzen ist.

Letztlich sind weder die Ausdrucksformen der Findhorn-Gemeinschaft noch deren Auslegung wesentlich. In späterer Zeit wird man sich der Gemeinschaft vielleicht nicht mehr so sehr wegen ihrer Besonderheiten erinnern, ja vielleicht nicht einmal mehr ihren Namen kennen. Aber wenn sie ihr Versprechen eingelöst hat, wenn sie ihre Arbeit gut getan hat, dann wird ein neuer Geist auf der Erde lebendig werden, wie er in dieser Gemeinschaft und in der immer größer werdenden Zahl jener Menschen und Gruppen erwacht ist, die in ihrem eigenen und dem gemeinschaftlichen Leben ein neues Bewußtsein zu verwirklichen trachten.

Jedes Buch über die Findhorn-Gemeinschaft ist auch ein Selbstbekenntnis; dieses hier stammt von Carol Riddell. Sie hat eine sehr tiefgehende Beziehung zum Herzen der Gemeinschaft, so daß ihr Bekenntnis in vieler Hinsicht auch Ausdruck der ganzen Gemeinschaft ist – ein einzigartiges, individuelles Sichtbarmachen des Geistes, der in allem und durch alles weht, was hier geschieht. Mögen sich dieses Herz und dieser Geist auch Ihnen, die Sie dieses Buch lesen, tief einprägen und Ihnen ein Gespür für die unendlich große, sinnerfüllte, liebevolle Lebensgemeinschaft vermitteln, der wir alle angehören.

Mary Inglis

Die Findhorn-Bucht mit Blick auf Forres

Einleitung

Lautlos erklingt das Morgenlicht
in Engelsglockenlitanein,
bricht sich in Silber und Gold,
und die Stille hallt wider.
Ganz fern und abgelegen, vergessen,
strömt zeitloser Segen
aus innerem Leben,
der die Welt erfüllt,
bis alles, was tönt,
für das eine Herz singt.

Jetzt duftet süß die Luft,
jetzt herrscht lebhaftes Leben,
jetzt kräht der Hahn
und leuchtet der Himmel blau.
Don Turner (Findhorn-Mitglied)

Der Nordosten Schottlands ist eine der unberührtesten Landschaften Europas. Die einzigen größeren Städte sind Aberdeen im Osten und Inverness im Westen, durch 160 Kilometer sanft gewellten Ackerlandes voneinander getrennt, das mit Dörfern und kleinen Marktstädtchen gesprenkelt ist. Mehrere Flüsse fließen aus dem Hochland zur Küste. Der Fluß Findhorn strömt, wenn er seine herrlichen bewaldeten Schluchten verlassen hat, durch eine weite Binnenbucht etwa 40 Kilometer östlich von Inverness ins Meer. Auf der Spitze des östlichen Landarmes dieser Bucht liegt das kleine Dorf Findhorn. Früher einmal war es ein kleiner Hafenort. Der Hafen ist jedoch inzwischen durch abrutschende Dünen versandet und nur noch für Jachtbesitzer und ein paar Touristen attraktiv, die sich auf den örtlichen Campingplätzen einfinden.

Nach Süden hin hat man von der schmalen Landzunge jenseits des Dorfes aus einen weiten Rundblick auf sanft ansteigende bewaldete Hügel; im Vordergrund sind ein paar Felder zu sehen, und in acht Kilometern Entfernung liegt mitten darin die Kleinstadt Forres. Die Landschaft atmet Frieden, und an einem warmen Sommerabend, wenn das Abendlicht die ständig wechselnden Wolkenformationen, die sich in der Bucht spiegeln, rosig färbt, könnte man treffender sagen: Sie atmet Glückseligkeit. Auf drei Seiten von Bergen umschlossen, scheint hier öfter die Sonne und regnet es weniger als in den meisten anderen Gegenden Schottlands, und das Land steht in scharfem Gegensatz zu den rauhen Bergen und der nebelumhüllten Großartigkeit der Küstenregion im Westen des Landes.

Die Einheimischen sind freundlich und heißen Fremde gern willkommen, aber sie besitzen ebensoviel Lokalpatriotismus, wie sie stolz darauf sind, Schotten zu sein. Einmal hat mich ein Schotte in seinem Auto nach Forres mitgenommen. »Sind Sie von hier?« habe ich ihn gefragt. »Nein, ich bin erst seit 14 Jahren hier«, erwiderte er. Es herrschen Ruhe und Ordnung in dieser Gegend, und die Kriminalität ist gering, abgesehen davon, daß es bei einer kleinen Anzahl von jungen Leuten in den Städten Drogenprobleme gibt. Die Arbeitslosigkeit ist groß, Yuppies hingegen sind eine Seltenheit.

Ein Stück landeinwärts vom Dorf Findhorn, aber noch immer an der Mündung des Findhorn-Flusses gelegen, befindet sich ein großer und lauter NATO-Luftstützpunkt, dessen donnernde Düsenjäger die friedliche Atmosphäre bisweilen stören und ständig an die »Welt draußen« erinnern. Dazwischen liegt der Findhorn-Campingplatz. Hier haben Eileen und Peter Caddy 1962 mit Dorothy Maclean zusammen auf göttliche Weisung hin die Gemeinschaft gegründet, die das Thema dieses Buches ist und die inzwischen alljährlich von Tausenden von Gästen aus aller Welt besucht wird. Der Platz ist wie geschaffen für eine spirituelle Gemeinschaft: Der friedvollen Stille der Landschaft steht das Dröhnen der großen Aufklärungsmaschinen gegenüber, die hier aufsteigen, um den Atlantik nach feindlichen Atom-U-Booten abzusuchen; man lebt sozusagen zwischen zwei Erfahrungswelten – mit dem einen Fuß in der Welt Gottes, die er für uns geschaffen hat, und mit dem anderen in der Welt, die der Mensch sich selbst geschaffen hat. Dieser Gegensatz macht zugleich deutlich, warum es die spirituelle Gemeinschaft in Findhorn gibt und welche Aufgaben sie hat. Als dieses Buch geschrieben wurde, war die Gemeinschaft über den Campingplatz hinausgewachsen, auf dem sie sich ursprünglich gebildet hatte, und unterhielt ein großes altes Hotel am Rand von Forres, das frühere Cluny-Hill-Hotel, das jetzt Cluny-Hill-College heißt. Die meisten unserer Gäste sind hier untergebracht. Bei Cullerne, einem großen Haus in der Nähe des Wohnwagenparks, befindet sich der Hauptteil unserer Gärten. Autonome Partner-Gemeinschaften bestehen inzwischen in Newbold House außerhalb von Forres und auf Erraid, einer Insel vor der Westküste Schottlands.

1972 wurde die Gemeinschaft als gemeinnützige Stiftung mit dem Namen *Findhorn Foundation* anerkannt. Bis in die achtziger Jahre hinein waren Gemeinschaft und Stiftung weitgehend eins, doch allmählich wuchs die Gemeinschaft über den Rahmen der Foundation hinaus.

Wir sind Mitbegründer und weiterhin Unterstützer einer unabhängigen Waldorf-Schule in Drumduan House, einem wunderschönen alten Herrensitz, der uns geschenkt wurde. Immer mehr unabhängige kleine Unternehmen und Gruppen entwickeln sich, die mit uns zusammenarbeiten – die *New Findhorn Directions*, unsere Handelsgesellschaft, betreibt den Wohnwagenpark, den Phönix-Laden für Bücher und Kunstgewerbe und das Trading Centre, unser Vertriebszentrum. Andere unabhängige kleine Betriebe sind unter anderem *Meadowlark*, ein schönes Altenheim, *Minton House*, ein Kontemplations- und Konferenzzentrum, *Alternative Data*, ein Computer-Software-Unternehmen, *Bay Area Graphics* und *Weatherwise*, eine Gesellschaft für Solarenergie und Häuserbau. Außerdem pflegen wir Austausch und Kontakt mit zahlreichen Gruppen, mit denen wir ein weltweites Netzwerk bilden. Der erste Teil dieses Buches befaßt sich mit der Bedeutung der Findhorn-Foundation und der Gemeinschaft, die um sie herum gewachsen ist, für die heutige Welt und mit den geistigen Prinzipien, auf die sie sich gründet und die ihr ihren Sinn geben. Manche Leser/innen, die vor allem wissen möchten, »wie die Gemeinschaft funktioniert«, werden lieber mit Teil II beginnen. Für mich bezieht unser Alltagsleben seinen Sinn aus einem umfassenderen Kontext, und deshalb erschien es mir richtig, damit den Anfang zu machen. Der zweite Teil beschreibt ein wenig von unserem Leben hier und schildert, wie wir versuchen, geistige Prinzipien in die Tat umzusetzen, die den Kern unseres Experiments im Zusammenleben bilden, eines Experiments, das sich fortwährend verändert und weiterentwickelt. Im dritten Teil wird die Gemeinschaft aus der Sicht einer Reihe von Mitgliedern und Ex-Mitgliedern dargestellt, und im vierten werden Zukunftsperspektiven untersucht, wie ich sie sehe.

Jedes Mitglied der Findhorn-Gemeinschaft könnte selbst ein Buch schreiben über seine Erfahrungen und sein Verständnis dessen, was es ganz persönlich durchlebt, und dabei vielleicht andere Schwerpunkte setzen. Ich glaube jedoch, in den sieben Jahren meines Aufenthalts in Findhorn – der erfülltesten Zeit meines Lebens – einen Standpunkt gefunden zu haben, der sich nicht allzusehr von unserem kollektiven Bewußtsein unterscheidet.

Vermutlich bin ich immer eine Suchende gewesen – auf der Suche danach, die Widersprüche innerhalb meiner selbst wie auch innerhalb der Gesellschaft verstehen zu können. Früher wollte ich die Welt durch linke Politik und Feminismus verändern und mußte dabei auf dramatische und ungewöhnliche Weise auch mich selbst verändern. Bei alledem habe ich eine Menge gelernt, aber den ersten wirklichen Eindruck von einer spirituellen Einheit des Persönlichen und des Gesellschaftlichen erhielt ich, als ich Anfang der siebziger Jahre Zen-Meditation übte. Meine dreijährige Arbeit mit psychologischer Umprogrammierung, Gestalttherapie und Bioenergetik unterstützten die Neugestaltung meines Innenlebens und gaben mir die Kraft, meine Tätigkeit aufzugeben und einer damals noch ungewissen Zukunft zu vertrauen. Ich ließ mir meine Rente ausbezahlen, um drei Jahre in Kalifornien studieren zu können und Methoden zu erlernen, mich den intuitiven Fähigkeiten zu öffnen, die wir alle besitzen. Erst dann war ich bereit, den Ruf nach Findhorn zu hören – 1983 kam ich hierher, nachdem ich fünf Jahre zuvor meinen Beruf als Soziologin an den Nagel gehängt hatte.

Dreieinhalb Jahre arbeitete ich in unseren Gärten, ein weiteres Jahr im Laden. Danach habe ich ein Jahr lang mit Cally Miller zusammen die Personalabteilung koordiniert oder »fokalisiert«, wie wir hier sagen, und dann war die Zeit gekommen, dieses Buch zu schreiben. In der Findhorn-Gemeinschaft habe ich zum ersten Mal ein Leben in spiritueller Harmonie führen können, ich bin endlich aufrichtig glücklich, ein Zustand, der sehr nahe an Seligkeit grenzt. 1985 hat mich ein anderes Gemeinschaftsmitglied mit den Lehren Sathya Sai Babas bekannt gemacht, der für mich zum vollkommenen geistigen Lehrer wurde. Dieses Buch ist ein bescheidener Dank für all diese unschätzbaren Gaben an mich. Die meisten Begebenheiten, die ich hier anführe, entspringen unmittelbar meinen ganz persönlichen Erfahrungen in der Gemeinschaft.

Die Foundation hat mich darin unterstützt, dieses Buch als unabhängigen, persönlichen Erfahrungsbericht über die Gemeinschaft zu schreiben, und ich weiß ihr Vertrauen von Herzen zu würdigen.

Heutzutage sind wir zwar ab und zu im britischen Fernsehen zu sehen, aber seit Jahren schon ist kein Buch mehr über die Findhorn-Gemeinschaft erschienen. Eileen Caddy, die weiterhin bei uns lebt, hat etliche Bücher über die Weisungen veröffentlicht, die sie erhalten hat, sowie vor nicht allzulanger Zeit ihre Autobiographie. Aus berufenem Munde wird darin eine Fülle von Anleitungen gegeben, wie man ein Leben führen kann, das voller Sinn und Freude ist. Ihre Werke stellen das geistige Ziel der Findhorn Foundation dar. David Spanglers Bücher beleuchten die Gemeinschaft in globaler Sicht, aber er hat seine ersten Bücher vom Markt zurückgezogen, mit Ausnahme von *Der Geist der Synthese*, das noch erhältlich und aktuell ist. Eine journalistische Darstellung der ersten Jahre der Gemeinschaft hat Paul Hawkens

Buch *Der Zauber von Findhorn* geliefert. Dieses Buch hat uns Tausende von Menschen zugeführt, aber es gibt die Bilanz unseres Alltagslebens hier nicht mehr korrekt wieder. Paul Hawkens hat auch angedeutet, daß er keine Neuauflage seines Werkes wünscht. Das 1980 erschienene Buch *Leben in Findhorn*, das nicht mehr lieferbar ist, hat mit seinen Bildern ein wenig von unserem Leben in den siebziger Jahren anschaulich gemacht, während sich andere Bücher wie *Das Kochbuch der Findhorn-Familie* oder *Der Findhorn-Garten* mit bestimmten Aspekten unserer Arbeit auseinandergesetzt haben. Peter Caddy schreibt gerade seine Memoiren, und wir warten mit großem Interesse auf ihr Erscheinen. Sie werden eine unschätzbare Ergänzung zu Eileens Autobiographie sein und die Geschichte unserer Gemeinschaft noch besser verständlich machen.

Unter anderem frage ich in diesem Buch auch nach dem Sinn der Findhorn-Gemeinschaft in der heutigen Welt. Unsere Geschichte ist nicht einfach die einer utopischen Gemeinschaft. Sie hat eine überaus dringliche Bedeutung für die Probleme der modernen Zivilisation. Die Gemeinschaft lebt nicht in der Isolation. Sie ist Teil einer weltweiten Bewegung mit dem Ziel eines persönlichen und gesellschaftlichen Wandels, wie er etwa in

Die Findhorn-Bucht mit Blick nach Nordwesten

Schriften von der Art des *Kurs in Wundern* zum Ausdruck kommt, in den Lehren zeitgenössischer spiritueller Meister wie Sai Baba und in den Versuchen einer Vielzahl von einzelnen Menschen und kleinen Gemeinschaften überall auf der Welt, eine Bewußtseinsveränderung herbeizuführen. Wir gehören mit zu einer sanften Welle des Wandels, die sich über die Erde ausbreitet.

Ehe ich beginne, noch ein Wort zum Gebrauch des Wortes »Findhorn« in diesem Buch. Für die Jachtbesitzer, die Dorfbewohner und andere Einheimische ist Findhorn der Name des Ortes und der Bucht; für die Angler, die begierig den Lachsen nachstellen, die jedes Jahr in die Bucht kommen, ist es der Fluß. Doch für die Tausende von Menschen auf der geistigen Suche, die bei uns waren, und für die Millionen, die uns im Fernsehen gesehen oder in Zeitschriften über uns gelesen haben, bezieht »Findhorn« sich auf die spirituelle Gemeinschaft, die nun schon fast 30 Jahre hier besteht. Ich mißachte also keineswegs das Dorf, den Fluß oder die Bucht, wenn ich den Namen »Findhorn« für die Gemeinschaft verwende – es geschieht aus reiner Anerkennung der Tatsache, daß dieser Landstrich durch die Gemeinschaft international bekannt geworden ist. Vielleicht wäre es besser gewesen, sie anders zu benennen, aber im allgemeinen ist klar, was mit »Findhorn« gemeint ist. Einige Ortsansässige hätten es lieber, wenn wir uns selbst immer nur als »Findhorn Foundation« bezeichnen würden, doch angesichts der Besucherflut und der wachsenden internationalen Beachtung, die wir erfahren, haben wir keine Kontrolle mehr über die Namensgebung. Überdies ist die *Findhorn Foundation* erst zehn Jahre nach unserem Bestehen ins Leben gerufen worden und ist jetzt lediglich Teil einer immer größer werdenden Findhorn-Gemeinschaft. Was sich nicht ändern läßt, sollte man akzeptieren. Menschen auf der geistigen Suche nennen beides – *Findhorn Foundation* und Findhorn-Gemeinschaft – ohnehin nur kurz »Findhorn«. Ich habe in diesem Buch meist die genauere Bezeichnung gewählt und die Kurzform »Findhorn« nur verwendet, wenn sie durch den Kontext vollkommen eindeutig war.

Teil I

»Moya«, die segensreiche Windkraftanlage

1

Die heutige Welt und ihre Herausforderungen

Draußen am bleichen Meeresarm Winterregen,
der die morastigen Wiesen kämmt.
Die großen Fabriken machen aus Arbeit Gewinne
und Umweltschmutz,
der sich mit den Wolken verbindet,
als Dreck in meine Wohnung regnet
und das Meer zur Kloake macht.
Schicke Jaguare am Stadtrand oder weiter draußen,
Smog und Abschaum ringsum, wir bleiben menschlich
und trotzig –
zarte kleine Flämmchen.

Gedicht aus Liverpool

Die Welt braucht eine spirituelle Lebensweise

Am Ende dieses Buches beschreibt ein Findhorn-Mitglied, wie er aus einer Großstadt zu unserer kleinen Gemeinschaft kam. In seiner ersten Nacht hier hatte er einen Traum, in dem er sich selbst erlebte, wie er aus einem ganz kleinen Ort zu einem riesig großen kommt. Äußerlich ist die Gemeinschaft tatsächlich klein, aber ihre gesellschaftliche Bedeutung ist sehr groß, wie dieses Buch zeigt.

Die Findhorn-Gemeinschaft spielt eine bedeutende Rolle bei einer sanften Revolution, die die Welt verändert. Das ist keine jener lauten Revolutionen oder »Ismen«, die es in unseren stürmischen Zeiten schon oft gegeben hat; wir wollen niemanden mit aller Macht zu einer neuen Ideologie bekehren. Vielmehr sind wir Mitwirkende und Träger einer uralten Art und Weise der Welterfahrung, deren Zeit nun gekommen ist und ohne deren bestimmenden Einfluß die Menschheit die Herausforderungen ihrer eigenen Zivilisation nicht überleben wird. Es handelt sich, schlicht gesagt, um eine Revolution der Liebe mit dem Ziel, die Spiritualität wieder in den Mittelpunkt des Menschseins zu rücken, wo sie hingehört, so daß die Welt in eine neue Ära auf der Basis eines gegenseitigen Verständnisses, der Kooperation und Harmonie eintreten kann. Diese Revolution »tut« im Grunde nichts, sie gerät für gewöhnlich nicht in die Schlagzeilen der Nachrichtenmedien, aber sie schafft die Voraussetzungen für ein Aufblühen der genannten Qualitäten unter den Menschen. Vielleicht ist sie für die ziemlich außergewöhnlichen Veränderungen verantwortlich, die gegen Ende der achtziger Jahre den Grundstein zur Beendigung des Kalten Krieges und für den Wandel im Osten Europas gelegt haben. Doch bleibt ihr noch viel zu tun ...

Die Findhorn-Gemeinschaft ist nicht an ein Dogma gebunden. Aber sie praktiziert nachdrücklich eine einfache Theologie, die letztlich allen großen Religionen zugrunde liegt:

Gott ist Liebe; Gott ist allgegenwärtig. Darum ist Gott unser wahres Selbst. Das Trachten danach, dieses wahre Selbst in seiner Wirklichkeit zu erfahren, kennzeichnet eine spirituelle Lebensweise.

Wenn wir uns diese Lebensauffassung zu eigen machen, entdecken wir den Sinn des Lebens und entfalten allmählich unsere Wahrnehmung, Kreativität und Vitalität.

Die Lebensphilosophie, die sich in der Findhorn-Gemeinschaft entwickelt hat, unterscheidet sich von den Anschauungen etablierter Religionen dadurch, daß wir – wie deren Mystiker – den rituellen Regeln und Pflichten, dem gewohnheitsmäßigen Einhalten eines offenbarten Verhaltenskodex kein besonderes Gewicht beimessen. Wir wollen das Selbst jenseits unserer selbst finden, und während wir uns am Selbst orientieren, werden wir selbstlos. Im Gegensatz zu den alten Mystikern ziehen wir uns nicht in Höhlen oder Einsiedeleien zurück, sondern halten unser Alltagsleben für bestens geeignet, auf unsere Selbstentfaltung hinzuarbeiten. Folglich ist das Leben in der Gemeinschaft kein Klosterleben. Es bietet Raum für Leute aus den verschiedensten Lebensumständen, jeder Religion, Gesellschaftsschicht und Hautfarbe. Wichtig ist nur, daß die »Theologie« eine Wirkung zeigt, und das tut sie, trotz unseres eher zurückhaltenden Engagements in spirituellen Dingen. Ein bekanntes Sprichwort lautet, wer einen Schritt auf Gott zu mache, dem komme Gott zehn Schritt entgegen. Aber in welche Richtung soll man den einen Schritt tun? Wir haben festgestellt: zur Liebe im eigenen Wesenskern. Das Sprichwort ist wirklich wahr

Die Welt, in der die Findhorn-Gemeinschaft besteht, orientiert sich immer mehr am Diesseitigen. Materialistische Zivilisationen der Vergangenheit haben sich durch kaiserliche Macht, Terror, kulturelle oder rassische Überlegenheit legitimiert; aber sie sind schließlich alle im Nichts versunken. Die Triebkraft unserer heutigen Zivilisation ist das materielle Gewinnstreben. Im jetzt zu Ende gehenden Jahrhundert ist eine Weltzivilisation mit Großstädten und immer schneller aufeinander folgenden technischen Neuerungen entstanden. Der Kommunismus ist nur eine ziemlich erfolglose Variante des gleichen Systems, die den staatlichen Profit an die Stelle des privaten gesetzt hat. Die materialistische Zivilisation hat, zumindest im Westen, die traditionellen Religionen an den Rand gedrängt, ohne jedoch die Menschen glücklich zu machen.

Ist es möglich, eine sinnerfüllte Zivilisation zu schaffen, die nicht von materialistischer Habsucht beherrscht wird, sondern feinfühlig mit den technischen Errungenschaften menschlichen Erfindungsgeistes umgeht? Was die Findhorn-Gemeinschaft angeht, halten wir das für möglich. Unsere eigene Arbeit über Jahre hinweg gleicht einem Workshop, der auf eine solche Zivilisation vorbereitet. Eine spirituelle Zivilisation ist hier und in Zentren ähnlicher Art im Entstehen begriffen, und ihre Spiritualität ist den im Chaos des 20. Jahrhunderts aufgewachsenen Menschen angemessen.

Es ist tatsächlich *notwendig*, daß sich eine alternative Zivilisation bald durchsetzt. Einer großen Anzahl von Menschen im Westen und einigen wenigen anderswo geht es materiell sehr gut, aber aus globaler und historischer Sicht befinden wir uns in einer höchst gefährlichen Lage, der kritischsten vielleicht, die die Menschheit je erlebt hat. Weitreichende Veränderungen der Weltanschauung sind nicht allein segensreich für einzelne Menschen. Sie sind auch für eine sichere Zukunft der ganzen Menschheit dringend geboten. Während die neuen Technologien aus der Welt ein globales Dorf gemacht und alte nationale und kulturelle Grenzen aufgehoben haben, sind die Einstellungen der Menschen die alten geblieben. Habgier, Neid und Argwohn werden gefördert – natürlich unter anderem Namen –, um unsere chaotische Zivilisation in Schwung zu halten. Sie haben gewaltige soziale Probleme aufgeworfen – Vereinsamung, Kriminalität und Drogenkonsum. Dahinter verbergen sich die drei großen Bedrohungen unserer Zeit: das Wettrüsten, die Umweltzerstörung, Armut und Verschuldung der Welt.

Jeder wird sich dieser Probleme allmählich deutlicher bewußt, doch Lösungsversuche gibt es erst in Ansätzen. Der einzelne Mensch wie große Unternehmen oder Staaten geben im allgemeinen dem materiellen »Fortschritt« Vorrang und hoffen darauf, daß andere die Krisen meistern werden, die dieser auslöst. In der Findhorn-Gemeinschaft versuchen wir hingegen, ein Bewußtsein zu entwickeln, das auf Liebe, Vertrauen und innerer Genügsamkeit beruht; wir respektieren einander und sorgen füreinander als Mitglieder einer großen menschlichen Familie, wir leben anspruchslos und versuchen mit dem, was wir haben, liebevoll umzugehen, und wir sind ebenso liebevoll um die Erde bemüht, die uns am Leben erhält. Das klingt ganz einfach, aber kann die Menschheit denn überleben, wenn nicht auch die Weltzivilisation diese Werte hochhält?

Unsere großartige materialistische Zivilisation hat vernichtende Waffensysteme geschaffen. Sie zerstört weltweit die Umwelt, und sie hat zwei Drittel der Weltbevölkerung zu lebensbedrohendem Hunger verdammt und in die Verschuldung getrieben. Wir in der Findhorn-Gemeinschaft verzagen auch im Angesicht solcher Herausforderungen nicht. Wir sind guten Mutes, daß die Probleme gelöst werden können. Aber wir tun nicht so, als existierten sie nicht.

Die Gefahren der militärischen Abschreckung

Um sechs Uhr in der Morgenfrühe bebt mein Wohnwagen, wenn eine riesige Militärmaschine vom nahegelegenen Flughafen startet. Sie wird das Meer nach einem sowjetischen Atom-U-Boot absuchen. In der Findhorn-Gemeinschaft können wir die militärische Abschreckung nicht einfach ignorieren; sie tut uns in den Ohren weh. Wenn die Abschreckungsstrategie funktioniert, kommen die ungeheuren atomaren Waffenpotentiale gar nicht zur Anwendung. Aber wenn nicht, sterben wir, denn selbst wenn die Atomwaffen um 50 Prozent reduziert würden, reichte der Rest aus, um uns alle zu vernichten. Atomkrieg, chemischer Krieg, biologischer Krieg, gentechnischer Krieg – dabei einen Fehler zu machen, ist viel, viel gefährlicher als bei den Kriegen der Vergangenheit mit Schwertern, Speeren und Musketen. Wir sind vom Tod nur um Haaresbreite getrennt: Ein Computerfehler oder eine politische Katastrophe, und es ist aus. Aber wie wird man *persönlich* mit dem Megatonnenalptraum fertig?

1986 habe ich meine Tochter besucht, die mit ihrem japanischen Ehemann in Japan lebt. Es war nur eine kurze Eisenbahnfahrt von ihrem Wohnort nach Nagasaki, und ich wollte dorthin. Ich war nicht ganz neun Jahre alt, als die Atombombe auf Nagasaki abgeworfen wurde. An meine Reaktionen damals kann ich mich nicht mehr erinnern. Wahrscheinlich habe ich wie alle die Erklärung akzeptiert, dadurch würde der Krieg verkürzt. Vielleicht tat sie das. Die Atombombe explodierte in der Luft über Nagasaki. An ihrem Epizentrum steht ein schlichter Marmorblock, der von einem kleinen Park mit Wegen und sauber geschnittenen Hecken umgeben ist. Bunte Papierstreifen – Gebetssymbole – häufen sich neben dem Stein, und überall im Park laufen Schulkinder herum, die hier Anschauungsunterricht bekommen. Über dieser Stelle vollzog sich die Kernspaltung, und siebzigtausend Menschen starben innerhalb weniger Sekunden.

Ich setzte mich an den Steinblock und versuchte zu meditieren – eine für Findhorn-Mitglieder typische Reaktion. Sobald ich meine Augen schloß, begannen meine Tränen unkontrolliert zu fließen, und mein Körper wurde von heftigem Schluchzen geschüttelt. Es war mir peinlich, vor all den Kindern zu weinen, und so stand ich auf und wischte mir die Augen. Die Tränen versiegten. Fast schien es, als sei die Todesqual jener sekundenschnellen Vernichtung noch immer als Energie in der Atmosphäre des Platzes vorhanden und warte darauf, in mitleidigen Herzen ein Ventil zu finden.

Gut wäre es, wenn nicht allein Abrüstungsvereinbarungen getroffen würden, neben denen die Angst und das Mißtrauen anderen gegenüber trotzdem weiterbestünden, sondern wenn Friede herrschte. An den Drehungen und Wendungen der Verhandlungen in Genf und anderswo kann ich nicht viel ändern, aber als Mitglied der Findhorn-Gemeinschaft bemühe ich mich mit beträchtlichem Erfolg um die Entwicklung inneren Friedens. Meines Erachtens ist es ungerechtfertigt, große Erwartungen in die Verhandlungen zwischen Staatsmännern und Staaten zu setzen, wenn ich nicht einmal in meinem eigenen Leben zu innerer Harmonie finden und sie in meiner unmittelbaren Umgebung zum Ausdruck bringen kann. So an mir zu arbeiten macht mich stark, denn ich bin nicht länger ein außenstehender Zuschauer von Entscheidungsprozessen, die ich fraglos hinzunehmen habe. Ich kann tatkräftig etwas tun, und außerdem ist man friedlich gestimmt glücklicher. Ich glaube, unsere gemeinsamen Versuche, den Frieden im eigenen Innern zu finden, der Teil der göttlichen Wirklichkeit in uns ist, wirken daran mit, eine Atmosphäre zu schaffen, in der Abrüstungsverhandlungen mehr und mehr Erfolg haben, bis die einzigen noch übrigen Mega-Waffen als Modelle im Museum stehen.

Die Sorge um unsere Erde

Während ich an diesem Buch schreibe, fällt überall das »rote« Reich des Kommunismus in sich zusammen. Grün ist die im Trend liegende Farbe, und ein bißchen davon hat inzwischen auf jeden Politiker abgefärbt. Das ist erfreulich, denn unsere Erde braucht viel liebevolle Zuwendung.

Unsere Technologie hat endlich einige wenige Auserwählte in die Lage versetzt, den Erdball von einer Position außerhalb der Atmosphäre zu betrachten. Ihre Bilder und Kommentare sind in einem wunderbaren Buch mit dem Titel *Der Heimatplanet* zusammengefaßt worden, aus dem ich ein paar Sätze von Ulf Merbold, dem Astronauten der Bundesrepublik Deutschland, und Wladimir Kowalenok, dem Kosmonauten der UdSSR, zitieren möchte, die sehr aufschlußreich sind:

> Zum ersten Mal in meinem Leben sah ich den Horizont als eine gebogene Linie. Sie war durch eine dunkelblaue dünne Nacht betont – unsere Atmosphäre. Offensichtlich handelte es sich hierbei nicht um das Luftmeer, wie man mir oft in meinem Leben erzählte. Die zerbrechliche Erscheinung versetzte mich in Schrecken.
>
> Ulf Merbold

> Nachdem eine orangefarbene Wolke, die sich infolge eines Sandsturms über der Sahara gebildet hatte, von Luftströmungen bis zu den Philippinen getrieben worden war, wo sie als Regen niederging, habe ich begriffen, daß wir alle im gleichen Boot sitzen.
>
> Wladimir Kowalenok

Wir können unsere natürliche Umwelt nicht länger als gegeben hinnehmen. Unsere Zivilisation begünstigt nur einen kleinen Teil der Erdbewohner materiell, kennt hingegen in ihrer Umweltzerstörung keine Grenzen. Trotz wissenschaftlicher Untersuchungen weiß niemand genau, wie groß der angerichtete Schaden ist, wie schwerwiegend er ist und wie er sich langfristig auswirken wird. Umweltverschmutzung auf der Erde, in den Meeren, in der Luft; Löcher in der Ozonschicht; immer mehr giftige chemische Abfallstoffe, die entsorgt werden müssen; Atommüll; Verschmutzung durch gigantische Unfälle; Abholzung der Wälder zugunsten gewinnbringender Agrarprodukte; Ausbreitung der Wüsten; Erwärmung der Erde; Aussterben von Tier- und Pflanzenarten; Erschöpfung der Bodenschätze – die Liste ist lang und schrecklich.

Die Findhorn-Gemeinschaft lebt neben einem alten Beweisstück für die ökologischen Folgen kommerzieller Habgier. Als die Stammesfürsten und Grundbesitzer des schottischen Hochlands im 18. Jahrhundert den möglichen Profit durch Schafzucht witterten, holzten sie die noch verbliebenen Urwälder ab, die das Land bedeckten, und vertrieben die Bewohner. Die herbe Hochlandwildnis ist im Grunde eine durch Menschenhand entstandene Wüste. Als die Hauptwaldbestände endlich zerstört waren, konnte der Regen die Minerale aus dem Boden waschen, und die Abweidung durch Schafe und Wild sorgte schließlich dafür, daß sich der Wald nicht mehr erholen konnte. Die Landbesitzverhältnisse machten bäuerliche Strukturen zunichte, und nur in den entlegensten, ärmsten Regionen konnten sich ein paar Bauern halten. Die Bevölkerungszahl des nördlichsten Bezirkes Sutherland sank bis heute von 300.000 im Jahre 1830 auf etwa 25.000. Die Verwüstung des Hochlands wird oft ignoriert, da es ein Paradies für Wanderer geworden ist, die in unserer menschenüberfüllten, gestreßten Zivilisation nach Einsamkeit lechzen. Doch es ist eine unnatürliche Wildnis. Zu den derzeitigen Aktivitäten unserer Gemeinschaft gehört ein Projekt zur gebietsweisen Rekultivierung des alten kaledonischen Waldes.

In den sechziger Jahren, den Anfangsjahren der Findhorn-Gemeinschaft, noch bevor die grüne Bewegung in Erscheinung trat, entwickelte sich hier auf eine recht ungewöhnliche Weise ein ökologisches Bewußtsein. Beim Meditieren kamen die Begründer wieder darauf, daß der Mensch mit den energetischen Kräften Verbindung aufzunehmen und zu kommunizieren vermochte, die das Pflanzenwachstum bestimmen, und daß diese Kräfte reagieren. Die Folge davon waren die außergewöhnlichen organischen Gärten aus der Anfangszeit der Gemeinschaft. Von unserer heutigen, ähnlich gearteten Arbeit mit den Kräften der Natur soll in diesem Buch an späterer Stelle die Rede sein. Wir haben auf kleinem Raum praktische Erfahrungen gesammelt, wie man mit Hilfe der Natur eine Wüste zum Blühen bringt! Das könnte später sehr wohl einmal von großem Nutzen sein, wenn die Menschheit endlich aufgehört hat, ihre Umwelt zu zerstören, und den Schaden wiedergutzumachen versucht.

In den letzten Jahren hat die Gemeinschaft ein konventionelleres ökologisches Programm aufgestellt. Dabei haben wir feststellen müssen, daß eine der tiefsten Wunden, die die industrielle Zivilisation geschlagen hat, in mangelnder Sensibilität gegenüber der Natur besteht. Jeder ist schockiert, wenn er hört, daß es Großstadtkinder gibt, die nie etwas anderes gegessen haben als Dosen- oder Tiefkühlgemüse. Allerdings müssen wir, wenn wir unseren Erdball wirklich retten und Partner der Natur werden wollen, statt sie uns untertan zu machen, viel mehr tun als nur frisches Gemüse essen. Die neue Menschheit muß wie einst der heilige Franziskus von Liebe ergriffen werden zu den Wundern der natürlichen Welt, die ein Ausdruck Gottes sind.

Wenn wir wieder ein Gespür für die Heiligkeit der natürlichen Welt bekommen, von der die Indianer und andere »Erdmenschen« durchdrungen sind, wird der Raub an ihr aus habgierigen Interessen undenkbar. Selbst die hochmotivierten Gäste und Mitglieder der Gemeinschaft müssen zur Wiederherstellung dieser liebevollen Verbindung oft erst erzogen werden.

Versuche einer ökologischen Erneuerung ohne entsprechendes Feingefühl für das empfindliche Gleichgewicht der Natur können sich verheerender auswirken als die Probleme, durch die sie angeregt werden. Die Hopi-Indianer sagen, daß jedes Problem, das der Weiße mit seiner Technologie löst, ein schlimmeres aufwirft, eine Beobachtung, die bisweilen kaum zu widerlegen ist.

Die große ökologische Krise unserer Zeit ist reichlich dokumentiert. Schon jetzt zeichnet sich ab, daß entschlossenes gemeinsames Handeln über alle Staatsgrenzen hinweg nötig sein wird, um den Prozeß umzukehren. Die Wurzel des Übels ist die gravierende Fehleinstellung des Menschen zur Erde, auf der er lebt, die durch ein unaufhörlich angestacheltes materielles Verlangen bedingt ist. Infolgedessen macht eine wirkliche Lösung eine einschneidende individuelle und kollektive Neueinschätzung des Sinnes erforderlich, den menschliches Leben auf der Erde hat, eine Klärung der Frage, was uns glücklich macht. Sensiblere, nach innen gerichtete Menschen stellen geringere Ansprüche an die natürlichen Ressourcen und wissen die menschliche Wechselbeziehung mit dem Planeten Erde viel mehr zu würdigen. Ein neuer Lebensstil tut not.

Ohne diese Neubewertung werden sich die Lebensbedingungen stetig verschlechtern, wie sich an einer Katastrophe hier und einem chronischen Problem dort zeigen wird, bis Umweltverschmutzung und -zerstörung sowie die Abwehrkräfte des menschlichen Körpers den Punkt überschritten haben, an dem eine Umkehr noch möglich wäre. Die Findhorn-Gemeinschaft hat eine funktionierende alternative Lebensweise anzubieten, die spirituell begründet und ganzheitlich ist; sie weist die Richtung, die die Menschheit einschlagen muß, und zeigt die Probleme auf, die gelöst werden müssen, wenn die Menschheit überleben soll.

Überfluß und Armut

Als Einwohnerin eines der reichen Länder der Erde habe ich mir mit wachsendem Entsetzen im Fernsehen die endlosen Berichte von Hungersnot, Armut, Wirtschaftsschwäche, natürlichen und durch Menschenhand ausgelösten Katastrophen, Krieg und Bürgerkrieg in der Dritten Welt angesehen. Sie schienen nichts mit meinem eigenen behaglichen Leben zu tun zu haben. Später befaßte ich mich beruflich mit der sogenannten »Entwicklungssoziologie«, und da wurde mir bewußt, daß der westliche Wohlstand und die Armut der Dritten Welt nur die zwei Seiten einer Medaille sind. Wir mögen zwar einsehen, daß Eingriffe in das Gleichgewicht der Natur weitreichende Konsequenzen haben, aber viel schwerer fällt uns die Einsicht, daß unser Reichtum unmittelbar mit der Armut anderer verknüpft ist, denn sie weckt unangenehme Schuldgefühle in uns.

Historische Untersuchungen der Beziehungen zwischen Völkern und Staaten haben jedoch recht klar nachgewiesen, daß, wenn einige reicher werden, andere ärmer werden. Ein Beispiel dafür ist die Dezimierung und Verarmung der australischen und amerikanischen Urbevölkerung durch die gewaltsame Übernahme und Umwandlung ihres Landes in Ackerland. Die Handelslust der Holländer wurde durch die erbeuteten Schätze aus Mittel- und Südamerika angefeuert, die durch Spanien flossen. Ein Großteil des Kapitals für die erste industrielle Revolution in Großbritannien stammte aus Indien usw.

Gegenwärtig wird die Armut der Dritten Welt nicht nur durch Hilfsmaßnahmen gelindert, sie wird auch *aufrechterhalten* durch die internationalen Beziehungen zwischen den reichen und den armen Ländern, wie die politischen Führer der Dritten Welt dauernd klagen. Da sich riesige Ländereien sowie Industriebetriebe weitgehend in ausländischer Hand befinden, gehen die Gewinne dem betreffenden Land verloren. Das beste Land wird zum Anbau gewinnbringender Feldfrüchte verwendet, die an den Westen verkauft werden können, und die enteigneten Bauern vegetieren hoffnungslos in Barackensiedlungen dahin. Die Handelsbedingungen werden von den reichen Nationen festgelegt, und infolgedessen sind die Rohstoffpreise sehr niedrig. Verschuldete Staaten können die Zinsen ihrer Auslandsschulden, die einen enormen Anteil des Volksvermögens verschlingen, nicht zurückzahlen, geschweige denn das Kapital. Der Transport ist ein Monopol der reichen Nationen, die auch diese Gewinne wieder einstreichen. Die Einkommensunterschiede sind so gewaltig – bis zu 15 zu 1 –, daß immer wieder Leute mit einer guten Ausbildung zum Abwandern verführt werden.

Die reichen Nationen haben also die Ressourcen der Welt an sich gerissen. Derzeit bauen sie ihre politischen Strategien noch immer auf einen stetig steigenden materiellen Lebensstandard auf. Aber die Bevölkerung der Dritten Welt verlangt allmählich nach einem ähnlichen Standard, ebenso wie die Völker ehemals kommunistischer Länder. Daraus folgt die Tendenz, sich immer mehr zu verschulden.

Unersättlich ist das Verlangen nach mehr, ein falscher Traum vom Glück. Es herrscht eine globale wirtschaftliche Instabilität. Banken sehen sich genötigt, Schulden der Dritten Welt zu erlassen, weil ihnen klar geworden ist, daß sie nie zurückgezahlt werden. Und doch verfallen immer mehr Menschen und Regierungen dem Traum vom Wohlstand. China beispielsweise plant, in den nächsten fünf Jahren mit veralteten Technologien 300 Millionen Kühlschränke zu bauen. In der Folge wird die FCKW-Emission im gleichen Maße zunehmen, wie die der reichen Länder aufgrund entsprechender Anstrengungen abgenommen hat. Wer aber würde für eine neue Technik bezahlen, die China brauchte, wenn es seine Kühlschränke »umweltverträglich« produzieren wollte?

Nicht allein die Dritte Welt macht Schulden. Auch die Verschuldung der reichen Nationen ist inzwischen astronomisch hoch, und Rückzahlungssäumnisse der Dritten Welt könnten durchaus die Art von Wirtschaftskrise auslösen, vor der Kenner des Börsenmarktes zittern. Bei einer Seminarreise durch Deutschland habe ich vor kurzem die Werbung einer Bank gesehen, die ungefähr so lautete: »Wir sagen Ihnen, wie Sie Ihr nächstes Jahreseinkommen schon dieses Jahr ausgeben können!« Unsere vielgerühmte Marktwirtschaft ist ein Kartenhaus, aber um die weitere Ausbreitung des Traums aufzuhalten, muß es erst eine lebensfähige Alternative zur habgierbegründeten Wirtschaft geben.

Ungleiche sozioökonomische Beziehungen zwischen den Armen und den Reichen einer Nation leisten nicht nur der Instabilität und Unruhe Vorschub. Da die revolutionären Kommunikationsmöglichkeiten uns heute immer enger zusammenrücken, führen die gravierenden Unterschiede zwischen Arm und Reich zu allen möglichen moralischen und ethischen Problemen. Die etwas haben, fühlen sich vielleicht unbewußt schuldig, sie werden unsicher und entwickeln reaktionäre Verhaltensmuster. Die nichts haben, beneiden diejenigen, die etwas haben, und stellen einen noch übertriebeneren Materialismus zur Schau, oder sie werden kriminell, um sich das zu verschaffen, was legitime Geschäfte ihnen anscheinend versagen. Eine Reaktion ganz anderer Art, bei Reichen wie bei Armen, ist der Drogenkonsum, um »alles zu vergessen«.

Um es klar zu sagen: Eine stückweise Lösung ist kaum wahrscheinlich. Sowie sich eine Nation durch irgendwelche Manipulationen oder Lohnanpassungen von einer Verschuldungskrise erholt hat, gerät eine andere hinein. Da wird etwa ein Fortschritt schon im Ansatz von einer Naturkatastrophe, durch Mißernte oder politische Wirren zunichte gemacht. Jeder Unternehmer sucht die billigsten Rohstoffe für seine Erzeugnisse, um Überschüsse zu erwirtschaften. Im harten Wettbewerb der Wirtschaft löst er unter Umständen zwangsläufig die Krise aus, die er persönlich beklagen mag.

Ein spirituell orientiertes Leben packt dieses Problem bei der Wurzel. Wenn uns klar wird, daß unser Glück in uns selbst begründet liegt und nicht in materiellen Dingen, sind materielle Güter nicht mehr so wichtig und kein Selbstzweck mehr. In der Findhorn-Gemeinschaft versuchen wir, ein bescheidenes, angenehmes Leben zu führen und mit dem, was wir haben, sorgsam und liebevoll umzugehen. Nach meiner Ansicht könnte die Erde als Ganzes ihre Bewohner auf dem derzeitigen Lebensstandard der Gemeinschaft durchaus erhalten. Man darf wohl kaum von Leuten erwarten, daß sie ihre fanatische Suche nach Glück durch materiellen Besitz aufgeben, solange nicht etwas vorzuweisen ist, das besser funktioniert. Wir können etwas vorweisen. Durch unseren Lebensstil in der Gemeinschaft lernen wir, mit einzelnen Menschen und Gruppen in Harmonie und einem ausgewogenen Verhältnis zusammenzuleben. Wir werden uns immer deutlicher bewußt, daß die Interessen anderer letztlich unsere eigenen sind. Wir sind ein Laboratorium, in dem grundlegende Lösungen für die Probleme von Armut und Überfluß erforscht werden.

* * *

Zusammengenommen sind all diese Probleme sicher niederschmetternd. Die Menschheit muß einfach ihre Motive und Grundsätze neu überdenken. Fast 30 Jahre lang hat die Findhorn-Gemeinschaft das praktisch getan, indem sie sich einer anderen Lebensweise befleißigte. Das werden wir auch weiterhin tun; unsere Gemeinschaft wird wachsen und versuchen, ihre Erfahrungen einem immer größeren Kreis von Menschen zugänglich zu machen. Glücklicherweise sind wir mit dieser Aufgabe nicht allein. Andere Gruppen und einzelne Menschen sind zu ähnlichen Schlüssen gekommen und verfolgen einen vergleichbaren Weg. Wir stehen alle in Wechselbeziehung miteinander und strahlen gemeinsame Energien aus, die die Möglichkeit aufzeigen, wie die Krise zu meistern ist, vor der die ganze Menschheit steht.

Die bloße Korrektur der äußeren Bedingungen wird die Probleme nicht lösen, dafür ist die Krise der Menschheit zu ernst. Wir brauchen eine Neuorientierung in unserer Motivation zu leben – weg von einer äußerlichen, materiell bestimmten, *nach außen gerichteten* Suche nach Zufriedenheit, bei der das Handeln von der Weckung und Deckung materieller Bedürfnisse bestimmt wird, hin zu einer innerlichen, spirituell orientierten, *nach innen gerichteten* Suche nach Erfüllung. Bei letzterer wird das Handeln bestimmt durch die Entdeckung von Liebe und Weisheit *im eigenen Innern.*

Eines Tages wird der Luftwaffenstützpunkt an unserer Straße, unser Alter

Kinloss Air Base an der Findhorn-Bucht

ego, entweder durch eine apokalyptische Lösung verschwinden, und mit ihm wir, die wir noch übrig sind, oder er wird in aller Stille abgebaut als Folge eines verwandelten Bewußtseins, das sich auf dem Erdball ausbreitet. In der Findhorn-Gemeinschaft erforschen wir diese Verwandlung. Wenn die Menschheit Erfolg hat, wird sie in eine neue Entwicklungsphase eintreten, in der Krieg und Bedrohung überflüssig geworden sind, die Umwelt in Ehren gehalten wird und die Menschen ein genügsames Leben in gegenseitiger Achtung führen. Nachdem ich sieben Jahre in der Findhorn-Gemeinschaft gelebt habe, vertraue ich fest darauf, daß die notwendige Verwandlung stattfinden wird.

Im nächsten Kapitel wollen wir uns etwas eingehender mit der Frage nach dem zusammenbrechenden Materialismus und den Alternativen befassen, die jetzt von uns gefordert sind. Dabei werde ich die grundlegenden sprituellen Vorstellungen der Findhorn-Gemeinschaft darstellen.

Pluscarden-Abtei

2

Ausrichtung nach außen oder nach innen?

»Wir sprechen nicht über dasselbe«, sagte er. »Für dich ist die Welt sonderbar, weil sie dir entweder langweilig ist, oder aber weil du mit ihr nicht zurecht kommst. Für mich ist die Welt sonderbar, weil sie erstaunlich, ehrfurchtgebietend, geheimnisvoll, unergründlich ist; mir liegt daran, dich zu überzeugen, daß du die Verantwortung übernehmen mußt für dein Hiersein in dieser wunderbaren Welt, in dieser wunderbaren Wüste, in dieser wunderbaren Zeit. Ich möchte dich davon überzeugen, daß du lernen mußt, jede Handlung wichtig zu nehmen, denn du wirst nur eine kurze Weile hier sein, wirklich zu kurz, um alle Wunder dieser Welt zu erleben.«

Don Juan (in Carlos Castaneda: *Reise nach Ixtlan*)

Ist die Welt unserer Sinne wirklich?

Heutzutage lernen die Leute normalerweise, daß die Sinnenwelt die »reale« Welt ist. Das Aufwachsen in dieser »realen« Welt weckt Wünsche, und das Trachten danach, diese zu erfüllen, gibt dem menschlichen Dasein anscheinend einen Sinn. Die Werbung bestärkt die Menschen in dieser Ansicht noch, und die kommerzielle Welt schließlich sorgt für die Befriedigung der Bedürfnisse. Und materialistische Philosophien, die propagieren, daß die Welt der normalen Sinneswahrnehmung die einzig wirkliche ist, legitimieren diese Weltsicht. Dabei sind gerade die wissenschaftlichen Entdeckungen, auf denen der technologische Fortschritt unserer Zeit beruht, auch ein Hinweis darauf, daß unsere Sinnenwelt außerordentlich beschränkt ist. Sie läßt sich in der Tat am besten als ein Begrenzungsrahmen beschreiben, der ein gewisses Maß an Sicherheit bietet in einem unbegreiflichen Universum, das wahlweise entweder zu groß oder zu klein ist, um überhaupt verstanden werden zu können. Wissenschaftler arbeiten mit elektromagnetischen Strahlungsfrequenzen, die unsere Sinne gar nicht mehr wahrnehmen können, durch die sie sich aber ein viel umfassenderes Bild vom Universum machen können. Sie benutzen zum Beispiel Radiowellen, Mikrowellen, Infrarotlicht, ultraviolette Strahlen und Röntgenstrahlen. Wir wissen alle, daß es sie gibt und daß sie in der Technik angewendet werden, aber wir können sie nicht »sehen«. Jede Frequenz zeichnet ein völlig anderes Bild von der greifbaren Welt als unsere Sinne. Welches Bild entspricht denn nun der Wahrheit? Wenn wir mit Röntgenaugen sehen könnten, würden uns die Leute als Gerippe erscheinen. Würden wir sie mittels Radiowellen wahrnehmen, hätte es den Anschein, als existierten sie gar nicht. Unsere Sinne verhelfen uns zu einem »Aktionsraum« – aber sie sagen uns nicht die Wahrheit.

Während ich hier sitze und schreibe, *empfinde* ich meinen kleinen Wohnwagen als Insel der Ruhe und Stabilität. Dabei dreht sich die Erde mit 1600 Stundenkilometern am Äquator um ihre eigene Achse und kreist mit 115.000 Stundenkilometern im Raum um die Sonne. Die Sonne wiederum wirbelt mit riesiger Geschwindigkeit um das Zentrum unseres Milchstraßensystems, während sich dieses Milchstraßensystem noch schneller von anderen Milchstraßensystemen entfernt. Angesichts der Größenordnung dieser Bewegungen und der gewaltigen Entfernungen, die damit angezeigt sind, schrumpft unser menschliches Trachten auf ein absolut unbedeutendes Maß zusammen. Unsere Sinne blenden fast alles aus, sie erlauben uns so ein behagliches Dasein und versetzen uns in die Lage, den kleinen Dingen um uns herum Wichtigkeit beizumessen. Wir sind kein Ruhepunkt im weiten Ozean des Weltraums, und unser Tun und Lassen fällt überhaupt nicht ins Gewicht, selbst wenn wir es schaffen würden, das Leben auf unserem Planeten auszulöschen. Auf materieller Ebene ist das menschliche Dasein letztlich unerheblich. Es liegt einzig an unseren Sinnen, daß wir uns vortäuschen, das Gegenteil sei der Fall.

Das andere Ende des Spektrums, das die Wissenschaft erforscht, ist ebenso demoralisierend für die unter uns, die sich auf die Sinne verlassen. Wie jeder Mensch habe auch ich eine feste Vorstellung von meiner eigenen physischen Wirklichkeit, von der anderer sowie von der Welt, in der ich lebe. Doch selbst das scheint eine Täuschung zu sein, die meine Sinneswahrnehmung mir vorgaukelt. Je feinere Geräte die Wissenschaftler verwenden, um die tatsächliche Struktur der Materie in verständliche Formen zu übertragen, um so mehr wirkt meine Vorstellung von einer physischen Realität wie eine bloße Einbildung und nicht wie eine Wahrheit. Wir spüren die mikroskopische Zusammensetzung der Zelle auf, dann die der Moleküle und Atome. Zusammengepreßt würden die Atomkerne des menschlichen Körpers nicht einmal eine Fläche von der Größe einer Nadelspitze abdecken. Was übrigbleibt, könnte als energiegeladener Raum bezeichnet werden. Ich bin also nichts weiter als eine Nadelspitze plus Energie – armes Ich! Aber inzwischen sind technische Möglichkeiten entwickelt worden, durch die wir sogar das Innere des Atomkerns »betrachten« oder zumindest darauf schließen können. Und hier wird die Sache ganz merkwürdig. Da gibt es noch viel mehr energiegeladenen Raum und jede Menge unendlich kleiner »Teilchen«, die nach Angabe der Wissenschaftler so aufgefaßt werden können, »als ob« sie Materie seien oder »als ob« sie Energie seien. Einige dieser Teilchen oder Schwingungen erwecken gar den Eindruck, als reisten sie für kurze Augenblicke rückwärts in der Zeit, aus der Zukunft in die Vergangenheit, während andere »Antimaterie« sind und vielleicht auf die Möglichkeit eines parallelen »spiegelbildlichen« Universums hindeuten. Man beachte bitte, daß ich Anführungszeichen benutzt habe, um diese Wirklichkeit mit Worten darzustellen, die der von normalen Sinneseindrücken aktivierte Geist überhaupt erfassen kann. Materialistische Philosophen berufen sich auf die »reale Welt«. Aber diese »reale Welt« ist lediglich eine Begleiterscheinung der Schwingungsfrequenzen (»Wellenlängen«), auf die meine Sinne ansprechen. Sie ist eigentlich nur die Folge einer äußerst effektiven Art und Weise, das einzugrenzen, was sonst als endloses, durch fortwährend wechselnde Energiezustände inszeniertes Nichts erschiene, damit wir (relativ) behaglich leben können.

Die heutige Physik und Astronomie setzen uns darüber in Kenntnis, daß wir gewiß nicht das sind, was wir zu sein glauben, und daß unser Wirken auf der Waagschale der Dinge kaum ins Gewicht fällt. Unsere jeweilige Lebensdauer ist, gemessen am Zeitmaß des Universums, ebenso unerheblich, obgleich sich sämtliche Zellen unseres Körpers alle acht Jahre vollständig erneuern. Wenn man die Entdeckungen der modernen Wissenschaft bis zum gegenwärtigen Zeitpunkt wirklich anerkennt, dann können Antworten auf Fragen wie: »Wer bin ich?« und: »Warum bin ich?«, die sich auf unsere alltäglichen Sinneseindrücke stützen, allenfalls an der Oberfläche kratzen. Aber auch die Wissenschaft gibt uns trotz all ihrer Antworten darauf keine Antwort. Sie sorgt nur dafür, daß der Homo sapiens immer bedeutungsloser erscheint, während er sich an seine kleine Phantasiewelt klammert. Um heutige wissenschaftliche Entdeckungen überhaupt verstehen zu können, ist eine neue Bewußtseinsstufe erforderlich, eine neue Intelligenzstruktur. Die Weltsicht des Homo sapiens ist einem Leben in der neuen Erkenntnis, daß seine Sinneswahrnehmungen ihm nicht die Wahrheit vermitteln, schon lange nicht mehr angemessen.

Die Wissenschaft macht im Grunde alles noch rätselhafter. Sie verstärkt noch die Lebensangst, wenn wir uns nun zu allem Überfluß unserer Nichtigkeit in der Ordnung der Dinge bewußt sind oder der immateriellen Natur der Materie. Aber es hat immer auch eine andere Sehweise gegeben. Es ist höchste Zeit, daß die Erfahrungen, die bisher vorwiegend Mystiker und »Rishis« gemacht haben, diese in sich gekehrten Weisen des Ostens, nun allen zuteil werden. Denn die Mystiker haben die ehrfurchtgebietende unendliche Größe und unendliche Kleinheit der Schöpfung durchschaut. Sie wußten, daß alles, was so real erscheint, gar nicht Wirklichkeit ist. Sie haben den Schlüssel zu diesen Geheimnissen gefunden – und es wird Zeit, daß wir alle uns diesen Schlüssel endlich an den Schlüsselbund hängen.

Indem sie ihre äußeren Aktivitäten und ihren Geist zur Ruhe brachten, lernten sie, auf das zu »lauschen«, was hinter der normalen Sinneswahrnehmung zu »hören« ist, durch die unsere Welt definiert zu sein scheint. *Sie entdeckten, daß die ganze unglaubliche Mannigfaltigkeit der Gestaltungen eine Emanation des Einen ist. Es gibt eine Grundschwingung, die allen anderen zugrunde liegt. Sie ist überall gegenwärtig. Diese Schwingung setzt sich aus dem zusammen, was wir LIEBE nennen – einer Liebe allerdings, die vorbehaltlos ist und nicht Besitz ergreift.* Das läßt sich weder beweisen, noch gibt es ein Meßgerät dafür. Es muß erfahren werden. Diese Erfahrung stellt sich ein bei der Suche nach der Wirklichkeit jenseits der Phänomene, bei der Suche im eigenen Innern. Die Techniken dafür sind die verschiedenen Formen der stillen Meditation und Kontemplation, die Übung verschiedener Bewegungs- und Klangarten, Gebet und Andacht sowie die Pflege vorbehaltloser Liebe im Alltagsleben. Bei einer Zen-Meditation, an der ich 1974 teilgenommen habe, hat sich nach einer gewissen Zeit meine gesamte normale Sinneswirklichkeit aufgelöst; es gab kein »Ich« mehr, nur die Erfahrung einer Wahrheit, und diese Wahrheit war Liebe. Dieses Erlebnis hat meinem Leben eine völlig neue Richtung gegeben.

Manche Naturwissenschaftler schenken den Schriften von Mystikern und Weisen aus dem Osten eine gewisse Beachtung, weil sie zum Teil das beschreiben, was die Wissenschaftler untersuchen. Die Mystiker gehen allerdings weiter. Die Methoden der inneren Suche sind jenen der Wissenschaft überlegen, da sie zu der letzten Wahrheit führen, daß das EINE, die göttliche Essenz, überall gegenwärtig ist – allgegenwärtig. Das bewußte Bemühen, sich mit dieser Wirklichkeit zu vereinigen, verleiht dem Leben seinen Sinn. Statt zuzulassen, daß die äußere Erlebniswelt bestimmt, wer wir sind, können wir uns auch nach innen wenden und entdecken, wer wir *wirklich* sind. Dann lernen wir auch, die Außenwelt richtig zu erleben und in ihr glücklich zu sein. Beschreiben läßt sich dies als ein Verstehen des Äußeren vom *Inne-*

ren her, statt das Äußere von außen her erfassen zu wollen. Ein spiritueller Lebensweg fordert von uns, von einer Welt, die wir durch äußere Sinneserfahrungen definieren, in eine Welt überzugehen, die durch die innere Erfahrung der Wirklichkeit definiert ist. Die so gewonnene Erkenntnis können wir dann in der begrenzten Welt der Sinne zum Ausdruck bringen. Sie gibt jener Welt eine andere Bedeutsamkeit und verwandelt sowohl die Motivationen unseres Handelns wie auch unsere Verhaltensweisen. Genau das hat Christus gemeint, als er uns aufrief, unseren Nächsten zu lieben *wie uns selbst*.

In der Findhorn-Gemeinschaft haben wir uns alle mehr oder weniger diesem Weg verschrieben. Gelegentlich kommt es dabei zu machtvollen Erfahrungen der Wahrheit, daß die Liebe das Wesen hinter allen Gestaltungen ist. In der Fachsprache der heutigen Psychologie werden sie als Gipfelerlebnisse bezeichnet. Zeit und eine spirituelle Entwicklung sind erforderlich, um sie sich zu eigen zu machen, um dauernd aus der Wirklichkeit heraus zu leben, deren Ausdruck sie sind. Zeit, die im inneren Raum verbracht wird, bereitet uns auf die Testfrage vor: Was regiert in der »äußeren« Welt unserer Wahrnehmung – unsere begrenzten, verwirrenden Sinneseindrücke oder die innere Wahrheit? Die Antwort muß sich in der eingeschränkten Welt der sogenannten physischen Dinge bewähren; denn um die Wahrheit in diesem Bereich verwirklichen zu können, müssen wir die täuschende Wirklichkeit der mit den Sinnen erfahrbaren Welt durchschauen können. »Maya« nennen indische Weise diese Täuschung, die Überzeugung, die eingrenzenden Sinneswahrnehmungen entsprächen der Wahrheit, statt nur eine Maske zu sein, hinter der sich die Wirklichkeit verbirgt.

Die innere Wirklichkeit und ihr Ausdruck in der äußeren Welt

Auf der geistigen Suche bekommt das Leben einen doppelten Sinn. Erstens wollen wir herausfinden, wer wir wirklich sind – das Göttliche im eigenen Innern erfahren. Zweitens versuchen wir das, was wir entdecken, durch entsprechendes Handeln in der Wahrnehmungswelt zum Ausdruck zu bringen. Menschen, die diesen zweifachen Pfad zu ihrem Lebenszweck erheben, lassen das Stadium des Homo sapiens hinter sich und werden zu den ersten Vertretern einer menschlichen Neuentwicklung – dem *Homo divinus*. Das erweiterte Bewußtsein des Homo divinus wird uns dazu befähigen, die Probleme unserer heutigen Zivilisation zu lösen.

Es ist nicht nötig, das fraglos hinzunehmen. Um festzustellen, ob es stimmt, daß das höchste Erkennen der Liebe im eigenen Innern stattfindet, bedient man sich der gleichen Methoden wie die, die diese Erfahrung bereits gemacht haben. Dann kommt man zum gleichen Ergebnis. Die Findhorn-Gemeinschaft ist eine Art Workshop, in dem diese »Erfahrung« praktiziert wird. Das ist ihr Daseinsgrund.

Inwiefern unterscheiden sich diese Ansichten von den theologischen Auffassungen der etablierten Religionen? Alle großen Religionen vereinigen in sich zwei Strömungen. Die erste propagiert den Glauben an die Existenz Gottes und stellt moralische Grundsätze für das richtige Verhalten auf – das rechte Tun oder Dharma. Dieser Verhaltenskodex kommt mehr oder weniger abgewandelt in den Gesellschaftsnormen und Gesetzen zum Tragen. Eine Reaktion auf die Krisen unserer Zeit bestand darin, den äußeren Formen wieder mehr Gewicht zu geben, was fundamentalistische Bewegungen sowohl im Christentum als auch im Islam hervorgerufen hat. Die zweite Strömung ist die mystische Richtung, die ebenfalls in allen Religionen vorhanden ist. Dabei sucht man das Wesen des Göttlichen durch die Kontemplation oder andere Praktiken der inneren Einkehr zu erfahren. Was so erkannt wird, bestimmt dann das sittliche Handeln. Je mehr die Erkenntnis wächst, wer man wirklich ist, um so richtiger wird das Handeln, denn es wird dann zum Ausdruck der LIEBE in der äußeren Welt der Sinneswahrnehmungen.

Die Weltreligionen haben bis jetzt nicht vermocht, auch nur eine der im ersten Kapitel erwähnten Krisen zu verhindern. Das liegt nicht daran, daß ihr Ansatz von Grund auf falsch wäre, sondern daran, daß sie »verweltlicht« sind. Sie haben sich mit ihren Aktivitäten ganz auf die eine Richtung verlegt und dabei die andere Strömung vernachlässigt. Auf diese Weise haben sie sich dem Materialismus und seiner Philosophie angepaßt, statt eine andere, erfülltere Lebensart anzubieten. Durch diese Anpassung aber haben sie, zumindest im Westen, im Vergleich zu früheren Jahrhunderten an Bedeutung verloren. Die gegenwärtige, möglicherweise letzte Krise unserer Zivilisation fordert die Kirchen heraus, wieder auf die Erkenntnis der Gegenwart Gottes im Innern eines jeden von uns als Grundlage für ein gutes Leben zu verweisen, statt einem materiellen Streben Vorschub zu leisten, dem der religiöse Glaube nur noch als bessernder Einfluß untergeschoben wird. Wir freuen uns, daß immer mehr Leute von seiten der etablierten Kirchen die Findhorn-Gemeinschaft besuchen, um bei uns zu erfahren, wie sich allein schon eine Woche des Lebens »von innen nach außen« auf sie auswirkt.

Wenn wir in unserem Leben eine Neuorientierung vornehmen, erleben wir auch eine tiefgreifende Veränderung in unserem Charakter und in der

Art und Weise, wie wir die Welt wahrnehmen. Die alten mystischen Lehren legen großen Wert auf die Entsagung und sprechen oft von den außerordentlichen Schwierigkeiten bei der Verfolgung des Ziels, zur inneren Wahrheit vorzustoßen. Der Zustand der »Erleuchtung« – die Erfahrung der vollkommenen Verkörperung des Göttlichen – ist mit dem spirituellen Verwandlungsprozeß verwechselt worden – damit, wie man diese Wandlung vollzieht. Um an ein Ziel zu gelangen, muß man dorthin reisen. Ohne die Reise kommt man nicht an. Bewußt die Reise anzutreten verändert schon manches. Die Richtung nach innen einzuschlagen verleiht dem Leben Sinn und Zweck, und je tiefer man eindringt, um so tiefer werden Sinn und Zweck!

Zu Anfang erscheint auf dem Wege zur Selbsterkenntnis die Sinneswelt noch als objektiv greifbar und von uns getrennt – als etwas, vor dem man sich verteidigen oder das man überwinden muß. Sowie sich allmählich die Erfahrung des inneren Einsseins einstellt, gerät diese »objektiv greifbare« Welt in Bewegung, als passe sie sich dem Wechsel der Perspektive an. Seltsame Zufälle ereignen sich; die sogenannte reale Welt stellt sich auf unsere neue Wahrnehmungsweise ein wie ein schlafender Mensch, der langsam erwacht. Die Hinwendung nach innen verändert die Energiefrequenzen, die unsere Sicht der Dinge bestimmen. Die äußere Welt ist nicht länger etwas Festes, sondern fängt an, mit uns zu tanzen, uns zu beflügeln, uns auf die Probe zu stellen, uns bei unserer Wandlung beizustehen. Wenn die Verbindung mit dem Inneren kräftiger wird und sich die innere Wahrnehmung vertieft, übernimmt man allmählich selbst die Führung beim Tanz mit der Welt – man wird zum Schöpfer dessen, was geschieht. Ein Selbst, das sich am inneren Göttlichen orientiert, vermag in zunehmendem Maße Einfluß auf die äußere Wirklichkeit zu nehmen. Doch dieses Selbst hat nicht mehr die gleiche Identität wie zu Beginn der Wandlung – es will nicht mehr das gleiche.

Die Neuorientierung auf das innere Erleben wird begleitet von Begeisterung, Freude am Leben, wachsender Kreativität, einem gewissen Nachlassen der materiellen Bedürfnisse, der vermehrten Fähigkeit, andere so zu akzeptieren, wie sie sind, und der Entschlossenheit, Probleme zu lösen. Alles das wird in der Findhorn-Gemeinschaft mehr oder weniger exemplarisch vorgeführt, und darum wollen auch so viele Leute gern bei uns sein. Durch die genannten Veränderungen entwickelt sich die Art von Identität, die die Menschheit braucht, wenn sie die derzeitige globale Krise überleben will. Der neue Lebensstil entspricht auf harmonische Weise den Erfordernissen einer neuen Zivilisation.

Die von Eileen Caddy empfangenen Lehren

Eileen Caddy, die 1962 zusammen mit Peter Caddy und Dorothy Maclean die Gemeinschaft gegründet hat, aus der später die *Findhorn Foundation* werden sollte, hat lange Zeit Botschaften aus einer inneren Quelle empfangen, eine STIMME gehört, wie sie manchmal sagt. Was in ihr vorgegangen ist und welche Bedeutung es hat, wird später noch ausführlich behandelt. Einige ihrer Weisungen sind in ihren zahlreichen Büchern veröffentlicht worden, die am Ende dieses Kapitels aufgeführt sind. Darin wird immer wieder nachdrücklich betont, daß die Quelle der Weisheit *im eigenen Innern* zu suchen ist:

> Ich sah, wie die Erde von großem Licht erfüllt war. Ich sah das Licht durch die Erde heraufsteigen und alles und jeden durchdringen. Ich erfuhr unbeschreibliche Freude und Erhebung durch das, was ich sah. Ich hörte die Worte: »ICH BIN DER ICH BIN. ICH BIN das Alpha und Omega und alles Leben. Freut euch, Meine Geliebten, denn ihr alle seid Teil dieses herrlichen Ganzen, Teil dieses herrlichen Einen.«
>
> (*Morgen der Veränderung*, S. 25)

> Sucht und findet das direkte Band zu Mir,
> haltet es fest, ganz gleich, was um euch vorgeht:
> Durch dieses Band sind alle Dinge möglich.
>
> (*Findhorn – Zentrum des Lichts*, S. 121)

> Entspanne dich! Übergib dich Mir vollständig.
>
> Es gibt viel zu tun, aber es läßt sich besser tun, wenn du weniger verbissen und hektisch bist. Freue dich an allem, was du tust. Koste jede Handlung wie ein Kenner aus. Gib dich nur mit dem Vollkommenen zufrieden.
>
> Beginne diesen Tag mit »Gipfeldenken«. Laß deine Gedanken bei Mir sein; Fühle dich in Meiner Gegenwart, wie du mit Mir gehst, mit Mir sprichst. Laß das Wunder unseres Einsseins in dein Bewußtsein sinken. Verweile in diesem erhöhten Bewußtseinszustand. Du kannst das erreichen, indem du ganz im Augenblick lebst und keinen Gedanken an vergangene oder zukünftige Zeiten verschwendest, sondern dich nur mit diesem Augenblick im Jetzt befaßt...
>
> Deine innige Beziehung zu Mir ist wichtiger als alles andere, denn alles wurzelt in dieser Beziehung. Je mehr Zeit du mit Mir verbringst, um so reibungsloser wird dein Alltag ablaufen. Aus dieser Mitte, wo du Mich immer findest, wenn du Mich suchst, setzen sich die Wellen mit einer immer größer werdenden Kraft nach außen fort.
>
> (*Gott sprach zu mir*, S. 19, 23 u. 26)

Laß Dein Bewußtsein weit werden,
und wisse: Ich bin alles, was da ist.
Dann laß es noch weiter werden und immer weiter
und sieh das All-Umfassende des ICH BIN
und sieh ganz klar: Du bist das ICH BIN des ICH BIN,
und es gibt keinen Ort, wo Ich nicht bin.

Strecke dich immer weiter aus,
fühle, wie jede Faser in dir vom Strecken schmerzt,
fühle, wie du wächst
und alle Fesseln sprengst, die dich gefangenhielten
und dein Wachstum behinderten.

(*Spuren auf dem Weg zum Licht*, S. 120)

Von solchen Weisungen ist das ganze Werk Eileens erfüllt. Im Zusammenhang gelesen, geht daraus klar hervor, daß sich durch sie nicht etwa eine neue Theologie darstellt, sondern eine Theologie, die die »mystische« Verbindung mit dem EINEN als etwas betont, das jedem von uns zugänglich ist. Diese Verbindung ist die Quelle all dessen, was ein freudvolles Leben ausmacht. Der Vorgang, der zu ihr führt, hat auch etwas ausgesprochen Unerbittliches – es geht um eine Energie-Umwandlung, deren Zeit gekommen ist.

Schritt für Schritt entfaltet sich Mein Plan,
und nichts und niemand kann ihn aufhalten.
Für all eure Bedürfnisse wird auf wunderbare Weise gesorgt –
jetzt;
alle Meine Wunder entfalten sich –
jetzt.
Jetzt ist die Zeit.
Lebt voll und herrlich
im allzeit gegenwärtigen strahlenden Jetzt,
und seht Mich in allen Dingen.

(*Morgen der Veränderung*, S. 40)

Dies ist eine bedeutende und wichtige Zeit für den Fortschritt der Menschheit. In dieser Zeit wird der Schleier entzweigerissen, und was durch Menschenalter hindurch versteckt war, wird jetzt offenbart werden. Die Geheimnisse der Weisen werden keine Geheimnisse mehr sein, denn alle werden um sie wissen.

(*Gott sprach zu mir*, S. 146)

> Dies ist eine aufreibende Zeit für einen jeden von euch, eine Zeit großer Veränderungen innen und außen, eine Zeit der Suche und der Wahl, des Aufbrechens in neue Bereiche und Dimensionen. Diese Übergangszeit ist nicht leicht. Du kannst dabei helfen, indem du Veränderungen ohne Widerstand annimmst ...
>
> Ihr werdet sehen, wie das scheinbar Unmögliche möglich und Schwarz zum reinsten Weiß wird, wie eine böse Absicht mitten in der Tat verändert wird und der Mensch endlich den Irrtum seiner Lebensweise einsieht ... Er wird endlich für die Dinge wach werden, die im Leben wirklich wichtig sind, die Dinge des Geistes.
>
> (*Gott sprach zu mir*, S. 191)

Ein weiteres Hauptthema von Eileens Weisungen ist, daß Gott Liebe ist und daß die Liebe das wahre Wesen eines jeden Menschen ist. Sie besteht als Wirklichkeit hinter allen Stimmungen, denen wir uns überlassen. In dem Wissen, die Liebe selbst zu sein, sieht man auch den anderen als die Liebe selbst:

> Meine Liebe hat keine Grenzen. Nichts läßt den Fluß Meiner Liebe versiegen, außer dem kleinen Selbst, das frei ist, seinen eigenen Weg zu wählen. Es dreht Meiner Liebe den Rücken, verlangt seine Unabhängigkeit, und so trennt es sich selbst von Mir.
>
> Wenn der Mensch sich entscheidet, Meinen Weg zu gehen, Meinen Schritten zu folgen, dann öffnen sich die Schleusen. Er kann der Wunder Meiner Liebe wieder gewahr werden.
>
> (*Gott sprach zu mir*, S. 112)

> Verbannt für immer all diese falschen Lehren
> und falschen Vorstellungen von Mir.
> ICH BIN die Liebe.
> ICH BIN in einem jeden von euch.
> ICH BIN DER ICH BIN.
>
> (*Morgen der Veränderung*, S. 213)

Wären diese Botschaften allein auf weiter Flur, dann könnten sie vielleicht übergangen werden. Aber die Lehren des Inders Sathya Sai Baba, den viele für einen Avatar halten – eine exemplarische Inkarnation Gottes –, sind erstaunlich gleichlautend. Und auch das bemerkenswerte spirituelle Werk *Ein Kurs in Wundern*, auf das bereits hingewiesen wurde, befaßt sich mit dem gleichen Thema – wie so viele andere, die in den letzten zehn Jahren erschienen sind.

Wenn wir Augen haben, zu sehen, wird uns klar, daß sich etwas Wichtiges tut. Die Menschheit bekommt eine Lektion in spiritueller Neuorientierung, durch die sie in die Lage versetzt wird, sich auf eine neue Stufe menschlicher Wechselbeziehungen zu erheben. Bei all diesen Lehren ist nicht in erster Linie von den Schwierigkeiten des Weges oder gar der Unerreichbarkeit des Ziels die Rede, sondern *von dem unmittelbaren Segen des Sich-Aufmachens auf den Weg*. Göttliche Gnade ist in unserem Wirken unmittelbar zugegen, wie einst, als Christus auf Erden weilte. Seine »Wiederkunft« vollzieht sich, allen zugänglich und weltweit, im Christusbewußtsein und nicht in seiner körperlichen Wiederkehr. Indem wir das Ego unserer materialistischen Begierden kreuzigen, können wir im Christusbewußtsein auferstehen zum wahren Sinn des Lebens und in Glückseligkeit und Harmonie zusammenleben.

Alle Religionen sind Wege zu der einen Wahrheit

In der heutigen Welt muß die kirchlich abgesegnete Meinung, es gäbe nur eine »wahre« Religion, deren Aufgabe es ist, sich alle anderen einzuverleiben, endlich aufgegeben werden. Wenn Gott in uns wohnt, wenn er die Wirklichkeit in uns allen ist, dann ist die Art und Weise, in der wir ihn zu erkennen suchen, eine Sache des kulturellen Hintergrundes und der persönlichen Wahl. Unsere Aufgabe ist es, die Möglichkeit zur Selbstfindung wahrzunehmen, die uns am besten von unserem gegenwärtigen Startpunkt aus weiterbringt. Diese Möglichkeit kann uns das Christentum, der Hinduismus, der Islam, der Buddhismus, das Judentum oder irgendein anderer Weg eröffnen. Sie kann auch außerhalb der großen Religionen gefunden werden, die oft mehr Gewicht auf das Festhalten an bestimmten äußerlichen Moralvorstellungen legen als auf die Erkenntnis des Ursprungs aller Moral im eigenen Innern. Gleichermaßen kann das in uns wohnende Göttliche als »Gott«, Jehova«, »Allah«, »Atman«, »wahres Wesen«, »Einheit in der Vielheit« oder auch als »Christusbewußtsein« bezeichnet werden. Was wir finden, unterscheidet sich letztlich nicht voneinander; die verschiedenen Namen und Verehrungsformen sind nur Hilfsmittel für uns.

Wir sind gefordert, uns einer Weltsituation anzupassen, in der wir zum Überleben lernen müssen, daß wir kulturell und geistig wie Blumen in einem Garten sind, deren jede eine eigene Form und Farbe und einen besonderen Duft hat, ohne deshalb mehr oder weniger wert zu sein als alle anderen. Wir können nicht länger andere Kulturen oder Religionen für besser oder schlechter halten als unsere eigene. In der *Findhorn Foundation* haben wir uns bewußt für eine internationale Gemeinschaft entschieden. Wir überlassen es jedem selbst, einen Weg zur inneren Wahrheit zu finden. Unser Erfolg spricht dafür.

Unwissenheit ist die Wurzel allen Übels

Die Vorstellung von Gott als dem wahren Wesen, der Wirklichkeit hinter allem, was ist, allgegenwärtig und allwissend, ist eine monistische. Nur Gott ist, nur »Atman« oder Essenz. Wird er anders gesehen, so entspringt das einer bestimmten Sichtweise, aber nicht seiner Wirklichkeit. Die Begriffe des Bösen und der Sünde einschließlich der daraus folgenden Schuldgefühle haben zu einem weitverbreiteten Gefühl der Unzulänglichkeit und Wertlosigkeit geführt, besonders unter den Christen. Aber das Gute ist in seinem höchsten Sinne keineswegs etwas, das sich durch seine Beziehung zu dem definieren ließe, das als ungut betrachtet wird, als dessen Verneinung. Es ist ganz einfach die Wahrheit, das, was *ist*. Der Gegensatz zu dem, was ist, ist das, was *nicht ist*, das heißt: es existiert nicht. Darum *ist* nur das Gute, und wer es findet, findet die Wahrheit. Das, was nicht gut ist, sondern böse, ist nicht von Gott verschieden – keine von Natur aus böse universelle Kraft –, es ist ein Verhalten ohne Wissen um die Wahrheit. Der Teufel mit Hörnern und Pferdefuß befindet sich nicht außerhalb unserer selbst; er stellt das in uns dar, was noch nicht zur Erkenntnis der Wahrheit gelangt ist und deshalb nicht aus der Wahrheit heraus handelt, sondern aus Unwissenheit. Bei der Versuchung Christi beispielsweise kommt nicht irgendein übles Wesen an und bietet ihm die Schätze der Welt statt der Schätze des Geistes dar. Es liegt in seiner *inneren* Versuchung begründet, daß er das Gottesbewußtsein verliert und die materielle Welt für Wirklichkeit hält, an Wünschen, die das Vergängliche an die Stelle des Ewigen setzen. Jesus hat sich von diesen Versuchungen nicht verleiten lassen, und auch wir müssen lernen, ihnen zu widerstehen.

In diesem Sinne können wir »unrechtes Tun« auf dreierlei Art definieren: Handeln im Widerspruch zu den Gesetzen der Gesellschaft mag vielleicht kurzfristig materielle Vorteile einbringen. Handeln im Widerspruch zu den von Gott offenbarten Gesetzen wie etwa den Zehn Geboten ist meistens von Schuldgefühlen und inneren Konflikten begleitet, bringt jedoch unter Umständen ebenfalls materielle Vorteile mit sich. Ein Handeln aber, bei dem das Wirkliche mit dem Unwirklichen verwechselt wird, entspringt der mangelnden Identifikation mit Gott, der in uns wohnt. Sai Baba führt gern ein

Gleichnis an, um diese dritte Auffassung vom unrechten Tun für uns verständlicher zu machen. Im Halbdunkel (der Unwissenheit oder Verwirrung) hält man leicht ein Stück Seil irrtümlich für eine Schlange. Dann handelt man unangemessen (aus Böswilligkeit oder Angst). Entzündet man ein Licht (durch Suche nach Wahrheit), sieht man, daß es keine Schlange, sondern ein Seil ist, und kann angemessen handeln (erkennen, wer man wirklich ist). Da nichts sonst existiert, löst der Verlust der Identität mit Gott ein Gefühl der Sinnlosigkeit aus, der seelischen Verzweiflung.

Infolge der Veränderungen, denen die Menschheit in dieser Zeit unterworfen ist, hat sich die dritte Form unrechten Tuns durchgesetzt. Da dem so ist, werden wir einander helfen müssen, uns die Wahrheit wieder bewußtzumachen, die wir vielleicht flüchtig erkannt haben, um uns gleich darauf von ihr abzuwenden, denn die Folgen dieser Art von unrechtem Tun sind psychologisch verheerend. Viele Verirrte nehmen ihre Zuflucht zu Drogen, um für einen Augenblick mitten in der Sinnlosigkeit, die sie empfinden, die Wahrheit zu erfahren, und sie zerstören in ihrem verzweifelten Bemühen, der Seligkeit wieder teilhaftig zu werden, ihr Leben.

Das verkörperte Selbst, das Seelenselbst und das wahre Selbst

In der Findhorn-Gemeinschaft ist die Ansicht weit verbreitet, in der Identität von Körper und Seele bestehe eine Trennung. Wenn wir von Leben reden, meinen wir drei Aspekte, als handle es sich um verschiedene »Frequenzen«: das individuelle Leben im Körper; das »Leben« der Seele, die einzelne Verkörperungen als Mittel benutzt, zur Selbsterkenntnis zu gelangen; und das »ewige Leben«, zu dessen Erfahrung die Seele sich aufgemacht hat – die universelle, ewig wandellose, zeitlose Essenz, das Göttliche.

Sobald wir begriffen haben, daß das, was wir für Materie halten, die Art und Weise ist, in der unsere Sinnesorgane unseren Erfahrungsbereich eingrenzen, können wir den Gedanken an eine immaterielle Seele, die immer wieder in die stoffliche Welt eintritt, viel leichter verstehen. Die mittelalterliche Vorstellung von einer Seele, die nur einmal in einen Körper eingeht und dann aufgrund dieses einen Lebens für alle Ewigkeit gen Himmel, zur Hölle oder ins Fegefeuer fährt, erscheint wirklich naiv. Die Idee der Reinkarnation ist ein Kerngedanke des Hinduismus und auch im frühen Christentum geläufig gewesen. Der Weg zur Selbsterkenntnis liefert zu viele Beweise für frühere Existenzen in Menschengestalt, als daß sie leicht von der Hand zu weisen wäre. Der einzelne Mensch ist sich seiner früheren Existenzen im allgemeinen kaum oder gar nicht bewußt, aber auf dem inneren Weg bieten sich Gelegenheiten, die Erinnerung an solche Verkörperungen zu beleben, wodurch zum Beispiel auch Blockierungen im gegenwärtigen Leben aufgelöst werden können. Derartige Erinnerungen haben sogar schon als Stoff für historische Romane gedient und sind in tiefer Hypnose einem jeden zugänglich.

Wenn wir uns rückerinnern können, wird uns bewußt, daß wir nicht nur unsere jetzige Identität haben, sondern eine in der Entwicklung begriffene Seele besitzen, die durch viele Inkarnationen hindurch innerhalb der materiellen Frequenzen der Sinnesorgane aktiv ist und vom Gesetz von Ursache und Wirkung (Karma) lernt. Die Folgen unseres unrechten Tuns aus Unwissenheit kehren als Lektionen wieder und geben uns die Chance, einen anderen Weg zu beschreiten. Das eine oder andere Mal haben wir alle ein Leben geführt, das sich in der Illusion unmittelbarer Genußbefriedigung verlor oder von den Energien niederer Leidenschaften beherrscht wurde. Wer ein Problem hatte und es lösen konnte, hat meist viel mehr Verständnis für jemanden, der sich gerade mit einer ähnlichen Schwierigkeit herumschlägt. Wenn wir begreifen, daß wir als Seelen nicht bloß Heilige, sondern auch Sünder waren, können wir auf einer höheren Stufe denen Mitleid entgegenbringen, die noch immer in Verwirrung leben. In der Findhorn-Gemeinschaft wird von niemandem verlangt, an die Reinkarnation zu glauben, um Mitglied zu werden oder uns besuchen zu dürfen; wir haben kaum Dogmen Aber die Leute werden gebeten, im eigenen Innern nach Gott zu suchen. Wenn sich ihr Bewußtsein geweitet hat, erleben sie im allgemeinen etwas von ihrem »Seelenselbst« und dessen früheren Verkörperungen. Es besteht jedoch kein Anlaß, sich übermäßig der Vergangenheit zu widmen, wenn die Gegenwart so aufregend ist, oder sich mit Teilstücken zu befassen, wenn das Ganze vor einem liegt.

Der »Homo divinus«

Mit der Erkenntnis, daß Gott in uns wohnt als wahres Selbst, allgegenwärtig und seinem Wesen nach die Liebe selbst, daß der Sinn des Lebens die bewußte Wiedervereinigung der Seele mit dieser Wahrheit ist, daß die stoffliche Wirklichkeit dieser Welt die Bühne für das Drama ist, das sich unaufhörlich abspielt – dann wird das Leben ebenso wie Tod und Leid ganz anders wahrgenommen, als wenn wir die materielle Welt der Sinne für Wirklichkeit halten. Der Tod bringt nur eine bestimmte Szene des Dramas zum Abschluß, während die Geburt den Vorhang für die nächste Szene öffnet. Leiden ist die Folge davon, daß wir die Welt der Erscheinungen als Realität auffassen, und Mitleid äußert sich darin, daß wir anderen auf ihrem Weg zur Wahrheit beistehen. So gesehen ist das Leben ein wunderbares, sich ständig wandelndes Abenteuer, und man kann von grenzenloser innerer Glückseligkeit und Frieden erfüllt sein. Selbst Menschen, die diesen Zustand erst andeutungsweise erreicht haben, finden ihr Leben interessanter und freudvoller, machen sich weniger Sorgen und sind mehr um andere bemüht, wie wir festgestellt haben.

Zusammenfassend können wir dieses Kapitel nun mit der Charakterisierung zweier Arten von Leuten schließen. Die einen suchen Erfüllung in der äußeren Welt, entweder in ihrem Tun oder in dem, was sie besitzen. Sie empfinden sich als begrenzte Menschen mit Bedürfnissen, die befriedigt werden müssen, damit sie glücklich sein können. Wenn sie nicht bekommen, was sie zu brauchen glauben, wenn ihnen etwas genommen wird oder ihre Leistung kritisiert wird, sind sie unglücklich. Stärke hängt für sie mit Aggression und Dominanz zusammen. Was sie unternehmen, geschieht in der Absicht, die Kontrolle über ihre Umgebung zu erlangen oder sich dagegen zu verteidigen. Wenn sie religiös sind, glauben sie an einen Gott außerhalb ihrer selbst, der ihre Lebensführung durch Moralgesetze bestimmt, die er aufgestellt hat. Viele finden in der äußeren Welt nicht die erwartete Befriedigung, sie sind frustriert und werden manchmal bitter. Das sind die nach außen gerichteten Menschen, typisch für die Zivilisation, die wir hinter uns lassen wollen.

Bei den anderen baut sich das Leben auf die Erkenntnis der inneren göttlichen Wahrheit auf. Sie betrachten ihre Bedürfnisse als unerheblich und das, was sie besitzen, als zweitrangig; die Welt der Erfahrungen ist ihnen ein Spiegel, der ihnen zeigt, was sie brauchen, um sich innerlich zu verwandeln und herauszufinden, wer sie wirklich sind. Sobald sie neue Seiten an sich entdeckt haben, teilen sie diese begeistert mit anderen. Ihnen erscheint das Leben erfüllt und spannend, nur macht ihnen manchmal ihre Ungeduld zu schaffen, weil sie sich der Kluft zwischen ihrem gegenwärtigen Zustand und dem, wohin sie zu gehen hoffen, allzusehr bewußt sind. Sie beziehen ihre Stärke aus der Ruhe und der Klarheit ihrer inneren Schau. Die Dinge der materiellen Welt sind für sie lediglich ein Mittel zum Zweck, aber kein Selbstzweck. Ihre Religiosität ist nach innen gerichtet und kontemplativ; sie neigen dazu, sich transzendente innere Räume zu erschließen, und versuchen die Erfahrungen, die sie auf diese Weise machen, durch ihr Verhalten anderen deutlich zu machen. Diese nach innen gerichteten Menschen entwickeln die notwendigen Eigenschaften für eine neue menschliche Zivilisation, die an die Stelle der jetzigen treten muß. In der Findhorn-Gemeinschaft arbeiten wir an der Entwicklung solcher Menschen. Sie werden immer zahlreicher werden und schließlich vorherrschen. Aus ihnen wird der *Homo divinus* hervorgehen.

In deutscher Übersetzung erschienene Bücher von Eileen Caddy

Spuren auf dem Weg zum Licht (Greuth Hof Verlag 1983), *Worte des Lebens* (Opal Verlag 1987), *Findhorn – Zentrum des Lichts* (Arbor Verlag 1983), *Morgen der Veränderung* (Greuth Hof Verlag 1987), *Gott sprach zu mir* (Greuth Hof Verlag 1988), *Flug in die innere Freiheit* (Greuth Hof Verlag 1988), *Herzenstüren öffnen* (Greuth Hof Verlag 1989).

Findhorn-Gemeinschaft: Versammlung in der Universal Hall

3

Die Notwendigkeit der Wandlung

Des Kindes Fuß weiß noch nicht, daß er Fuß ist
und möchte Schmetterling oder Apfel sein.

Dann aber, Scheiben und Steine,
die Straßen, die Treppen,
und die Wege der harten Erde
lehren den Fuß, daß er nicht fliegen kann,
daß er keine Frucht sein kann, rund an einem
Zweig.
Der Fuß des Kindes wurde
somit besiegt, fiel
in der Schlacht,
wurde Gefangener,
verurteilt, in einem Schuh zu leben.

Nach und nach, ohne Licht,
lernte er die Welt auf seine Art kennen,
ohne den andern Fuß zu kennen, der eingesperrt
das Leben erforschte wie ein Blinder.

Pablo Neruda

Die Frustration des Menschen in einer materialistischen Gesellschaft

Ein Gesellschaftssystem mit Wertvorstellungen, die den Erfolg an der Fähigkeit des einzelnen messen, an die Spitze zu kommen, beruht offensichtlich auf einem Paradox. Es gibt nur eine gewisse Anzahl von Positionen mit Reichtum, Macht und Einfluß. Wie klug, ehrgeizig oder tüchtig die Menschen auch sein mögen, es kann einfach nicht jeder eine Führungsposition in Politik oder Wirtschaft einnehmen. Die Tatsache, daß die meisten Leute die »Spitze« nicht erreichen, hat nichts mit ihren jeweiligen Fähigkeiten zu tun, sondern spiegelt nur die Realität des Gesellschaftsgefüges wider. Eine Ideologie zu akzeptieren, die sich auf einen solchen Widerspruch gründet, muß notwendigerweise zu Frustration führen. Einige haben gewisse Erfolge und halten sich anderen für überlegen. Andere beklagen ihr Los als weniger vom Schicksal begünstigte Menschen. Manche versuchen auszusteigen und flüchten sich in Drogenträume oder in die endlose, sinnlose Beobachtung dessen, was andere – meist Phantasiegestalten – tun, die das Fernsehen ihnen vorsetzt. Wieder andere versuchen ihre enttäuschten Hoffnungen auf unredliche Weise doch noch zu erfüllen und in Verbrecherkreisen zu Rang und Namen zu kommen.

In sozialistischen Gesellschaften hat sich die Vision des »wahren Kommunismus« als unfähig erwiesen, genug Idealismus für gemeinsames Handeln zu aktivieren, außer für kurze Zeitspannen, in denen materiell begründeter Ärger über die alte Ordnung aufschäumte. Eine Welt propagandistischer Heuchelei ist entstanden, die die Leute nur noch mit Zynismus ertragen können. Jetzt rufen die Führer der Sowjetunion zur geistigen Erneuerung auf. Michail Gorbatschow hat einmal seine Vision vom Sozialismus mit einem »Tempel auf einem grünen Hügel« verglichen; mittlerweile ist die gesamte Fassade des »sozialistischen« Osteuropa wie ein Kartenhaus zusammengefallen. Weder der sozialistische noch der kapitalistische Materialismus hat den Menschen wirklich Befriedigung verschafft.

Es läßt sich ebensowenig behaupten, daß diejenigen, die innerhalb unserer derzeitigen Sozialstrukturen zu größtem Wohlstand gelangt sind, darin Erfüllung gefunden hätten. Ein neues Auto macht Freude, aber nicht für immer. Die Freude am zweiten neuen Auto hält schon nicht mehr so lange an. Genauso verhält es sich mit materiellen Gütern generell; die anfängliche Freude daran verliert sich bald. Natürlich ist es angenehm, keine materiellen Sorgen zu haben. Die Freudlosigkeit der Reichen aber ist ein weites Betätigungsfeld für Psychotherapeuten. Der Traum vom materiellen Wohlstand war ein wirkungsvoller Anreiz, der Wünsche primitivster Art geweckt hat, aber seine Erfüllung hat viel zu wünschen übriggelassen.

Angesichts der Dimensionen, die die moderne Gesellschaft in ihren grenzüberschreitenden Formen angenommen hat, empfinden immer mehr Menschen Hilflosigkeit und Frustration. Wohnungsbauprojekte für Massen erschließen unvorstellbar reizlose Lebensräume. Kein Wunder, daß die Leute von Psychosen und anderen seelischen Erkrankungen befallen werden, sich in sich selbst zurückziehen oder ausflippen oder daß sie ihre Bitterkeit an denen in ihrer Umgebung auslassen, die anders sind als sie selbst. Rassismus, religiöser und nationalistischer Fanatismus, Gewalt auf Fußballplätzen und Rowdytum, das alles ist symptomatisch für das Gefühl der Ohnmacht, das sich unter bestimmten Umständen auch in extremistischen politischen Bewegungen Luft macht. Demokratische Rechte bleiben meist auf die gelegentliche Wahl von immer gesichtsloseren Repräsentanten beschränkt, die selbst noch weit von den Schalthebeln der Macht entfernt sind. Verschiedene moderne Richtungen der Psychologie haben zahlreiche Techniken zur Förderung von Wachstum und Selbstentfaltung entwickelt, aber diese Methoden werden nur allzuoft in dem vergeblichen Bemühen angewandt, den Menschen bei der Anpassung an Lebensweisen mit Wertvorstellungen zu helfen, die von Grund auf unbefriedigend sind.

Diese Art von Lebensstil, der den Menschen sich selbst entfremdet und zumeist der Ausdruck tiefer sozialer Krisen ist, wird sich kaum so abwandeln lassen, daß er dem Menschen Zufriedenheit bringt. Der einzelne kann einen solchen Zustand am besten dadurch überwinden, daß er den einen Ursprung, das in uns wohnende Göttliche, die göttliche Wirklichkeit, die allen Gestaltungen zugrunde liegt und in jedem von uns gegenwärtig ist, sucht und Verbindung mit ihm aufnimmt. Dann wird das Leben sinnvoll, die Kräfte nehmen zu, und man vermag in jeder sozialen Lage wirkungsvoll zu handeln. In der Findhorn-Gemeinschaft sehen wir unsere Aufgabe darin, diese Wandlung zu erforschen. Auf diese Weise können wir Menschen bei ihrem Überwechseln von einer Weltanschauung, die der Situation des Erdballs inzwischen unangemessen ist, zu einer anderen helfen, die sowohl für den einzelnen befriedigend ist, als auch die Grundlage für größere soziale Veränderungen schafft, die unsere Zivilisation braucht.

Die folgende Weisung, die mir für den Workshop mit einer Gruppe übermittelt wurde, verdeutlicht diese Ideen:

> Meine Geliebten,
> ihr seid im Licht, und das Licht ist in euch. Wenn ihr in ein dunkles Zimmer geht, tappt ihr nicht im Dunkeln herum und versucht, herauszufinden, wie groß der Raum ist und was darin ist. Natürlich schaltet ihr das Licht an.
>
> Das Leben ist ein wenig wie das dunkle Zimmer. Ihr könnt unendlich viel Zeit damit verbringen, im Dunkeln herumzutappen und euch zurechtzufinden versuchen – wobei ihr über alles mögliche stolpert und euch Beulen und blaue Flecken zuzieht. Warum schaltet ihr nicht das Licht an, damit ihr sehen könnt, wie das Zimmer beschaffen ist und was es darin zu tun gibt?
>
> Das Licht leuchtet auf euch herab. Das Licht ist in euch. Zuerst müßt ihr vielleicht den Schalter bedienen, aber ihr könnt auch lernen, das Licht in eurem Innern einzuschalten. Dann leuchtet ihr selbst. Wenn ihr leuchtet, finden andere Menschen, die im Dunkeln herumtasten, bei euch Trost. Sie können ihren Weg deutlicher sehen. Manchen wird vielleicht klar, daß auch sie

ein inneres Licht haben, das sie einschalten können. Indem ihr euch selbst helft im Leben und euer Licht leuchten laßt, helft ihr folglich auch anderen.

Um euer Licht hell leuchten zu lassen, müßt ihr euch an den Strom anschließen. Die Stromquelle ist ebenfalls in euch, und sie verbindet euch mit dem Kraftwerk. Auf das Leben übertragen, ist das Kraftwerk die gesamte Schöpfung, die vor Energie und Schwingungen nur so summt und brummt. Wenn ihr die entsprechenden Verbindungen herstellt, leuchtet euer Licht auf. All die vielen Lichter werden vom gleichen Strom gespeist, der in euch, um euch herum, über euch und unter euch fließt. Der Strom liegt all den Lichtern zugrunde und gibt ihnen einen Sinn. Was würde denn eine Lichtquelle nützen ohne die Energie, die sie zum Leuchten bringt?

Ein Leben ohne Licht ist wirklich eine heikle Angelegenheit. Den einen Augenblick ertastet eure Hand vielleicht etwas Schönes. Im nächsten stoßt ihr euch womöglich an einem scharfkantigen Gegenstand und verletzt euch. Es mag ja eine Menge Landkarten und Ratschläge geben, wie man sich in der Dunkelheit zurechtfinden kann, aber sie sind letztlich alle nicht zu gebrauchen, da es unmöglich ist, sich zu orientieren. Im Grunde ist es viel einfacher, das Licht anzuschalten, nur denken die meisten von euch nie daran. Manch einer unter euch hat sogar Angst vor dem, was er sehen könnte.

Dabei ist der Raum des Lebens wundervoll, ein wahres Schatzhaus der Schönheit und Vielfalt. Mit Hilfe des Lichts in euch könnt ihr es euch darin wohl ergehen lassen. Überdies ist der Raum sehr groß. Es gibt lange Wege darin und Steilhänge zum Klettern. Doch mit Hilfe des Lichts werdet ihr sehen, daß es sich lohnt, die Wege zu beschreiten, und daß es die Mühe wert ist, zu klettern, denn was euch erwartet, ist wahrlich unglaublich schön.

Ihr seid das Licht der Welt. Die Zeit ist gekommen, in der jeder entdecken wird, daß er ein Licht in sich trägt, und lernen wird, es einzuschalten. Wenn ein Licht leuchten soll, müssen natürlich die nötigen Leitungen gelegt werden. Handwerker werden kommen, die wissen, wie man die Dinge miteinander vernetzt, so daß alle Lichter sofort angehen. Ihr seid ein wenig den Handwerkern vergleichbar, die den Platz für das Aufleuchten vorbereiten.

Die Erde wird der Platz sein, wo das Aufleuchten stattfindet; ihr seid demnach die Handwerker, die den Völkern der Erde das Anschalten ermöglichen. Die Menschheit hat lange genug Erfahrungen sammeln können, wie es ist, wenn man im Dunkeln herumtappt; jetzt werden die Kabel für das große Einschalten verlegt. Um die vor euch liegende Arbeit sehen zu können, müßt ihr euch erst selbst an die Energiequelle anschließen.

Wenn die Lichter angehen, werden viele Menschen geblendet sein. Sie werden dunkle Winkel suchen, in denen sie sich verstecken können. Aber wenn der Hauptschalter umgelegt wird, muß sich jeder an das Licht gewöhnen, und dann werden viele Leute Hilfe brauchen. Auch das ist eure Aufgabe. Ihr sorgt nicht nur für das Licht, sondern ihr helft auch den anderen dabei, sich daran zu gewöhnen. Das ist euer Kundendienst.

Habt keine Angst, sondern entzündet das Licht in euch selbst, und laßt es heller leuchten. Ich bin bei euch, Ich stehe euch bei und segne euch. Mir untersteht das Kraftwerk, aber Ich bin auch das Licht in euch. Im Grunde bin Ich das ganze Geschehen. Es lohnt sich, Mir immer näher zu kommen. Die Menschen haben viele Namen für Mich, und Ich freue Mich über jeden von euch, der das Licht finden will.

Habt Vertrauen, Selbstvertrauen. Lernt sehen. Seid gesegnet.

Um das Channelling, die Fähigkeit, innere Weisungen zu empfangen, hat es viel Geheimniskrämerei und Gerede gegeben, dabei ist die Technik leicht zu lernen und bei einiger Übung allen verfügbar, die sich nach innen wenden, um die unaufhörlich strömende Energie Gottes für die Kommunikation zu nutzen. Das »Zungenreden« war unter den frühchristlichen Aposteln gang und gäbe, und auch der Koran und andere heilige Schriften sind durch solche Übertragungen zustande gekommen.

Die Wandlung der »menschlichen Natur«

Wenn wir uns wandeln und lernen, von innen heraus zu wirken, ist die traditionelle Moral der Außenwelt nicht länger das Maß für unser Handeln, sondern eine Richtschnur dafür, ob unser Lauschen nach innen von Erfolg gekrönt ist. Denn sobald wir beginnen, »von innen nach außen« zu leben und zu arbeiten, stoßen wir auch schon auf die alten Denk- und Verhaltensmuster, mit denen wir so lange gelebt haben und die uns bestens vertraut sind. Sie lassen sich zusammenfassen zu dem, was wir unsere Persönlichkeit oder unser alltägliches Selbst nennen. Die Wandlung dieses alltäglichen Selbst zum wahren SELBST ist die Herausforderung, die der neuen Spiritualität innewohnt. Diese Wandlung erfordert Zartgefühl und Liebe, aber sie ist unumgänglich. Manche Suchende machen vielleicht eine überwältigende Erfahrung dessen, was es heißt, wirklich zu sein, aber solche Einblicke sind zwar hochmotivierend, währen jedoch im allgemeinen nur kurz. Die Aufgabe bleibt bestehen, dem Erlebnis eine konkrete Form zu geben, eine Identität und einen Lebensstil zu finden, worin es zum Ausdruck kommt. Darum müssen wir alle innerlich an uns arbeiten und brauchen inneren Beistand und Unterweisung. In der Findhorn-Gemeinschaft helfen wir einander und bedienen uns verschiedenster Techniken, darunter Therapie- und Selbstentfaltungs-Workshops sowie solche Techniken, die wir selbst entwickelt haben, um auf unserem Weg voranzukommen. Unser Ziel ist nicht die Anpassung an das Vorhandene, sondern wir wollen es jedem leichter machen, die

Wahrheit hinter den Erscheinungen zu erkennen und aus dieser Erkenntnis heraus leben.

Eine der Voraussetzungen für die Entwicklung des Menschen ist der Gebrauch von Überlebensstrategien. Bei unserer Geburt sind wir unschuldig und von bedingungsloser Liebe erfüllt, aber hilflos und unfähig, für uns selbst zu sorgen oder etwas anderes mitzuteilen als unsere Grundbedürfnisse. Die Liebe, die wir von anderen empfangen, ist allerdings keineswegs bedingungslos. In sie mischen sich die Vorstellungen unserer Eltern, wie wir sein sollten. Daraufhin verändert sich auch die bedingungslose Liebe des Kindes. Die Dialektik, die sich aus dieser Interaktion ergibt, macht die innere Dynamik der Persönlichkeitsentwicklung aus. Sind die Anforderungen an ein Kind so hoch, daß es ihnen nicht gerecht werden kann, wird es unter Umständen von einem enttäuschten Elternteil mißhandelt und stirbt. Ein Kind, das nicht weinen darf oder immer nur ein süßes kleines Ding sein soll, entwickelt vielleicht eine verkrüppelte Persönlichkeit und leidet als erwachsener Mensch womöglich unter Frustration und Wutgefühlen. Aber einmal abgesehen von solchen Extremen hat jeder von uns als kleines Kind Strategien entwickeln müssen, um mit den oft unverständlichen Anforderungen aus der Welt der Erwachsenen fertig zu werden.

Viele dieser Strategien, die aus der frühesten Kindheit stammen, in der wir noch nicht sprechen konnten, werden unbewußt beibehalten und prägen die sich entfaltende Persönlichkeit. Dabei handelt es sich beispielsweise nicht nur um das Gefühl, nicht geliebt zu werden. Kleine Kinder bringen es in ihrer Unschuld fertig, Ungeliebtheit als Liebe anzusehen, und suchen infolgedessen ihr Leben lang die Zurückweisung, die sie von ihren Eltern erfahren haben. Das ist das einzige, was ihnen Befriedigung gewährt, obwohl sie als Erwachsene schließlich nur merken, daß mit ihren Beziehungen etwas »schiefgeht«. Andere wieder, die ihren Eltern um jeden Preis alles recht machen wollten, fühlen sich später unter Umständen nur bestätigt, wenn sie tun, was andere von ihnen verlangen. Sobald sie herauszubekommen versuchen, wer sie wirklich sind, befällt sie größte Angst, als bliebe nichts mehr von ihnen übrig.

Während wir von Säuglingen zu Kindern heranwachsen, unterscheiden und verdeutlichen sich die Wünsche – Liebe und Nahrung – in unserem in der Entfaltung begriffenen Bewußtsein: Wir wollen Süßigkeiten, wir klammern uns an Mami usw. Wir übernehmen von unseren Eltern und anderen Menschen, die für uns von Bedeutung sind, die Vorstellungen von Befriedigung, die in unserer Kultur vorherrschen. Sie *erscheinen* uns gar nicht fremd; wir glauben, es liege nur an uns, daß wir etwas mögen oder nicht mögen, daß uns etwas Vergnügen bereitet oder schmerzt. Vieles von unserem Selbstbild – unserer Selbsteinschätzung, unserem Selbstvertrauen, unserer Aggressivität und Unsicherheit – ist im Grunde eine Übernahme der Ansichten anderer Menschen, die wir schon akzeptiert haben, ehe wir dazu fähig waren, sie zu bewerten. Wir Erwachsenen finden vielleicht Trost in dem Glauben an einen Gott, der unsere Sünden vergibt; vielleicht befleißigen wir uns einer sittenstrengen Lebensweise, um all unsere Enttäuschung und unsere aufgestaute Wut unter Kontrolle zu halten; oder wir benutzen unseren Verstand, um Ausreden dafür zu finden, warum wir uns so und nicht anders verhalten. Aber letzten Endes rebellieren wir nur gegen ein *fremdes* Selbstbild, das wir unbewußt als unser eigenes übernommen haben. So kommen wir über die Runden, passen uns mit mehr oder weniger Erfolg an die gewaltigen Veränderungen ringsum an und führen ein Leben voller Freuden und Leiden, Befriedigungen und Enttäuschungen, während unsere Überlebensmechanismen ständig aktiviert und reaktiviert werden.

Allerdings schlummert in unserer Persönlichkeit eine tiefe Sehnsucht – die Psychologen nennen sie auch »Neugier« oder »Entdeckungstrieb« –, die Wurzel aller oben beschriebenen Strategien. Eine solche Sehnsucht kann zum Beispiel einem zwanghaften Erwerbsstreben zugrunde liegen, wird aber nie dadurch gestillt. All das will ich haben: Frauen, Männer, Autos, eine Jacht, Ordnung, Freiheit, Genuß, Spannung, Beachtung usw. An ihrer Wurzel liegt das Sehnen. Es liegt ihnen allen zugrunde. Aber wonach ich mich eigentlich sehne, ist zu wissen, wer ich bin. Am Ende gebe ich mich mit nichts anderem mehr zufrieden. Entweder sterbe ich enttäuscht, und die Suche geht weiter, oder erfüllt, eins mit dem göttlichen Ursprung. Eileens innere Stimme sagt:

> Wenn du dein Bewußtsein erhebst und dein Einssein mit Mir erkennst, gibt es keine Dualität mehr. Die Liebe durchfließt dich mit immer größerer Kraft, und du siehst nur das Vollkommene und Gute in allem.
>
> Wie nötig ist es, daß du dies tust. Verstehe *wirklich*, daß die Menschheit nach Meinem Ebenbild erschaffen wurde und deshalb vollkommen ist. Wenn Ich *dein* Vater bin, bin Ich Vater – Mutter – Gott der *ganzen* Menschheit.
>
> Nimm diese Erkenntnis an.
>
> (*Gott sprach zu mir*, S. 138)

Diese tiefe Sehnsucht anzuerkennen macht eine Persönlichkeitswende erforderlich von dem Selbstgefühl, das wir uns im Verlauf unserer psychischen Entwicklung angeeignet haben, auf unser innerstes Wesen hin – zu dem hin, der wir wirklich sind. Das ist der Grund, warum die Findhorn-Gemeinschaft da ist und warum sie so erfolgreich ist. Denn jeder kann eine solche Wende vollziehen, ob reich oder arm, intellektuell oder praktisch veranlagt, kompliziert oder einfach, gläubig oder ungläubig, welcher Nationalität oder Religion er auch angehören mag. Und während sich der Wechsel vollzieht, wird das große »Ich-will«, der Vater aller anderen Wünsche, allmählich zufriedengestellt und das Leben spannend und erfüllt. Sowie die Wende gemacht ist, verringern sich die Probleme der Entfremdung und Ohnmacht. Wir werden ruhiger, stärker, klarer. Unsere Frustrationen verlieren sich, wir werden bescheidener und weniger zwanghaft. Eine ruhigere, liebevollere, bewußtere und besonnenere Persönlichkeit kommt zum Vorschein. Es ist ein einfacher, aber sehr wirkungsvoller Vorgang.

Auf die Gesellschaft übertragen, ist dieser Vorgang der »Paradigmenwechsel«, den die Menschheit vornehmen muß, um die Probleme zu bewältigen, mit denen wir überhäuft sind. Aber nicht nur die erfolgreiche Bewältigung dieser Aufgabe gewährt Befriedigung. Der Veränderungsversuch selbst sorgt für ein erfülltes Leben. Weit davon entfernt, einer entmutigenden Wirklichkeit zu entfliehen, widmen wir uns engagiert dem Leben, weil es so interessant ist. Es gibt soviel zu tun, und es zu tun ist ausgesprochen spannend!

In der Findhorn-Gemeinschaft leben wir ohne große Hektik in einer herrlichen Umgebung, aber wir sind vielbeschäftigte Leute. Die Tage sind immer zu kurz. Eine Beziehung zur inneren Wirklichkeit aufzubauen bedeutet, ein neues Verhältnis zu allem zu gewinnen, was wir kennen, es mit neuen Augen zu betrachten, mit immer mehr Liebe und Mitgefühl und ohne gleich zu urteilen. Auf unserer Reise zum Selbst sind uns zwei Arten von Techniken nützlich. Die erste Art ist der inneren Entwicklung förderlich und hat im allgemeinen meditativen Charakter. »*Sei still*«, sagte die Stimme zu Eileen, »und wisse, daß Ich Gott bin.« Solche Techniken, die auch für einfache Gruppenarbeit geeignet sind, erleichtern uns die Reise nach innen zu unserem »höheren« Selbst. Im Gegensatz zur landläufigen Meinung sind sie weder schwierig noch anstrengend, und sie brauchen auch nicht stundenlang hintereinander ausgeführt zu werden. Ihr Zweck ist die Hinführung zur Erkenntnis der Liebe im Innern. Die Entscheidung, sich tiefergehend auf Meditationstechniken einzulassen, bleibt dem einzelnen überlassen und wird meist erst dann getroffen, wenn man selbst erkennt, welchen Nutzen sie haben. Wendet man sich nur auf Anraten anderer solchen Techniken zu, entsteht ein innerer Konflikt, der sich beim Stillwerden bemerkbar macht. Innere Disziplin ist nur ein Mittel zum Zweck und kein Selbstzweck, aber sie muß geübt werden. Insofern unterscheidet sie sich nicht von der Disziplin, mit der man in anderen Dingen zur Meisterschaft gelangt. Ohne Übung kann man weder Musiker noch Arzt, noch Zimmermann sein. Warum sollte die höchste Kunst keine Beherrschung erfordern?

Die zweite Art von Techniken erweist sich als nützlich, wenn wir festsitzen, wenn wir Angst haben, das Alte fahrenzulassen. Hierzu gehören die verschiedenen therapeutischen Praktiken. Uns von der Findhorn-Gemeinschaft ist alles recht, was funktioniert, und meist stehen eine Menge qualifizierter Fachleute zur Verfügung. Doch auch diese Übungen sind nur Mittel und nicht Zweck. Die Gemeinschaft ist kein Therapiezentrum, und Psychotherapie ist kein Allheilmittel für die mißliche Lage des Menschen. Unser Ziel ist, die Blockierungen abzubauen, die uns von unserer wahren Identität fernhalten, und nicht etwa, so schnell und effektiv wie möglich selbstsüchtig zu werden. Wir halten keine Nabelschau, sondern wollen die Liebe finden, die in uns lebendig ist, und uns dafür öffnen, sie in immer größerem Maß in uns aufzunehmen. Die Herausforderung besteht darin, sie zu *üben*. Liebe vorzutäuschen, wenn gar kein solches Gefühl da ist, ist die größte Heuchelei. Wenn wir merken, daß wir keine Liebe empfinden, wäre es vernünftig, zu untersuchen, wodurch die Liebe blockiert wird, und eine entsprechende Technik zur Auflösung der Blockierung anzuwenden. Auf diese Weise kann die psychologische Persönlichkeitsstruktur Schritt für Schritt verbessert werden.

Der Verstand: nicht Herr, sondern Diener

Was wir bei dem Prozeß der Persönlichkeitsumstrukturierung »von innen nach außen« ebenfalls neu überdenken müssen, ist unsere Einstellung zum Verstand. Das logische Denken ist der Mechanismus, durch den wir lernen, die Welt mit ihren Rätseln zu ordnen. Es ist das Grundwerkzeug zum Verständnis von Erfahrungen innerhalb der Erscheinungswelt. Indem wir vorauszusagen lernen, was geschehen wird, wenn wir handeln, gewinnen wir ein gewisses Maß an Kontrolle über unsere Umgebung. Aber der Verstand wird schnell vom Diener zum Tyrannen. Denn der sich schärfende Verstand versetzt uns nicht nur in die Lage, eine gewisse Kontrolle über die Welt auszuüben, er begrenzt auch, was geschehen »könnte«, durch die Einordnung unserer Wahrnehmungen. »Was nicht sichtbar ist, kann nicht wirklich sein«, sagt er. »Was wir durch unsere Sinne aufnehmen, ist das einzig Wahre.« Wir haben bereits die Objektivität des Weltbildes in Frage gestellt, das unsere Sinne uns vermitteln. Und wir haben von Weisungen, Channelling und der inneren Einkehr zur Erkenntnis der Wirklichkeit gesprochen.

Nichts davon wäre uns von Nutzen, wenn wir uns strikt an die Definition der Welt hielten, die uns der Verstand anbietet. Weder Eileens Weisungen noch die Wunder Sai Babas oder Christi lassen sich logisch erklären.

Um herauszufinden, wer wir sind, müssen wir lernen, unsere Fähigkeit zur Kritik zurückzuhalten, denn sie verläßt sich zu sehr auf unzureichende Definitionen dessen, was wirklich ist. Viele Leute sind in dieser Hinsicht relativ ängstlich. Für sie ist der Verstand dazu da, ihre unbefriedigten unbewußten Wünsche im Zaum zu halten und sie davor zu schützen, verrückt zu werden. Wir wollen unsere Existenz in der Erscheinungswelt auch gar nicht ableugnen. Aber die Welt bestimmt nicht, was Wahrheit ist, sondern bildet den Rahmen, in dessen Grenzen inkarnierte Wesen sich bewegen können. So gesehen ist sie ein ausgezeichnetes Mittel der »Wirklichkeitskontrolle«. Das Verhalten irregeleiteter Menschen strahlt keine Liebe und Weisheit aus, sondern wirkt bedrückend auf sie selbst und andere. Solche Leute haben sich nicht auf die Frequenz der Liebe einstimmen können, sie haben sich nur auf eine andere Ebene der Illusion verirrt.

Der Verstand hat seine Berechtigung, aber nicht zum Begrenzen der Wirklichkeit, sondern als ein Kontrollmechanismus, mittels dessen ein Bezug hergestellt werden kann zwischen Behauptungen und Ergebnissen. Das Wirkungsfeld göttlicher Gnade wie auch intuitiver Formen der Erkenntnissuche ist die mit den Sinnen erfahrbare Welt, in der deren Resultate überprüft werden können. Doch ohne Gnade und Intuition bleibt die Pforte zur Selbsterkenntnis verschlossen.

Früher einmal hatte ich eine sehr rationale sozialwissenschaftliche Einstellung, die mich gegen mein chaotisches Gefühlsleben abschirmte. Erheblich später, als ich mich praktisch mit Hellsehen befaßte, hatte ich große Zweifel, was meine Möglichkeiten betraf, Informationen über andere Menschen zu erhalten, von denen ich nichts wußte, indem ich einfach nach dem Meditieren die Augen schloß und dem freien Lauf ließ, was mir auf die Lippen kam. Und doch geschah es immer wieder, daß ich Dinge über Leute sagte, die ich gar nicht wissen konnte. Mein armes rationales Selbst mußte zugeben, daß seine Definitionen unzureichend waren. Erst nachdem ich mich gründlich vorbereitet hatte, nur vom »Höchsten« ausging und mich stets auf die göttliche Wahrheit berief, begann ich allmählich meiner Intuition zu vertrauen. Ich habe gemerkt, daß ich oftmals lange Sitzungen zur psychologischen Diagnose umgehen kann, indem ich das Grundproblem, durch das die Leute blockiert sind, die mich aufsuchen, direkt intuitiv erfasse.

Die unzähligen »Zufälle«, die bei der Findhorn-Gemeinschaft auftreten, bringen ebenfalls schnell das überhebliche Regiment des Verstandes ins

Wanken. Ein bis zwei Zufälle können ja noch als solche hingenommen werden, aber wenn sie reihenweise auftreten, müssen wir, wenn wir »vernünftig« sind, die Möglichkeit in Erwägung ziehen, daß die »Wirklichkeit« viel flexibler ist, als unser Verstand wahrhaben will.

Ein kleines Diagramm macht dieses Bild der menschlichen Persönlichkeit anschaulich. Das von uns wahrgenommene Selbst – wer wir zu sein glauben – steht im Mittelpunkt. Darunter befinden sich unsere Wünsche oder Triebkräfte, die wir durch therapeutische Methoden aufdecken können. Auf der linken Seite ist unsere Vergangenheit, nicht die unseres gegenwärtigen Lebens, sondern der riesige Erfahrungsbereich früherer Leben. Gelegentlich mag es von Nutzen sein, sich ihrer durch entsprechende Regressionstechniken zu erinnern. Zur Rechten ist unsere Zukunft. Die Zeit ist das beste Medium, um diesen Aspekt unserer selbst zu erkunden, einmal davon abgesehen, daß wir auch durch Astrologen und Hellseher einige Hinweise auf allgemeine Trends und Schwierigkeiten erhalten können. Oben ist unser höheres Selbst – und darüber das göttliche Selbst. Indem wir Verbindung zum höheren Selbst aufnehmen, können wir unsere Wahrnehmungswelt verstehen und unsere Probleme mit neuen Augen sehen. Sich in diese »Aufwärts«-Richtung zu bewegen ist der spirituelle Weg. Keiner der Bereiche, die außerhalb der selbsterlebten Persönlichkeit liegen, des Ego-Selbst, ist für uns direkt einsehbar, und doch sind sie absolut wirklich. Sai Baba sagt: »Du bist drei in einer Person: die eine, die du zu sein glaubst, die eine, die andere in dir sehen, und die eine, die du wirklich bist.« Die Suche nach dieser letzten gibt der Menschheit ihre eigentliche Daseinsberechtigung. Wir können einfach nicht umhin, bis dahin vorzudringen, um mit den ungeheuren Problemen unserer materialistischen, nach außen gerichteten Zivilisation fertig zu werden.

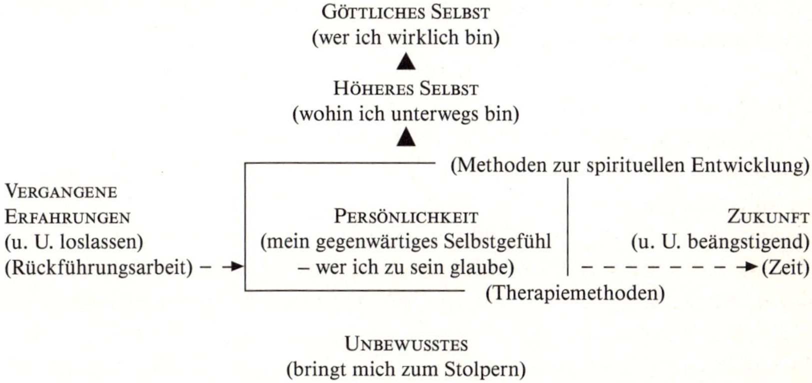

Die Wandlungsenergie

Wenn wir uns eine Kerze anschauen, die in einem verdunkelten Raum brennt, sehen wir ihre Flamme. Aber die Kerze erhellt auch den Raum. Wenn wir auf den Bildschirm eines Computers schauen, sehen wir, was dort geschrieben steht. Aber dieser Bildschirm gibt ebenfalls Energie ab und kann mit dem entsprechenden Gerät auch aus der Ferne »gelesen« werden. Unternehmen fürchten inzwischen, daß ihnen auf diese Weise ihre Geheimnisse gestohlen werden könnten! In beiden Fällen wird Energie abgegeben. Im ersten Beispiel können wir eine Flamme sehen, und wir können in dem ausgestrahlten Licht sehen. Im zweiten Fall können wir zwar sehen, was auf dem Bildschirm ist, nicht jedoch die ausgestrahlte Energie. Bei Röntgenstrahlen sehen wir überhaupt nichts, obwohl die Energie eine Wirkung auf uns hat.

In einem noch größeren Zusammenhang dürfte es uns nicht allzu schwerfallen, uns vorzustellen, daß alles, was wir sind und tun, Energie abgibt. Wenn zum Beispiel jemand verärgert ist, nehmen unsere Sinne wahr, wie er sich verhält, und folgern daraus, daß er verärgert ist. Wir können zwar die Energie nicht sehen, die von ihm ausgeht, aber wir fühlen uns vielleicht unbehaglich und möchten uns da heraushalten; unter Umständen fangen wir selbst an, uns zu ärgern, und reagieren entsprechend. Manchmal sind wir aus unerfindlichen Gründen ärgerlich. Dieser Ärger wird vielleicht ausgelöst durch die Ärgerenergie von jemand anders, den wir nicht sehen können. Psychologen haben große Anstrengungen unternommen, um nachzuweisen, daß solche Wirkungen die ausschließliche Folge wahrnehmbarer Reize sind. Das ist ein bißchen so, als würde man sagen, es sei eben nur die Kerzenflamme da – und sie würde kein Licht verbreiten. Aber wir können bei diesem Licht sehen und folglich nicht ableugnen, daß eine Energie abgestrahlt wird, die eine Wirkung auf uns hat. Daß wir die Energien eines verärgerten Menschen nicht sehen können, heißt weder, daß sie gar nicht da sind, noch, daß sie uns nicht beeinflussen.

Bei einem Atomunfall wie dem von Tschernobyl sehen und fühlen wir zum Zeitpunkt der Katastrophe nichts davon, aber die dabei freigesetzten strahlenden Teilchen werden vom Wind weitergetragen, und ihre Energie wird von unserem Körper aufgenommen. Über kurz oder lang stellen sich, je nach der Dosis, körperliche Beschwerden ein: Depressionen, Übelkeit, Haarausfall, langes Krebssiechtum. Normalerweise können wir die Energien, die von Menschen ausgehen, nicht spüren, und doch haben sie eine Wirkung auf uns, sei es im guten oder schlechten. Sobald wir das begriffen haben, können wir zwei Täuschungen hinter uns lassen. Die erste Täuschung ist die, daß das, was wir tun, lediglich durch praktische Tätigkeiten, die wir ausführen, Worte, die wir von uns geben, und unsere Ausdrucksweise definiert ist. Im Grunde gibt alles, was wir tun, energetische Schwingungen ab, die von anderen aufgefangen werden und sie, zum Teil völlig unabhängig von der normalen Art der Kommunikation, beeinflussen.

Die zweite Täuschung, in der wir befangen sind, ist unser Glaube, daß nichts übermittelt wird, was nicht eigens in einer bestimmten Form ausgedrückt wird. Doch Gedanken, Gefühle und Seinsweisen geben ebenfalls Energien ab. Sie werden von anderen genauso aufgenommen wie radioaktive Strahlen, nur daß wir – wie im Falle der Radioaktivität – keine Sinnesorgane dafür haben, die uns einen unmittelbaren Eindruck von ihnen verschaffen würden. Spirituelle Lehrer raten immer wieder dazu, sich in guter Gesellschaft aufzuhalten und die geistige Verfassung »sauber« zu halten, weil sie wissen, daß negative Energien aufgenommen *werden* und eine Wirkung *haben*. Wenn uns unsere Lebensstrategien ungelöste innere Konflikte beschert haben, werden diese Energien langsam unsere körperliche und geistige Gesundheit untergraben. Sie werden aller Wahrscheinlichkeit nach auch anderen in unserer Umgebung unangenehm auffallen oder auf solche eine Anziehungskraft ausüben, die ähnliche Probleme haben oder Leute suchen, die sie heilen können. Aus einer materialistisch gesinnten Zivilisation gehen viele Menschen mit derartigen Konflikten hervor. Sie sind innerlich frustriert und strahlen diese Energie nach außen ab.

Eine Gruppe von traurigen Menschen strahlt mehr geballte Traurigkeitsenergie ab als ein einziger trauriger Mensch. Ebenso verhält es sich mit einer Gruppe verärgerter Menschen, und genauso mit einer Gruppe von Menschen, die von Liebe erfüllt sind. Die menschlichen Energiewellen breiten sich von ihrer Quelle her aus wie das Licht einer Kerzenflamme. Eine Gruppe von Leuten, die bemüht sind, die innere Wahrheit zu erkennen und zum Ausdruck zu bringen, gibt eine andere Energie ab als eine Gruppe von Leuten, die nach Selbstbefriedigung streben und zu diesem Zweck Besitz anhäufen. Die Energie, die von einer Gruppe von Grund auf glücklicher Menschen ausgeht, wirkt unter Umständen anziehend auf eine Gruppe unglücklicher Menschen, auch wenn sich beide Seiten vielleicht nie begegnen. Hingegen übermitteln die Energien von Leuten, die nur vorgeben, zufrieden zu sein, obwohl sie es gar nicht sind, etwas ganz anderes, als ihr konkretes Verhalten weismachen will.

All das ist ziemlich wichtig, um verstehen zu können, wie sich die grundlegende Wandlung vollzieht, an der unsere Gemeinschaft teilhat. Wir können schildern, was hier praktisch getan worden ist, wer gekommen und gegangen ist, wie die Menschen zusammenleben und wie unzählige Gruppen von Leuten, die hierher kommen, eine Bewußtseinsveränderung erleben. Aber all diese Interaktionen betreffen nur eine kleine Anzahl von Menschen, gemessen beispielsweise an der Zuschauermenge in einem Fußballstadion. Die wahre Bedeutung der Findhorn-Gemeinschaft liegt in den Energien, die sie verbreitet, und in den Energien, die unsere Besucher ausstrahlen. Erfüllte Menschen haben Einfluß auf unerfüllte Menschen, selbst wenn letztere weder zu uns kommen noch jemanden kennenlernen, der bei uns war. Diese Leute wissen gar nichts von der Gemeinschaft, und doch stellt sich bei ihnen allmählich das Gefühl ein, es gäbe etwas Besseres, eine andere Möglichkeit, Hoffnung. Die Leute werden auf die Innenwelt aufmerksam; Ideen kursieren plötzlich, die zuvor nur unter »Eingeweihten« verbreitet waren – etwa, daß das Leben erst einen Sinn erhält, wenn das Göttliche im eigenen Innern gesucht wird.

Kerzenlicht ist vielleicht zu schwach, als daß man dabei sehen könnte; und ein elektrischer Lichtbogen ist so grell, daß wir von ihm geblendet werden. Um gut und ohne Anstrengung sehen zu können, brauchen wir ein Licht, das genau die richtige Helligkeit hat. Manche Leute haben Augen, die sehr helles Licht ertragen können; andere haben schwache Augen und brauchen sanfteres Licht. Ebenso ist vielleicht die von Gestalten wie Jesus Christus oder Sai Baba ausgehende Energie in ihrer Intensität zu stark für viele Menschen, die darauf mit den Worten reagieren könnten: »Sie sind wunderbar, aber anders als ich. *Ich* könnte nicht so sein.« Die Energien, die von einer Gruppe wie der Findhorn-Gemeinschaft ausgehen, sind nicht so stark; sie stammen von erfüllten Menschen, die jedoch nicht vollkommen sind. Die Wirkung ist wie sanftes, angenehmes Licht. Wir müssen darauf achten, daß unsere Ausstrahlung weder so schwach ist, daß andere sie gar nicht wahrnehmen können, noch so stark, daß sie eine persönliche Begegnung verhindert.

Die Findhorn-Gemeinschaft strahlt Energien einer bestimmten Schwingungsfrequenz aus. Wir arbeiten mit anderen Zentren und einzelnen Menschen zusammen, von denen einige »heller« leuchten als wir, andere weniger hell. Wir fühlen uns zu den helleren hingezogen, und die anderen werden von uns angezogen. Auf diese Weise gehören wir zu einem globalen Netzwerk der Energieumwandlung, das sich immer weiter ausbreitet und stetig an Kraft zunimmt. Um beim Symbol des Lichtes zu bleiben, das allen Religionen vertraut ist, nennen wir es »Lichtnetz«.

Wir sind sicher, daß der Platz der Gemeinschaft kein gewöhnlicher ist, von dem aus nur durch unsere persönlichen Energien zur Wandlung aufgerufen wird. Vielmehr befindet sich hier eine Energiequelle, die die von uns ausgehende Energie noch verstärkt, so daß wir als eine Art Sender fungieren. Ein Beweis dafür ist die Art und Weise, wie die Gemeinschaft ins Leben gerufen wurde. Wir nennen diese Quelle oft den »Engel von Findhorn«, und sie ist eine von einer ganzen Reihe von speziellen Energiequellen, die an der Wandlung des Erdballs mitzuwirken scheinen. Davon soll im nächsten Kapitel eingehender die Rede sein. Die in der Gemeinschaft vorherrschende Energie regt uns allem Anschein nach dazu an, uns zu verändern, wovon viele von uns in Anspruch genommen sind. Wir finden das gut und haben es uns so ausgesucht. Wir ziehen im allgemeinen Leute an, für die unser Energiepegel gerade »richtig« ist, aber die Gemeinschaft als Ganzes befindet sich gleichfalls im Wandel, so daß die durch uns wirksam werdende Energie stetig stärker wird.

Wir glauben, daß eine neue Menschheit nicht durch die allmähliche Vervielfachung von Leuten geschaffen wird, die nach einem neuen Lebensstil suchen. Es gibt eine Schwelle, und jenseits dieser Schwelle wird das neue Bewußtsein für jeden einfach »dasein«. Bedeutsam ist in diesem Zusammenhang ein Ereignis im Rahmen eines japanischen zoologischen Versuchs. Bei diesem Versuch, der an einer Reihe verschiedener Orte zum gleichen Zeitpunkt durchgeführt wurde, bekamen Affen, die ein Problem zu lösen verstanden, besseres Futter. Die Forscher beobachteten, daß zuerst ein Affe und dann ein paar Affen aus der näheren Umgebung das vorgegebene Problem zu lösen vermochten. Und auf einmal konnten alle Affen in sämtlichen Landesteilen das Problem lösen, ohne es unmittelbar gelernt zu haben. Die transformatorische Energie des Umlernens hatte im Zusammenhang mit dem gestellten Problem eine »kritische Masse« erreicht. Ab einem bestimmten Punkt war die Lösung einfach allen Affen bekannt. Dieses Forschungsergebnis ist hoffentlich auch ein Hinweis darauf, wie sich die Verwandlung des Menschen auf diesem Planeten vollziehen könnte. Wenn genug Menschen den Weg gefunden haben, »wissen« urplötzlich alle, daß der Sinn des Lebens in der Suche nach dem Göttlichen im eigenen Innern liegt. Das wird die neue Rechtgläubigkeit werden! Die Menschheit wird ihre Probleme lösen können und in gegenseitiger Liebe und Achtung in Einklang miteinander leben und für den Erdball als Ganzes Sorge tragen. Natürlich hoffen wir, daß dies geschieht, ehe die Menschheit unter dem Druck der Probleme begraben ist, die ihre fehlgeleitete Zivilisation geschaffen hat.

In der Findhorn-Gemeinschaft glauben wir fest daran, daß wir noch die Zeit haben, die positive kritische Masse zu erreichen. Das liegt an unserem

Bewußtsein, daß nicht nur wir ein Wort dabei »mitreden«. Göttliche Gnade bewirkt die Veränderung. Wir und viele andere wirken insofern daran mit, daß wir durch unsere persönliche Wandlung an den Wendepunkt gelangen und lernen, die unserer Gemeinschaft zur Verfügung stehende Energie so zu lenken, daß sie sich durch uns in die Welt ergießen kann. Wir leben in einer sehr aufregenden, bemerkenswerten Zeit.

Neue Gemeinschaftsunterkünfte

4

Ein geistiges Symbol für den Westen

Hinter allen Worten ist Schweigen –
hinter allem Handeln ist Stille –
hinter aller Schöpfung ist Frieden.
In diesen Dingen finden wir den GELIEBTEN
und erkennen Seine schöpferische Gegenwart.
Im Rhythmus dieses Tages
wollen wir das Schweigen inmitten der Worte finden,
die Stille inmitten des Handelns,
und den Frieden inmitten der Kreativität.

David Spangler

Die Findhorn-Gemeinschaft: ein praktisches Vorbild der Veränderung

Aufregende Zeiten! Die Menschheit irrt vom Weg ab, eine göttliche Energie greift helfend ein, und schon beginnt sich ein qualitativer Wandel im menschlichen Verhalten abzuzeichnen.

Göttlichkeit in aller Vollkommenheit ins tägliche Leben zu übernehmen ist keine leichte Aufgabe, doch wenn wir uns darum bemühen, erleben wir im allgemeinen drastische Veränderungen in bezug auf unsere Lebensqualität, unsere Zufriedenheit und unser Verständnis für kleine und große Weltereignisse. Wir nehmen eine Neuorientierung in unserem Leben vor, die unmittelbare, konkrete Ergebnisse zeitigt. Das ist bedeutungsvoll, heißt es doch in vielen spirituellen Büchern, solche Veränderungen könnten ohne entsprechende Selbstaufopferung, strenge Disziplin, harte Arbeit und eine totale Weltentsagung nicht stattfinden. Vielleicht haben uns die Anstrengungen früherer Sucher ein Tor geöffnet, durch das wir jetzt mit Gottes Gnade viel leichter voranschreiten können.

In den letzten drei Jahrzehnten haben wir in der Findhorn-Gemeinschaft spirituelle Denkansätze entwickelt, die nicht schwerer zu erwerben sind als andere komplexe Kenntnisse auch. Dabei sind diese Denkansätze dazu angetan, uns auf eine Stufe menschlichen Bewußtseins zu erheben, die uns durch die gegenwärtigen Krisen der Menschheit hindurch auf eine höhere Ebene menschlicher Interaktion führen könnte. Sie könnte uns dazu befähigen, in relativer Harmonie miteinander zu leben und eine positivere Einstellung zur dinglichen Welt um uns herum zu gewinnen. Ein solcher Wandel ist allen Menschen möglich, und zwar *jetzt gleich*. Er könnte den Menschen in aller Welt ein Gefühl für den Sinn und die Ausrichtung ihres Lebens vermitteln, so daß sie die rassische, soziale, religiöse und nationalistische Intoleranz aufgeben und mit der wirtschaftlichen Ausbeutung großen Maßstabs aufhören. Er macht uns bewußt, daß uns das Menschsein gemeinsam ist, und führt zu einem erfüllteren, glücklicheren Leben aller. Ein großer Gewinn bei verhältnismäßig kleinem Einsatz

Skeptiker werden zögern. Ist das nicht bloß ein frommes Gerede, eine idealistische Theorie, ein naiver Selbstbetrug? Woher wissen wir, daß so etwas möglich ist? Den einen Augenblick sprachen wir von drastischen Veränderungen in der Identität des Menschen, und im nächsten wieder von der Leichtigkeit eines solchen Übergangs!

Die Findhorn-Gemeinschaft ist kein Ideal, keine Vision, keine wohlklingende Theorie, ja nicht einmal ein Modellentwurf für den Wandel. Wir behaupten keineswegs, ein Patentrezept für eine sofortige Vervollkommnung zu haben, und sind auch keine Gemeinschaft von Einsiedlern, die sich von der Alltagswelt zurückgezogen haben. Wir sind ein sich weiterentwickelndes lebendiges *Vorbild* dafür, wie sich eine Verwandlung bei relativ gewöhnlichen Menschen innerhalb kurzer Zeit vollziehen kann. Diese Verwandlung beinhaltet eine Lebensweise, deren positive Wirkungen von jedem Sozialwissenschaftler abgeschätzt und bewertet werden können oder, was wichtiger ist, von jedem interessierten Erdbewohner. Überdies sind wir unserer Herkunft und unserem Hintergrund nach ein klares, überzeugendes Beispiel für den göttlichen Willen – daß hier etwas in einer bestimmten Absicht entsteht. Eines der meistgelesenen Bücher über die Findhorn-Gemeinschaft ist *Der Zauber von Findhorn*. In einem journalistischen Stil geschrieben, beleuchtet es bevorzugt die außergewöhnlichen Aspekte des Lebens in der damals noch jungen Gemeinschaft und den besonderen Menschentyp, der sich zu Anfang hierhergezogen fühlte, und dadurch hat es bei Mitgliedern der Gemeinschaft eine Art Gegenreaktion ausgelöst. Aber es liegt ein »Zauber« über der Gemeinschaft, ein göttlicher Zauber. Er regt uns unablässig dazu an, die Aufgabe zu bewältigen, die uns hier versammelt hat.

Denn die Findhorn-Gemeinschaft ist nicht aufgrund einer rational geführten Diskussion unter vernünftig denkenden Leuten gegründet worden, die eine neue Gemeinschaft vernünftig denkender Menschen schaffen wollten. Unsere Zivilisation preist das rationale Denken als Antwort auf die Probleme der Welt, dabei ist es gerade das »Zeitalter der Vernunft«, das uns in die kritische Lage von heute gebracht hat. Ebenso wie Brot als Triebmittel Hefe benötigt, um sich im Guten zu verändern, so benötigt die Vernunft die Hefe der intuitiven Inspiration. Vielleicht gibt es einen Plan, von dem wir in unserer Kopflastigkeit keine Kenntnis haben, einen Plan, der nicht in einem normalen Sinne menschlichen Ursprungs ist und der sein eigenes Zeitmaß hat.

Eileen Caddy lauschte einer inneren Stimme. Sie brauchte Jahre, um sich an diese Stimme zu gewöhnen. Nichts geschah übereilt. Aus ihrer Autobiographie *Flug in die innere Freiheit* gewinnt man den entschiedenen Eindruck, daß ein Plan sich langsam entfaltete. Sie erhielt Weisung, sich auf Ereignisse *vorzubereiten*, die später eintreffen sollten. Die Caddy-Familie fand sich, wie vorausgesagt, völlig verlassen in einem winzigen Wohnwagen bei einer Müllhalde auf einem wenig anregenden Sandplatz im Nordosten Schottlands wieder. Dann gab die Stimme Weisung um Weisung, wie vorzugehen sei. Da Peter Caddy den Stimmen von ihr und Dorothy Maclean – die mit Pflanzen zu kommunizieren lernte – folgte, brachte der neuangelegte Garten enorm große Gemüse hervor. Dadurch wurde die internationale Öffentlichkeit auf die kleine Gemeinschaft aufmerksam.

Aber auch damals ging alles noch sehr langsam voran. Erst nach David Spanglers Ankunft 1970, zum Teil durch seine eigenen gechannelten Schriften, wurde die Bedeutung der Findhorn-Gemeinschaft weltweit auch außerhalb esoterischer Kreise erkannt. Spanglers innere Lehrer brachten den Sinn der entstehenden Gemeinschaft mit der Lösung der Weltprobleme in einen Zusammenhang, und auf sein Betreiben hin vergrößerte sich die Gemeinschaft. Inzwischen gilt unser Hauptaugenmerk nicht mehr in erster Linie der Beziehung zu den energetischen Kräften der Natur, sondern der spirituellen Unterweisung, der Umwandlung des Menschen. Zu Anfang hatten die von diesen Veränderungen betroffenen Menschen oft Zweifel über die Richtung des Weges. Eileens Weisungen zeigten ihnen den Weg und vermittelten ihnen das nötige Verständnis, um vorwärtszugehen. Die Geschichte der frühen Gemeinschaft ist ebenso spannend und inspirierend wie die Romane von Forschungsabenteuern in der Erfahrungswelt, die einmal Generationen von jungen Menschen begeistert haben. Wir sind weiterhin davon überzeugt, daß die innere Einstimmung durch Meditation in Verbindung mit der Beachtung von Zeichen, die uns die Welt gibt, eine bessere Methode zur Entscheidungsfindung ist als bloßes rationales Denken. Wie dies heute funktioniert, wird im zweiten Teil des Buches beschrieben.

Eine Besucherin, die ich vor kurzem in der *Foundation* herumführte, rief aus: »Welch ein Luxus« Dabei gibt es hier keinerlei finanziellen Luxus. Wir leben von äußerst bescheidenen Mitteln, und viele von uns haben visionäre Gedanken, die sich mit »ein klein wenig mehr Geld« verwirklichen ließen. Statt dessen werden wir finanziell sehr kurz gehalten. Ich bin überzeugt, daß es eine Frage des Verantwortungsgefühls und der Allgemeingültigkeit ist. *Wir sind gefordert, eine Lebensweise vorzuführen, die weltweit nachvollziehbar ist.* Meine Freundin bemerkte nicht, daß der Teppichboden in der Empfangshalle des Cluny Hill College, wo sie die Bemerkung fallenließ, völlig abgetreten war. Sie reagierte einfach auf die Liebe und Sorgfalt, die wir allem angedeihen lassen, was wir haben, und auf die Energien, die das Gebäude ausstrahlt. Wie so viele Menschen, die mit einer materialistischen Weltanschauung aufgewachsen sind, verwechselte sie das Wohlgefühl, das wir haben, mit materiellem Luxus, den wir nicht haben.

Es ist einer der wichtigsten Beiträge, den eine Gruppe von Leuten in der heutigen Zeit unserer Gesellschaft leisten kann, wenn sie eine Trennung zwischen der Vorstellung von Glück und materiellem Reichtum vornimmt. Das geschieht nicht durch die fromme Theorie vom »heiligen Ideal der Armut«, sondern durch das Vorleben einer Lebensweise, die zwar nicht allen materiellen Dingen entsagt, aber auch nicht von ihnen abhängig ist. Viele Gegenstände sind weder neu noch kostbar, doch wenn sie mit Liebe behandelt werden, wirken sie so auf andere und machen Freude. Wir legen keinen gesteigerten Wert darauf, Dinge zu behalten, die zu alt sind, um ihre Funktion noch zu erfüllen, aber es ist erstaunlich, um wieviel besser eine geliebte, gut gewartete Maschine ihren Dienst versieht als eine, die nicht gepflegt wird. Die materiellen Errungenschaften der Gemeinschaft sind bescheiden, machen jedoch einen viel besseren Eindruck, als ihre Größe und ihr Preis vermuten ließe.

Die Hinwendung nach innen erfordert, wie wir meinen, irgendeine Form der geistigen Übung. Zu dieser Einsicht zu kommen ist die erste Hürde, die überwunden werden muß, wenn man die »Schwingungsfrequenz« des Lebens verändern will. Einige wenige, die der Gemeinschaft beigetreten sind, hatten jahrelang eine strikte Meditationsdisziplin eingehalten, und es ist merkwürdig, wie schnell solche Leute von ihrer Gewohnheit abkommen, sobald sie erst in der Findhorn-Gemeinschaft leben – zumindest für einige Zeit. Wir treten für eine innere Disziplin ein, die nicht von außen aufgesetzt ist, auch nicht vom eigenen Gewissen. Das Gewissen ist unter Umständen nur die verinnerlichte Stimme einer äußeren Autorität. Ein gewisses Pflichtbewußtsein hilft uns vielleicht durch einen schwierigen Abschnitt unseres Wandlungsprozesses hindurch, aber wenn es zur Grundlage unserer Spiritualität wird, lassen wir uns im Kern immer noch von außen lenken. Die Wahrheit strahlt von selbst; sie geht über das Gewissen hinaus.

Andere kommen zu uns, weil sie sich nach innen kehren wollen; aber jemand, der allenfalls daran gewöhnt ist, stundenlang ein Auto zu reparieren oder abwesend auf die Mattscheibe zu starren, wird es wahrscheinlich äußerst schwierig finden, auch nur eine halbe Stunde am Tag still zu sein. Dabei ist der Aufwand, innerlich still zu werden, verhältnismäßig gering. Zu Anfang muß nicht unbedingt eine lange Zeit stiller Meditation zur geistigen Übung gehören. Es könnte getrost eine Bewegungsdisziplin wie etwa T'ai Chi oder auch eine regelmäßige bewußte Betrachtung der Natur sein. Wir ermutigen einen jeden dazu, sich irgendeiner Art von Übung zu widmen, die ihm hilft, innerlich still zu werden.

Das Fördern und Ausdrücken von Liebe ist wieder eine andere, ebenso wichtige Form der geistigen Übung. Menschen gegenüber, zu denen wir uns hingezogen fühlen, erscheint sie uns leicht, aber eine solche Liebe ist an Bedingungen geknüpft. In der Findhorn-Gemeinschaft herrscht ein ständiges Kommen und Gehen. Liebe wird meist erst bewußt empfunden, wenn uns der Mensch, dem sie zufließt, verläßt. Ganz allmählich lernt man, vorbehaltloser zu lieben. Zuletzt dreht sich alles um das Erlernen der Liebe, denn nur bedingungslose Liebe bringt das Göttliche in unserem Wesen zum Ausdruck.

Während die Gemeinschaft einerseits zur individuellen geistigen Übung ermutigt, hat sie andererseits selbst kleine Rituale des Stillseins und der inneren Sammlung entwickelt. Sie stellen keine großen Anforderungen an die Teilnehmer, aber sie erinnern uns daran und helfen uns dabei, uns von dem »normalen« – nach außen gerichteten Leben – nach innen zu wenden. Die Teilnahme an der zweimal täglich stattfindenden gemeinsamen Meditation wird empfohlen, aber nicht vorgeschrieben. Die Mitglieder eines jeden Arbeitsbereiches meditieren wöchentlich miteinander, und Gemeinschaftsversammlungen schließen ebenfalls eine Meditation mit ein. Arbeitszeiten werden durch einen Augenblick der Stille eingeleitet, in dem sich die Menschen im Kreis aufstellen und bei der Hand halten. Viele Mitglieder segnen Beginn und Abschluß bestimmter Aufgaben durch eine Meditation. Diese kleinen Rituale bilden die Grundlage für ein Leben, das begonnen hat, sich nach innen zu wenden, und sie erfordern nur ein geringes Maß an Entschlossenheit und Durchhaltevermögen. Ihre unmittelbare Wirkung, die sich in Ruhe und einer größeren Harmonie in der Gruppe äußert, ist meist ein Anreiz, weiterzugehen. Sie unterstützen die innere Entwicklung, ohne sie zu erzwingen.

Sowie wir erste Erfahrungen des Göttlichen im eigenen Innern machen, wird uns bewußt, daß es auch in allen anderen Menschen wohnt. Gott ist allgegenwärtig. Uns wird klar, daß wir, um Liebe ausdrücken zu können, die Barrieren niederreißen müssen, die uns daran hindern. Allmählich geht uns auf, daß sich diejenigen, die keine Liebe ausstrahlen, nur hinter Barrieren verschanzt haben, die sie zu ihrem Schutz errichtet haben. Ihnen können wir mit mehr Verständnis begegnen und helfen, das nötige Vertrauen zu finden, um die Barrieren abzubauen. Es bleibt jedem selbst überlassen, welches Tempo er vorlegt, denn Menschen, auf die Druck ausgeübt wird, fühlen sich meist in die Enge getrieben und neigen dazu, sich zu verschließen.

Nach und nach tritt bei diesem großen spirituellen Abenteuer Verständnis an die Stelle von Kritik. Kritik führt leicht zu Schuldzuweisungen und unnötigem Gerede, was sich ebenso schädlich auf die eigene wie auf die Entfaltung anderer auswirkt. Verständnis hingegen regt zu gegenseitigem Beistand im Hinblick auf Veränderung und Wandel an. Außerdem kommen wir allmählich zu der Erkenntnis, daß das Göttliche das wahre Wesen nicht nur des Menschen ist, sondern auch der materiellen Welt. In der Findhorn-Gemeinschaft symbolisieren wir das dadurch, daß wir den Geräten und Maschinen, mit denen wir arbeiten, Namen geben.

Alle diese Übungen und Techniken sind Teil des »positiven Denkens«. Zu unserer positiven Einstellung gehört unter anderem das Bemühen darum, uns die Wirklichkeit hinter allen Erscheinungen bewußtzumachen. Damit ist nicht gemeint, vor etwas Schwierigem, Ermüdendem oder Anstrengendem davonzurennen oder es abzuleugnen. In einer schwierigen Lage so zu tun, als sei alles in Ordnung, ist nur ein Anzeichen dafür, daß man von Angst beherrscht wird.

Die Findhorn-Gemeinschaft führt kein zurückgezogenes Leben. Im Gegenteil, wir wollen die »frohe Botschaft« unserer Selbstfindung gern verkünden und in unseren Alltag als tätige Gemeinschaft hineintragen. Wir versuchen unserer Arbeit einen neuen, positiven Sinn abzugewinnen – nicht nur dem, was wir tun, sondern auch der Art und Weise, wie es getan und mit anderen gemeinsam bewältigt wird. Das kommt in dem Satz zum Ausdruck: »Arbeit ist tätige Liebe!« Arbeit solchermaßen zu erleben ist für Gäste oft sehr aufschlußreich, denn sie merken, daß sie Aufgaben befriedigend finden können, die sie vorher für unter ihrer Würde oder zu prosaisch gehalten hatten. Da bei uns das in unserer Gesellschaft sonst vorherrschende Trachten nach Gewinn- und Leistungsmaximierung wegfällt, gewöhnen sich die Leute hier allmählich an unser Wirtschaftssystem der Genügsamkeit, so daß unsere Arbeitsauffassung, die das Miteinanderteilen sowie Dezentralisierung und Demokratisierung von Autorität beinhaltet, nach und nach das Arbeitsleben verändert. Die Veränderung der Einstellung zur Arbeit soll kein Mittel sein, durch das habgierige Arbeitgeber dem einzelnen noch mehr Leistung abpressen. Was wir im Alltagsleben der Findhorn-Gemeinschaft in die Tat umzusetzen versuchen, gehört zu einer generellen Umwandlung der Arbeitssituation und der damit verbundenen Wertvorstellungen. Wir wollen uns auf eine Welt der gegenseitigen Fürsorge und Achtung zubewegen.

Die kulturelle und religiöse Integration

Die Findhorn-Gemeinschaft ist von Anfang an international gewesen. In den ersten Jahren war Dorothy Maclean, eine Kanadierin, dabei, ebenso wie die Engländer Eileen und Peter Caddy sowie Lena, eine Schottin. Gegenwärtig gehören Menschen aus aus den verschiedensten Ländern und Kulturkreisen zur Gemeinschaft, die bis jetzt allerdings ausschließlich aus reichen »westlichen« Gesellschaften kommen – aus dem Herzen der materialistischen Zivilisation. Die Reibungen und Anreize durch Leute anderer Kulturkreise helfen uns, unsere beschränkte Sicht der Wirklichkeit zu erweitern. Unseren Gästen liefern wir das praktische Beispiel, daß kulturelle Unterschiede im Alltagsleben überwunden werden können. Daran zeigt sich, wie der weltweite Einigungsprozeß, den die Kommunikationstechnik ermöglicht hat, positiv erlebt werden kann.

Unsere besondere Funktion in einer globalen Wandlungsbewegung ist die, gerade bei Menschen aus den »Exportländern« des Materialismus eine Veränderung herbeizuführen – bei Menschen aus jenen Ländern also, deren Kulturen materiellen Besitz als höchstes Gut des Menschen einstufen, statt bei Leuten aus »Importländern«, deren geistiges Erbe von ebenjenen Werten untergraben wird. Die Verwestlichung ist vielen von uns ein Dorn im Auge. Wir haben den bedauernswerten Zustand der Armen dieser Welt vor Augen und wissen auch, daß von religiösen wie weltlichen Organisationen große Anstrengungen gemacht und Opfer gebracht werden, um die Armut und den Hunger zu lindern. Wir waren in schweren Gewissensnöten angesichts der Frage, ob es gerechtfertigt sei, mit relativ wohlhabenden Leuten an der Aufgabe einer persönlichen geistigen Wandlung zu arbeiten, während überall eine solche materielle Not herrscht. Doch wir sind dabei notwendigerweise zu dem Schluß gekommen, daß zum einen jeder Mensch seinem Wesen nach göttlich und der Wandlung wert ist und zum anderen die eigentliche Wurzel des Armutsproblems in der Zerstörung des geistigen Kerns im Leben der sogenannten »fortschrittlichen Industriegesellschaften« selbst liegt.

Meine Indienreisen haben mich zu der Überzeugung gebracht, daß geistiger und materieller Reichtum verschiedenen globalen Wertsystemen angehören. Die »fortschrittlichen« Nationen stehen zwar an der Spitze, was materiellen Reichtum betrifft, sind jedoch in bezug auf den geistigen Reichtum absolut rückständig. Viele Kulturen sind geistig entschieden reicher als wir. Aus dieser Sicht kann die Arbeit der Findhorn-Gemeinschaft als Missionsarbeit betrachtet werden. Ohne derlei Anstrengungen werden unsere Gesellschaften weiterhin kulturelle Zerstörung über die restliche Welt bringen – und damit ist die eigene Vernichtung so gut wie vorprogrammiert.

Bei richtiger Ausnutzung der Ressourcen wäre ein Ausgleich zwischen den maßlosen Extremen von Arm und Reich kein Ding der Unmöglichkeit. Am Ende ist es wahrscheinlich entscheidender, die Wertsysteme unserer Gesellschaft, deren geistige Traditionen viel von ihrer Lebendigkeit verloren haben, zu verändern. Darin sieht die Findhorn-Gemeinschaft ihre soziale Aufgabe und ihren Sinn. Es ist wahrlich eine Ironie des Schicksals, daß ausgerechnet Lehrer aus Kulturen, die wir einmal kolonialisiert und teilweise ausgerottet haben – die Indianer, die Ureinwohner Australiens und vor allem die großen Meister Indiens – für immer mehr Menschen in der »reichen« Welt, darunter auch viele Mitglieder unserer Gemeinschaft, eine Quelle der Inspiration geworden sind. Nach meiner Meinung ist der Export geistiger Werte viel gesünder als der materieller Güter.

Eine weiterer Grundpfeiler der Findhorn-Gemeinschaft ist die Anerkennung religiöser Vielfalt. Es sollte vollkommen klar sein, daß die praktische Anwendung des großartigen fundamentalen Lehrsatzes aller Religionen – »Gott ist Liebe«, »Liebe deinen Nächsten wie dich selbst« – nicht den Gläubigen einer einzigen Religion vorbehalten ist, geschweige denn überhaupt auf solche beschränkt bleibt, die sich zu einer etablierten Religion bekennen. Anfeindung und Ablehnung aufgrund religiöser Überzeugungen sind immer noch überall auf der Erde vorherrschend. *Ist der Sinn des allen Menschen innewohnenden Göttlichen einmal erkannt, dann ist der Glaube, daß sich die göttliche Wahrheit nur einer Religion oder einem Bekenntnis offenbart hat, unvorstellbar.* Wenn Jesus sagt: »Ich bin der Weg und die Wahrheit und das Leben; niemand kommt zum Vater denn durch mich«, meint er damit gewiß die *Essenz* seiner Lehre, das, was wir in der Findhorn-Gemeinschaft Christusbewußtsein nennen, und nicht die bestimmte Form, die ihr von der christlichen Kirche gegeben wurde. Wir sind sicher, daß das »Christusbewußtsein« im Hinduismus, Buddhismus, Islam, Judentum oder gar Humanismus ebenso vorhanden – oder abwesend – ist wie im Christentum. Sai Baba beteuert:

> Es gibt nur einen Gott – Er ist überall gegenwärtig! Es gibt nur eine Rasse – die menschliche Rasse! Es gibt nur eine Religion – die Religion der Liebe! Es gibt nur eine Sprache – die Sprache des Herzens!

Die von uns erwählte Religion ist unser persönlicher Weg, der uns jener Essenz entgegentragen soll, die allen Erscheinungsformen zugrunde liegt: unserem eigenen wahren Wesen.

Bei der Findhorn-Gemeinschaft heißen wir Menschen aller religiösen Bekenntnisse wie auch solche willkommen, die sich zu keiner bestimmten Religion bekennen, solange sie bewußt nach der Liebe suchen, die ihre innere Wahrheit ist. Wir sind offen für Einsichten aller religiösen Wege, die diese innere Erkenntnis anstreben. Etliche unserer Mitglieder bekennen sich zum Buddhismus, Hinduismus und Sufismus, während andere sich von der Spiritualität der Indianer inspiriert fühlen oder von esoterischen Lehren westlicher Prägung, und wieder andere sind Christen. Wir haben festgestellt, daß wir gut miteinander auskommen, voneinander lernen und von der spirituellen Vielfalt profitieren. Ich bin als Humanistin zur Findhorn-Gemeinschaft gekommen, wurde Anhängerin von Sai Baba und lernte durch seine Lehren den Sinn der christlichen Tradition und ihrer Riten schätzen. Diese gegenseitige Anerkennung schwächt den Glauben nicht etwa, sondern stärkt ihn, denn jetzt sind wir Weltbürger. Der Reichtum einer jeden Tradition ist auch unser Erbe, wenn wir erkennen, daß sich die Religionen in ihrem Wesen überhaupt nicht unterscheiden. Religiöse Formen sind wie Kleider, die einer aus persönlicher Vorliebe trägt. Frömmler werden das abstreiten, aber die Erfahrungen unserer Gemeinschaft zeigen, daß, wo Liebe herrscht, alle religiösen Überzeugungen blühen und gedeihen.

Die Hoffnung stärken

Wenn man die lange Liste der Gefahren durchgeht, von denen die Menschheit bedroht ist, kann man leicht mutlos werden oder gar verzweifeln. Viele Menschen haben solche Gefühle, ersticken sie jedoch in einem nihilistischen Lebensstil voller Zerstreuungen. Durch eine oberflächliche Lebensweise versuchen sie, den zunehmenden Pessimismus zu umgehen, den ihre Wahrnehmungen bei ihnen auslösen und und der ihre Unsicherheit und Ängste nährt. Manchmal bereitet es schon schwere emotionale Qualen, diese Gefühle an die Oberfläche zu bringen, wie wir bei Ökologie-Workshops hier in der Gemeinschaft erlebt haben.

Die Erfahrung des Lebens in der Findhorn-Gemeinschaft verwandelt diese Ängste in Hoffnung und Vorfreude hinsichtlich der Zukunft. Die Erkenntnis, daß der göttliche Sinn des Lebens jedem Suchenden offensteht, gibt Kraft. Damit verbunden wächst das Bewußtsein, daß nicht alles ins Negative abgleitet – die Strömung kann umgelenkt werden und *wird* umgelenkt. Jeder Mensch kann an dieser Kraft der Veränderung teilhaben, einer Kraft der Liebe, die erobert, ohne Gewalt auszuüben. Indem wir in dieser Gemeinschaft leben und lernen, erzeugen wir Hoffnung und Begeisterung, ohne den Blick für die Katastrophen zu verlieren, die unsere Zivilisation auslöst. Selbst wenn wir die Probleme nicht wahrhaben wollen, die unseren Erdball bedrängen, erinnert uns der Lärm des nahegelegenen Militärflughafens beständig daran. Es ist wohl kein Zufall, daß sich die Findhorn-Gemeinschaft in so großer Nähe des Stützpunktes befindet.

Durch unsere Programme für Gäste breitet sich die Hoffnung auf Veränderung unter all denen aus, die uns besuchen. Dabei handelt es sich nicht um eine Energie des Protests oder der Verneinung. Wir verurteilen zwar niemanden, der den Weg des Protests einschlägt, meinen jedoch, daß er die Fronten verhärtet, wie es meistens zu geschehen pflegt, wenn zwei entgegengesetzte Kräfte aufeinandertreffen. Nur wenig verändert sich dadurch, außer vielleicht in Situationen, die außerordentlich wechselhaft sind. Es ist ein Unterschied, ob die bloße Existenz eines Problems Leuten demonstriert wird, die sich seiner noch nicht bewußt sind – unter Umständen durch drastische Mittel –, oder ob das Problem tatsächlich gelöst wird. Protestbewegungen verwechseln häufig das eine mit dem anderen, und nach einiger Zeit sind ihre Anhänger ernüchtert, sie werden zynisch und opponieren ständig gegen alles, was ihnen übermächtig erscheint. Letzten Endes kommt es gar nicht darauf an, wogegen wir eintreten, sondern wofür. In der Findhorn-Gemeinschaft wollen wir eine andere, eine praktische und sinnvolle Methode vorführen, die jeder einzelne in sein Leben einbeziehen kann – die innere Wandlung. Unser Optimismus gründet sich auf eine fast dreißigjährige Erfahrung in praktischen Übungen zur spirituellen Entfaltung.

Wer Mitglied der Findhorn-Gemeinschaft wird, dem wird das, was wir tun und erreichen, leicht zur Selbstverständlichkeit. Häufig betonen Mitglieder, welch eine lange Wegstrecke jeder von uns zurücklegen muß, um die von uns allen angestrebte Vervollkommnung zu erlangen. Die Wirkung, die unser Lebensstil auf Gäste hat, ist eine nützliche Ermahnung an uns. Die Begeisterung unserer Gäste über das, was hier geschaffen worden ist, ruft uns unsere Absichten und unsere Erfolge wieder in Erinnerung. Umgekehrt bieten wir unseren Gäste eine Situation, die sie auf ihrer eigenen Entdeckungsreise nach innen unterstützt und anspornt.

Ein immerwährender Workshop

Die Findhorn-Gemeinschaft ist oft als ein immerwährender Workshop bezeichnet worden, als Laboratorium für die geistige Wandlung. Das liegt zum Teil am beständigen Kommen und Gehen der Leute. Gäste bleiben zwischen einer Woche und mehreren Monaten bei uns. Mitglieder auf Probe bleiben 18 Monate, und Vollmitglieder leben meist mehrere Jahre hier. Immer tauchen neue Gesichter auf, tragen sich Leute als Gäste oder Mitglieder ein. Jeder Neuankömmling erlebt den Verwandlungsprozeß auf ähnliche Weise wie andere, stößt genauso auf Blockierungen und Schwierigkeiten und überwindet sie. Der persönliche Wandlungsprozeß ist nie beendet, wie lange man auch bleiben mag. In einer Broschüre hat Eileen Caddy 1989 geschrieben:

> Veränderungen sind nicht immer angenehm, aber sie sind unbedingt notwendig, wenn wir wachsen und weit werden wollen. Wenn wir aufhören, Veränderungen durchzumachen, würde ich mir echte Sorgen machen, denn das würde bedeuten, daß wir stagnieren. Das bedeutet Stillstand, und Stillstand bedeutet Tod.

Manchmal kommt es in der ersten Zeit des Aufenthalts in der Gemeinschaft zu dramatischen persönlichen Erlebnissen. Alte Gewohnheiten und Vorstellungen erweisen sich als überholt, und die Situation scheint ganz dazu angetan, sich ihrer zu entledigen. Diejenigen, die länger bleiben, fügen sich im allgemeinen geduldiger und fließender in den Prozeß ein, aber nicht einem einzigen in der Gemeinschaft bleibt die schwierige Aufgabe der eigenen Verwandlung erspart.

Da das Leben in der Findhorn-Gemeinschaft kein klösterliches ist, unterscheidet es sich vom Leben ringsum nur in seiner Qualität und Ausrichtung. Arbeit, zwischenmenschliche Beziehungen und gegenseitige Einflußnahme sind fester Bestandteil des täglichen Lebens. Allerdings stellen sie hier vor allem die Arena für die Verwandlung dar. Situationen ergeben sich für gewöhnlich so, wie es genau diesem Zweck dienlich ist. Sinn für Humor ist nützlich, wenn man hier leben will; er hilft uns dabei, die köstliche Ironie auszukosten, in der Ereignisse hier allem Anschein nach »arrangiert werden«. Wenn man die Gemeinschaft gut kennt, macht es Spaß, einen Schritt zurückzutreten und dem »Engel von Findhorn« bei der Arbeit zuzusehen. Er bestimmt liebevoll die Umstände, unter denen ein Ego seine Aufgeblasenheit verliert, lebenslange Bindungen in Frage gestellt, unterdrückte Emotionen ans Licht geholt, Ausweichmanöver vereitelt und Fluchtreflexe durchkreuzt werden. Bei all diesen Beobachtungen kann man sich kaum eines Lächelns über die menschliche Fähigkeit zum Selbstbetrug und dessen Durchschaubarkeit erwehren. Und dann wird man wieder mit hineingezogen und dem gleichen Prozeß unterworfen.

Nach und nach lernen wir, die Vorstellung vom »rechten Weg« aufzugeben, und merken, daß das, was uns für die *eigene* Wandlung von unschätzbarem Wert war, anderen vielleicht ein Greuel ist. Es ist so, als befänden wir uns auf einem Marktplatz voller Stände, an denen Waren angeboten werden. Die einen kaufen an diesem Stand ein, die anderen an jenem. Wir sind zwar immer füreinander da, aber die innere Wandlung ist letztlich eine vollkommen private Angelegenheit.

Was immer wir auch mit anderen gemeinsam haben mögen, zum wahren Selbst gelangt ein jeder nur auf seine ureigene Weise. Wer das dankbar anerkennt, der empfindet ehrfürchtige Scheu, Ehrerbietung und Demut angesichts der Besonderheit der Liebe, die jedem von uns zukommt, wenn wir uns nur aufmachen, sie zu finden.

In Einklang mit dem göttlichen Plan

Unsere kleine Gemeinschaft im Norden Schottlands, die besonders inspiriert und offensichtlich in göttlicher Absicht entstanden ist, ist nicht allein auf dieser Welt. Überall auf der Erde vollzieht sich ein Wandel, der aus vielen kleinen Quellen gespeist wird. Mit manchen dieser Quellen stehen wir direkt in Verbindung, mit anderen nicht. Sie setzen unterschiedliche Schwerpunkte und bedienen sich unterschiedlicher Übungen, aber allen geht es darum, der inneren Suche wieder Vorrang zu geben. Wir nennen ihren Verbund das »Lichtnetz«, eine Matrix der Verwandlung, mit deren Hilfe die Energie, die den neuen Menschen reifen läßt, wirksam wird.

Es sind dies Gemeinschaften wie Esalen und Sirius in den Vereinigten

Staaten oder Auroville in Südindien. Wir pflegen mit einigen von ihnen regen Austausch. Da ist einmal der breite Strom einer geistigen Erneuerung, der von Indien mit seiner Tradition geistiger Lehrer – Gurus – und Anhänger ausgeht. Wir hatten und haben Mitglieder, die Bhagwan Sri Rajneesh, Babaji, Muktananda (Gurumay), Yogananda und insbesondere Sathya Sai Baba – dessen Lehren mit den Weisungen Eileen Caddys viele Übereinstimmungen haben – verehren. Wir achten die geistigen Energien, die indianische Lehrer ausstrahlen, von denen uns einige hier besucht haben. Dadurch wird bei vielen jungen Menschen ein neues Bewußtsein für die Heiligkeit unserer Beziehung zur Erde geweckt.

Auch die buddhistische Tradition in ihren unterschiedlichen Formen hat eine weite Verbreitung. Mitglieder unserer Gemeinschaft besuchen manchmal Samye Ling, ein tibetisches Kloster im Süden Schottlands. Hatha-Yoga und Ta'i Chi sind fast überall bekannt; die besten der ostasiatischen Kampfkünste treten für innere Disziplin und ein inneres Erwachen ein. Der Sufismus, die Transzendentale Meditation und die gesamte ökumenische Bewegung der christlichen Kirchen, für die die Taizé-Gemeinschaft beispielhaft ist, sind ebenso unsere Brüder und Schwestern im »Lichtnetz« wie auf andere Art auch die Befürworter der organisch-biologischen Ernährungsweise, der Körpertherapie-Formen und der Transpersonalen Psychologie. Das außergewöhnliche Werk *Ein Kurs in Wundern*, von einer agnostischen Universitätspsychologin durch inneres Diktat empfangen, ist in den Vereinigten Staaten in mehr als 500.000 Exemplaren verkauft worden.*

In allen Städten haben sich kleine Gruppen gebildet, die in einer inneren Wandlung die Möglichkeiten für eine neue Beziehung zur Sinneswelt sehen. Wenn wir sie alle zusammenfassen und uns einmal vor Augen halten, welche Energien sie freisetzen, dürfte es uns nicht schwerfallen, uns vorzustellen, wie ein Netz aus Licht die Erde überzieht und sich eine neue Ebene menschlichen Bewußtseins bildet.

Zusammengenommen summiert sich das alles zur sogenannten »New-Age-Bewegung«. Obwohl Findhorn einmal als Vorreiter dieser Bewegung galt, ist sie uns inzwischen ein wenig verdächtig, denn sie scheint mittlerweile auf Sinnenbefriedigung ausgerichtet zu sein, wie es die lustigen Doonesbury-Cartoons satirisch dokumentieren, und ist manchmal weniger durch die Suche nach geistiger Wandlung als vielmehr durch eine oberflächliche Beschäftigung mit dem Okkulten oder auch eine typisch kapitalistische Unternehmerhaltung gegenüber ihren naiven Anhängern gekennzeichnet. Ein

* Die deutsche Ausgabe erscheint voraussichtlich 1992 im Greuth Hof Verlag.

Cartoon stellt einen Wahrsager dar, der in eine Kristallkugel starrt und seinem Klienten sagt: »Sie sind leichtgläubig und überlassen Ihr Geld Scharlatanen!«

* * *

Ein Akt im großen Schauspiel des Lebens geht seinem Ende entgegen. Die Menschheit kann nicht zu einer Religion der Bräuche und Traditionen zurückkehren, in der man einfach gehorsam die Gebote einhielt, »wie es sich gehörte«. Der Versuch, die Menschen durch äußere Sinnesreize zufriedenzustellen, und die Anhäufung von Besitz haben zu einer Krise geführt, die in der Geschichte ohnegleichen ist. Der göttliche Wille, die der Schöpfung innewohnende Energie, lenkt uns in eine neue Richtung, auf die Erkenntnis dieser Kraft im eigenen Innern hin. Bald werden Menschen mit einem neuen Bewußtsein überall auf der Erde vorherrschend sein und den Homo sapiens fürsorglich und liebevoll in die Geschichtsbücher verbannen. Je schneller das geschieht, um so weniger Schaden wird angerichtet und damit auch um so weniger Leid.

Warum sollte es so sein? Wer kann so fragen? Das Göttliche hat keinen Kommentator, es kann nicht kritisiert werden, denn es ist selbst das Kriterium aller Kritik. Es ist »einfach so«, wie es eben »einfach so« ist, daß auf den Winter der Frühling folgt, wie es »einfach so« gewesen ist, daß Affen Bewußtsein entwickelt haben. Es ist Ausdruck DESSEN, WAS IST, in einer neuen Form.

Damit wir aus der Krise unseres Menschseins herausfinden, hat Gott uns erlaubt, zu der Erkenntnis zu kommen, daß wir im Grunde Ihm gleich sind, und das dürfen wir nicht wieder vergessen. Er hat uns die Möglichkeit gegeben, Ihn in uns selbst zu erobern – wir dürfen Ihn nicht wieder loslassen. Er wird durch uns eine neue Menschheit schaffen.

Teil II

Park-Garten und Andachtsraum

5

Die Geschichte der Findhorn-Gemeinschaft

O weh!
was hab ich angestellt!
Schon naht mir
welch Gebilde!
Die Sonne steigt vom Himmelszelt
und humpelt durchs Gefilde.
Ich will nicht zeigen, wie mir bangt,
und leise rückwärtstreten.
Schon ists beim Garten angelangt,
schon stapfts auf meinen Beeten.
Durchs Fenster,
Tür und Fugen
kreucht
herein die Sonnenmasse,
sie wallt und wälzt sich,
und sie keucht
und spricht in tiefstem Basse:
»Mein Feuerpfad seit Urzeit wich
erst heut vom Hergebrachten.
Du riefst mich? Jetzt bewirte mich
mit Tee und Eingemachtem!«

Wladimir Majakowski

Einleitung

Eine detaillierte Geschichte der Findhorn-Gemeinschaft würde ein ganzes Buch füllen. Hoffentlich wird ein solches Werk in Angriff genommen, solange die Hauptbeteiligten noch persönlich befragt werden können. Einer von ihnen ist bereits gestorben. Einiges von unserem Archivmaterial ist nach Edinburgh gesandt worden, wo es ordnungsgemäß aufbewahrt werden kann. Rückblicke auf die Jahre des Anfangs finden sich in dem Buch *Der Zauber von Findhorn* sowie in *Flug in die innere Freiheit*, der Autobiographie von Eileen Caddy, die uns diese Jahre unmittelbar miterleben läßt. Ich will in diesem Kapitel die Grundlinie in unserer Geschichte aufzeigen und einige der Herausforderungen näher erläutern, vor denen wir bei der Entwicklung einer neuen Lebensweise standen. Bedeutende Punkte unserer gemeinsamen Geschichte sind auch für Veränderungen im individuellen Bewußtsein relevant, die sich ergeben, wenn die Menschheit umlernt. »Wer nicht aus der Geschichte lernen will, ist dazu verdammt, sie ständig zu wiederholen.«

Die verschiedenen Tendenzen in der Geschichte der Findhorn-Gemeinschaft können zwar aus unterschiedlichen Blickwinkeln betrachtet werden, aber sie haben doch ein gemeinsames Grundelement. Eine sich stets erneuernde geistige Energie ist in der Gemeinschaft gegenwärtig, die das, was geschieht, lenkt und beherrscht. Wenn die hier lebenden Menschen den Kontakt zu dieser Kraft verlieren, gehen sie fort von hier, oder sie müssen sich neu orientieren. Es ist nicht so, daß ihnen jemand sagen würde, sie müßten gehen; sie fühlen sich hier einfach nicht mehr wohl. Die Energie, von der die Findhorn-Gemeinschaft gelenkt wird, ist nichts Greifbares. Sie zeigt ihre Wirkung in den Umständen und scheinbaren Zufällen, die im täglichen Leben als zwingend empfunden werden. In der Findhorn-Gemeinschaft lernen wir, uns mit dem göttlichen Willen in Einklang zu bringen, ihn von egoistischen Impulsen zu unterscheiden und ihn in uns selbst zu verwirklichen. Wenn sich die Gemeinschaft von diesem Energiestrom trennt, dem »Engel von Findhorn«, wird unser gemeinsames Leben immer unbefriedigender, bis wir wieder zu ihm zurückkehren.

1984 lebte ich als neues Mitglied im *Cluny Hill College*, einem ehemaligen Hotel, das inzwischen in den Besitz der *Foundation* übergegangen ist und bis zu 150 Leute aufnehmen kann. Alles war gut durchorganisiert, wahrscheinlich sogar etwas zu gut; es ging sehr förmlich zu, und das Leben war mehr oder weniger zur Routine geworden. Eines Tages waren die Abwasserrohre verstopft, und die Kellerräume liefen voll. Toiletten und Badewannen füllten sich mit Abwasser, aber niemand vermochte die Ursache der Verstopfung zu finden. Es war auch kein Plan über die Rohrleitungen des Hauses aufzutreiben. Versuche, das Abwassersystem durch Wasserdruck freizubekommen, scheiterten. Auch die Einführung einer Klempner-Spirale brachte nicht einmal einen Aufschluß darüber, wo die Verstopfung war. Das Wasserwerk hatte keine Ahnung, wohin die von der Hauptleitung abzweigenden Rohre führten, und hatte ebenfalls keinen Erfolg bei seinem Versuch, von der Straße aus durchzustoßen. Wir gingen mit Wünschelruten und Pendeln hinaus, um das Hauptabwasserrohr zu finden, aber vergebens (die Einfahrt ist etwa 300 Meter lang), und gruben schließlich verzweifelt Löcher in die Böschungen in der Hoffnung, dort auf Abflußrohre zu stoßen. Als Notmaßnahme wurde der Abwasserkanal gleich außerhalb des Hauses angebohrt, woraufhin das Abwasser in den Garten zu laufen begann. Mittlerweile war ein Rückstau in einem anderen Hauptableitungsrohr im westlichen Gebäudeteil entstanden. Nach ungefähr zwei Wochen waren wir mit unserem Latein völlig am Ende und mußten befürchten, daß das Gesundheitsamt das Haus schließen würde. Immer deutlicher wurde uns bewußt, daß die Abwasserrohrverstopfung uns auf symbolische Weise etwas über unser Leben sagen sollte.

Eine Weisung wurde empfangen. Darin hieß es, wir hätten uns zu sehr auf Äußerlichkeiten verlegt und unsere geistige Verbindung abreißen lassen. Das Abwasser überschwemmte allmählich den Garten. Wir organisierten ein Treffen und einigten uns darauf, daß jedes Mitglied einen Vorsatz für seine eigene spirituelle Entwicklung fassen sollte. Am Nachmittag besprachen wir dann, was ein jeder für sich beschlossen hatte. Um 16 Uhr, als die Versammlung beendet war, waren die Rohre wieder frei. Die Verstopfung hatte sich von selbst aufgelöst! Wir dürfen uns nicht allzuweit von der Arbeit entfernen, für die wir hier sind.

Der Anfang – wie der Boden bereitet wird

Die erste Phase in der Geschichte der Gemeinschaft war nicht deren Gründung, sondern die Schulung ihrer Begründer. Sie mußten die nötige geistige Stärke besitzen, um mit den Energien umgehen zu können, die sich in der Gemeinschaft verkörpern sollten. Noch heute bereiten sich einige Besucher gründlich vor, ehe sie hierher kommen, damit sie den größten Nutzen aus ihren Erfahrungen ziehen können. Eine Freundin schrieb mir einmal: »Jetzt ist wieder der rechte Zeitpunkt für mich gekommen, in die Findhorn-Gemeinschaft zu gehen. Eine lange Zeit hatte ich große Angst vor soviel Liebe und Akzeptanz. Ich werde also erst mit einem Freund zusammen für ein paar Tage ins Kloster gehen und meditieren.«

Eileen und Peter Caddy mußten in den Jahren vor 1962, dem Gründungsjahr der Gemeinschaft, durch schwere Zeiten der Prüfung und Bewährung hindurchgehen. Peter war als junger Mann in den Orden der Rosenkreuzer aufgenommen worden. Die Quintessenz seiner Lehren faßt er, wie folgt, in drei Grundsätzen zusammen:

– Verbanne die Worte »wenn« und »kann nicht« aus deinem Wortschatz.
– Liebe den Ort, wo du bist, liebe den Menschen, mit dem du zusammen bist, und liebe das, was du tust.
– Positives Denken gibt Kraft.

Ein vierter, fast ebenso zentraler Grundsatz:

– Nur das Vollkommene ist gut genug für das Werk Gottes.

Er las begierig esoterische Schriften und Bücher der westlichen Geheimtraditionen. Dann durchlief er eine fünfjährige Übungszeit bei Sheena, seiner zweiten Frau, einer Lehrerin, die hohe Ansprüche stellte und eine bedeutende Rolle in der geistigen Entwicklung aller drei Begründer der Gemeinschaft spielte. Die drei glaubten fest an sie in diesen Anfangsjahren, obwohl Eileen sie reizbar und äußerst anstrengend fand.

Peter Caddy

Für Peter gab Eileen ihre Ehe und ihre Kinder auf, ein Schritt, den die meisten Leute in ihrer Umgebung für höchst unmoralisch und sündhaft hielten. Peter nahm Eileen und Sheena nach Glastonbury mit, wo sie zusammen ein

Heiligtum besuchten, um zu meditieren. Von Schuldgefühlen und Reue heimgesucht, betete Eileen mit ganzem Herzen und überantwortete sich Gott. Daraufhin erklang zum ersten Mal eine Stimme in ihr. Diese erste Botschaft schloß den Kern des Ganzen in sich:

> Sei still und erkenne, daß Ich Gott bin. Du hast einen sehr großen Schritt getan in deinem Leben. Aber wenn du Meiner Stimme folgst, wird alles gut. Ich habe dich und Peter in einer bestimmten Absicht zusammengeführt, damit ihr eine spezielle Aufgabe für Mich erfüllt. Ihr werdet wie *ein* Mensch arbeiten, das werdet ihr mit der Zeit erkennen. Nur wenige sind auf solche Weise zusammengeführt worden. Hab keine Angst, denn Ich bin bei dir.
>
> (*Flug in die innere Freiheit*, S. 44)

Eileen hatte das Gefühl, verrückt zu werden, aber Peter und Sheena standen ihr bei. Sheena bestand darauf, daß Eileen auf die Stimme lauschen und deren Worte niederschreiben sollte, die sie fortan bei ihren regelmäßigen Meditationen dreimal täglich zu hören pflegte. Sie machte eine sehr schwere Zeit durch, in der sie immer wieder versuchte, sich der Unterwerfung unter den göttlichen Willen zu entziehen. Sie schreibt darüber:

> Ich ... suchte auch nicht bewußt nach dem Sinn, den Gott in meinem Leben haben konnte. Ich war mir nicht einmal sicher, ob es wirklich Gottes Stimme war, die ich weiterhin vernahm. Und am allerwenigsten glaubte ich, daß die lebhaften Visionen, die ich jetzt hatte, göttlicher Eingebung zu verdanken waren. Nach allem, was ich wußte, konnten sie ebensogut das Werk des Teufels sein oder von meinem emotionalen Elend herrühren. Der einzige Grund für mein Hiersein war Peter.
>
> (*Flug in die innere Freiheit*, S. 50)

Schließlich lebte sie sechs Monate völlig allein mit ihrem und Peters zweitem Kind in einem Häuschen an der Westküste der Insel Mull, das weder Strom noch Wasser besaß. Ihr älteres Kind war ihr von Sheena fortgenommen worden, und Peter hatte sie allem Anschein nach sitzenlassen. Sie wurde depressiv und dachte an Selbstmord, ergab sich aber statt dessen noch einmal in den Willen Gottes. Weihnachten erschien Peter, der sich weiter im Süden nach Arbeit umgesehen hatte, mit einem Huhn für den Weihnachtsschmaus unter dem Arm auf ihrer Schwelle. Eileens innere Stimme sagte dazu:

> Um absolut frei zu werden, mußt du ganz nach dem Wort »Laß los und überlaß es Gott« leben. Wenn du das tust, weicht aller Druck und Widerstand, so daß du dich an nichts Selbstisches mehr klammerst ... Druck spürst du,

wenn du an etwas festhältst, was dir doch genommen wird. Alles, was du hast, ist ein Geschenk von Mir ... Wenn du so mit allem umgehst, mit der Familie, mit Peter, deinem Heim, allen materiellen Gütern und allen spirituellen Gaben, wirst du wahrhaft frei und von allem Bedrückenden erlöst sein. Du wirst herrlich und in Freuden im Hier und Jetzt leben und keinen Gedanken an die Zukunft verschwenden, weil du allmählich das größte Geheimnis des Lebens verstehst – daß wir eins sind.

(*Flug in die innere Freiheit*, S. 71 f.)

Die Worte »Laß los und überlaß es Gott« spricht auch Sai Baba oft aus, von dem Eileen in jenen Jahren noch gar nichts wußte.

Im zweiten Weltkrieg war Peter Versorgungsoffizier der Royal Air Force an der gesamten burmesischen Front gewesen. Sein Selbstvertrauen und seine Entschlossenheit bewogen die Verwalter eines schottischen Hotel-Unternehmens dazu, ihm den Managerposten des Cluny-Hill-Hotels in Forres anzubieten, selbst dann noch, als er unumwunden erkärte, die Verwaltung des Unternehmens würde unter göttlicher Leitung geschehen. Das Hotel war offensichtlich heruntergewirtschaftet, und es war sicher nicht leicht, einen kompetenten Manager dafür zu finden, aber wahrscheinlich war es wirklich eine Fügung Gottes, daß Peter die Stellung erhielt ...

Ein großes Hotel auf kommerzieller Basis zu führen ist eine sehr gute Vorbereitung auf die Organisation einer Gemeinschaft. Ständig muß rund um die Uhr der Service für die Gäste gewährleistet und ein effektiver, liebenswürdiger Mitarbeiterstab einsatzbereit sein. Peter organisierte alles streng nach rosenkreuzerischen Prinzipien. Er war davon überzeugt, daß Eileens Stimme einen göttlichen Ursprung hatte, und hielt sich bei seinen Managementaufgaben genau an ihren Rat. Dorothy Maclean, die dritte Mitbegründerin der Findhorn-Gemeinschaft, wurde als Peters Sekretärin in Cluny Hill eingestellt. Nach zwei Jahren stieß Lena Lamont, ebenfalls ein früheres Mitglied der Gruppe um Sheena, als Hausgehilfin für das Personal zu ihnen. Welche gemischten Gefühle die Hotel-Gesellschaft auch gehabt haben mochte, sie wurde durch Peters kaufmännisches Talent beruhigt – das Cluny-Hill-Hotel blühte. Man kann im Grunde sagen, daß fünf Jahre lang Gott durch Eileens Stimme und Peters Verwaltung der Hotelchef war. Lena lieferte Informationen über die Situation beim Personal. Wie mit den Mitarbeitern umzugehen war, wer eingestellt oder entlassen werden sollte, welche Grundsätze im Hotel gelten sollten – Eileen erhielt zu allem Weisungen, die Peter ausführte. Die Einkünfte verdreifachten sich. Die kleine Gruppe übte sich darin, Vertrauen in den göttlichen Willen zu haben und die nötigen Fähigkeiten für das Leben in einer Gemeinschaft zu erwerben.

Das göttlich inspirierte Team war so erfolgreich, daß die Hotel-Geschäftsführung es mit 25 Mitarbeitern zusammen zum großen, angeschlagenen Trossachs-Hotel versetzte, um das gelungene Experiment noch einmal zu wiederholen. Aber sie waren nicht dazu berufen, ständig nur alte, vernachlässigte Hotels zu sanieren. Die Dinge spitzten sich allmählich dramatisch zu. Das Hotel war am falschen Ort erbaut worden und hatte einen schlechten Ruf. Eileens innere Stimme setzte die Gruppe davon in Kenntnis, daß dies ihre letzte Prüfungszeit sei. Alle ihre Bemühungen wollten bis Saisonende nichts fruchten. Am Vorabend eines Treffens mit der Hauptgeschäftsführerin sagte die Stimme zu Eileen:

> Mein Kind, Ich möchte, daß du morgen alles sehr, sehr positiv siehst. Wenn du beständig mit Mir in Fühlung bleibst, kannst du inmitten des Stroms die Richtung wechseln, ohne umgeworfen zu werden. Dazu mußt du bereit sein. Sei willens, deine Pläne jederzeit zu ändern.
>
> (*Flug in die innere Freiheit*, S. 101)

Am nächsten Tag nahmen sie völlig überrascht ihre Kündigung entgegen. Sie hatten praktisch keinen Pfennig, und alles, was sie besaßen, war ein Wohnwagen auf einem Campingplatz in der Nähe des Dorfes Findhorn. Diese drastische Lektion, aus der sie Glauben und Flexibilität lernen sollten, war der Beginn der Findhorn-Gemeinschaft.

Die ersten Jahre: Gründung – und »Patriarchat«

In Ermangelung einer anderen Wohnmöglichkeit ließen sich Peter und Eileen mit ihren drei Kindern auf dem Wohnwagengelände an der Findhorn-Bucht nieder. Mitte November 1962 zogen sie dorthin, und bald darauf richtete sich Lena mit ihren drei Kindern in einem benachbarten Wohnwagen häuslich ein. Das war der Anfang der Findhorn-Gemeinschaft! Eileens Kommentare über das Wohnwagengelände sind nicht gerade freundlich:

> Ich erinnerte mich gleich an die vielen Male, die wir auf dem Weg zum Strand daran vorbeigekommen waren und gesagt hatten:
>
> »Wer will schon in einem solchen Dreckloch wohnen!« Das Gelände, das uns angeboten wurde, ähnelte wirklich einem Müllplatz und war von Schutt und Abfall übersät. In einer Ecke stand eine alte Garage mit zerbrochenen Fensterscheiben, dicht umwuchert von Unkraut und Dornengestrüpp.
>
> (*Flug in die innere Freiheit*, S. 106)

Heute sind wir Eigentümer und Verwalter des gesamten Wohnwagengeländes und zeigen unseren Gästen voller Stolz die ausgedehnten, von Hecken und Bäumen eingefriedeten Blumen- und Gemüsegärten, die den ursprünglichen Platz jetzt umgeben. Der alte Wohnwagen steht noch da, ein Winzling unter den anderen Behausungen, und der jeweilige »Focaliser«* der ganzen Gemeinschaft hat sein Büro darin. Es ist interessant, diesen Wohnwagen mit dem winzig kleinen Anbau zu sehen und sich darüber klar zu werden, daß er sieben Jahre lang Eileen, Dorothy, Peter und die drei Kinder beherbergt hat – in den Jahren, in denen die Gemeinschaft Gestalt annahm. Gott sorgt für die seinen, aber nicht unbedingt dem materialistischen Lebensstandard gemäß, den wir im Westen für selbstverständlich halten. Was das Wohnen betraf, so hausten die Begründer der Findhorn-Gemeinschaft unter Bedingungen, die eigentlich eher ländlichen indischen Verhältnissen entsprachen. Sie lebten von acht Pfund Arbeitslosengeld die Woche. Gegenwärtig bewohnt Eileen, die bald 75 Jahre alt ist, einen kleinen Wohnwagen in der Nähe ihres ursprünglichen Domizils. Wir haben ihr endlich ein Haus gebaut.

Dorothy besaß damals immerhin soviel Geld, um sich einen kleinen Anbau an den Caddy-Wohnwagen zu bauen, in den sie dann einzog. Peter begann, einen kleinen Gemüsegarten anzulegen, der noch heute mit Liebe gepflegt wird. Eileens innere Stimme äußerte sich dazu wie folgt:

> Die Zeit spielt keine Rolle, nur die Gemeinschaft, die Zusammenarbeit und das positive Denken. Wisset, daß ihr jedesmal, wenn ihr den Spaten in die Erde steckt, Strahlungen hineinführt. Liebt den Gemüsegarten, macht von all Meinen Gaben Gebrauch und seid dafür dankbar. Freut euch an dieser Zeit, in der ihr einen Ort der Harmonie und Schönheit schafft. Ihr könnt sicher sein, daß etwas nicht stimmt, wenn keine Harmonie unter euch herrscht. Es ist stets besser, aufzuhören und nichts zu tun, als etwas zu tun, was Zwietracht sät.
>
> (*Flug in die innere Freiheit*, S. 110)

Nach 1965 war es vor allem dieser Garten, der die Findhorn-Gemeinschaft berühmt machte. In den Anfangstagen war es das Ziel der Gemeinschaft, in Verwirklichung des göttlichen Willens einfach zu leben und gemeinsam zu meditieren, um eine innere Verbindung zu gleichgesinnten Seelen aufzunehmen. In dieser Zeit ist auch der Ausdruck »Lichtnetz« (Network of Light)

* Der »Focaliser« einer Abteilung oder eines Bereichs in Findhorn ist eine Art Koordinator. Das Wort ist abgeleitet von »Focus« (Brennpunkt):, es bezeichnet also jemand, der die Energien einer Gruppe auf den gemeinsamen Brennpunkt lenkt. (Anm. d. Übers.)

entstanden. Eileen hatte Visionen von verschiedenen Meditationsgruppen in allen Teilen der Welt. Erst viel später bestätigte sich, daß zumindest eine dieser Gruppen tatsächlich existierte – eine Gruppe von Geschäftsleuten in der Türkei, die irgendwann von der Findhorn-Gemeinschaft hörte und Kontakt knüpfte. 1972 besuchten Eileen und Peter Istanbul und Ephesus, wo einer aus jener Gruppe Bürgermeister war, und dort hatte Eileen eine machtvolle Marienvision.

1953 war Peter auf den Philippinen gewesen und hatte dort eine Amerikanerin namens Naomi Stephens kennengelernt, die ihn mit einem Netz von Meditationsgruppen bekannt machte. Er berichtete ihr in regelmäßigen Briefen davon, was in der Gemeinschaft, die noch in den Kinderschuhen steckte, vor sich ging. Sie leistete ähnliche Meditationsarbeit in den Vereinigten Staaten. 1964 schloß sie sich der Findhorn-Gruppe an und stellte einen weiteren Wohnwagen auf. Eileens innere Stimme bemerkte dazu, daß nun die vier Ecksteine des Fundamentes gegeben seien. Peter unternahm mehrere Besuchsreisen zu esoterischen Kreisen in anderen Teilen Großbritanniens und unterhielt eine umfangreiche Korrespondenz mit den Leuten, die er kennenlernte. Von 1965 an zog es immer mehr Menschen zur Gemeinschaft.

Vermehrte Aufmerksamkeit wurde dem Garten gewidmet. Auch Dorothy Maclean empfing Weisungen und nahm Verbindung zu Naturkräften auf, die das Wachstum der Pflanzen bestimmten und die sie Devas nannte. Sie erhielt sehr genaue Anweisungen, wie jede Pflanze im Garten zu behandeln sei. Einige wunderschöne Beispiele allgemeinerer Art für die Botschaften dieser Kräfte, dem Bindeglied zwischen Natur und Menschheit, sind in Dorothys Autobiographie *Du kannst mit Engeln sprechen* wiedergegeben. Unsere Naturkalender enthalten noch immer solche Deva-Mitteilungen.

Peter setzte Dorothys Anweisungen mit beachtlichen Ergebnissen in die Tat um. Die wunderbaren Schwingungen der Blumengärten sind auf alten Fotos noch gut zu erkennen. Obwohl kein Kunstdünger und keine Schädlingsbekämpfungsmittel angewandt wurden, wuchs das Gemüse zu riesiger Größe heran – so die 40 Pfund schweren Kohlhäupter, für die wir berühmt wurden. Peter lernte einen Mann aus Edinburgh mit Namen R. Ogilvie Crombie (kurz »ROC« genannt) kennen, der ihn begeisterte. ROC hatte Erfahrungen mit Naturgeistern in Gestalt von Elfen und Faunen und traf schließlich einmal Pan in Person. Berichte von seinen außergewöhnlichen Fähigkeiten finden sich in dem Buch *Der Zauber von Findhorn*. In den folgenden Jahren wurde ROC, obwohl er nicht in der Gemeinschaft lebte,

Peters Berater nicht nur in Gartenangelegenheiten. In der Absicht, alte Naturenergiezentren wiederzubeleben, unternahmen sie mehrere Reisen zusammen.

ROC besuchte uns weiterhin bis zu seinem Tod. Wir gedenken seiner bei unseren wöchentlichen Ausflügen mit Gästen zu Randolph's Leap, einem schönen Fleckchen Erde in dieser Gegend. ROC hat diesen Winkel als den Platz bezeichnet, an dem es besonders leicht sei, in der Meditation mit den Energien von Pflanzen und Naturgeistern in Verbindung zu treten. Es gibt viele solche Plätze in der relativ unberührten Landschaft des südlichen Moray Firth.

Peters Reisen zu Gruppen überall in Großbritannien, die Veröffentlichung des ersten handvervielfältigten Bandes von Eileens Weisungen – *Gott sprach zu mir* – sowie das Aufsehen, das die Gärten in der Öffentlichkeit erregten, zogen immer mehr Besucher zu der kleinen Gemeinschaft, die sich in dem Wohnwagenpark von Findhorn gebildet hatte. Manche blieben. Zu dieser Zeit standen auch bei uns Esoterik und Parapsychologie hoch im Kurs, denn es waren daran interessierte Gruppen, die die Idee eines neuen Zeitalters, des »New Age«, zuerst aufgriffen und akzeptierten. Es wurde versucht, mit UFOs und »Außerirdischen« Verbindung aufzunehmen, aber das waren nur Randerscheinungen in der Entwicklung der Gemeinschaft.

Peters fester Glaube an die Weisungen Eileens, die er mit seinem Organisationstalent und seinen praktischen Fähigkeiten in die Tat umsetzte, gaben der Gemeinschaft die greifbare Gestalt, die heute noch erkennbar ist.

In den ersten acht Jahren war die Gemeinschaft in Eileens innerer Stimme und Peters Gartenarbeit verankert. Eileen erlebte eine Zeit tiefgreifender spiritueller Entfaltung. Da sie angesichts der Enge der Lebensumstände nicht wußte, wo sie meditieren sollte, lauschte sie auf eine Antwort nach innen, und die Stimme gab ihr frohgemut die Weisung: »Warum gehst du nicht hinunter zu den öffentlichen Toiletten? Dort wirst du vollkommen ungestört sein.« (*Flug in die innere Freiheit*, S. 109.)

Die kleine Toilettenanlage, von der hier die Rede ist, ist erhalten geblieben und beherbergt jetzt eine Kräuterapotheke und ein Biokost-Café.

Zu Anfang meditierte Eileen, abgesehen von den gemeinsamen Meditationen mit den anderen, etwa zwei Stunden täglich, doch war sie bald so erfüllt von ihrer Stimme, daß sie sich nur wenige Stunden Schlaf gönnte und von Mitternacht bis fünf Uhr morgens meditierte, um dann die Kinder zu versorgen und sich für den Rest des Tages um Gäste und Neuankömmlinge zu kümmern. In dieser ungeheuren Arbeitsintensität liegt die spirituelle

Energie begründet, die hier spürbar geblieben ist. Eileen macht den Eindruck eines ganz normalen, bescheidenen Menschen. Fast 75, nimmt sie weiterhin an unserem Wachsen und Werden regen Anteil. Sie ist ein Grundpfeiler der Gemeinschaft und hat stets die Weisung empfangen, hierzubleiben, während die anderen Begründer weitergezogen sind.

Eileen sorgte für die göttliche Inspiration, und Peter war unermüdlich bestrebt, ihr eine Form zu geben. Ganz zu Anfang legte er den Garten an. Als sich die Gemeinschaft vergrößerte, organisierte er die Arbeit, sorgte für eine spirituelle Atmosphäre bei Mitgliedern und Gästen und engagierte sich unablässig für die Öffentlichkeitsarbeit, indem er viele esoterische Kreise in England besuchte, ohne dabei die Gartenarbeit zu vernachlässigen. Während sich Eileen mit unerschöpflicher Energie dem häuslichen Bereich und ihrer inneren Verbindung zum Göttlichen widmete, tat Peter desgleichen für das Wachstum der Gemeinschaft. Aufgrund seiner Vergangenheit als Offizier bei der Royal Air Force trat er für eine disziplinierte Lebensweise mit einer klaren Befehlsstruktur ein. Anekdoten aus der Frühzeit der Gemeinschaft berichten unter anderem von einer morgendlichen Pflichtandacht. Wenn Mitglieder ihr ein paar Tage lang fernblieben, mußten sie mit einem »Besuch« von Peter rechnen. Im Andachtsraum pflegte Peter nach der Meditation Eileens letzte Weisung zu verlesen und danach Mitgliedern und Gästen ihre Arbeit zuzuweisen. Er hatte buchstäblich absolute Autorität, und die Zeit während seines Aufenthalts in der Gemeinschaft ist oft als patriarchalisch bezeichnet worden. Immerhin wurde bei dieser Art der Führung auf materieller Ebene in kurzer Zeit viel erreicht, und Peter erwies sich später als verhältnismäßig flexibel, als veränderte Umstände andere Methoden erforderlich machten. Obwohl er sich vorwiegend auf Eileens Weisungen verließ, hatte er auch selbst eine geschärfte Intuition, die ihm große Autorität verlieh.

Während der ersten acht Jahre wuchs die Gemeinschaft langsam. 1968 erlangte sie den Status der Gemeinnützigkeit und ging in Treuhandverwaltung über. Die Bekanntheit, die sie durch das bemerkenswerte Pflanzenwachstum erlangt hatte, zog immer mehr Gäste an. Eileen erinnert sich noch, daß 1969 ca. 600 Besucher kamen. In festem Glauben wurde mit dem Bau eines Andachtsraums begonnen, und tatsächlich gingen genügend Spenden für seine Vollendung ein. Sechs mobile Fertigbau-Bungalows wurden aufgestellt; sie finden noch immer als Gästehäuser Verwendung. Die eigentliche Bedeutsamkeit dieser Zeit liegt jedoch darin, daß die Vision Gestalt annahm und daß die geistigen Energien, die in der Gemeinschaft ihren Ausdruck gefunden haben, fest verankert wurden. Im nächsten Zeitabschnitt mußten die »Eltern« Eileen und Peter allmählich die Zügel aus der Hand geben, so daß sich neue Impulse im Reifungsprozeß der Gemeinschaft durchsetzen konnten.

Von Pflanzen zu Menschen, vom Patriarchat zur Oligarchie

Der Übergang vom Ende unserer Gründungszeit zum Beginn der zweiten Phase unserer Geschichte wird durch David Spanglers Aufenthalt in der Gemeinschaft markiert. Mit seiner Partnerin Myrtle Glines besuchte er uns erstmalig 1970, um 1971 wiederzukommen und drei Jahre bei uns zu bleiben. Er war die letzte Gründerfigur der Findhorn-Gemeinschaft. Als er uns verließ, war die Findhorn-Gemeinschaft genauso groß wie jetzt, hatte sich der spirituellen Bildung des Menschen verschrieben und bestand aus jüngeren Mitgliedern. Peter stand jetzt eine Führungsgruppe zur Seite.

David Spangler

David war bei seiner Ankunft 23 Jahre alt, hatte aber von Kindheit an mit einer inneren Quelle der Weisheit in Verbindung gestanden. Eileen sah in ihm zuerst nur einen jungen Mann, der eine Vorliebe für Schokoladenkuchen hatte, bis sie ihn in einer inneren Vision ganz anders erlebte: »Er löste sich auf, und an seiner Stelle war dort ein mächtiges, wunderbares Wesen.« (*Flug in die innere Freiheit*, S. 195.) Peter fühlte sich David sofort verbunden und nahm ihn mit in den Andachtsraum, wo er eine Rede halten sollte, ein unerhörtes Ansinnen. David hielt von da an regelmäßig Vorträge, die viele der jungen Besucher inspirierten und ihnen eine neue Richtung wiesen. Er befürwortete die Schaffung eines neuen Menschenbildes, das dem neuen Zeitalter angemessen war, für das die moderne Zivilisation den Boden bereitet hatte. Er vermochte Weisungen von Wesenheiten zu empfangen, die er in seinem Innern erlebte. Dabei handelte es sich manchmal um »Meister« aus der westlichen Geheimtradition. Er nahm Informationen entgegen aus Quellen, die sich »John« oder »grenzenlose Liebe und Wahrheit« nannten. Eileen hat mir vor kurzem eine solche gechannelte Botschaft von der »grenzenlosen Liebe und Wahrheit« gegeben, die ich in den Veröffentlichungen nicht finden konnte. Sie vermittelt einen Eindruck sowohl von der Art der Mitteilung als auch von deren Stil:

> Die Neuordnung
> Weihnachten 1967 trat die Erde in eine neue kosmische Schwingungsfrequenz ein, und der Geist des Menschen verschmolz mit dem kosmischen Christus. Als knospender Christus kurz vor der Blüte ist der Mensch jetzt ein Doppelwesen. Die wahre und wirkliche Verfassung des Menschen ist spiritueller Natur. Die äußere Form ist nurmehr ein Gefäß für den geistigen Menschen.
>
> ... Die wahre Religion für die Neuordnung ist die Verwirklichung Christi im eigenen Innern. Die verborgene Herrlichkeit, die tief im Herzen begraben liegt, bricht auf, um frei zu werden. Schaut nach innen, o Söhne Gottes, und SEID das Licht, damit alle sehen können. Gottes Reich auf Erden kann nur durch den Menschen kommen, und die Neue Erde geht aus dem Chaos der alten hervor. Die zerfallende Welt gehört der Vergangenheit an. Kümmert euch nicht um das, was sein muß, sondern erbaut die Zukunft nach eurer inneren Vision. Nur der neue Mensch kann die neue Welt aufbauen, also erhebt euch, o Söhne Gottes, und macht von eurem Geburtsrecht Gebrauch. Jede winzige Seele auf diesem Planeten ist eine Zelle im Leib Christi. Was immer auch sein Seinszustand oder seine Funktion sein mag, ein jeder hat eine Rolle zu spielen.

Der Kern dieser Botschaft ist der, daß ein neues Menschenbild möglich und notwendig ist, das dem Geist vor der Materie Vorrang gibt, und daß dieser Wandel eine auf göttlichem Willen beruhende Phase in der Entwicklung des

Menschen ist. Genau das ist es, was wir seit eh und je bei der Findhorn-Gemeinschaft weitererforschen und umsetzen.

Zwischen 1972 und 1978 haben wir etliche Werke von David Spangler veröffentlicht (siehe Literaturhinweise am Ende des Kapitels). Vor nicht allzulanger Zeit bat David uns, diese Bücher nicht wiederaufzulegen. Über eines seiner bekanntesten Werke, *Laws of Manifestation*, schreibt er:

> ... Ich war mit diesem Buch nicht mehr zufrieden. Ich hatte das Gefühl, es drücke nicht das aus und berühre nicht den Kern dessen, was ich sagen wollte, und es war auch nicht repräsentativ für mein weiteres Denken zu diesem Thema. Deshalb habe ich es 1981 aus dem Verkehr gezogen.

Augenblicklich arbeitet er an einigen neuen Büchern, darunter einem über Manifestation und einem anderen, das sich mit den Konzeptionen und der Philosophie der Findhorn-Gemeinschaft befaßt.

David Spangler nahm intellektuell starken Einfluß auf die Entwicklung der Gemeinschaft in den siebziger Jahren. Ihm verdanken wir die Idee von der Gemeinschaft als einer Schule oder einer Universität des Lichts. Unsere erste Konferenz für Gäste hier am Ort fand 1972 statt. Direkt oder indirekt hat David viele junge Menschen zu uns gezogen, die Gitarren, lange Haare, kurze Shorts und einen lockeren kalifornischen Lebensstil mitbrachten. Sie tranken vom Wein des esoterischen Gedankenguts der frühen Findhorn-Gemeinschaft und wuchsen. Die Mehrzahl blieb nicht sehr lange. Anfang der siebziger Jahre betrug die durchschnittliche Aufenthaltsdauer der Mitglieder offenbar lediglich sechs Monate. Aber andere kamen an ihrer Stelle, und viele davon waren praktisch denkende Menschen. Die Schwingungen der Gemeinschaft begannen sich zu verändern – Zusammenleben auf engstem Raum, gemeinsames Singen, künstlerische Aktivitäten, Gemeinschaftsprojekte und eine leichte Autoritätsfeindlichkeit kennzeichneten diese »mittlere Phase« der Findhorn-Gemeinschaft. Worte wie »Demokratie« waren gelegentlich zu hören. Paul Hawken berichtet, daß Myrtle Glines diesen jungen Leuten eine sehr große Hilfe dabei war, sich mit Peters Führungsstil auszusöhnen. Sie war es, die Techniken der psychologischen Beratung in der Gemeinschaft einführte (*Der Zauber von Findhorn*, S. 188 f.)

In diese Zeit fällt auch die »Besiedlung« und Umwandlung von Pineridge, einem Gebiet im Nordosten des Wohnwagengeländes; des weiteren wurde das Gemeinschaftszentrum ausgebaut, damit die vielen neuen Mitglieder und Gäste aufgenommen werden konnten, die Zahl der Werkstätten vergrößerte sich, und das heutige Verlagsgebäude wurde fertiggestellt. Die Gemeinschaft produzierte auch Tonkassetten, und die darstellenden Künste bekamen einen gewichtigen Stellenwert. Die Stimmung war dynamisch und auf Expansion ausgerichtet. Ein Mitglied, das jene Zeit miterlebt hat, erinnert sich, daß diejenigen Leute am besten angesehen waren, die sichtbar etwas »bewegten«. 1974 hatte das Gelände weitgehend seine heutige Form erreicht. 180 Mitglieder gehörten zur Gemeinschaft, und ein Erziehungs- und Bildungsprogramm war bereits angelaufen.

Über einen Zeitraum von sieben Jahren verteilt, gaben Peter und Eileen immer mehr von ihrer Führungsfunktion auf. 1972 wurde Eileen geboten, ihre Weisungen nicht länger öffentlich kundzutun:

> Laß los, tritt zurück und ermögliche es allen in der Gemeinschaft, ein Leben unter Meiner Anleitung und Führung zu leben. Sie sollen aus eigener Erfahrung lernen, positiv zu leben und mit ihrem eigenen Leben die Gesetze zu veranschaulichen, nach denen sich alles manifestiert. Wenn dadurch die Arbeit eine Zeitlang aufgehalten werden sollte, dann laß es geschehen. Solange das Leben nicht gelebt wird, werden keine Lektionen gelernt, und diese Lektionen sind viel wichtiger, als sich zu vergrößern, ohne dabei zu lernen, und nach dem zu leben, was andere gelernt haben.
>
> (*Flug in die innere Freiheit*, S. 229)

Nach Eileens Auffassung hatte sich Peter ziemlich abhängig gemacht von ihren Weisungen; daß er nun keine mehr bekam, war für ihn ein schwerer Schlag. Doch ohne die Weitergabe ihrer Weisungen wurde auch Eileen unsicher, was ihre Rolle in der Gemeinschaft betraf. Ein Blick in die Hefte der *Findhorn News*, die an die Freunde der damaligen Gemeinschaft verteilt wurden, macht deutlich, wie wichtig die Weisungen waren. Bis 1971 wurde praktisch jede kleinste Information durch eine Weisung gedeckt. Ab August 1971 beginnen David Spanglers Schriften die Hefte zu füllen, die Peter zu diesem Zeitpunkt herausgab. Das Fehlen der Weisungen verstärkte die Spannungen zwischen Peter und Eileen, denn ihre Fähigkeit, Weisungen empfangen zu können, war für ihn eines der Bindeglieder zwischen ihnen gewesen (siehe *Flug in die innere Freiheit*, S. 234). Er wandte sich allmählich an andere, wenn er Bestätigung brauchte, und bildete eine Gruppe von sieben Leuten, den »Kern« einer Führungsgruppe, die bald auf zwölf Mitglieder anwachsen sollte. Doch die Aufteilung der Pflichten brachte nicht die Ergebnisse, die er sich erwartet hatte. Eileens innere Stimme sagte:

> ... Peters Arbeit hat darin bestanden, dieses Lichtzentrum aufzubauen. Es wird eine Zeit kommen, in der er frei ist, sich an die universelle Arbeit zu be-

geben. Sag ihm, er soll die Zügel immer lockerer lassen und der Gemeinschaft erlauben, zu lernen und Fehler zu machen, falls nötig, denn lernen müssen sie.

(Aus »Views from the Centre« von Peter Caddy, *Findhorn News*, April 1974.)

Peter fährt fort:

Damit die Gemeinschaft für die kurzen Zeitspannen gerüstet ist, in denen ich fort bin, haben wir beschlossen, eine Kerngruppe von sieben Mitgliedern zu bilden, die während meiner Abwesenheit für die Gemeinschaft verantwortlich sind ... In den letzten paar Monaten habe ich alles, was geschehen ist, der Kerngruppe mitgeteilt, und ziehe mich von jetzt an allmählich zurück, um ihnen die Führung der Gemeinschaft zu überlassen.

(ebenda)

Peter setzte auch eine Gruppe von Koordinatoren (Focalisers) ein, die für die verschiedenen Bereiche der breitgefächerten Gemeinschaft verantwortlich waren (März 1974). Ausschlaggebende Entscheidungen wurden auf Gemeinschafts-Versammlungen beraten. 1973 verließ nicht nur David Spangler, sondern auch Dorothy Maclean die Gemeinschaft – um bald darauf in den Vereinigten Staaten die *Lorian Association* zu begründen. Die Ära der »großen Persönlichkeiten mit Autorität« ging zu Ende.

Peters Herz flog einer jungen Schwedin zu, auf die er Verantwortung in der Gemeinschaft übertragen hatte. Obwohl er keine intimen Beziehungen zu ihr unterhielt, reagierte Eileen scharf. Die Gemeinschaft durchlief eine Zeit der Ungewißheit, aber Peters generelle Autorität wurde nicht in Frage gestellt. Ein Artikel im *Open Letter* vom Februar 1975 – der die *Findhorn News* abgelöst hatte – lautet:

Wir von der Findhorn-Gemeinschaft sind dabei, in die erste Phase eines neuen Abschnitts in unserer Entwicklung einzutreten; die Gründungsphase der Gemeinschaft geht ihrer Vollendung entgegen, und jetzt wollen wir uns durch Übung und Erziehung eingehender und bewußter dem Neuen Zeitalter widmen und verpflichten. Die Vervollkommnung des einzelnen steht an erster Stelle, und die Veränderungen, denen Peter und Eileen Caddy in ihrer eigenen Beziehung ausgesetzt sind, spiegeln sich in den Veränderungen der ganzen Gemeinschaft wider.

Gleich zu Beginn dieser Übergangsphase, 1973, wurde beschlossen, die »Universal Hall« (ursprünglich »University Hall«) zu bauen. Eileens Weisung bezüglich der Halle war eindeutig. Es sollte schnell eine funktionstüchtige Halle enstehen, und danach sollte sofort mit der Errichtung anständiger Unterkünfte für Mitglieder begonnen werden, die unter sehr beengten Bedingungen in Wohnwagen hausten. Doch obwohl diese Weisung allen mitgeteilt wurde, nahm die Kerngruppe noch Ratschläge und Ideen aus den verschiedensten anderen Quellen entgegen. Die Gemeinschaft, durchdrungen von göttlicher Inspiration, mußte nun eine neue innere Bereitschaft unter Beweis stellen, bei der sich jeder einzelne mit der höheren Wahrheit in Einklang bringen konnte. Aber die Gemeinschaft hatte sich bei ihren bisherigen Entscheidungen ganz auf andere verlassen und war nicht erfahren in innerer Arbeit auf dieser Ebene. Es war viel aufregender, an die Errichtung eines großen Monumentalbaus zu gehen, ein Projekt, an dem sich die Begeisterung aller jungen Mitglieder entzünden konnte, statt eine funktionale Halle zu erbauen, und diese eher oberflächliche, aber reizvolle Aussicht gewann die Oberhand.

Zehn Jahre später stand der Monumentalbau, ein herrliches Bauwerk aus Stein, schön eingerichtet und gestaltet, mit wunderbaren Wandmalereien. Es vergrößerte allerdings den Schuldenberg beträchtlich, und außerdem hatte sich die Energie der Gemeinschaft, gemeinsam etwas zu bauen, darin erschöpft.

Die Halle ist und bleibt ein sehr kostenaufwendiges Gebäude und macht erhebliche Subventionen aus öffentlichen Mitteln erforderlich. Dabei ist sie keineswegs ein ähnliches spirituelles Symbol wie etwa der großartige Matrimandir in Auroville. Wir wohnen zum größten Teil noch immer in den gleichen Wohnwagen, die inzwischen noch baufälliger geworden sind. Vielleicht läßt sich daraus die folgende Lehre ziehen: Laßt euch in Übergangszeiten, wenn sich eure geistigen Kontakte entwickeln, nicht auf größere Projekte ein, sondern erprobt euch an kleineren Dingen? Doch wie dem auch sei, die Gemeinschaft besitzt jetzt aufgrund ihrer eigenen Entscheidung ein herrliches Gebäude. Die Strafe ist nicht zu hart ausgefallen.

In den Jahren bis zu seinem Weggang 1979 hat Peter immer mehr Autorität an die Kerngruppe delegiert. Diese Gruppe traf ihre Entscheidungen weiterhin auf der Grundlage ihrer Meditationen und ihres Einfühlungsvermögens, aber ohne Eileens Weisungen verstärkte sich die Tendenz zu gewöhnlicheren Formen der administrativen Entscheidungsprozesse. Die Kerngruppe suchte sich selbst ihre Mitglieder; stieg jemand aus, so berief die Gruppe einen anderen an seine Stelle; es funktionierte wie eine Art spirituelles Politbüro, das die Gemeinschaft unter Peters Oberherrschaft führte. Nick Rose schrieb dazu in einem Artikel im *Open Letter* vom Dezember 1975:

Im ersten Jahr des Bestehens der Kerngruppe teilte Peter seine Vision mit den Mitgliedern, traf jedoch weiterhin alle Entscheidungen selbst. Jetzt, fast zwei Jahre später, zählt die Kerngruppe zwölf Mitglieder und wird von entsprechenden Arbeitsgruppen in Verwaltung, Finanzen, Kommunikation und Personalfragen bei ihrer Arbeit unterstützt. Manche haben das Empfinden, daß sich wenig verändert hat und Peter noch immer den Entscheidungsprozeß bestimmt. Andere meinen zu spüren, daß sich eine echte Entwicklung in der Führung abzeichnet und daß das Konzept einer »theokratischen Demokratie« sich als sinnvoll erweist.

Wie die übrige Findhorn-Gemeinschaft ist die Kerngruppe auf göttliche Weise menschlich. Sie verfällt ebensoleicht den Verlockungen von Glanz und Illusion wie andere Gruppen auch. Sie bemüht sich, die Kommunikation mit der Gemeinschaft zu verbessern. Sie will nicht eigenmächtig und vorsätzlich eine Vision verwirklichen, durch die die Entfaltung einer persönlichen Vision gehemmt würde.

In der Findhorn-Gemeinschaft setzt sich der göttliche Wille in aller Gelassenheit durch, ohne die Hektik und Ungeduld, die in unserer Kultur die Norm ist. Wir müssen uns wieder in Geduld üben und ein Gespür für den richtigen Zeitpunkt entwickeln. Die Kerngruppe hat in einer Zeit für Stabilität gesorgt, als die Gemeinschaft im Umbruch war und dem einzelnen weniger Zeit zur Verfügung stand, spirituell zu wachsen. Erst Ende der achtziger Jahre kündigte sich ein neuer Führungsstil an.

Expansion – und falscher Glanz

Obwohl Persönlichkeiten kamen und gingen, die Verhältnisse wechselten und verschiedene Phasen durchzumachen waren, lernten Mitglieder und Gäste von Beginn an bis heute, in Liebe zusammenzuleben, um so zur Erkenntnis ihrer inneren Wahrheit zu erwachen und sich dadurch selbst zu wandeln. Auf welcher Ebene ein solcher Wandel auch jeweils stattgefunden haben mag, die meisten Leute haben nach ihrem Abschied von uns auch zu Hause davon Zeugnis abgelegt. Während der siebziger Jahre haben Tausende von Gästen die Findhorn-Gemeinschaft besucht, haben sich von ihr inspirieren lassen und sind heimgekehrt, um dieses Inspiriertsein durch eine neue Lebensweise unter Beweis zu stellen. *Das ist die wahre und einfache Geschichte der Findhorn-Gemeinschaft, wie sie stattgefunden hat und weiter stattfindet.* Die einzelnen Ereignisse und zum Teil dramatischen Geschehnisse sind letztlich die Bühne, auf der dieser Verwandlungsprozeß und die wachsende Liebe in Erscheinung treten.

Peter und Eileen waren nicht von der Veränderung ausgenommen. Ihre Beziehung zueinander war eher traditionell, aber ein neues menschliches Selbstverständnis fordert den ganzen Menschen. Eileen war die passiv Empfangende und eine gute Hausfrau gewesen, Peter hingegen der in der Außenwelt mit Autorität Handelnde. Der »Engel von Findhorn« schickte sich an, dieses klischeehafte Rollenverständnis zu verändern, denn in gewisser Weise war und blieb das Paar für die übrige Gemeinschaft Vorbild. Peter entfremdete sich Eileen mehr und mehr. Er setzte allmählich andere Prioritäten, und 1979 verließ er die Gemeinschaft, um sich mittels verschiedener neuer Beziehungen weiterzuentwickeln. 1982 heiratete er wieder, und seine neue Frau verlangte von ihm tätige Hilfe bei der Sorge für ihr gemeinsames Kind. Mit über siebzig Jahren lernte Peter nun die weltlichen Seiten der Vaterschaft gründlich kennen – Windeln zu waschen und wirklich Verantwortung zu tragen für den kleinen Sohn, den er zu unserer Freude manchmal zur Gemeinschaft mitbringt. Durch diese weitere Heirat hat er sich mit Formen der Hingabe vertraut machen können, die Eileen aus ihren Augenblicken der inneren Unterwerfung längst kannte.

Eileen hingegen hat allmählich ihre Schüchternheit überwinden müssen, um unerschrocken vor Tausenden von versammelten Menschen Vorträge zu halten und als spiritueller Führer wirken zu können. Peter und Eileen mußten relativ spät im Leben, wenn andere im allgemeinen daran denken, »langsamer zu treten«, noch einmal von Grund auf umlernen, und auch darin sind sie uns wieder ein anregendes Vorbild.

Als sie noch zusammen waren, war es ihnen vergönnt, nach Cluny Hill zurückzukehren, wie es Eileen in einer viele Jahre zurückliegenden Weisung versprochen worden war. In der Zwischenzeit war das Hotel völlig heruntergekommen, und die Gemeinschaft konnte es für lächerliche 60.000 Pfund erwerben. Das war damals jedoch ein gewaltiger Schritt. Die Entscheidung wurde relativ einmütig gefällt, nur der damalige Schatzmeister der Gemeinschaft war nicht damit einverstanden und trat zurück. So wurde aus dem Cluny Hill Hotel das Cluny Hill College, kurz »Cluny«.

Mit über achtzig Zimmern, einem weitläufigen Gelände, Tennisplatz und Schwimmbecken ist Cluny eine imposante Anlage, deren Unterhaltung sehr teuer ist; wir mußten kürzlich mehr als den Kaufpreis nur für die Reparatur der Zentralheizung aufbringen. Aber Cluny vereinigt auch großartige Energien auf sich und ist unser Hauptgästehaus geworden. Es ist ein Vergnügen, in den großen Räumen dort Workshops abzuhalten, die Liebe und Sorgfalt zu spüren, mit der das Gebäude gepflegt wird, und durch die Arbeit und Fürsorge des dort wohnenden Mitgliederstabes Unterstützung zu finden.

Der Kauf von Cluny war der Auftakt für ein starkes Interesse an Grunderwerb, das sich für die Gemeinschaft als zweischneidig herausstellen sollte. In Eileens Weisungen war von einer Entwicklung zum »planetarischen Dorf« die Rede, das allmählich zu einer »Stadt des Lichts« heranwachsen würde. Bei den Gemeinschaftsmitgliedern kam das Gefühl auf, Gott lenke unsere Schritte, so daß wir eigentlich nur zu kaufen brauchten, denn Er würde schon für die nötigen Mittel sorgen. Das entscheidende Jahr war 1978. Wir bekamen Drumduan House geschenkt, ein prächtiges georgianisches Herrenhaus in sehr schlechtem Zustand auf der Nordseite von Cluny Hill mit Blick auf die Findhorn-Bucht. Vielleicht ließ sich daraus ein Kunstzentrum machen. Haus und Garten wurden unter großen finanziellen Belastungen liebevoll renoviert. 1987 wurde es schließlich von der Moray-Steiner-Schule übernommen. Station House, der alte Bahnhof von Findhorn, wurde als Unterkunft für Mitglieder erstanden und aufpoliert. Umstritten war die Entscheidung der Kerngruppe, Cullerne House samt Gelände zu kaufen, das nördlich des Wohnwagenparks lag. Da sich die vorgesehene Finanzierung dieser Anlage nicht realisieren ließ, nahm eine Gruppe von Mitgliedern einen Kredit auf, um die Kosten zu decken. Trotz des miserablen Erdbodens sollte dort später unser Hauptgartenzentrum entstehen. Ein von dem ehemaligen Offizier der Royal Air Force Dick Barton geleitetes Team steckte ungeheuer viel Arbeit in die Gartenanlage, aber der Besitz blieb eine finanzielle Last. Erst Mitte der achtziger Jahre wurde Cullerne voll in die Gemeinschaft integriert.

Eine andere Mitgliedergruppe lieh sich Geld, um ebenfalls ein altes Haus zu kaufen, Newbold, eine halbe Meile südlich von Cluny Hill gelegen. Es wurde schließlich durch Spenden finanziert, ist inzwischen unabhängig und floriert bestens. Außerdem übernahmen wir die Verwaltung einer Insel namens Erraid, die vor der schottischen Westküste nicht weit von der Insel Mull liegt. Erraid gehört zwei niederländischen Familien, aber uns wurde angeboten, die Insel mit einer kleinen Gruppe zehn Monate im Jahr zu nutzen. Wir wurden immer größer, dehnten uns über Gebühr aus und häuften Schulden an. Ende der siebziger Jahre gaben wir praktisch mehr aus, als wir einnahmen, und schuldeten Privatpersonen und Banken über 400.000 Pfund.

Im nachhinein ist uns klar, daß die oberflächliche Auslegung der Annahme, unter göttlichem Schutz zu stehen, unverantwortlich und unbedacht war, eine Art von kollektivem Materialismus ähnlich dem in der Sowjetunion, wo niemand sich für Besitz verantwortlich fühlt, der dem abstrakten »Staat« gehört. Noch 1985, nachdem längst eine strikte Finanzpolitik eingeführt worden war, kam ich zum Drumduan-Garten, der zwei Jahre lang nicht richtig bearbeitet worden war, und fand im Schuppen vier Rasenmäher, die alle nicht mehr funktionierten. Mit ein wenig Mühe schafften wir es, drei davon wieder in Schuß zu bringen!

* * *

Reiz und Glanz esoterischer Lehren entfalteten ebenfalls Ende der siebziger Jahre ihre größte Wirkung. David Spangler hatte die Gemeinschaft 1975 in einem offenen Brief aus Amerika vor falscher Pracht gewarnt:

> Falscher Glanz ist heute die größte Herausforderung für uns. Er bringt uns dazu, vom rechten Weg abzuweichen und in eine Sackgasse zu laufen. Er ist eine Form von Verzückung, Verzauberung, Hypnose. Er erzeugt Illusionen (wie er auch deren Produkt ist) und lähmt die Kommunikation. Darin liegt im Grunde seine größte Gefahr, und das ist sein Markenzeichen. Falscher Glanz verzerrt die Kommunikation und Kommunion, indem er den Blick auf eine einzige Eigenschaft konzentriert, so daß andere Eigenschaften nicht mehr mithalten können. Es ist so, als würde laute Musik abgespielt, wenn man gerade still etwas überlegen oder sich mit anderen unterhalten will; es ist so, als wäre zuviel Luft in einen Autoreifen gepumpt worden, so daß er dicker ist als die anderen und der Wagen nicht glatt laufen kann. Es wird der Erschaffung von privaten Welten Vorschub geleistet, in denen sich unsere Aufmerksamkeit verfängt, so daß andere nicht wahrhaft mit uns kommunizieren können.
>
> ... Christus ist in den Lebensprozessen erkennbar, in den großen wie in den kleinen, und nicht nur in besonderen Ereignissen oder Leuten, die bestimmten Bedürfnissen nach Reiz und Glanz nachkommen. Am Neuen Zeitalter zu bauen heißt nicht, von einem charismatischen Geschehen zum anderen zu stolpern wie ein Fixer auf der Suche nach seinem täglichen »Schuß«. Christus, das Neue Zeitalter, die planetarische Verwandlung sollen keine Sucht sein; unsere Arbeit drückt sich nicht unbedingt in Visionen, Licht, Klängen, Energien oder Hallelujas aus ... Christus zu sein ist die tägliche Verpflichtung zum Leben, wie es ist und sich entfaltet, um seine göttliche Essenz zu offenbaren, ein Leben, das über Blümchen und Flitterglanz hinausgeht, das in der Erkenntnis der Einzigartigkeit eines jeden Tages gelebt wird und in der Erkenntnis der Göttlichkeit, dem Stoff, aus dem jene Einzigartigkeit gemacht ist.
>
> (*Reflections on the Christ*, S. 102 u. 113)

Trotz Davids Warnungen blieb der Gemeinschaft ihre Lektion über den falschen Glanz nicht erspart. Mit dem »Kristall-Unfall« 1978 kam es zur Krise.

Eine kleine Gruppe von Leuten besuchte damals regelmäßig die Gemeinschaft, und einige davon wurden Mitglieder und meinten, nur durch eine bestimmte Form von Schmuck und Design, insbesondere durch die Anbringung von Kristallen, könnte die notwendige Energie richtig hierher gelenkt werden. Es handelte sich allerdings weniger um göttliche Kräfte als um solche der längst verschollenen Zivilisation von Atlantis, die in unsere fast fertiggestellte Universal Hall durch eine spezielle Anordnung von Kristallen und Drähten eingebracht werden sollten. Das ganze Konzept dahinter wurde der Gemeinschaft nie richtig erklärt, aber Peter war dafür und besaß noch immer so viel Autorität, daß die Idee bei vielen Mitgliedern auf fruchtbaren Boden fiel.

Ein besonders geschliffener Quarzkristall, etwa so groß wie eine Pampelmuse, wurde an Golddrähten in der Mitte der Halle aufgehängt. Die Golddrähte spannten sich zu den tragenden Säulen hinüber, und von da gingen Silberdrähte aus, die in den Fundamenten verankert waren. Im Keller wurde ein kleinerer Kristall in den Boden eingelassen und darauf ein Stück Eisenerz von einem Meteor gelegt. Ein dritter Kristall wurde an einer Lampe in der Mitte der Decke befestigt. Die Halle wurde für einige Zeit geschlossen, bis dieses okkulte Arrangement fertig war, und um Weihnachten 1978 wurde eine besondere Anrufungszeremonie abgehalten, um den Energietransfer einzuleiten. Craig Gibsone, heute Focaliser der ganzen Gemeinschaft, erinnert sich noch, daß er mitten in der Zeremonie hinausging und die Gemeinschaft verließ, so groß war sein Abscheu.

Er kehrte erst 1983 wieder zurück. Anderthalb Jahre später, während des Vortrags eines Besuchers von der Edgar Cayce Foundation, rissen die Drähte, und der Decken-Kristall fiel herunter, wobei er eine fünf Zentimeter dicke Glasplatte im Fußboden zerschlug und den Redner nur knapp verfehlte, der »durch göttliche Fügung« nicht genau in der Mitte der Halle gestanden hatte. Der Kristall zerbrach zu jedermanns großer Erleichterung in viele kleine Stücke. Eileen war bei dem Vortrag nicht zugegen gewesen, aber als ihr der Vorfall erzählt wurde, war ihr Kommentar: »Gott sei Dank.« Sie sammelte die Kristallsplitter ein, die einer von ihr empfangenen Weisung gemäß der Erde wiedergegeben wurden, aus der sie kamen. Dieser seltsame Zwischenfall war der Abschluß einer Zeit, in der die Gemeinschaft einige harte Lektionen lernen mußte.

Heutzutage ist die Parapsychologie mit ihrem falschen Glanz weithin beliebt in der »New-Age«-Bewegung. Sie gibt für die Menschen etwas her, die mit den rohen Formen des Materialismus unzufrieden sind, aber trotzdem das Verlangen haben, sich für eine gewisse Summe Geldes schnell die persönliche Wandlung zu erkaufen. Derartige Wünsche werden durch einen großen Kreis von Veranstaltern in Sachen Parapsychologie erfüllt, die ihre Angebote in unzähligen »New-Age«-Magazinen anpreisen. Noch immer besuchen uns viele Leute, die uns ihre »Visionen« oder neuen Techniken vorstellen wollen, um uns endlich auf den richtigen Weg zu bringen. Wir haben unsere Freude an ihnen und danken ihnen, und dann fahren sie woandershin. Uns wird immer deutlicher bewußt, wie einfach und unmittelbar die göttliche Botschaft ist – *daß unser Lebenszweck darin besteht, das Göttliche im eigenen Innern zu finden, für das die Übung und Erfahrung bedingungsloser Liebe das Kriterium ist.* Unsere Arbeit ist zu wichtig, als daß wir uns davon ablenken lassen dürften.

Anfang der achtziger Jahre: Zurückhaltung und Konsolidierung

Aufgrund der Kontroversen, die der Erwerb von Grundeigentum und die allgemeine Ernüchterung auslösten, verließen eine ganze Reihe von Mitgliedern die Gemeinschaft. Wir traten in eine Phase der Vorsicht und Ungewißheit ein, wie ein gescholtenes Kind. Klare Buchführung war das Losungswort, und unser Hauptziel war es fortan, unsere Schuldverpflichtungen zu erfüllen und abzutragen. Statt jeden herzlich willkommen zu heißen, der sich paranormaler Fähigkeiten rühmte, übte die Gemeinschaft vorsichtige Zurückhaltung in bezug auf Medien und Sensitive. Peter, der solche Leute gern aufgenommen hatte, verließ die Gemeinschaft 1979, um sich erneut zu verheiraten, und hat seitdem nicht mehr hier gewohnt, obgleich er uns häufig besucht.

Als ich 1983 zur Findhorn-Gemeinschaft kam, wurde meine Ausübung dessen, was ich damals »Geistheilen« und »Hellsicht« nannte, mit großer Zurückhaltung betrachtet und mir geraten, für ein paar Jahre, während ich mich einlebte in der Gemeinschaft, davon Abstand zu nehmen. 1984, ich hatte gerade angefangen, einen organisch-biologischen Gemüsegarten in Cullerne anzulegen, fiel mir in einer abgelegenen Ecke des Parks ein wunderschöner Rosenquarz-Kristall ins Auge, und ich dachte, das sei doch ein hübscher Schmuck für die Mitte des neuen Gartens. Ich wußte nichts von dem »Kristall-Unfall«, ließ aber von der Idee ab, als ich merkte, in welches Wespennest ich mit meinem Vorhaben gestochen hatte. Wir reagierten noch immer allergisch auf Kristalle, obwohl sie, für sich genommen, völlig harmlos sind. Als der Rosenquarz-Kristall Jahre später doch noch in einem der

Gärten von Cullerne einen Platz erhielt, begannen Gäste, Rituale um ihn herum auszuführen, so daß er wieder entfernt werden mußte.

Als Peter ging, übertrug er die Koordination der Gemeinschaft an François Duquesne als Focaliser. Es war keine leichte Zeit. François' umsichtiges, rationales Vorgehen in finanziellen und organisatorischen Angelegenheiten war in dieser Phase der Konsolidierung sehr hilfreich. Die Gemeinschaft mußte wieder zu einer klaren Vision zurückfinden. François hatte das starke Empfinden, daß das »Dorf« aus der Weisung Eileens unbedingt verwirklicht werden sollte. Er trat nachdrücklich für eine Erweiterung der Gemeinschaft auf spiritueller Grundlage über die vertraglich festgelegten Erziehungsfunktionen der Findhorn-Stiftung hinaus ein und befürwortete auch geschäftliche Unternehmungen in diesem Rahmen.

In dieser Hinsicht schlug unsere Stunde mit dem Kauf des Wohnwagenparks, bei dem François die Verhandlungen leitete. Das Gelände, auf dem die Gemeinschaft entstanden war, wurde 1983 zum Verkauf freigegeben. Es lag natürlich nahe, daß wir die Treuhänder dieser Anlage werden sollten. Außerdem würde uns die kommerzielle Seite dieser Tätigkeit auf Jahre hinaus ein Einkommen verschaffen, das wir bei unserer Verschuldung dringend brauchten. Der Besitzer, der wußte, daß wir die einzigen in Frage kommenden Käufer waren, trieb den Preis in die Höhe. Ein Förderprogramm wurde aufgestellt, das jedes Mitglied verpflichtete, die Mittel für einen bestimmten Geländeteil aufzubringen. Dadurch wurde jeder einzelne unmittelbar an der Spendenbeschaffung beteiligt. Aufrufe ergingen an ehemalige Gemeinschaftsmitglieder und Besucher; Auktionen und Veranstaltungen, deren Reinerlös uns zufloß, jagten einander. Wir brachten die Summe auf, die wir für das Gelände für angemessen hielten, aber der Eigentümer wollte weitere 80.000 Pfund haben. Wir mußten uns noch tiefer verschulden, verpflichteten uns aber selbst, diese neue Schuld innerhalb eines Jahres abzutragen, was wir auch taten. Im November 1983 wurde das Wohnwagengelände erworben, der Höhepunkt in François' Karriere als Focaliser. Was ihn in dieser Zeit bewegte, beschreibt er in einem Interview, das weiter hinten im Buch wiedergegeben ist.

Ich wurde als Neuankömmling Zeuge dieser Vorgänge und bemerkte, mit welcher Entschlossenheit die Kerngruppe den Kauf des Geländes abwickelte. Mir fiel auch die Unschlüssigkeit einiger Mitglieder auf, die sich jedoch offenbar nicht recht trauten, sich bei den zahlreichen Gemeinschaftstreffen Gehör zu verschaffen, bei denen die Schritte zum Grunderwerb abgesprochen wurden. Wir waren noch nicht reif, aber die Beteiligung aller und das Bewußtsein einer Verantwortung wuchsen.

Gegenwärtige Entwicklungen

Der Kauf des Wohnwagenparks markierte einen Wendepunkt zum Guten. Ein Programm zur stetigen Schuldenreduzierung lief an, die Mitgliederzahl der Gemeinschaft war gesunken und das Durchschnittsalter der Leute gestiegen. Die Mitglieder blieben länger. Einige unabhängige Geschäftsbetriebe entstanden. Leute zogen hierher, um in unserer Nähe zu leben, ohne der Foundation anzugehören. Zum ersten Mal bestand ein wirklicher Unterschied zwischen der Gemeinschaft und der Foundation. Es hat Bestrebungen gegeben, die Last der Verantwortung zu verteilen, so daß die einzelnen Mitglieder weniger von einer zentralen Führung abhingen. Damit wird einem Trend zur Bürokratisierung Einhalt geboten, der sich erschreckend leicht einstellt. Aus unseren Erfahrungen läßt sich schließen, daß künftige menschliche Gesellschaften drastische Dezentralisierungsmaßnahmen ergreifen müssen, damit die Freude des einzelnen am sozialen Enagagement erhalten bleibt.

Ein weiteres Problem ist die Frage des persönlichen Anhaftens. Wenn jemand wirklich durchdrungen ist von seiner Arbeit, bekommen seine Leistungen leicht eine selbstgefällige Note, statt ganz im Dienst des göttlichen Selbst zu stehen. Solche Leute neigen zum Besitzergreifen und Anhaften, wenn es Zeit zur Wandlung ist. Dieses Problem führt uns zum zentralen Thema zurück. Wer mit der liebevollen göttlichen Essenz im eigenen Innern in Verbindung steht und die »Wirklichkeit« als deren äußere Erscheinungform sieht, kann auf die Botschaften reagieren, die ihm auf diesem Wege zukommen. Dann ist er glücklich und klammert sich nicht fest; dazu ist jedoch stetige Übung erforderlich, durch die die geistige Anpassung vertieft wird.

Über die wichtigsten Trends, die heute bei uns erkennbar sind, wird an späterer Stelle berichtet. 1988 waren die Mitglieder der Foundation für eine längere Zeitspanne damit beschäftigt, einzeln und gemeinsam eine Rückbesinnung vorzunehmen, um eine neue spirituelle Kerngruppe ins Leben rufen zu können. Dieser Prozeß stellt den bisher entschlossensten Versuch dar, auf eine spirituelle Demokratie hinzuwirken, die nicht einfach auf Wahl beruht, sondern auf die innere Vision zurückgreift.

Obwohl unsere Finanzkrise noch längst nicht überwunden ist, ist die Foundation dabei, mit sehr beschränkten Mitteln dauerhafte Wohnmöglichkeiten für Mitglieder zu schaffen. Heute ist eine Gemeinschaft von Menschen im Wachsen begriffen, die ihrem Leben eine spirituelle Mitte geben wollen, wobei ihnen die Atmosphäre der Findhorn Foundation hilft.

Wie immer in der Geschichte sind die wahren Helden die gewöhnlichen Menschen, in deren Lebensraum sie sich abspielt. Davon ist die Findhorn-Gemeinschaft keine Ausnahme. Unser Zweck ist der, als Laboratorium für die Wandlung zu fungieren, ein neues menschliches Selbstverständnis zu begründen und heilsame Möglichkeiten des Zusammenlebens zu schaffen, die einer durch die Technik zur Weltkultur umgewandelten Erde angemessen sind. In ihrer tagtäglichen Arbeit und Interaktion, in der zum Ausdruck gebrachten Liebe und gegenseitigen Unterstützung und in ihrem Bemühen, sich mit den eigenen Blockierungen auseinanderzusetzen und sie aufzulösen, haben ganz gewöhnliche Mitglieder der Findhorn-Gemeinschaft stetig auf dieses Ziel hingearbeitet.

Menschen kommen und gehen; Ideen sind »in« und wieder »out«; aber die Liebe in den Mittelpunkt aller menschlichen Aktivitäten zu stellen hat Bestand und breitet sich überall auf dem Erdball aus. Wir stehen im Dienst dieser Aufgabe, die so einfach klingt und doch im Leben so schwer zu realisieren ist, und das ist unser Beitrag zur planetarischen Entwicklung. Indem wir sie gemeinsam mit unseren Gästen anpacken, erfüllen wir den göttlichen Zweck, von dem Eileens innere Stimme ursprünglich zu ihr gesprochen hat. Wir sind ganz gewöhnliche Menschen, aber genau das macht die große Bedeutsamkeit unserer Gemeinschaft aus. Was wir tun, liegt nicht außerhalb der Reichweite gewöhnlicher Sterblicher, denen die Herausforderungen, vor denen wir stehen, nicht fremd sein dürften.

Einige der Werke von David Spangler

Links with Space (1971); *Revelation – The Birth of a New Age* (1972; dt. Ausgabe: *New Age – die Geburt eines Neuen Zeitalters*, Greuth Hof Verlag 1983); *New Age Rhythms* (1972); *Festivals in the New Age* (1976); *Laws of Manifestation* (1976); *Towards a Planetary Vision* (1977); *Vision of Findhorn Anthology* (1977); *Relationship and Identity* (1978); *Reflections on the Christ* (1978); *Explorations* (1980); *Der Geist der Synthese* (Greuth Hof Verlag 1985).

Bücher von Dorothy Maclean

Wisdoms (1971); *The Living Silence* (1971); *To Hear the Angels Sing* (1980; dt. Ausgabe: *Du kannst mit Engeln sprechen*, Aquamarin Verlag o. J.).

Das Gemeinschaftszentrum

6

Management und Organisation der Findhorn Foundation

Die wirklich hilfreichen Taten kommen nicht vom Sitz der Regierung; sie lassen sich nicht von großen Organisationen durchführen, das Volk selbst aber kann sie tun. Wenn wir das Gefühl dafür wiedergewinnen können, daß es für jeden in diese Welt Geborenen das Natürlichste ist, seine Hände produktiv einzusetzen, und daß es den Verstand des Menschen nicht überfordert, das zu ermöglichen, dann, glaube ich, wird die Frage der Arbeitslosigkeit verschwinden, und wir werden uns bald fragen, wie wir all die Arbeit erledigen können, die getan werden muß.

E. F. Schumacher:
Die Rückkehr zum menschlichen Maß

Spirituelles Management

Obwohl unsere Gemeinschaft klein ist, sind unsere Beziehungen untereinander sehr komplex. Aber es gibt eine Grundvoraussetzung für alle: Das Tagewerk soll so organisiert werden, daß innere Weisheit zum Ausdruck kommt. In unseren äußeren Formen und Tätigkeiten versuchen wir, eine innere Absicht durchscheinen zu lassen, die sowohl für jedes einzelne Mitglied als auch für die zukünftige Entwicklung der Menschheit auf diesem Planeten Sinn und Bedeutung hat. Deshalb bemühen wir uns nicht bloß darum, zu einfachen, logischen Entscheidungen zu kommen, die sich auf die jeweiligen Interessen der Betroffenen gründen. Vielmehr versuchen wir, durch innere Einstimmung herauszufinden, »was geschehen will«. Diese Praxis nennen wir spirituelles Management.

Zwei Gründe sprechen für spirituelles Management. Zuerst einmal ist es ein wesentliches Merkmal der Geschichte unserer Gemeinschaft, daß sie durch göttliche Weisung entstanden ist, die auch für den Lauf ihrer Entwicklung verantwortlich war. Wir halten die Verbindung aufrecht, die uns anfänglich aufgezeigt wurde. Wer wollte schon eine wahre Quelle der Inspiration gegen etwas Geringeres eintauschen! Zum zweiten sind wir hier, um tätige Liebe zu üben – die Manifestation innerer Wirklichkeit in der Welt der Sinneswahrnehmungen –, so daß jeder einzelne Sicherheit und Vertrauen aus seiner Wahrheitssuche schöpft. Eileens Weisungen getreu wollen wir nach innen schauen, um zu einer Entscheidung zu kommen. Man ist leicht versucht, diese innere Einkehr zu umgehen, um »die Dinge zu beschleunigen«, und doch kehren wir immer wieder dazu zurück. Wir spüren, daß uns etwas fehlt, wenn wir die innere Zwiesprache vernachlässigen, und können sicher sein, daß etwas schiefgeht, wenn wir sie ganz beiseite lassen. Natürlich muß sich jedes neue Mitglied und jeder Gast diese Übung erst aneignen, so daß sich die Gemeinschaft als Ganzes, statt immer schneller Fortschritte in der Organisation des Lebensalltags zu machen, nur sehr langsam verändert.

Das jeweilige Vertrauen in Weisung und Unterstützung aus dem eigenen Innern ist sehr unterschiedlich. Das ist ja auch zu erwarten in einer Schule der Wandlung. Wir haben immer ein wachsames Auge auf »Channelling-Blendwerk« durch einzelne Personen, die mit einer allwissenden Quelle in Fühlung zu sein behaupten, insbesondere dann, wenn ihr normales Verhalten sie Tag für Tag Lügen straft. Unsere Aufgabe besteht darin, gewöhnliche Menschen darin zu schulen, innere Weisungen zu empfangen, damit sie ihr Leben weiser, sinnvoller und harmonischer führen können. Die Findhorn-Gemeinschaft setzt sich nicht aus erleuchteten Wesen zusammen, sondern aus Menschen, die Anregungen geben können, weil sie einen Funken Wahrheit gefunden haben und unter Beweis stellen wollen, was passiert, wenn man nach dem, was man erkannt hat, auch lebt. Jedem normalen Menschen sind sofortige Veränderungen möglich, Veränderungen, die auf eine weltweite Wandlung in der Lebensqualität und in den Wechselbeziehungen zwischen den Menschen hinwirken könnten.

Besucher, die voller Ideen über betriebliche Effizienz und »moderne Management-Methoden« zur Findhorn-Gemeinschaft kommen, sind oft bestürzt, wie langsam, kompliziert und scheinbar undurchsichtig Entscheidungsprozesse bei uns ablaufen. Wenn sie jedoch eine Zeitlang bei uns bleiben und versuchen, von innen heraus zu verstehen, was eigentlich geschieht, werden sie verständnisvoll. Unsere Gangart hier wirft Fragen über die Zivilisation im weiteren Sinne auf, von der Management-Methoden nur ein Teil sind. Bringt eine Gesellschaft, die auf Produktionsmaximierung ausgerichtet ist, entspannte, harmonische und ganzheitlich entwickelte Menschen hervor? Augenscheinlich nicht. Im Gegenteil, die Belastung ist in solchen

Gesellschaften dermaßen hoch, daß durch Streß bedingte Krankheiten die Regel sind. Die Menschen sind ihrer Arbeit entfremdet, sie schaffen nur noch für ihre Lohntüten, statt zu ihrer Befriedigung. Überall herrscht Resignation und ein Gefühl der Sinnlosigkeit.

Viele der Gäste unserer Gemeinschaft haben bereits selbst etwas unternommen – zum Beispiel in Form einer individuellen Therapie oder spirituellen Übung –, um diesem Zustand in ihrem eigenen Leben abzuhelfen; aber sie meinen immer noch, daß sie für ihren Lebensunterhalt vom »System« abhängig ist, und das Tempo, das in diesem System vorgelegt wird, ist viel zu streßbetont für eine ausgewogene Entfaltung des Menschen.

Wir widersetzen uns zwar dem in der Gesellschaft generell vorherrschenden Lebensstil nicht, kämpfen auch nicht dagegen an, aber unsere Lebenspraxis selbst empfiehlt sich als neue Lebensweise. Sie stellt die Grundannahme sowohl des Kapitalismus als auch des Sozialismus in Frage, was die sozialen Prioritäten betrifft. Wenn wir nicht so viele materielle Güter brauchten, müßten wir auch nicht so viele produzieren. Wenn wir uns auf die göttliche Ordnung einstimmen, gehen wir gelassener an unsere Aufgaben heran und widmen ihnen mehr Zeit, Liebe und Sorgfalt. Menschen, die auch ohne den Konsum materieller Güter Freude am Leben haben, benötigen nicht so viel Geld und kommen deshalb mit weniger Arbeit für ihren Lebensunterhalt aus. Bei etwas Sparsamkeit kann man einfach und genügsam leben, den ganzen Menschen weiterentwickeln und trotzdem Abwechslungsreichtum genießen. Das klingt recht utopisch, aber genauso lebt die Gemeinschaft. Mir gefällt diese Lebensart besser als andere.

Einer meiner Schüler, Direktor eines großen Kernforschungszentrums, der außerdem das Geistheilen praktiziert, hat einen Monat hier bei uns als Gast verbracht. Er hat in einer unserer Küchen gearbeitet. Zuerst hat er mir gegenüber geäußert: »Wie unrationell hier alles läuft! Ich mag X, weil auf ihn wirklich gehört wird, aber Y und Z haben anscheinend überhaupt keine Autorität?« Er hielt noch immer an den Modellen fest, die er von der Welt draußen kannte. Nach einem Monat war er entspannter und sanfter. »Ich weiß nicht mehr, was ich von meiner Arbeit halten soll«, sagte er. »Ich mag nicht mehr so weiterarbeiten, aber ich habe nicht genug Selbstvertrauen, um etwas zu verändern.« Er hatte begonnen, die unausgesprochenen Wertvorstellungen anzuzweifeln, die sein Leben draußen beherrschten.

In der Gemeinschaft arbeitete er etwa 15 Stunden pro Woche in der Küche, seinem Hauptarbeitsbereich, und weitere 15 Stunden in einem der Gärten. Drei von diesen Stunden waren einer Besprechung in seiner Arbeitsgruppe gewidmet und nochmals drei der Aussprache mit anderen Gästen, die in der Gemeinschaft lebten. Es blieb ihm Zeit für geistiges Heilen mit Gästen und für einen Workshop, und außerdem nahm er an einer Gruppe teil, die unsere Konferenz »Beauty of Surprise« («Schönheit der Überraschung«) vorbereitete, in der die Beziehung zwischen Wissenschaft und Mysterium untersucht werden sollte. Während seines Aufenthalts hier gab es Filme, Spiele und andere reizvolle Veranstaltungen wie beispielsweise eine Sonnwendfeier, und zudem konnte er sich in der Natur ergehen und viele interessante Gespräche führen. Bei entsprechender Neuorientierung in den Wertvorstellungen meine ich, daß ein vergleichbarer Lebensstil allen Bewohnern dieses Erdballs offenstände. Dieser Mann und andere, die uns besuchen, fangen an, ihre Lebensqualität in Frage zu stellen und neue Beurteilungsnormen zu suchen für Dinge wie Leistung und Effektivität. Bei Versammlungen innerhalb der Gemeinschaft gibt es für jeden etwas zu lernen. Uns interessieren Fragen wie:

- Wie können wir unsere innere Einstellung verbessern?
- Welcher Art sind unsere Wechselbeziehungen untereinander?
- Wie harmonieren oder kollidieren verschiedene Menschen innerhalb einer Gruppe miteinander?

Solche Treffen sind komplexe Prozesse. Sie sind für uns wie eine Tanzveranstaltung, bei der Handeln, inneres Lernen und gegenseitiges Verständnis zusammen auf die Tanzfläche gehen. Alle drei müssen miteinander im Gleichgewicht sein.

In dem Jahr, in dem ich in unserem Finanzausschuß mitarbeitete, hoffte ich, unser Verhältnis zum britischen Finanzamt normalisieren zu können, das sich mit Gemeinschaften wie der unsrigen schwer tut, weil die meisten Leute als Niedrigverdiener unter der Einkommensteuergrenze liegen. Mir blieb der Erfolg versagt, aber ich lernte unseren Finanzbeamten schätzen, eine Persönlichkeit, der ich zuvor erheblichen Widerstand entgegengesetzt hatte. Wir kamen auf den zeitraubenden Versammlungen, auf denen Fragen behandelt wurden, die vielen von uns über den Horizont gingen, in näheren Kontakt miteinander; mir wurde allmählich seine spirituelle Integrität bewußt, und ich lernte ihn lieben – nicht in einem sexuellen Sinn oder auch nur als guten Freund, sondern einfach als den, der er ist. Ein solches Juwel an Verständnis ist jede Menge Versammlungszeit wert. Wir schafften es sogar, halbwegs durch unsere Tagesordnung zu kommen, und hatten viel dabei zu lachen. Ein schöner Kontrast zu den Fakultätsbesprechungen an der Universität, an denen ich früher einmal teilnehmen mußte!

Was immer man in der Findhorn-Gemeinschaft unternimmt, immer stimmt man sich zuvor auf sein Treffen, seine Arbeit oder die Freizeit ein. Im allgemeinen geschieht das so, daß man sich im Kreis bei der Hand hält, die Augen schließt und still wird. Manchmal spricht ein Focaliser ein paar Worte, oder man ist einfach gemeinsam still. Das Händefassen gibt ein Gefühl der Geborgenheit. Nach einigen solcher »Einstimmungen« überläßt man sich ganz dem Gefühl, und man vergißt, daß jemand anders durch den eigenen Händedruck ebensolche Gefühle hat. Nach diesem Moment der stillen Gemeinsamkeit nehmen wir uns Zeit, einander mitzuteilen, was wir fühlen. Es hat wenig Sinn, in der Arbeit Liebe ausdrücken zu wollen, wenn man so sehr von anderen Dingen in Anspruch genommen ist, daß man eigentlich gar nicht richtig da ist.

In der Regel beginnt jede der vielen Ausschußsitzungen, die in der Gemeinschaft wie Pilze aus dem Boden schießen, mit einer Meditation, die bis zu einer halben Stunde dauert. Darin läßt man sich inspirieren. Zumindest wird dabei der Geist still, und die Energien in der betreffenden Gruppe werden in Einklang gebracht, eine gute Ausgangsbasis für die anschließende Besprechung. Dann wird über ungelöste Probleme der letzten Woche diskutiert, wer vergessen hat, das zu tun, was er eigentlich tun sollte, und welche neuen Fragen auf eine Lösung warten. Wenn eine wichtige Entscheidung getroffen werden soll, meditiert die Gruppe, um die Entscheidung aus innerer Klarheit heraus fällen zu können.

Ich erinnere mich noch an einen Beschluß des Finanzausschuß über die Bezüge (alle Mitglieder erhalten nach zweijähriger Zugehörigkeit zur Gemeinschaft eine Art Taschengeld). Wir hatten uns bisher 50 Pfund im Monat bewilligt, und es war offenbar Geld vorhanden, um ein wenig aufzustocken. Verschiedene Beträge wurden vorgeschlagen. Mir erschien eine Erhöhung auf 55 Pfund als angemessen und tragbar. Wir meditierten. Ich stellte innerlich die Frage, was die Mitglieder brauchten, und sofort kam die umwerfende Summe von 75 Pfund monatlich durch, eine Aufstockung um 50 Prozent! Mir wurde klar, daß wir uns materiell richtig einschätzen mußten, ohne darum Materialisten zu werden, und so war eine beträchtliche Erhöhung durchaus angebracht. Wir tauschten die Ergebnisse, zu denen wir im Innern gekommen waren, miteinander aus. Zu meinem Erstaunen hatten die anderen die gleiche Information erhalten! Das so ermittelte Einkommen haben wir seitdem beibehalten können.

Die Sitzungen schließen auch mit einer Einstimmung, bei der man sich wieder bei den Händen hält, diesmal, um sich von der gesammelten Energie und den anderen innerlich zu lösen. Damit ist das Ereignis in sich geschlossen, und man geht mit einem angenehmen Gefühl von Harmonie und gegenseitigem Verständnis auseinander.

All diese einfachen Übungen verändern die Art und Weise, wie wir mit Menschen und Dingen umgehen. Durch sie halten wir inne, lauschen nach innen und rufen uns ins Gedächtnis zurück, daß die Erfahrung und Verwirklichung von Liebe die Wahrheit hinter allem ist, was uns so bedeutsam und für den Augenblick aufregend erscheint. Ohne den Vorsatz, zur Liebe zu finden, hat kein Ritual, wie kompliziert es auch sein mag, irgendeine Wirkung. Unsere Übungen sind nicht wirkungsvoll im Sinne von wirtschaftlicher Effektivität. Sie brauchen Zeit, sie verhelfen einem zu einer viel umfassenderen Sicht dessen, was vor einem liegt, und nehmen einem das Gefühl einer unmittelbaren Dringlichkeit. Um wirklich verstehen zu können, was in der Findhorn-Gemeinschaft vorgeht, muß man innehalten und fragen, was es mit dem Leben auf sich hat und warum überhaupt etwas getan wird, eine Fragestellung, die in der belastenden Hektik einer materialistisch orientierten Lebensweise völlig vergessen wird.

Der Focaliser (Koordinator)

Wohin man auch geht in der Findhorn Foundation, ob zu einem Zweig der Gemeinschaft, zu einer Gruppe oder einer Versammlung, immer trifft man auf mindestens einen Focaliser*. Das ist kein New-Age-Jargon; wir wollen mit diesem Wort aufzeigen, daß hier andere Führungskriterien gelten als unter normalen Managern, Direktoren und Unternehmensleitern. Die Focaliser tragen grundsätzlich in ihren Arbeitsgruppen die Verantwortung, ohne über die anderen verfügen zu können. Sie sollten sich des Gesamtkontextes bewußt sein, innerhalb dessen alles geschieht, die unterschiedlichen Anforderungen an Zeit, Kraft und Geld miteinander ausgleichen, auf Berücksichtigung des Zustands und der Lebenssituation eines jeden achten, die Wechselbeziehungen innerhalb einer Gruppe günstig beeinflussen und als Bindeglied zu anderen Gruppen fungieren. Sie sind außerdem verantwortlich für das, was wir »die Energie halten« nennen, das heißt, sie müssen sich innerlich mit der spirituellen Bedeutung einer Situation verbinden und dafür sorgen, daß auch die anderen diesen Bezug herstellen, damit sich alles »von innen nach außen« entwickeln kann.

Als ich Focaliser von Drumduan House wurde (ehe es in eine Schule um-

* vgl. Fußnote Seite 98

gewandelt wurde), meditierten mein Vorgänger und ich im Andachtsraum der Gemeinschaft, damit sich die dieser Arbeit innewohnende Energie von ihm auf mich übertragen konnte. Ich spürte tatsächlich eine Bewegung, als ob sich ein federleichtes Vögelchen auf meine Schulter gesetzt hätte. Ich bemerkte auf einmal lauter Dinge, die mich vorher gar nicht gekümmert hatten. Ich ermunterte Leute dazu, an der Samstagmorgenandacht teilzunehmen, bei der wir im meditativen Lauschen auf innere Weisungen Gebäude und Gärten wieder mit Licht anfüllten. Mir kam plötzlich zu Bewußtsein, wie kahl die Fußböden waren, und ich zweigte etwas von unseren mageren Finanzmitteln ab, um auf einer Versteigerung Teppiche für Zimmer und Flure zu erstehen. Ich nähte Vorhänge für die Fenster. Es war wichtig, die Mitglieder an unser gemeinsames Mahl am Montagabend zu erinnern und sicherzustellen, daß jemand kochte oder daß etwas Eßbares aus dem sieben Minuten Fußweg entfernten Cluny geholt wurde. Bei diesem Mahl pflegten wir einander unsere Empfindungen mitzuteilen und alles Organisatorische zu beraten, das mit dem Haus zu tun hatte. Niemand gehorchte mir nur deshalb, weil ich Focaliser war, oder betrachtete mich als Chefin, und doch war sich jeder der besonderen Verantwortung bewußt, die ich trug. Das ist die Rolle eines Focalisers.

Der Focaliser für die ganze Gemeinschaft trägt die größte Verantwortung. Als die Gemeinschaft noch in den Kinderschuhen steckte, war Peter Caddy so etwas wie eine starke Vaterfigur. Er besaß wirkliche Autorität. Aber mit den Jahren veränderte sich allmählich alles. Die beiden letzten Focaliser Jay Jerman und Craig Gibsone hatten es schon mit einem so komplexen Organismus zu tun, daß sie nicht mehr alles im Auge behalten konnten, was geschah. Sie konzentrierten sich hauptsächlich darauf, die Mitglieder in ihrer inneren Selbstverantwortung zu bestärken, unsere noch junge spirituelle Demokratie zu festigen und die Verbindung zwischen unseren Aktivitäten und der göttlichen Inspiration aufrechtzuerhalten. Nach und nach haben wir eine spirituelle Gruppe im Zentrum aufbauen können, eine neue »Kerngruppe«. Diese Gruppe befaßt sich nicht mit Fragen der täglichen Organisation. Sie stimmt sich in der Meditation darauf ein, wie sich die göttliche Absicht in der Gemeinschaft verwirklichen läßt. Die neue Kerngruppe trifft sich einmal in der Woche zu einer langen Meditation, um danach die im Innern geschauten Bilder und Visionen miteinander auszutauschen. Es wird über wichtige Aufgaben und Ziele der Gemeinschaft meditiert, aber ohne die langen, ausführlichen Diskussionen, die in anderen Verwaltungsbereichen weiterhin üblich sind. Ich selbst wurde nach einer Meditation der Kerngruppe zum Schreiben dieses Buches ermutigt.

Die neue Kerngruppe aufzustellen machte eine ganze Reihe von Mitgliederversammlungen in der Universal Hall erforderlich. Dabei wurde die Idee einer grundsätzlichen Trennung von Managementgruppe (alte Kerngruppe) und Meditationsgruppe (neue Kerngruppe) diskutiert, die schließlich angenommen wurde. Diese Idee hatte zwei Jahre zuvor bei meditativen Zusammenkünften der alten Kerngruppe Gestalt angenommen. Derlei Vorstellungen, die sich oft bei gemeinsamen Meditationen herauskristallisieren, nehmen meist erst nach ziemlich langer Zeit konkrete Form an. Es ist fast so, als würden wir zurückgehalten, bis unser Bewußtsein so weit entwickelt ist, daß die neue Vision auch greifen kann; erst dann wird sie allmählich verwirklicht. Was die Gemeinschaft in zwei Lager spaltet, ist unakzeptabel, denn unsere Aufgabe besteht darin, eine harmonische Lebensweise zu demonstrieren, statt einander zu bekämpfen.

Sobald die Entscheidung zugunsten einer neuen Kerngruppe gefallen war, beschäftigten wir uns in Gemeinschaftsversammlungen mit der Art der Wahl. Frühere Führungsgruppen hatten ihre Mitglieder weitgehend selbst bestimmt und über Anwärter meditiert, die meinten, »aus einem inneren Bedürfnis« beitreten zu müssen. Dadurch blieb die große Mehrheit der Mitglieder von einer Mitsprache bei der Wahl der Führung ausgeschlossen. Diesmal einigten wir uns darauf, einmal versuchsweise eine »spirituelle Wahl« abzuhalten, bei der die Mitglieder für sich darüber meditierten, wie groß die betreffende Gruppe sein und wer dazugehören sollte. Nach den Ergebnissen dieser individuellen Meditationen wurde eine Liste der Personen aufgestellt, die die meiste Unterstützung fanden.

Inwieweit die Sache wirklich durch innere Einstimmung entschieden wurde, ist ungewiß. Zweifellos meditierten die Gemeinschaftsmitglieder über die Frage, aber es gab auch lange Diskussionen bezüglich der Vorzüge verschiedener Leute, die sicher einen Einfluß auf die Entscheidungsfindung hatten. Die meisten Leute waren der Auffassung, eine verhältnismäßig kleine Gruppe von fünf bis sechs Personen wäre am zweckmäßigsten.

Alle diejenigen, die eine ziemlich breite Unterstützung gefunden hatten, saßen bei den nachfolgenden Versammlungen vorne vor der Gemeinschaft. Verschiedene Male wurde über einzelne und über die Zusammensetzung der Gruppe meditiert. Wer in die engere Wahl gekommen war, äußerte seine persönlichen Ansichten über eine Teilnahme; andere brachten vor, warum sie zögerten und ihre Zweifel hatten. Ein Mitglied, das schon ausersehen worden war, trat wegen anderer Verpflichtungen außerhalb der Gemeinschaft zurück. Ein weiteres, das gar nicht vorgeschlagen worden war, stellte sich zur Verfügung, weil es in einer Meditation dies als richtig erkannt hatte. Zum

Schluß wurde eine Meditation abgehalten, in der sich erhebliche Vorbehalte gegenüber drei Kanditaten ergaben. Statt sie einfach auszuschließen – in einer kleinen Gemeinschaft ist es viel schwieriger, jemanden abzulehnen als zu bejahen –, wurde die ganze Gruppe in unser Kontemplationshaus auf Iona geschickt. Dort gewöhnten sie sich an den Umgang miteinander. Während ich dieses Buch schreibe, ist die Gruppe von acht Leuten noch unverändert und trifft sich wöchentlich zur Meditation.

Auf diese Weise haben wir einen der wichtigsten Schritte in unserer Geschichte gemacht – die Wahl der spirituellen Führung durch entsprechende Einstimmung der ganzen Gemeinschaft. Der Bericht illustriert die manchmal sehr verschlungenen Pfade unserer Entscheidungsmechanismen. Ein solcher Prozeß kann nur in einer Situation vonstatten gehen, in der nicht das sofortige Handeln den Vorrang hat. In der Findhorn-Gemeinschaft lassen wir uns nur selten von einer Situation zum sofortigen Handeln drängen, da wir eine Lebensweise befürworten, bei der wir weniger unter Druck gesetzt und gestreßt werden, so daß wir Zeit gewinnen, eine Situation erst von allen Seiten zu beleuchten. Wir genießen unsere Entscheidungsfindung, kosten sie aus, lassen uns die verschiedenen Zutaten schmecken und freuen uns schließlich an der Lösung. Auf einem dezentralisierten Planeten mit gewandelten menschlichen Prioritäten, einer spirituellen Lebensgrundlage und einer neuen Bewußtseinsstufe könnten solche Vorgehensweisen allgemein empfehlenswert sein. Vielleicht sind wir gar nicht mehr so weit von solchen Veränderungen entfernt, wie es scheint, aber sie werden mit einem globalen »Rebalancing«, einer Umstrukturierung der Menschheit, verbunden sein.

Die Organisation der Findhorn-Gemeinschaft

Unsere Gemeinschaft verändert sich ständig. Organisationsformen werden in Frage gestellt, lösen sich auf, bilden sich neu. Außerhalb der Foundation ist eine neue Gemeinschaft im Entstehen, das »Dorf«, von dem 1968 in einer Weisung Eileens die Rede war:

> Ich will, daß ihr dieses Zentrum des Lichts anseht als eine stetig wachsende Lichtzelle. Es begann mit einer Familiengruppe, jetzt ist es eine Gemeinschaft. Es wird zu einem Dorf werden, dann zu einer Stadt und schließlich zu einer riesigen Lichtstadt.
>
> (*Findhorn – Zentrum des Lichts*, S. 166)

Versuche, eine Organisationsform für diese größere Gemeinschaft zu finden, sind bisher gescheitert. Der Vertrieb eines interessanten Nachrichtenrundbriefes, des *»Open Forum«*, mußte wegen mangelnder Unterstützung wieder eingestellt werden. Augenblicklich ist die Findhorn Foundation noch zu beherrschend, als daß sich ein ausgewogenes Gemeinschaftsumfeld behaupten könnte, aber das wird sich mit zunehmender Dezentralisierung allmählich ändern.

Im folgenden eine systematische Darstellung der gegenwärtigen Struktur der Gemeinschaft, die dem Leser die Organisationsform verständlicher machen wird. Allerdings ist bei der Findhorn-Gemeinschaft die Organisationsform nicht das Wichtigste, sondern die Art und Weise, wie innerhalb dieses Rahmens gehandelt wird.

I Die wachsende Gemeinschaft

1. Die Findhorn Foundation
2. New Findhorn Directions
   (Geschäftsunternehmen zur Unterstützung der Foundation, siehe auch Kapitel 11)
3. Unabhängige Unternehmen, die mit der Findhorn Foundation verbunden sind (siehe Kapitel 11)
4. Unabhängige Förder- oder Wohltätigkeitsverbände, die mit der Findhorn Foundation verbunden sind (Kapitel 11)
5. Assoziierte Freunde der Gemeinschaft
   (spirituell gesinnte Menschen, die sich in der Nähe angesiedelt haben und die Foundation in der einen oder anderen Art unterstützen (Kapitel 11)
6. Sehr eng mit der Foundation verbundene Organisationen, die eine ähnliche, spirituell orientierte Erziehungsarbeit leisten
   (Newbold, Kapitel 11; Erraid, Kapitel 10)
7. Unabhängige Gemeinschaften im Ausland, die mit der Findhorn Foundation einen Austausch oder andere Beziehungen unterhalten
8. Ein Entwicklungszweig zur Unterstützung von Projekten im Zusammenhang mit der Gemeinschaft (z. B. Windkraft-Generator, Kapitel 10)

Die Findhorn Foundation ist zwar noch die Hauptkörperschaft, inzwischen jedoch nur noch Teil eines viel größeren Ganzen. Die Größe der Foundation hat sich in den letzten zehn Jahren um die Hälfte verringert. Ende der siebziger Jahre zählte sie über 300 Mitglieder, 1989 hingegen nur noch etwa 160. Alles andere wächst. 1989 schlossen sich zwei ehemalige Abteilungen der Gemeinschaft der Firma New Findhorn Directions an, einer der Foundation gehörigen Handelsgesellschaft, die den kommerziellen Wohnwagenpark verwaltet, den wir beim Kauf des Geländes 1983 erworben haben. Dabei handelt es sich um unseren Versandbetrieb und den Phoenix-Laden. Andere Abteilungen werden vermutlich in naher Zukunft folgen. Einige frühere Mitglieder haben kleine Geschäfte aufgemacht, die sie mit wechselndem Erfolg vom Wohnwagenpark aus führen. Andere Exmitglieder bieten vielerlei Beratungen und Therapien an, um sich ein Leben hier finanziell zu ermöglichen. Immer mehr Leute interessieren sich dafür, in unserer Gegend Unternehmen mit spirituell orientiertem Management zu eröffnen. Die Moray-Steiner-Schule, die von der Gemeinschaft nach Kräften unterstützt und subventioniert wird, Meadowlark, ein sehr schönes Pflegeheim im Besitz eines kanadischen Arztes und seiner Frau, und Minton House, ein Therapie- und Kontemplationszentrum – sie alle wollen ihren Aktivitäten eine spirituelle Grundlage geben. Immer mehr Menschen haben beschlossen, sich in unserer Nähe anzusiedeln, nachdem sie die Gemeinschaft kennengelernt haben. Ihre Zahl ist mittlerweile größer als die der Gemeinschaftsmitglieder. Sie unterstützen die Gemeinschaft häufig in ihrer Arbeit und bei ihren Projekten.

Newbold und Erraid sind kleinere Schwesterorganisationen. Sie haben eigene Programme, sind finanziell unabhängig und nehmen selbständig Mitglieder auf, stehen jedoch in regem Austausch mit der Gemeinschaft. Die Foundation unterhält mit hohem finanziellem Aufwand eine Busverbindung zur Erraid-Gemeinschaft, eine schwierige Aufgabe, die unsere Fahrer trotz aller Geschicklichkeit ein–, zweimal überfordert hat. Wir pflegen auch lockere Beziehungen zu Gemeinschaften im Ausland, hauptsächlich durch Austauschprogramme im kleinen Rahmen. Dadurch erfahren wir, wie die Dinge anderswo auf ähnliche Weise in Gang kommen.

II Die Örtlichkeiten

1. Der Wohnwagenpark
   (Findhorn Foundation, New Findhorn Directions, unabhängige Unternehmen, wohlgesinnte Freunde in der Umgebung)
2. Cullerne House im Norden des Wohnwagenparks
   (die Gärten der Findhorn-Gemeinschaft, siehe Kapitel 10)
3. Station House im Dorf Findhorn (Mitglieder-Unterkunft)
4. Drumduan House in Forres, im Besitz der Findhorn-Gemeinschaft
   (Wohnmöglichkeit für einige Mitglieder, Moray-Steiner-Schule – siehe Kapitel 11)
5. Cluny Hill College in Forres (Haupt-Gästezentrum)
6. Newbold House in Forres
   (eng mit uns verbundenes spirituelles Zentrum)

7. Erraid, eine Insel südlich von Iona
   (kleine selbständige spirituelle Gemeinschaft, die mit der Natur in Einklang lebt)
8. Minton House, ein unabhängiges Kontemplationszentrum neben Cullerne House.Meadowlark, ein unabhängiges Pflegeheim in Forres (Kapitel 11)

Die weite räumliche Verteilung der Gemeinschaft gewährleistet eine dezentralisierte Struktur. Ebenso, wie wir Menschen unterschiedlicher religiöser und kultureller Herkunft dazu anhalten, harmonisch miteinander zu leben, sind wir, wie ich glaube, selbst gehalten, unsere Arbeit in verschiedensten Institutionen zu tun, mit ganz unterschiedlichen Auffassungen, was die Organisation betrifft, und durch harmonische, Gemeinsamkeit fördernde Beziehungen vielfältigster Art. Was uns verbindet, ist die von allen geteilte Überzeugung, daß die Entdeckung und Ausstrahlung von Liebe unsere gemeinsame Wirklichkeit ist. Gegenwärtig besteht die Tendenz, dem Cluny Hill College mehr Autonomie und Selbständigkeit zu verleihen. Eine grundlegende Veränderung wird sich in dieser Hinsicht vollziehen, wenn Cluny einen Teil seiner Einnahmen durch Gästeprogramme zurückbehält und damit finanziell unabhängig wird.

Sehr kleine Gemeinschaften wie Erraid und Newbold können kollektiv verwaltet werden, während im Park so vieles geschieht, daß komplexere Organisation erforderlich ist. Die innere Arbeit der Kerngruppe bildet das Fundament für die mannigfaltigen Formen und Strukturen in den verschiedenen Teilen der Gemeinschaft.

III Die Organisation der Findhorn-Gemeinschaft

1. Vorstand (die Foundation ist ein gemeinnütziger Verein)
2. Die Kerngruppe (wie oben beschrieben)
3. Mitgliederversammlungen
4. Gesamtverwaltung der Gemeinschaft:
   a) Management, b) Finanzausschuß,
   c) Erziehungsabteilung, d) Personalabteilung (Kapitel 8)
5. Örtliche Versammlungen:
   a) Versammlungen der Parkfamilie,
   b) Versammlungen der Cluny-Familie
   (Mitgliederversammlungen)
6. Gebietsverwaltung:
   Versammlungen der Abteilungs-Focaliser des Parks
   Versammlungen der Abteilungs-Focaliser von Cluny
7. Park-Arbeitsbereiche (Abteilungen):
   Küche (+ Vorratsräume), Hausarbeiten, Hausverwaltung, Park-Gärten,

Cullerne-Gärten, Gesundheit & Ganzheit, Tonkassetten, Videokassetten, Buchhaltung, Kommunikation (+ Empfang), Universal Hall (+ Besucherzentrum, Green-Room-Café), Zeitschrift »One Earth«, Findhorn Press, Spiel der Wandlung (Kapitel 7)

8. Cluny-Arbeitsbereiche (Abteilungen): Küche, Hausarbeiten, Instandhaltung, Garten, Speisesaal, Unterkünfte, Jugend-Programm, Autowerkstatt

Zur Zeit spielt die Foundation noch eine dominierende Rolle in der Gemeinschaft. In Anbetracht der Einwanderungsgesetze ist sie die einzige Möglichkeit für Leute aus Nicht-EG-Staaten, längere Zeit hierzubleiben – wir haben eine Vereinbarung mit dem Innenministerium getroffen, daß Mitglieder für die Dauer ihrer Mitgliedschaft hier bei uns leben und arbeiten können. Aufgrund ihrer Entstehungsgeschichte verwechseln die Leute die Foundation oft mit der Gemeinschaft. Sie glauben meist immer noch, daß man nur als Mitglied der Foundation hier sein kann. Aber der Trend geht in Richtung Dezentralisierung, auf eine Gemeinschaft von unabhängigen einzelnen und Gruppen zu, die auf verschiedene Art miteinander verbunden sind.

In der Foundation erlauben uns regelmäßige Mitgliederversammlungen, uns auf die wichtigsten Entscheidungen, die zu treffen sind, einzustimmen und darüber zu beraten. Politische Debatten oder Konflikte zwischen oppositionellen Gruppierungen mit unterschiedlichen Anschauungen sind hier eine Seltenheit. Der Einstimmungsprozeß schwächt die Tendenz zur offenen Opposition. Da der persönlichen Entfaltung Vorrang gegeben wird, spielt der Egoismus – ein beherrschendes Element der meisten politischen Institutionen – bei unseren Gesprächen keine große Rolle. Eine Meinungsverschiedenheit hat es jüngst in Newbold gegeben. Einige Mitglieder waren der Auffassung, daß die Newbold-Gemeinschaft nach Art einer großen Familie zusammenleben sollte, während andere die Ansicht vertraten, im Mittelpunkt sollte die kontemplative, innere Arbeit stehen. Die zweite Auffassung setzte sich durch, und etwa die Hälfte der Mitglieder ging. Eine Lösung, die der Newbold-Vorstand in dieser Situation vorschlug, war der Kauf eines weiteren alten Hauses, damit jede Gruppe ihre eigenen Vorstellungen verwirklichen könne, aber das ist bis jetzt noch nicht geschehen.

Wie bereits an anderer Stelle erwähnt, wäre es unrichtig, die verschiedenen Verwaltungsgremien innerhalb der Findhorn-Gemeinschaft als bloße Entscheidungsträger anzusehen. Vielmehr lernen die Leute darin eine neue Ebene der Verantwortung kennen. Die Art und Weise, wie verschiedene Menschen einen gemeinsamen Nenner finden und miteinander umgehen, ist integraler Bestandteil des Gemeinschaftslebens. Wir nennen das den »Gruppenprozeß«. Dadurch bekommen die Mitglieder ein Gespür füreinander, üben sich im Zuhören und erkennen, wie andere ihre Kommunikationsbemühungen auffassen. Sie merken, was an anderen oder an einer bestimmten Situation eine Gefühlsreaktion bei ihnen auslöst und wie sie damit fertig werden. Nun könnte dieser Aspekt der zwischenmenschlichen Beziehungen aus Gründen der Zeitersparnis in den Meetings außer acht gelassen werden. Aber wenn das geschieht, schleicht sich die »psychologische Komponente« in den Entscheidungsprozeß selbst ein und bewirkt eine Parteienbildung. Dies jedoch würde uns von der inneren, spirituellen Betrachtungsweise abbringen und oberflächlich machen. Unsere Art der Entscheidungsfindung nimmt viel Zeit in Anspruch. Manchmal klagen wir über das Leiden »Meetingitis«, den chronischen Versammlungszwang in der Gemeinschaft, aber in einer neuorganisierten Welt, in der Zeitdruck kein entscheidendes Kriterium mehr wäre, könnte jeder bei solchen Situationen psychologisches Bewußtsein füreinander lernen, wie wir auch. Mehr Menschlichkeit wäre die Folge.

Die Arbeit Gott widmen

Aus Verantwortung kann durch einen Prozeß der psychologischen Verzerrung leicht ein Anklammern werden. Wenn sich jemand auf eine Position oder Funktion innerhalb der Gemeinschaft einstimmt und sich seiner Aufgabe verpflichtet fühlt, entwickelt er – oder sie – meist einen eigenen Arbeitsstil. Dieser eigene Stil wird von dem oder der Betreffenden allmählich für den »richtigen« gehalten. Besitzergreifen erschwert das Einstimmen. Dieses Problem taucht meist bei charakterlich unsicheren Menschen auf. Sie suchen in dem, was sie tun, ihre Selbstbestätigung. Die Findhorn-Gemeinschaft wirkt häufig anziehend auf Leute mit einer solchen Veranlagung, die ihr Festhalten an der Arbeit als Dienst am Mitmenschen betrachten. Dabei dienen sie im Grunde nur ihrer Unsicherheit und nicht anderen Menschen, aber das einzusehen fällt oft ungeheuer schwer. Probleme entstehen, wenn es Zeit wird, eine Arbeit jemand anderem zu übertragen.

Es ist notwendig, viel Geduld beim Umgang mit diesen Problemen zu beweisen, denn die Betreffenden übersehen die inneren Anzeichen wie auch die äußeren Winke, daß es Zeit ist, loszulassen und weiterzugehen. Und dann sind sie auf einmal in einer Situation, die für alle Beteiligten schmerzhaft ist. Wie immer in der Findhorn-Gemeinschaft stellt sich eine Aufgabe, die nicht gelernt wurde, immer wieder von neuem. Von uns wird erwartet, daß wir an unser Unsicherheit arbeiten, bis das Sein und nicht das Tun die Quelle unseres Selbstvertrauens geworden ist und unser Handeln ein gewisses Maß an innerer Verwirklichung zum Ausdruck bringt. Dann kleben wir nicht mehr am Erfolg unserer Arbeit oder an der Stellung, die wir durch sie innehaben. Die Übung in Verantwortung ist bei uns eine Lernsituation, eine Übung zur spirituellen Entfaltung.

Die Finanzen und die materielle Welt

Seit Ende der siebziger Jahre ist die Finanzierung der Gemeinschaft stets eine der schwierigsten Aufgaben gewesen. Die Schuldenberge infolge des Baus der Universal Hall sowie des Erwerbs und der Instandsetzung anderer Gebäude haben uns lange beschäftigt. Die Finanzpolitik war bis 1988 von äußerster Vorsicht gekennzeichnet. Wir hatten uns das Ziel gesteckt, alljährlich 50.000 Pfund unserer Schulden abzuzahlen. Anfang 1988 waren wir soweit, unsere Schulden wahrscheinlich innerhalb der nächsten drei Jahre abtragen zu können. Doch in den letzten zwei Jahren sind sie noch einmal auf über 300.000 Pfund angestiegen, da wir die Kosten für ein neues Gemeinschaftszentrum und eine neue Heizungsanlage für Cluny übernommen haben. 1989 hatten wir keinerlei Rücklagen mehr für die Schuldentilgung. Unsere kleine Schwestergemeinschaft Newbold, die sich weniger durch feste Einnahmen als durch Spenden finanziert, ist schuldenfrei. Erraid trägt sich selbst. Ist es eine Frage der Größenordnung? Haben wir auch das richtige Verhältnis zum Geld? Wie geht eine Gemeinschaft, die aus ihrer inneren Einstimmung heraus lebt, mit Geldangelegenheiten um?

Die Vielfalt der Ansichten zu diesen Fragen in der Foundation zeigt schon, daß wir noch keine reife Einstellung zu unseren Finanzen gewonnen haben. Manche Mitglieder haben nichts dagegen, wenn wir uns bis an die Grenzen unserer Belastbarkeit verschulden, um unsere materielle Situation zu verbessern. Andere sind schon unglücklich über kleinste Schuldenbeträge. Auch das ist ein Aspekt des Lernprozesses, den die Findhorn-Gemeinschaft durchmacht. Denn die Fragen, mit denen wir uns im kleinen befassen, beschäftigen im großen die ganze Welt, in der noch immer materielle Kriterien ausschlaggebend für Prestige und Macht sind. Stetig zunehmender Konsum hält die industrielle Maschinerie in Gang, die ihrerseits wieder den Investoren und Besitzern Gewinne und dem Staat Steuern einbringt. Um das zu finanzieren, ist die Verschuldung weltweit in Mode gekommen.

Länder der Dritten Welt kommen aus den Schulden gar nicht mehr heraus. Die Mehrheit der Konsumenten im Westen ist ebenfalls verschuldet, um die Kosten für materielle Güter und Dienstleistungen aufzubringen.

Der Materialismus hat die Menschheit nicht glücklich gemacht. Diejenigen, die nichts »haben«, sind darüber unglücklich. Diejenigen, die etwas »haben«, wollen entweder mehr oder sind enttäuscht, weil entgegen den Versprechungen ihre persönlichen Erwartungen nicht erfüllt wurden. Was sollen wir also tun? In den Vereinigten Staaten haben sich die traditionellen Amish auf eine Zivilisation des 18. Jahrhunderts zurückgezogen und lehnen fast jede moderne Technik ab. In der Findhorn-Gemeinschaft vertreten wir generell den Standpunkt, daß wir die heutige Technik mit aller Vorsicht akzeptieren, ihren Wert für uns unter spirituellen Gesichtspunkten prüfen (d. h. Technik nicht um ihrer selbst willen ansammeln) und weisen Gebrauch von ihr machen sollten in dem Bemühen, gute Sachwalter dessen zu sein, was wir haben. Doch selbst diese Auffassung gibt keine klaren Richtlinien.

Dieses Buch ist zum Beispiel direkt in einen Computer eingegeben worden. Die Vorstellung, das Manuskript auf einer Schreibmaschine zu tippen und mit der Hand zu korrigieren, wie ich es bei meinem letzten Buch getan habe, erscheint jetzt absurd. Dabei hatten Shakespeare und Goethe nicht einmal Füllfederhalter, und das hat ihrem Genie keineswegs Abbruch getan. Wenn wir meinen, ohne materielle Güter nicht mehr auskommen zu können, haben sie uns in der Hand. Aber wenn wir eine starke geistige Verbindung hergestellt haben, können materielle Güter als Mittel benutzt werden, Liebe zum Ausdruck zu bringen.

»Trachtet zuerst nach dem Reich Gottes und nach seiner Gerechtigkeit«, sagte Jesus, »so wird euch alles zufallen.« Je näher wir diesem Reich kommen, um so weniger brauchen wir, da wir uns dann nicht länger Sorgen um den eigenen Wert, um Status und Glück machen und materieller Besitz nur noch Mittel zum Zweck ist, nicht der Endzweck. Der einzige »Endzweck«, der das Leben wirklich lebenswert macht, ist die Erkenntnis des Göttlichen im eigenen Innern und seine Verwirklichung. Leider werden die Mittel so leicht Herr über uns.

Ich bin 1983 ohne einen Pfennig Geld zur Findhorn-Gemeinschaft gekommen, denn ich hatte alles, was ich besaß, in drei faszinierenden Jahren in Kalifornien ausgegeben. Meinem Gefühl nach war es genau richtig für mich, hier zu sein. Die Schwester meiner Mutter war gerade gestorben und hatte ihr ein kleines Erbe hinterlassen. Diese Schwester war vor vielen Jahren einmal die Kinderfrau von Sir George Trevelyan gewesen, der bei meiner Ankunft zum Vorstand der Foundation gehörte und die Gemeinschaft von

Anfang an unterstützt hatte. Diesen »Zufall« nahm meine Mutter zum Anlaß, mir Geld für einen Teil der Mitgliedsbeiträge zu schicken; auf den Rest verzichtete die Gemeinschaft. Auch mein erster Besuch bei Sai Baba kostete eine Menge. Ein alter Freund, dem ich geholfen hatte, als ich noch meinem Beruf nachging, gab mir 500 Pfund. Mitglieder und Gäste der Foundation brachten mit erstaunlicher Großzügigkeit innerhalb von vier Wochen das übrige Geld für mich auf. Nach meiner persönlichen Erfahrung bekomme ich in materieller Hinsicht immer das, was ich benötige. Aber kann man darauf vertrauen, wenn es um die Finanzierung einer großen Gemeinschaft geht?

Und wie sollte man mit solchen Fragen umgehen? Die Auseinandersetzung damit kann angstbeladen sein oder Spaß machen. Die Gemeinschaft ist hin und her gerissen zwischen diesen beiden Empfindungen, wie ich selbst in meinem Jahr beim Finanzausschuß. Manchmal verirrten wir uns in unseren finanziellen Problemen und verließen die Versammlung frustriert und gereizt. Meistens jedoch brachte uns unser inneres Vertrauen durch. Den größten Raum nahmen oft Kleinigkeiten ein – ob ein Mitglied eine Pflicht vernachlässigen oder jemand das Budget überschreiten durfte, um ein »unbedingt notwendiges« Computer-Programm zu kaufen. In solchen Fällen mußten wir nicht nur finanzielle, sondern auch moralische Gerechtigkeit walten lassen. Der Finanzausschuß war für mich eine der intensivsten Lernerfahrungen in zwischenmenschlichen Beziehungen und Objektivität, die ich in unserer Gemeinschaft gehabt habe.

Gegenwärtig stecken wir zwischen unserem Schuldenberg und unserem Expansionsprogramm für die Gemeinschaft in der Klemme. Ist es richtig, daß Mitglieder der Gemeinschaft in alten Wohnwagen hausen, die in unserem kalten Klima schrecklich viel Heizenergie verbrauchen, und Gäste auf dem Gelände in provisorischen Hütten untergebracht werden, die ein Dauerzustand geworden sind? Wir haben einen Antrag für permanente Gästeunterkünfte abgelehnt mit der Begründung, daß die Hütten augenblicklich noch bewohnbar sind. Wir müßten uns weiter verschulden, um neue Unterkünfte zu bauen. Was die Wohnmöglichkeiten für Mitglieder betrifft, die seit der Entscheidung zum Bau der großen, kostspieligen Universal Hall immer wieder auf der Tagesordnung stehen, hat sich eine Übergangslösung ergeben. Einige Mitglieder verfügen über private Mittel. Damit haben wir 1990 begonnen, annehmbaren Wohnraum zu schaffen. Dadurch werden einige Wohnwagen frei, und das gibt uns die Möglichkeit, ein paar altersschwache Stücke auszurangieren. Ein paar der Leute, die sich größere Häuser leisten können, haben sich erboten, diese mit anderen Mitgliedern zu teilen. Hier ist zumindest ein Anfang gemacht. Mehr ist bei der derzeitigen Größe unserer Bauabteilung nicht möglich. Aber sollte die Gemeinschaft überhaupt privates Bauen mit allen damit verbundenen Komplikationen wie Eigentumsfragen und späterer Verkauf befürworten?

Im Vergleich zu unserem Nachbarn, dem Luftwaffenstützpunkt mit seinem Budget, sind unsere finanziellen Probleme kleine Fische. Diese militärische Einrichtung hat gerade viele Millionen in die Modernisierung der Anlagen für ihre Aufklärungsflugzeuge gesteckt. Die Foundation hat bisher keine großen Spendenbeträge eingenommen. Viele Visionen einer möglichen Weiterentwicklung sind Träume geblieben. Wir hätten gerne einen organisch-biologischen Landwirtschaftsbetrieb. Wir würden gern das Land rings um die Universal Hall herrichten und es zum natürlichen Mittelpunkt der Gemeinschaft ausgestalten. Wir möchten gern ein Dünengebiet unter Naturschutz stellen. Wir würden gern ein permanentes Bürogebäude bauen, um all unsere Verwaltungsaufgaben dort abwickeln zu können. Wir hätten gern moderne Telekommunikationseinrichtungen, und so weiter und so fort. Vielleicht sind die Verlockungen des Geldes immer noch zu groß und wir deshalb äußerlich in einer so bedrängten Lage; und um zu zeigen, daß unser unzweifelhaftes Glück nicht von unserem materiellem Wohlergehen abhängt, müssen unsere möglicherweise noch vorhandenen Wünsche wohl weiter gezügelt werden!

Allerdings ist es nicht so, als wäre in materieller Hinsicht nichts getan worden. Ende 1989 ist unser bis dahin hoffnungslos enges Gemeinschaftszentrum wunderschön erweitert worden; mitten im Herzen der Gemeinschaft befindet sich inzwischen ein herrlicher Naturandachtsraum; die defekte Zentralheizungsanlage von Cluny wurde ersetzt. Zwei neue Häuser sind im Bau.

Aber das Dilemma bleibt weiter bestehen. Wir tanzen zwischen Träumen und Einschränkungen hin und her und fragen uns, ob wir den Preis unserer Gästeprogramme erhöhen sollen und um wieviel, während uns eine Weisung Eileens rät, auf Finanzierung durch Spenden überzugehen. Der Zweck dieses Kapitels ist nicht der, Antworten zu geben, sondern den Leser mit der Art von Fragen zu konfrontieren, die sich bei dem Versuch ergeben, die Beziehung zwischen Geist und Materie wieder ins Gleichgewicht zu bringen. Das Paradoxe ist, daß man in einer spirituell ausgerichteten Welt immer weniger vom Geist geleitet wird, je mehr man haben möchte, und um so weniger das bekommt, was man angeblich »braucht«.

Sobald das Habenwollen vergangen ist und geistige Werte vorherrschen, regelt sich das Materielle von selbst. Ich würde mir wünschen, daß wir unsere Schulden bald abtragen, da ich Verschuldung als Teil der Krise in der Welt ansehe, die wir hinter uns lassen müssen. Ich fände es schön, wenn wir ein Beispiel geben würden, wie man mit seinen Mitteln auskommt; aber es wäre auch schön, unseren Mitgliedern und Gästen einen anständigen Speisesaal und Wärme bieten zu können. Das Dilemma bleibt, doch der »Engel von Findhorn« wird uns schon hindurchgeleiten!

Die Gärten von Cullerne

7

Ein Vorbild für die Welt

Und das isses, sagt Shug. Das, was ich glaub. Gott is in dir drin und in jedem andern auch. Du kommst schon auf die Welt mit Gott. Aber nur wer innen sucht, findet Es. Und manchmal wird Es offenbar, auch wenn du Es nicht suchst, oder nicht weißt, wonach du suchst. Bei den meisten Leuten, wenn sie Kummer haben, denk ich. Sorgen, ach Gott. Sich hundeelend fühlen.

Es? frag ich.

Jaja, Es. Gott is nich ein Er oder eine Sie, sondern ein Es.

Aber wie sieht Es aus, frag ich.

Sieht nich wie irgendwas aus, sagt sie. Is doch kein Kino. Es is nix, was du von was anderm getrennt ankucken kannst, einschließlich dir selbst. Ich glaub, Gott is alles, sagt Shug. Alles, was is oder gewesen is oder sein wird. Und wenn du das spürst und froh bist, daß dus spürst, dann hast dus gefunden.

Shug is so was Schönes, kann ich dir sagen.

Alice Walker: *Die Farbe Lila*

Einführung in einen Workshop

Es ist im Juni 1989, an einem Samstagmorgen um 8.30 Uhr. Christa und ich sind angekommen, um unseren Workshop zu beginnen. Wir wollen in dem Raum, der uns zugewiesen worden ist, dem Beech Tree Room (Rotbuchenraum), dem besten Workshopraum von Cluny, meditieren, damit sich verbrauchte Energien auflösen und alles frisch ist. Doch die Focaliser des Erfahrungsprogramms der vergangenen Woche sind gerade beim Staubsaugen. Wir können nicht hinein, also warten wir.

Die Erfahrungswoche ist die »Einstiegsmöglichkeit« für Gäste der Findhorn-Gemeinschaft. Eine Version davon läuft inzwischen auch im Park unter dem Motto: »Das Leben, das wir wählen.« Wer die Erfahrungswoche mitgemacht hat, kann an anderen Programmen oder an Workshops teilnehmen. Nur als Konferenzteilnehmer oder Kurzbesucher kommt man um die Erfahrungswoche herum. Diejenigen, die danach gern bleiben wollen, müssen sie allerdings nachholen. Christa und ich haben gemeinsam Erfahrungswochen in deutscher Sprache organisiert. Immer zwei Focaliser sind für die Programme der Gemeinschaft zuständig und unterstützen sich gegenseitig. Dadurch werden Projektionen von Gästen mit Autoritätsproblemen reduziert.

Diesmal geht es nicht um eine Erfahrungswoche, sondern um einen zweiwöchigen Workshop. Wir treffen uns mit Dianne, die als Focaliser für Gäste von Cluny zuständig ist. »Wußtet ihr nicht, daß wir den Rotbuchensaal jetzt immer samstagmorgens für Anmeldungen und Einschreibungen brauchen? Ihr müßt mit eurer Meditation bis Mittag warten. Eure Einschreibung findet auch da oben statt.« »Wir vom Park haben ja keine Ahnung, daß ihr hier alles abändert!« Es bleibt noch Zeit für eine schnelle Tasse Tee. Bald darauf sind wir mit etlichen anderen im Rotbuchenraum versammelt. Wie immer, wenn ich hereinkomme, fällt mir Harley Millers wunderschönes Bild von der uralten Rotbuche vor dem Haus ins Auge. Wie viele von uns haben schon unter diesem Baum gesessen und um Heilung gebeten oder verstohlen den Stamm umarmt, wenn keiner zuschaute! Wir finden immer Gehör.

Ich muß ein paarmal zur Toilette. Warum bin ich bloß immer so nervös vor Beginn eines Workshops? Ich müßte doch inzwischen Erfahrung haben. Gott hat die Fäden in der Hand, nicht ich! Auf einer Seite des Raums ist Susan, die »Finanzfrau«, mit ihrer Kasse. Wir werden unsere Gäste gleich, wenn sie ankommen, zu ihr schicken, damit die Bezahlung erledigt ist. Manche bezahlen nicht den vollen Preis für den Workshop, sie nehmen unsere Ermäßigungen in Anspruch. Damit haben wir allerdings nichts zu tun; es ist Sache der Unterbringungsabteilung. Auf der anderen Seite sind Anne und Sandy. Sie leiten gerade eine Erfahrungswoche, die echten Neuankömmlinge wenden sich also an sie. Der Kurs wird im Sycamore Room (Ahornraum) abgehalten, dem zweitgrößten Raum für solche Zwecke. Für die Art von Arbeit, die ich leite, reicht er nur für fünfzehn, aber wenn man im Kreis sitzt, faßt er auch zwanzig Leute. Christa und ich setzen uns an den Tisch, den Mitglieder aus der Gästeabteilung bereits für uns hergerichtet haben. Einige Workshop-Teilnehmer warten schon. Wir schauen uns an. Vielleicht hätten wir die Teepause ein wenig abkürzen sollen!

Derzeit kommen unsere Gäste vorwiegend aus Mittel- und Nordeuropa, den Vereinigten Staaten und Australien, mit ein paar Zugaben aus anderen Weltteilen. Die meisten sind weiß und stammen aus der Mittelschicht. Wir haben nie eine statistische Erhebung vorgenommen, aber mein soziologisch geschulter Blick sagt mir, daß die Mehrheit zwischen 30 und 45 Jahre alt ist, den verschiedensten helfenden Berufen nachgeht und sich bereits Gedanken um die Umwelt und das eigene Selbstverständnis macht. Viele haben schon mit irgendeiner Form der Therapie als Mittel der Selbstentfaltung Bekanntschaft gemacht. Mehr Leute, als der jeweiligen Altersgruppe entsprechen würde, sind alleinstehend oder geschieden. Wer hierherkommen will, wird um ein Bewerbungsschreiben gebeten. Dadurch wird eine kleine Anzahl von Menschen ausgesiebt, die nichts davon hätten, hier zu sein. Die Energien sind unter Umständen zu stark für psychisch labile Menschen. Drei- bis viermal im Jahr müssen wir Besuchern, die nicht reif für einen Aufenthalt bei uns sind, nach Hause zurückhelfen.

Der für die Unterbringung zuständige Mitgliederstab erstellt die Gästeliste per Computer. Bis die Unterbringung computerisiert wurde, ging viel Zeit ins Land. Die als Focaliser zuständige Mitarbeiterin hielt das für unnötig; sie hatte ein eigenes System mit Wandkarten und erledigte ihre Arbeit bestens mit ihrer Schreibmaschine. Doch ihr Ersatzmann, ein logisch denkender Franzose, konnte nicht gut maschineschreiben. Er ging mit Begeisterung daran, ein Modellprogramm für den Computer zu entwickeln. Irgendwie wollte jeder seinen Kopf durchsetzen. Dann passierte es, daß ein Gast in seinem Bad im oberen Stockwerk Wasser überlaufen ließ und der Putz von der Zimmerdecke auf den Computer herabfiel. War das eine göttliche Botschaft? Gleichwie, die Frau, die Focaliser für Unterbringung war, widmet sich inzwischen dem Empfang, und die Unterkunftsabteilung ist in ein Zimmer umgezogen, über dem kein Bad liegt. Jetzt ist die Rede von einer neuen computerisierten Schaltzentrale in der Rezeption!

Die Gästebetreuer weisen jedem einen Platz in einem Zimmer zu, das sich drei bis vier Leute teilen. Männlein und Weiblein sind natürlich getrennt, und Raucher werden nach Möglichkeit zusammengelegt – andernfalls dürfen sie auf dem Zimmer nicht rauchen. Manche Leute wundert es, daß wir das Rauchen nicht verbieten, aber Verbote helfen erwiesenermaßen den Betreffenden kaum, es aufzugeben. Es gibt sogar einen Zigarettenautomaten. Aber nur in einem einzigen der öffentlichen Räume des Hauses darf geraucht werden. Das ist die alte fensterlose Hotelbar mit dunkelroter Ausstattung. Da weiß einer, daß er wirklich in die Hölle kommt, wenn er dort hineingeht, um zu rauchen Es geht das Gerücht um, daß die besten Gespräche in der Bar geführt werden. Ob es stimmt, entzieht sich meiner Kenntnis. Alkohol ist ebenfalls erlaubt, obwohl wir uns darüber im klaren sind, daß er mit einer höheren spirituellen Entfaltung unvereinbar ist.

Wir fragen unsere Workshop-Teilnehmer nach ihrem Namen und sagen ihnen ihre Zimmernummer. Es sind alles »alte Hasen« – sie haben ohne Ausnahme schon irgendwann einmal eine Erfahrungswoche mitgemacht.

Wir brauchen ihnen nicht das Haus zu zeigen wie Sandy und Anne am Nachbartisch – Neuankömmlinge müssen natürlich wissen, wo der Andachtsraum ist, wo sie essen können und wo die Toiletten sind. Alles andere können sie später selbst erkunden. Unsere Gäste sind ein wenig selbstsicherer. Sie kennen das alles schon von früher. Sie wissen, wo was ist. Einige kennen wir sogar schon, oder besser gesagt: Sie kennen uns. Wenn man einen Gast in der ersten Woche nur ein- oder zweimal sieht, erkennt man sein Gesicht bald in der Menge nicht mehr wieder. Und eine Menge ist es immer bei der Findhorn-Gemeinschaft. Cluny ist zwei Wochen im Jahr für Gäste geschlossen, so daß die Mitglieder wieder zu Atem kommen und das Haus für sich allein haben, das dann stets sehr leer und groß wirkt.
»Du hast auf meiner Erfahrungswoche 1985 gesprochen. Darum habe ich mich für deinen Workshop angemeldet.« »Ach ja, ich erinnere mich an dein Gesicht, aber nicht mehr an deinen Namen.« Das ist nicht gelogen; irgend etwas an dem Gesicht kommt mir bekannt vor. Nach zwei Wochen intensiver gemeinsamer Arbeit werden wir einander nähergekommen und wie alte Freunde sein.

Es sind natürlich wieder Leute dabei, denen es schwerfällt, mit jemandem das Zimmer zu teilen. Sie haben Glück, denn Cluny ist diese Woche nicht ganz ausgebucht, was sicher im Juli und August der Fall sein wird. Eine von uns geht und bearbeitet den Mann vom Unterbringungsdienst. »Du mußt mit Terry von der Hausreinigung reden«, sagt Ian. »Sie haben keine Lust, wegen einer Person das Zimmer zu putzen. Aber wenn es ihm recht ist, soll's mir auch recht sein.« Wo ist Terry bloß? Überall und nirgends. Er hat viel zu tun diesen Morgen. Er ist der Star des Hauses, organisiert, gibt Anweisungen. Jedes Zimmer muß zwischen 8.45 Uhr, wenn die vorherigen Gäste eigentlich weg sein müßten, und 12 Uhr, wenn die neuen eingezogen sein sollten, gereinigt werden. Er kommt aus dem kleinen Zimmerchen unter der Treppe, wo die Hausreinigung zu Hause ist. Ja, ihm ist es recht. Er seufzt. Es ist immer dasselbe. Wer kann schon nein sagen, wenn es noch leere Zimmer gibt? Und die Gäste führen immer so gute Gründe an.

Im Laufe des Vormittags treffen unsere 18 Gäste ein, setzen sich, plaudern ein wenig und gehen wieder, um sich einzurichten. Bei diesem Workshop haben wir ein Limit von 18 gesetzt, weil sich mit dieser Anzahl sehr gut arbeiten läßt und wir so einander besser kennenlernen. Da alle gekommen sind – Amerikaner, Kanadier, Australier, Engländer, Franzosen, Holländer, Schweizer, Israelis und Deutsche –, müssen wir in Newbold anrufen und jemandem dort sagen, daß für ihn nun doch kein Platz mehr ist. Im Haus herrscht die übliche Samstagmorgenbetriebsamkeit. Der Reinigungsdienst in Aktion, Mitglieder und Gäste, die ständig im Weg stehen, herumsausende Staubsauger, schmutzige Wäsche, Zahngläser und Essigsprays zum Spiegelputzen. »Arbeit ist tätige Liebe.« Der Samstagmorgen ist die Probe aufs Exempel! In der Küche ist die zuständige Crew dabei, für das Mittagessen eine Suppe und eine Salatmahlzeit zuzubereiten. Der Speisesaaldienst räumt die Reste des Frühstücks weg. Lucia leistet hervorragende Arbeit im Empfang, sie telefoniert und beantwortet gleichzeitig sechs Fragen auf einmal. Die Eingangshalle steht voller Koffer und Rucksäcke. Einer unserer Busse kommt vom Bahnhof zurück und spuckt eine neue Ladung Gäste aus, die große Augen machen. Taxis fahren vor und wieder ab. Cluny an einem Samstagmorgen im Sommer riecht ein wenig wie eine indische Bahnstation. Man kann sich dieser Stimmung ganz überlassen und auf der Energiewoge reiten. Oder sich, wenn man sich irgendwie vorm Saubermachen gedrückt hat, in seinem Zimmer oben verkriechen.

Endlich tragen Christa und ich die Tische fort und schließen die Tür. Jetzt haben wir den großen Raum ganz für uns und unsere Teilnehmer. Wir bilden einen Kreis aus 20 Stühlen und stellen in die Mitte eine Kerze, die von Blumen aus dem Garten eingerahmt ist – nur die Gärtner dürfen Blumen pflücken. Ich stelle Sai Babas Bild auf den Kaminsims. Da ich den Workshop ausrichte und er mein Lehrer ist, hat er ein Recht darauf, die zwei Wochen lang dabeizusein. Wir zünden die Kerze an und schließen die Augen. Das geschäftige Treiben des Morgens verklingt in wunderbarer Stille. Ich erbitte Segen für den Workshop, daß alles vom Höchsten kommen möge und Liebe und Freude mit uns seien für diese zwei Wochen. Dann sind wir alle zusammen eine Viertelstunde still. Alles wird gut laufen; ich arbeite gern mit Christa ... Es ist noch immer Essen da, als wir hinunterkommen. Der Samstagvormittag ist vorbei, und wieder hat ein Workshop begonnen.

Was es mit der Findhorn-Gemeinschaft auf sich hat – die Erfahrungswoche

Im Sommerprospekt für die Monate April bis November sind fortlaufend hintereinander Erfahrungswochen aufgeführt, nur vier Wochen sind ausgespart, zwei davon für Konferenzen, in deren Zeitraum alles übrige wegfällt. Im Sommer laufen oft drei Erfahrungswochen gleichzeitig, zwei in Cluny und eine im Park. Es gibt Erfahrungswochen auf Holländisch, Deutsch, Französisch und Italienisch. Es gibt auch Erfahrungswochen für Familien, die eigens für Eltern mit Kindern organisiert sind. Außerdem stehen 48 verschiedene Workshops auf dem Programm und weitere 17 in Newbold. Neben den Workshops gibt es noch die Möglichkeit, als Gast in einer Abteilung mitzuarbeiten, oder an einem Programm unter dem Motto »Leben in der Gemeinschaft« teilzunehmen – für diejenigen, die längerfristig unser Leben mit uns teilen wollen. Für Gäste, die Stille suchen, gibt es vier Besinnungswochen. Für jede Erfahrungswoche und jeden Workshop werden zwei Focaliser benötigt. Die Unterbringung muß arrangiert, Briefe müssen beantwortet, Mahlzeiten bereitet, die Einrichtungen müssen geputzt und instand gehalten, Gemüse- und Blumengärten gepflegt werden und ... und ... und! Während ich das schreibe, kommt es mir wirklich wie ein kleines Wunder vor, daß alles klappt. *Und* wir sind eine spirituell orientierte Gemeinschaft. Vielmehr ist das unser Geheimnis. Die Gäste kommen hierher, um unser Leben zu teilen. Unser Leben besteht vor allem darin, uns um sie zu kümmern. Sie lernen, sich auf eine neue Art und Weise um sich selbst zu kümmern. Eine göttliche Ordnung!

Die Erfahrungswoche hat unter anderem den Sinn, den Gästen die Gemeinschaft zu zeigen. Das heißt aber nicht nur, die Leute herumzuführen. Am besten können sie verstehen, was in der Findhorn-Gemeinschaft vorgeht, wenn sie in ihrer eigenen Gruppe Erfahrungen sammeln. Zu Anfang ihrer Erfahrungswoche sind die Gäste verhältnismäßig zurückhaltend, schüchtern und abwehrend, aber gegen Ende der Woche hat sich im allgemeinen eine Gruppe gebildet, die von gegenseitigem Vertrauen, von Bejahung und Liebe gekennzeichnet ist; das gelingt eigentlich fast immer. Meine Freundin Anna ist gerade nach Griechenland eingeladen worden zum dritten Treffen der Teilnehmer einer Erfahrungswoche, die sie geleitet hat. Worauf es ankommt, ist die eigene Verwandlung, und nicht, wer wo was macht, denn wie ich inzwischen wohl deutlich genug gesagt habe, ist der Sinn und Zweck unserer Gemeinschaft die innere Hinwendung zur Liebe und ihre Verwirklichung im täglichen Leben.

Die Erfahrungswoche ist sehr intensiv. Normalerweise treffen sich die Gäste und die Focaliser am Samstagnachmittag, machen sich miteinander bekannt und lernen, sich innerlich einzustimmen. Der Abend steht ihnen zur freien Verfügung, um sich mit der Örtlichkeit vertraut zu machen. Der Sonntagmorgen beginnt mit *Sacred Dance*, dem heiligen Tanz in der Gruppe. Ich liebe dieses Tanzen, obgleich mein Kopf und meine Füße noch nicht in seligem Einklang sind. Wir fassen uns im Kreis an den Händen und lernen einfache Volkstanzschritte, wie sie überall auf der Welt gebräuchlich sind, jeder davon Ausdruck einer anderen erfüllenden Lebensqualität. Es ist ein unschuldiges Vergnügen. Jesus hat gesagt, daß ein kindliches Gemüt der

Schlüssel zum Reich Gottes ist. Wer den Schlüssel hat, kann auf der Erde in dieses Reich eingehen, hier und jetzt.

Am Sonntagnachmittag besteht die Möglichkeit, bei einer Führung durch Cluny oder den Park die jeweilige »andere Seite« der Gemeinschaft kennenzulernen, um dann am Abend Gefühle und Erfahrungen miteinander auszutauschen, *Sharing*, eine Praxis, die während der ganzen Woche beibehalten wird und am Freitagnachmittag mit einer langen Abschlußsitzung endet. Vorgesehen sind außerdem allabendlich Vorträge von Mitgliedern über die verschiedenen Aspekte des Gemeinschaftslebens, die allerdings, wenn das Sharing besonders intensiv ist, ausfallen. Alle Gemeinschafts-Mitglieder wissen, wenn sie im Salon auf ihren Auftritt in der Gruppe warten, daß unter Umständen einer der Focaliser auf sie zukommt und sagt: »Es tut mir leid, aber wir können unsere Sitzung jetzt wirklich nicht abbrechen.« Der Mittwochabend, an dem Mitglieder von ihren persönlichen Erfahrungen berichten, ist meist der »kritische« Zeitpunkt: Die Gäste haben inzwischen soviel Vertrauen zueinander gewonnen, daß sie nun schon bereitwilliger erzählen, was sie im Innersten bewegt. Bei diesem Austausch wie auch bei anderen gemeinsamen Aktivitäten der Gruppe lernen die Gäste allmählich zu unterscheiden zwischen einem liebevollen und einem wertenden Umgang miteinander, zwischen Zuwendung und Kritik. Wie sich der gleiche Prozeß auch in der Gemeinschaft vollzieht, erleben die Gäste bei ihren Focalisern und in den Foundation-Abteilungen, in denen sie viermal während der Woche morgens mitarbeiten.

Jede Woche werden wir von den verschiedenen Abteilungen darüber informiert, wieviele Gäste sie jeweils in der kommenden Woche beschäftigen können; die Teilnehmer der betreffenden Erfahrungswoche meditieren dann, um sich darauf einzustimmen, wer welche Arbeit machen wird, wieder ein praktisches Beispiel für unsere Vorgehensweise. In den verschiedenen Arbeitsbereichen werden die Gäste mit einer neuen Einstellung zur Arbeit konfrontiert. Sie bekommen eine Kostprobe davon, wie Mitglieder und Langzeitgäste mit Alltagsproblemen umgehen. Das nennen wir »Lieben in der Arbeit lernen«.

Was noch an Zeit bleibt – bis auf den freien Donnerstagnachmittag, eine Verschnaufpause –, verbringt die Gruppe mit gemeinschaftsfördernden New-Age-Spielen, einem Gruppenprojekt, an dem gemeinsam gearbeitet wird, und einem Ausflug in die Natur. Die Programmgestaltung ist konzentriert, aber nicht zu gedrängt. Die Focaliser sind dazu da, einem jeden durch die Woche hindurchzuhelfen, ihm bei Problemen beizustehen, falls nötig, und die Verantwortung für die Energie zu übernehmen, die sich im Wirken des »Engels von Findhorn« in der Gruppe bemerkbar macht. Das Sharing am Freitagnachmittag ist etwas Besonderes. Wir beginnen mit einer Meditation unter Anleitung, bei der wir uns noch einmal die Ereignisse der Woche vor Augen führen. In der Mitte des Kreises, neben der Kerze, liegt ein ziemlich großer Stein. Nach der Meditation befolgen wir eine indianische Tradition: Jemand nimmt den Stein und fängt an zu sprechen. Solange er ihn in Händen hält, gilt ihm die ungeteilte Aufmerksamkeit aller. Niemand darf diese Person unterbrechen, während sie spricht.

Die Leute sind oft im Innersten bewegt von der Liebe und Aufmerksamkeit, die ihnen in dieser Woche entgegengebracht wurde, und noch mehr ergriffen davon, wie sich ihr eigenes Herz geöffnet hat. Sie sehen auf einmal die Menschen und die Arbeit in einem neuen Licht. Nach Abschluß der Sitzung bleibt die Gruppe noch zu einem gemeinsamen Abendessen zusammen, bei dem die Woche häufig mit einer Flasche Wein gefeiert wird. Das Freitagabendessen ist das einzige, zu dem wir Wein und Bier verkaufen, und auch das einzige, bei dem Fisch neben vegetarischer Kost zur Wahl steht. In Cluny ist der Erlös des Getränkeverkaufs zur Renovierung des Salons verwendet worden.

Die Erfahrungswoche ist genau das: die Erfahrung unseres Lebens im kleinen. Die Teilnehmer stellen die Gemeinschafts-Mitglieder dar, und die gemeinsam verbrachte Zeit repräsentiert die Art und Weise, wie wir leben und uns immer mehr der bedingungslosen Liebe öffnen, die des Menschen wahres Wesen ist. Ebenso wie Mitglieder können auch die Gäste selbst entscheiden, ob sie an den verschiedenen täglichen Meditationen im Andachtsraum teilnehmen wollen oder lieber für sich allein meditieren. In der Erfahrungswoche wird ganz praktisch Bekanntschaft mit dem Geist in uns geschlossen. Obwohl die Zeit kurz ist, bewegt sie viele tief, und bei manchen bewirkt sie eine Lebensveränderung.

Am Samstagvormittag treten die meisten Gäste die Heimreise an mit dem Vorsatz, das, was sie hier erlebt haben, auch auf ihr heimisches Leben zu übertragen. Manchmal kehren sie Jahre später wieder zur Gemeinschaft zurück. Andere bleiben gleich bei uns und vertiefen ihre Bekanntschaft mit dem Geist im Zusammenleben mit uns oder durch die Teilnahme an einem der vielen Workshops, die von Mitgliedern der Gemeinschaft angeboten werden.

Nicht jeder, der uns besucht, meldet sich zu einer Erfahrungswoche an. Besonders im Sommer schauen viele Leute nur für einen Tag bei uns herein oder verbringen allenfalls eine oder zwei Nächte in einem Wohnwagen hier im Park. Durch spezielle Programme für Kurzzeitgäste können sie ein wenig über die Gemeinschaft lernen. Es gibt Führungen und eine Video-Vorführung im Besucherzentrum der Halle, und wer will, kann auch einen Morgen oder Nachmittag mit uns im Garten arbeiten. Aber dabei gewinnt man nur einen flüchtigen Eindruck von der Gemeinschaft. Wem an der inneren Wandlung gelegen ist, die sich bei so vielen Besuchern vollzieht, muß einen tieferen Einblick nehmen, so wie ihn die Erfahrungswoche gewährt.

Leben und Arbeiten mit der Findhorn-Gemeinschaft

Die beste Art, Erfahrungen mit der Findhorn-Gemeinschaft zu sammeln, ist die, als Langzeitgast bei uns zu leben und in einem der Arbeitsbereiche tätig zu werden, die Höhen und Tiefen mitzuerleben und die Errungenschaften und Widerstände einer spirituellen Lebensweise moderner westlicher Prägung kennenzulernen. Wenn jemand davon spricht, einen Monat oder länger bei der Findhorn-Gemeinschaft mitzuarbeiten, äußern seine Bekannten oft ungläubiges Erstaunen, besonders, wenn er oder sie einer gutbezahlten beruflichen Tätigkeit nachgeht. »Wie kannst du nur Geld dafür bezahlen, daß du dahin darfst und dann auch noch arbeiten mußt?« sagen sie. »Du mußt verrückt sein.« Dabei liegt der Betrag, der für das Programm einschließlich Vollpension und Unterkunft zu zahlen ist, niedriger als der Preis örtlicher »Bed and Breakfasts« mit Halbpension; aber die Freunde haben nicht ganz unrecht. Warum sollte einer dafür bezahlen, daß er arbeiten muß?

Bei uns liegt es an den hohen Kosten, die der Unterhalt und die Entwicklung all dessen, was wir tun, verursachen. Die Gäste zahlen bereitwillig, denn die in der Findhorn-Gemeinschaft verbrachte Zeit bewirkt tiefgreifende Veränderungen. Sie stellt die eigene Einstellung zur Arbeit, Partnerschaft, Freizeit und vor allem zu einem selbst auf die Probe. Tag für Tag erhebt sich durch die hier geübte Lebenspraxis aufs neue die Frage: »Wer bin ich eigentlich?« und damit verbunden die nächste Frage: »Warum lebe ich so, wie ich es tue?« Es dürfte schwierig sein, so wieder fortzugehen, wie man gekommen ist. Manchmal kommen die wahren Prüfungen erst hinterher, wenn einem die Welt, in die man zurückkehrt, aus der neugewonnenen Perspektive leblos und sinnlos erscheint. Man ist ein bißchen selbst zum Schöpfer geworden. Läßt sich etwas verändern? Einmal rief mich ein früherer Teilnehmer an dem Programm »Leben in der Gemeinschaft« an. Seine Frau hatte sich in einen anderen Mann verliebt, konnte sich aber nicht zur Trennung entschließen. »Ganz schön hart«, sagte er mit trauriger Stimme, »aber ich lerne eine Menge – über mich selbst. Wir haben beschlossen, uns für sechs Monate zu trennen und dann zu sehen, ob wir wieder miteinander auskommen. Ich kann mir nicht vorstellen, wie ich damit fertig geworden wäre ohne die innere Arbeit, die ich inzwischen gemacht habe.«

Das Programm ist einfach. Die »Langzeitgäste« arbeiten wie Mitglieder in einem bestimmten Arbeitsbereich mit, nehmen an deren Einstimmungen teil und haben Gelegenheit, bei fast allen Gemeinschaftsaktivitäten bis auf ein paar Mitgliederversammlungen dabeizusein. Die Gruppe hat ebenfalls einen Focaliser und trifft sich einmal die Woche – am Dienstagmorgen –, zum gemeinsamen Austausch. Der eine äußert seine Ansichten, der andere teilt vielleicht seine kreativen Fähigkeiten mit allen. Der Kurs dauert mindestens einen Monat.

Ich erinnere mich noch mit großer Bewegung an meine eigene Teilnahme am »Leben in der Gemeinschaft«-Programm 1983. Ich war mir innerlich gewiß, daß die Findhorn-Gemeinschaft für mich das richtige sei und daß ich Mitglied werden sollte. Aber es war Juni, und vor November gab es kein Orientierungsprogramm für Leute, die Mitglieder werden wollten. Nach meiner Erfahrungswoche war ich eine Woche als Abteilungsgast im Cluny-Garten, um etwas zu verschnaufen, ehe ich am »Leben in der Gemeinschaft« teilnahm. Ich hatte durch das Buch *Der Findhorn-Garten* von der Gemeinschaft gehört und eben an der California School of Herbal Studies einen Intensivkurs in Kräuterkunde absolviert, wo wir ebenfalls mit Pflanzen meditierten und mit ihnen zu kommunizieren lernten. Der Garten von Cluny war perfekt für mich. Ich arbeitete voller Enthusiasmus mit Brian zusammen, dem Garten-Focaliser. Endlich wurde es warm und sonnig; der Sommer versprach wunderbar zu werden, und der Garten war prächtig mit den Gemüsebeeten im Kreis um ein Zentrum angelegt. Brian war energiegeladen, schien sich jedoch mit irgend etwas konzentriert zu beschäftigen. Gegen Ende der Woche sagte er zu mir: »Carol, meine innere Stimme weist mich an, nach London zu fahren, um Spenden für den Kauf des Wohnwagengeländes zu sammeln. Ich habe darauf gewartet, daß Gott Ersatz für mich schickt, und ich glaube, das bist du!«

Bei meiner Arbeit in Amerika hatte ich gelernt, auch einem in spiritueller Absicht geschenkten Gaul nicht ins Maul zu schauen. »Na schön«, sagte ich, »aber ich habe eigentlich keine Ahnung von Gartenbau. Ich werde meine Erfahrungen beim Arbeiten sammeln müssen.« Das fand Brian o.k. – er hatte wohl keine andere Wahl. Wir gingen am Nachmittag zur Einstimmung der Gartengruppe, und ich wurde den anderen Mitgliedern vorgestellt. Brian hatte sich für sechs Monate verpflichtet, und nun brach er seine Abmachung mitten in der Saison. In einem gewissen Sinne ließ er alle hängen; und nicht nur das, er verlangte auch noch von ihnen, mich als Ersatz für ihn anzunehmen, die ich doch erst zwei Wochen in der Gemeinschaft war und so gut wie keinen blassen Schimmer vom Gärtnern hatte. Ich würde auch sofort Verantwortung für Gäste in meinem Bereich übernehmen müssen, da die Arbeit für mich allein viel zu viel war.

Die Reaktion der Gruppe war mir eine wirklicheLektion. Statt des allgemeinen Aufschreis, den ich erwartete, respektierten alle Brians innere Entscheidung. Er ging ja, um Höheres für die Gemeinschaft zu leisten, und nicht etwa, um sich vor seinen Pflichten zu drücken. Sie musterten mich nachdenklich, als wenn ich mich etwas wichtigtuerisch zwischen sie drängte, aber bei unserer gemeinsamen Meditation sagte der »Engel von Findhorn« nicht »nein« – und wen gab es sonst noch? Ich verbrachte das Wochenende damit, den Garten gründlich kennenzulernen und Bücher über organischen Gartenbau zu verschlingen. Im Grunde hatte ich großes Selbstvertrauen. Hier war mein Platz. Die Ereignisse waren eine Bestätigung dafür. Alan, der zu der Zeit Focaliser für den gesamten Gartenbereich war und sich schon mehrere Jahre lang auch um den Gemüsegarten gekümmert hatte, versprach, mir mit Rat und Tat zur Seite zu stehen. Am Montagmorgen, meinem ersten Arbeitstag im »Leben in der Gemeinschaft«-Programm, fügte sich auch das letzte noch fehlende Teilchen in das Puzzle ein: Olive wollte mit mir zusammenarbeiten. Olive hatte gerade mit »Essenz« begonnen, einem dreimonatigen Workshop. Sie konnte halbtags mitarbeiten. Sie hatte acht Jahre lang in Neuseeland einen organisch-biologischen Garten bestellt und kannte sich aus. Nur im Umgang mit anderen Menschen war sie unsicher. Ich hingegen wußte von meinem Training in Kalifornien her, wie man Meditationen leitet und eine geistige Verbindung zu den Pflanzen-Devas aufnimmt. Wir waren ein perfektes Team.

Die anschließenden acht Wochen waren eine reine Wonne. Die Sonne schien. Ich freundete mich mit meiner Zimmergenossin an, einer Amerikanerin namens Tera, die auf einer Insel mit Militärstützpunkt irgendwo westlich von Hawaii zu Hause war. Und ich verliebte mich in jemanden aus dem Essenz-Programm. Morgens früh um sechs – der einzigen Zeit, in der der Wasserdruck brauchbar war – und spätabends goß ich den Garten. Olive und ich meditierten viel im Gemüsegarten mit den Pflanzen. Die anderen Gäste fanden es herrlich – wie in alten Findhorn-Zeiten. Meine Hochachtung vor Alan wuchs, obwohl er mir ein wenig Angst machte. Seine Naturfotografien, insbesondere von Bäumen, kamen mir wie Deva-Botschaften in anderer Form vor.

Auch Angela, die für den Speisesaal von Cluny zuständig war, jagte mir ein wenig Angst ein. Um mich besser mit der Gemeinschaft vertraut machen zu können, wurde ich gebeten, zwei Schichten im Speisesaal zu übernehmen. Angela wirkte ernst und streng. Alles mußte genau richtig ausgeführt werden. Von diesem Perfektionismus hatte ich gelesen, aber ich hatte meine Schwierigkeiten damit, denn ich neigte zu Unordentlichkeit. Meinem Gefühl nach hielt sie mich für einen hoffnungslosen Fall und für inkompetent. Nach einigen Wochen jedoch war sie die erste aus der Gemeinschaft, die meinen hellseherischen Fähigkeiten soviel Vertrauen entgegenbrachte, daß sie mich um eine Sitzung bat. Offenbar hatte ich nur meine eigene Unsicherheit auf sie projiziert. Statt *sie* zu kritisieren, lernte ich, *meine* Reaktion auf sie zu überprüfen. Dadurch vermochte ich mich mit Aspekten meiner selbst auseinanderzusetzen, die *mich* hemmten. Das war eine ganz neue Art des Umgangs mit anderen Menschen.

Anfang August nahm ich zwei Wochen Urlaub, und danach bewölkte sich der Himmel. Ich wurde aufgefordert, ein Zimmer mit Gisela zu teilen, einem Mitglied der Gemeinschaft. Gisela, eine Deutsche, hatte das Zimmer fünf Monate lang allein bewohnt. Sie war richtig verärgert, es nun mit jemandem teilen zu müssen. Als ich einzog, weinte sie und nahm es übel, daß ich in ihr Reich eindrang. Das Zimmer war makellos sauber und aufgeräumt. Die nächsten drei Monate waren hart. Gisela beklagte sich dauernd über meine Unordentlichkeit; sie machte einen verdrossenen, unglücklichen Eindruck auf mich. Ganz langsam lernten wir einander zu tolerieren, um uns schließlich sogar auf eine zarte, scheue Weise zu mögen. Ich lernte, auf deutsche Art Ordnung zu halten und alles sauber zu hinterlassen. Ich hatte ein paar Reggae-Kassetten dabei und bemerkte, daß Gisela unter dem Einfluß dieser Musik lebhaft und munter wurde. Sie hatte es nicht leicht beim Hausdienst, wo sie arbeitete. Ich half ihr, so gut ich konnte. Allmählich wurde mir klar, daß mich diese Situationen und Erfahrungen Schritt für Schritt veränderten und ich lernte, vorbehaltlos zu lieben.

Bert, der Focaliser für die Gruppe der Langzeitgäste, war Kanadier und wohnte im Drumduan-Haus, wo die Versammlungen der Teilnehmer stattfanden. Er war ein begeisterter Anhänger von David Spangler. Auf den Versammlungen wurde endlos aus Spanglers Schriften vorgelesen und darüber diskutiert. Da ich in früheren Jahren einmal radikale Feministin gewesen war, konnte ich mich mit Spanglers ziemlich autoritären Weisungen nicht recht anfreunden. Ich nahm nur an wenigen dieser Treffen teil. Das war eigentlich frech, denn ich wollte ja Mitglied werden. Ich wartete förmlich auf eine Reaktion von Bert, aber er schien es mir nicht übelzunehmen. Wieder hielt die Findhorn-Gemeinschaft eine Lehre für mich bereit: Da stand ich, aufgepflanzt zum Kampf – im Grunde mit der gleichen Einstellung wie gegenüber meinen Eltern –, und niemand stellte sich gegen mich. Ich mußte erneut meine eigenen Reaktionen einer Prüfung unterziehen und mir vor Augen führen, wie oft ich, ohne mir dessen bewußt zu sein, Konflikte produzierte, indem ich alte, unaufgelöste Frustrationen abreagierte.

Für mich führte die Teilnahme am »Leben in der Gemeinschaft«-Programm direkt zur Mitgliedschaft. Andere kehren in ihr gewohntes Leben zu Hause zurück. Jeder macht seine Erfahrungen, hat seine eigene ruhige oder auch bewegte Geschichte. Beim Abschied sind die Leute ruhiger, selbstbewußter, haben einen Abstand von ihren Problemen gewonnen und sind besser für ein positives Leben in der Welt gerüstet. Es gibt keinen Guru. Wir lernen voneinander, aus den Situationen, die der Zufall uns bringt, der kein »Zufall« ist. Das Wunder der Liebe Gottes, die sich in uns entfaltet, läßt die »gegenständliche Welt« dahinschmelzen. Durch die Lektionen, die wir lernen, werden wir darauf vorbereitet, immer mehr Liebe umfassen zu können; es ist eine aufsteigende Spirale.

Workshops

Viele Mitglieder der Gemeinschaft sind mit speziellen Fähigkeiten und Begabungen hierhergekommen. Andere erwerben während ihres Aufenthaltes neue Fähigkeiten. Aufgrund ihres Lebens in der Gemeinschaft wächst das innere Selbstvertrauen der Mitglieder, und sie wenden es gern an, um das, was sie können, an Gäste weiterzugeben. Oft kommen professionelle »New-Age«-Workshopleiter zu uns, mehr aus Laune als um des Geldes willen, denn draußen können sie im allgemeinen viel höhere Summen verlangen, als wir bezahlen könnten. Es ist nicht Aufgabe der Findhorn-Gemeinschaft, ein professionelles Workshop-Zentrum zu werden. Wir können auch kein Therapie-Zentrum sein, das sich auf Workshops mit dem Ziel eines therapeutisch gelenkten persönlichen Wachstums konzentriert. Andere, weniger weit von stark besiedelten Gegenden abgelegene Einrichtungen sind besser für diese Arbeit geeignet. Aufgrund der hohen Anfahrtkosten hierher und der Notwendigkeit, die Besucher im Hause unterzubringen, sind solche Ideen von vornherein unrealistisch. *Unsere Aufgabe besteht darin, eine Lebensweise mit anderen zu teilen.* Das ist eine wichtige Aufgabe, obwohl wir keinen Widerspruch zwischen dieser und therapeutischer Arbeit sehen.

Unsere Workshops sollen demnach vor allem die Möglichkeit bieten, sich thematisch mit unserem Lebensstil auseinanderzusetzen. Die bestbesuchten Kurse sind solche, die sich unmittelbar mit spiritueller Entfaltung befassen. Typische Kursthemen sind: »Bring mehr Liebe in dein Leben«, »Auf der Suche nach Gott im eigenen Innern«, »Ganzheit – unsere Aufgabe«, »Die Ursache heilen« oder »Durchbruch – zum göttlichen Selbst im Innern«. Doch selbst Workshops mit spezielleren Themen – wie etwa »Heiliger Tanz«, »Primäres Malen« oder »Narren des Geistes« (ein Kurs für Clowns) – betonen die spirituelle Seite. Sie machen Gäste mit unserer Lebensweise und unserem Denken vertraut. Besucher finden hier eine einzigartige Mischung aus Themenbezogenheit und Spiritualität vor. Die Workshops von Newbold sind bisher mit einigen Ausnahmen wie etwa den Intensivkursen in Meditation etwas mehr auf das persönliche Wachstum ausgerichtet. Trotzdem herrscht auch in Newbold eine besondere spirituelle Atmosphäre, die diesem Zentrum eine eigene Note verleiht. Viele Gäste kehren immer wieder dorthin zurück. Gegenwärtig besteht in Newbold die Tendenz, die meditationsorientierte Arbeit auszuweiten.

Zwei Workshops bei der Findhorn-Gemeinschaft verdienen besondere Erwähnung. Der eine ist »Essenz«, ein dreimonatiger Erfahrungsaufenthalt in der Gemeinschaft mit Workshop-Charakter. Dabei ist die Teilnahme am Gemeinschaftsleben viel klarer strukturiert als beim »Leben in der Gemeinschaft«-Programm, und die Gäste unterhalten über eine lange Zeitspanne hinweg eine intensive Beziehung zur gleichen Gruppe. Für mich ist »Essenz« wie eine erweiterte Erfahrungswoche. Ich werde oft eingeladen, bei Sitzungen im Rahmen der Erfahrungswoche zum Thema »Persönliche und planetarische Wandlung« zu sprechen. Die Arbeit mit der »Essenz«-Gruppe verschafft mir die Gelegenheit, ein bis zwei Tage lang am gleichen Thema zu arbeiten und dabei das Gelernte auch anzuwenden.

Der andere ist kaum Workshop zu nennen und eine Besonderheit der Findhorn-Gemeinschaft, nämlich das »Spiel der Wandlung«. Das »Spiel«, wie wir es abkürzen, entstand in den siebziger Jahren aus einer Inspiration unseres Gemeinschaftsmitgliedes Joy Drake. Sie hat es gemeinsam mit ihrer Freundin Kathy Tyler zu einem höchst subtilen Werkzeug für die spirituelle Selbsterkenntnis weiterentwickelt, das fortwährend machtvolle Erlebnisse für Mitglieder und Gäste bereithält. Bei der »klassischen« Version kommen fünf Spieler mit einem Spielleiter und einem Schriftführer zusammen, der den Verlauf des Spiels protokolliert. Mit Hilfe von Meditation und Gespräch versuchen die Teilnehmer jeweils, ihre eigene Zielsetzung für das Spiel herauszufinden. Dazu gehört zum einen, was die Spieler für sich davon erwarten, und zum anderen, was sie einzubringen vermögen – letzteres meist im Sinne ihrer Fähigkeiten und Begabungen. Mit diesen Zielen vor Augen beginnen sie ein kompliziertes Brettspiel, das anderthalb Tage dauert. Während des Spiels überdenken sie zum Beispiel Verhaltensmuster ihres Lebens, durch die sie blockiert werden, Stärken, die sie entwickeln können, und ihre Einstellung zu Intuition und spiritueller Vollmacht. In einer abschließenden Sitzung wird noch einmal zusammengefaßt, was sich ergeben hat, und Spieler, Spielleiter und Schriftführer tauschen ihre Einsichten aus.

Eine gigantische Version dieses Spiels, »das planetarische Spiel«, kann mit bis zu hundert Leuten gespielt werden. Vor einigen Jahren haben wir es mit der ganzen Gemeinschaft gespielt, um zu einer gemeinsamen Einsicht in unsere Situation zu kommen. Das andere Extrem ist die von Joy und Kathy (die inzwischen im Staat Washington, USA, leben) entwickelte kleine Version vom »Spiel der Wandlung« ohne Spielleiter, eine Kombination aus Unterhaltung und spiritueller Selbstbesinnung, die Tausenden von Menschen bei sich zu Hause etwas vom Geist der Findhorn-Gemeinschaft vermittelt. Jeder, der sein »Lebensspiel« verbessern möchte, hat am »Spiel der Wandlung« einen ausgezeichneten Lehrmeister.*

* Die kleinere Version (ein Brettspiel) ist im Greuth Hof Verlag erhältlich.

Konferenz »Partnerschaft & Familie« 1990 in der Universal Hall (mit Sir George Trevelyan)

Konferenzen

Es ist bei uns fast zum festen Programm geworden, zweimal im Jahr, im Frühling und im Herbst, eine Konferenz abzuhalten. Wenn Konferenzen stattfinden, kommt alles andere zum Stillstand. Der normale Arbeitsrhythmus wird aufgehoben. Jeder hat turnusmäßig 20 bis 24 Stunden Dienst pro Konferenzwoche, damit sichergestellt ist, daß es den Gästen an nichts mangelt. Die Dienstverteilung erlaubt auch den Mitgliedern und Langzeitgästen eine Teilnahme an dem Geschehen. Während einer Konferenz laufen weder Workshops noch Erfahrungswochen. Wir konzentrieren uns voll und ganz auf das Ereignis.

Mindestens ein Jahr vorher schlägt jemand ein Konferenzthema vor. Der Verwaltungsausschuß stimmt sich innerlich darauf ein. Wenn der Vorschlag für gut befunden wird, wird er auf einer Gemeinschaftsversammlung den Mitgliedern unterbreitet, um zu sehen, ob er Zustimmung findet. Ein Co-Focaliser findet sich. Allmählich bildet sich eine Konferenz-Arbeitsgruppe. Ihre Aufgabe ist es, die Organisation abzuwickeln und die Vortragsredner einzuladen. Dann und wann legt sie auf Mitgliederversammlungen Bericht ab, um weiterhin Feedback und Unterstützung zu bekommen. Wenn der Konferenztermin näherrückt, steigen allmählich Druck und Spannung in der Konferenz-Arbeitsgruppe. Kommen die Redner auch alle? Melden sich schon Gäste an? Haben wir etwas vergessen? Wie konnte soundso nur gerade jetzt erkranken! Mit den Jahren ist ein detailliertes Handbuch entstanden, eine Kontrolliste all dessen, was erledigt werden muß, damit alles glatt läuft. Der genaue Aufbau und Ablauf der Konferenz ist allein Sache der Arbeitsgruppe. Der Andrang war manches Mal so groß, daß Gäste in örtlichen Hotels unterkommen mußten. Vor einer Konferenz führen wir zusätzliche Erfahrungswochen durch, so daß Besucher uns besser verstehen lernen können, aber die Konferenz kann auch ohne diese Vorbereitung besucht werden. Welchen Namen wir unseren Konferenzen auch geben mögen, immer beginnt der dahinterstehende, unausgesprochene Titel mit: »Die Beziehung von Geist und ... «

Ich muß gestehen, daß ich kein Konferenz-Fan bin. Heutzutage gehe ich oft auf Workshoptour, wenn eine Konferenz anberaumt ist. Oder ich vergrabe mich in meinem geliebten Phoenix-Laden, wo ich nur mit wenigen Gästen auf einmal zu tun habe, und esse zu Hause, um der vibrierenden Atmosphäre des Gemeinschaftszentrums zu entgehen. Und verstohlen schleiche ich mich dann zu einer besonders interessanten Veranstaltung. Aber ich bin die Ausnahme; die meisten von uns haben wirklich ihre Freude an der erhitzten Atmosphäre unserer Konferenzen mit den bis spät in die Nacht andauernden Diskussionen und mit Teilnehmern, die sich morgens mit verquollenen Augen in die Sitzungen schleppen. Es ist eine Abwechslung in der Routine, eine Möglichkeit für uns, zu demonstrieren, wie gut es uns gelingt, eine anregende, fürsorgliche Konferenzatmosphäre zu schaffen. Eine ganze Reihe von Leuten kommt regelmäßig zu unseren Konferenzen, und das sowohl wegen der großartigen Erfahrung als auch wegen der Themen. Neben den Hauptvorträgen gibt es kurze Workshops und kleine, von Mitgliedern geleitete Austausch-Gruppen, bei denen jeder Gelegenheit zum Mitmachen hat. Mitglieder leiten auch die Hauptveranstaltungen mit Tanz oder Musik ein. Darüber hinaus gibt es im Lauf der Woche ein Konzert oder eine ähnliche künstlerische Darbietung.

1988 haben wir in einer Konferenz mit dem Titel »Der Einzelne und das Kollektiv« die Beziehung zwischen Geist und Politik untersucht. Die Konferenz-Arbeitsgruppe hatte mit großem Kostenaufwand eine Menge Vortragsredner eingeladen. Aber die Buchungen ließen zu wünschen übrig. Die Gemeinschaft wurde langsam nervös. Hatten wir zum ersten Mal keinen Erfolg? Doch allmählich stieg die Teilnehmerzahl über den Punkt, an dem unsere Kosten gedeckt waren. Die Gemeinschaft atmete auf. Dafür kam es jetzt in der Konferenz-Arbeitsgruppe zu Meinungsverschiedenheiten: Waren zuviele Redner eingeladen worden? Dann blieb keine Zeit mehr für kleine Gruppen. Also eine reine Redeveranstaltung! Jemand hatte uns Berge von Videokameras und -zubehör geliehen. Kameras auf Stativen und Kabel füllten die Halle. War überhaupt noch Platz für Sitzgelegenheiten? Jede Sitzung sollte auf Video festgehalten werden, und die Kassetten sollten innerhalb von 24 Stunden zum Verkauf stehen. Eine Konferenzzeitung gab allen Beteiligten täglich die Möglichkeit, ihre Meinung zu äußern. Eine Gruppe kam aus der Sowjetunion, und es wurde ein spezielles Spendenkonto zu ihrer Unterstützung eingerichtet, da sie keine ausländische Währung hatten.

Die Woche verging wie im Fluge, und wir übertrafen uns selbst. Erschöpfte Amateur-Kamerateams zwangen sich, immer noch eine weitere Sitzung zu filmen. In der Nacht kopierten sie dann bis in die Morgenstunden hinein ihre Videos und Tonkassetten. Eine Konferenz-Kritikerrunde trat zusammen und veröffentlichte kritische Anmerkungen zur Konferenzstruktur.

Ein großartiger russischer Popsänger traf ein. Er probte wie verrückt mit einer New-Age-Rockband aus Südengland. Am Mittwochabend eröffnete er das Konzert solo mit einer Reihe von russischen Volksliedern, und sein Gesang war so wunderbar, daß kaum ein Auge trocken blieb! Dann trat die Band auf, Gitarren röhrten los. Die ganze Halle verwandelte sich in ein Meer von Tanzenden, die über Kabel stolperten, sich drehend unter die Musiker mischten und den Refrain des russischen Songs mitsangen: *»This time it's real; this time it's now, this time, believe in Perestroika!«* (»Diesmal ist es wirklich, diesmal ist es da, diesmal glaubt an Perestroika!«)

Zwei Erlebnisse von dieser Konferenz sind mir besonders lebhaft in Erinnerung geblieben – wie mein Freund, der Kernphysiker, 300 Menschen in geleiteter Meditation in die fernsten Fernen des Universums entführte und wieder zurückbrachte und wie ein wunderbarer japanischer Redner, ein leitender Manager, der sein Leben verändert und sich selbst von Krebs geheilt hatte, eine sehr kritische Diskussion über die japanische Gesellschaft durch sein hervorragendes Spiel eines Cello-Stückes von Bach einleitete. Wir nannten ihn Herrn Shin und waren ihm rückhaltlos zugetan.

Als alles zu Ende gegangen war, schöpften wir erst einmal Atem. Eine nachträgliche Prüfung ergab, daß die Veranstaltung gerade eben kostendeckend gewesen war, und die Konferenz-Arbeitsgruppe mußte heftige Kritik einstecken, weil sie von der üblichen Einrichtung kleiner Gruppen abgewichen war. Es waren zu viele Redner dagewesen, hatte zuviel große Worte gegeben. Dennoch war die Konferenz ein Erfolg. Sie weckte uns auf, forderte uns, brachte die ganze Welt und ihre Probleme in unsere Gemeinschaft hinein und hielt uns einen Spiegel vor, in dem wir sehen konnten, welches Gewicht wir überhaupt haben, wenn die Reden alle verklungen sind. Ich besitze noch immer eine Kassette von dem Konzert mit Sascha Malenin, dem russischen Sänger.

Findhorn und die Welt da draußen

Die Findhorn-Gemeinschaft erreicht die »Welt da draußen« in erster Linie durch ihre Gäste, die daheim von ihren Erfahrungen erzählen. Wir und sie sind Teil der »großen Wandlung«, die sich im stillen in der Menschheit »von innen nach außen« vollzieht. Im Kommunikationszentrum im Park führen wir eine Besucherkartei, nach Ländern und Orten geordnet, sowie im Computer eine Adressenliste. Das Kommunikationszentrum steht außerdem mit einem Netz von »Helfern« in vielen Städten der Erde in Verbindung. Sie unterstützen uns auf verschiedenste Art, sei es durch Meditation oder durch die Organisation von Workshops für reisende Mitglieder der Gemeinschaft.

Viele Jahre lang hat Eileen Caddy ausgedehnte Vortragsreisen unternommen und vor großem Publikum gesprochen. Sie personifiziert die Energien der Findhorn-Gemeinschaft; sie ist ein Dynamo voller Aktivität und Liebe, obwohl sie schon fast 75 ist. Da auch sie älter wird, läßt sie Videos herstellen, so daß ihre Botschaft die Menschen noch erreicht, wenn sie nicht mehr soviel reisen kann. Immer mehr Mitglieder werden ins Ausland eingeladen, um dort Vorträge zu halten oder Workshops zu leiten. Zur Unterstützung dieser Arbeit ist in der Erziehungsabteilung ein Zweig für »Arbeit draußen« eingerichtet worden.

Ich habe es als sehr nützlich empfunden, außerhalb der Gemeinschaft zu reisen. Dadurch habe ich Vertrauen gewonnen zu dem, was wir tun, zu unserer Bedeutung für eine weltweite Wandlung. Dieses Bewußtsein verliert sich manchmal, wenn man stets mit den Alltagsaktivitäten und -fragen einer kleinen Gemeinschaft beschäftigt ist. Solch ein eingeschränkter Blickwinkel verführt dazu, die eigenen spirituellen Fortschritte am Ideal zu messen und mutlos zu werden. Wenn man hingegen das Leben draußen beobachtet, sieht man eher, was für ein kostbares Kleinod hier geschaffen worden ist und wie es durch die Düsternis und Hektik der materialistischen Zivilisation hindurchscheint. Mitglieder, die auf Reisen gehen, tragen etwas vom Glanz des Kleinods mit sich hinaus. Die Welt braucht die Findhorn-Gemeinschaft dringend.

Die Gemeinschaft ist als Vorbild entstanden. Sie macht anschaulich, wie ein neuer Lebensstil erarbeitet wird, eine neue, göttlich inspirierte, freudvolle Lebensweise. Wir sind wahrlich »Gottes Kinder« und freuen uns, daß uns so viele Menschen besuchen wollen. Ihre Zahl wird immer mehr zunehmen. Wir lernen auch von unseren Gästen, denn jeder ist innerlich ein Kind Gottes. Wenn das erkennbar wird, gibt es niemanden mehr, der nicht zur Inspiration beiträgt.

Cluny Hill College

8

Kommen, Bleiben, Gehen

Das vollkommene Sein ist Gott. Alles andere, was ist, ist nur halb, ist teilweise, es ist werdend, ist gemischt, besteht aus Möglichkeiten. Gott aber ist nicht gemischt, er ist eins, er hat keine Möglichkeiten, sondern ist ganz und gar Wirklichkeit. Wir aber sind vergänglich, wir sind werdend, wir sind Möglichkeiten, es gibt für uns keine Vollkommenheit, kein völliges Sein. Dort aber, wo wir von der Potenz zur Tat, von der Möglichkeit zur Verwirklichung schreiten, haben wir teil am wahren Sein, werden dem Vollkommenen und Göttlichen um einen Grad ähnlicher. Das heißt: sich verwirklichen.

Hermann Hesse: *Narziß und Goldmund*

Du willst also Mitglied werden?

Die Findhorn-Gemeinschaft steht jedem offen. Wer dazugehören will, braucht nur herzukommen, sich in der Nähe anzusiedeln und in irgendeiner Weise mit anderen zusammenzuwirken, die sich als Teil dieses geistigen Projekts empfinden. Du mußt dir selbst eine Unterkunft suchen und sicherstellen, daß du dich in Großbritannien aufhalten darfst. Für einen kleinen Beitrag zur Kostendeckung kannst du assoziierter Freund der Gemeinschaft werden und bist damit berechtigt, in einem gewissen Rahmen an ihrem Leben teilzunehmen. Wir empfehlen allerdings jedem, der sich als Freund im Umkreis der Gemeinschaft niederzulassen gedenkt, erst einmal mindestens eine Erfahrungswoche mitzumachen, um eine praktische Vorstellung davon zu bekommen, was hier geschieht. Noch besser ist es, sich als Langzeitgast zum »Leben in der Gemeinschaft«-Programm anzumelden und den Sinn unserer Lebensweise tiefgehender zu erkunden.

Die Freundesschar im Umfeld der Gemeinschaft, die »größere Gemeinschaft«, wächst inzwischen ungeheuer schnell. Sie wird einen Lebensstil entwickeln, der die Leitlinien der Foundation verkörpert, ohne eine so starke Verpflichtung und Hingabe zu fordern, wie sie von den Mitgliedern der Foundation erwartet wird. Je mehr die größere Gemeinschaft wächst, um so mehr Arbeitsmöglichkeiten werden sich bei den kleinen Unternehmen auftun, die allmählich entstehen. Augenblicklich ist es jedoch noch notwendig, für einen gesicherten Unterhalt zu sorgen, wenn man kein Mitglied der Gemeinschaft ist und kein Anrecht auf britische Sozialleistungen hat.

Die Aufnahme in die eigentliche Gemeinschaft ist eine ganz andere Sache. Wir sind uns der spirituellen Zielsetzung bewußt, in der die Gemeinschaft gegründet wurde. Sie sollte in der Gemeinschaft eine herausragende Position einnehmen. Die Mitgliedschaft verlangt außerdem Hingabe sowohl an die Gäste, die hierherkommen, als auch an die eigene Wandlung. Es spielt für uns keine Rolle, ob jemand ein Intellektueller ist oder nicht. Auch seine religiöse Überzeugung ist unerheblich, ebenso wie gesellschaftliche Herkunft, Nationalität oder Hautfarbe. Ausschlaggebend ist, daß der oder die Betreffende bereit ist, die Erfahrungen zu machen, die der »Engel von Findhorn« bereithält, daß er nicht mehr das eigene Ego in den Mittelpunkt stellt, sondern Gott. Mitglieder müssen auch willens sein, in einer Gemeinschaft zu leben, die das Arbeiten als ein Dienen ansieht und nicht als Gelderwerb. Sie müssen mit anderen Menschen zusammenleben und dabei auftauchende Probleme gemeinsam lösen können. Und sie müssen das alles im Rahmen eines bescheidenen Lebensstandards tun können, der die ökologischen Auswirkungen materiellen Besitzes berücksichtigt. Vor allem aber muß das Hiersein für jeden spirituell richtig sein. Ein Mitglied der Findhorn-Gemeinschaft zu werden ist also nicht ganz so einfach.

1988 wurde das Aufnahmeverfahren für Mitglieder abgeändert. Ein Charakteristikum der Gemeinschaft ist die ständige Veränderung ihrer Organisationsform, aber das neue Verfahren scheint noch gut zu funktionieren. Es ist vielleicht sogar noch intakt, wenn du dies liest! Nach der Erfahrungswoche folgt eine Woche als Gast eines Arbeitsbereichs. In seltenen Fällen haben die Focaliser der Erfahrungswoche vielleicht einmal dagegen etwas einzuwenden; wenn ja, findet eine Einstimmung statt – zu allen Einstimmungen dieser Art gehört die Meditation. Um im Anschluß daran am »Leben in der Gemeinschaft«-Programm teilzunehmen, gibt es zuvor eine Einstimmung mit dem betreffenden Focaliser. Nach drei Monaten folgt eine weitere Einstimmung mit dem Focaliser, der einen zu einem eingehenden Gespräch, in dessen Mittelpunkt eine geleitete Meditation steht, an einen Focaliser des Orientierungsprogramms weiterleitet.

Nach Ablauf des Orientierungsprogramms, das drei Kalendermonate dauert, findet in Anwesenheit eines Orientierungs-Focalisers ein Gespräch mit unserer Personalabteilung statt, in dessen Mittelpunkt ebenfalls eine Meditation steht. Ist das alles abgeschlossen, wird man für 18 Monate Probemitglied. Als Probemitglied muß man einen Betrag bezahlen, der in etwa die Kosten für Essen, Unterkunft und die Benutzung von Gemeinschaftseinrichtungen abdeckt. Im Gespräch mit der Personalabteilung stimmen wir uns darauf ab, wie hoch er sein sollte. Nach einem Jahr kommt es erneut zu einem Gespräch mit der Personalabteilung, wobei geprüft wird, wie die Dinge sich entwickeln, und wer nach 18 Monaten als festes Mitglied zu bleiben gedenkt, hat ein weiteres Gespräch.

In der Findhorn-Gemeinschaft wird normalerweise keine Arbeit bezahlt. Arbeit ist tätige Liebe. Ihr Lohn ist die geistige und persönliche Entfaltung.

Als festes Mitglied kann man, wenn man will, einen festen monatlichen Betrag in Höhe von 75 Pfund beziehen. Vielen Leuten, die wie ich ihre Mittel während der Probemitgliedschaft erschöpft haben, ist dieses »Taschengeld« sehr willkommen, denn es gestattet einem, einmal einen Tag freizunehmen, auszugehen, neue Kleidung zu kaufen und so fort. Ein paar wohlhabendere Mitglieder nehmen es nicht in Anspruch. Vermögen und Einnahmen der Mitglieder werden nicht in einen Topf geworfen, obwohl wir ansonsten auf egalitärer Basis leben. Eine der spirituellen Lektionen, die uns hier aufgegeben wird, ist die, mit Menschen verschiedener gesellschaftlicher und wirtschaftlicher Schichten auszukommen, denn wir suchen alle ohne Ausnahme die Verbindung zum Göttlichen in unserem Innern. Eine von außen her verordnete Uniformität hat damit nichts zu tun.

Ein Mitglied der Findhorn-Gemeinschaft zu sein setzt genügend Reife voraus, sich an den Herausforderungen zu freuen, die sich dabei stellen. Wir wollen, soweit möglich, sichergehen, daß jeder, der Mitglied wird, auch reif für eine Mitgliedschaft ist – das heißt, daß die Personalabteilung gelegentlich auch nein sagen muß. Wir sind ein Laboratorium für die Entwicklung eines Menschenbildes. Was dereinst das Gemeingut aller sein wird, mag im Augenblick noch für den einen oder anderen zu schwierig sein. Nicht anders wäre es mit den geistigen Disziplinen der Mystiker vergangener Zeiten: Sie würden heute zu hohe Anforderungen an die meisten Mitglieder stellen. Gott wirkt in der jeweils richtigen Weise durch die Menschheit, um unsere Welt zu erschaffen und zu verändern.

Abschied von der Gemeinschaft

Nur wenige bleiben für immer in der Gemeinschaft. Das wird auch nicht für erstrebenswert gehalten. Wir hoffen, daß immer mehr Menschen in einer größeren Findhorn-Gemeinschaft ihre Heimat finden und sich im Licht jenes Geistes entfalten, das sich an der Verbindung mit der Foundation entzündet. Jeder aus dieser größeren Gemeinschaft kommt und geht, wie es ihm gefällt. In der engeren Gemeinschaft wird von Mitgliedern verlangt, sich jeweils für eine gewisse Zeit, meist für ein Jahr, zum Bleiben zu verpflichten. Aber wir sind keineswegs eine Sekte, die sich ihrer Anhänger versichern will. Nach einiger Zeit wird ein Mitglied vielleicht das Bedürfnis verspüren, fortzugehen, um sich anderswo weiterzuentwickeln oder um sich in einem bestimmten Fach oder Beruf weiterzubilden. In diesem Fall wird er ein abschließendes Gespräch mit der Personalabteilung führen, das auch wieder mit einer Meditation verbunden ist. Wir versuchen nie, jemanden zurückzuhalten. Es wäre sinnlos, Mitglieder unter uns zu haben, die sich zum Bleiben gezwungen fühlen. In dieser Gemeinschaft geht es um das Zurückfinden zur Liebe als der Lebensgrundlage, nicht um eine von außen auferlegte Disziplin.

Bisweilen verliert ein Mitglied den Anlaß seines Hierseins aus den Augen und klammert sich nur noch an das magere Auskommen, das wir anzubieten haben. Dann tritt die Personalabteilung in vorsichtige Verhandlungen ein, um herauszufinden, ob die Gemeinschaft wirklich der richtige Ort für den Betreffenden ist. Anzeichen für eine solche Fehlhaltung sind zum Beispiel die Unfähigkeit, eine Arbeit in einem der verschiedenen Bereiche zu finden und mit Freude anzunehmen, mangelnder Elan im Alltagsleben, mangelndes Interesse an einer spirituellen Weiterentwicklung oder längeres Fernbleiben von Gemeinschaftsaktivitäten. Es ist viel leichter, »ja« zu sagen als »nein«; oft drücken Mitglieder mit diesem Verhalten indirekt aus, daß sie gern gehen würden, aber nicht den Mut dazu haben. Das könnte bedeuten, daß sie eigentlich etwas Wichtigeres in der Außenwelt zu tun hätten, dem jedoch aus Angst vor der Veränderung Widerstand entgegensetzen. Ihnen einfach an den Kopf zu werfen: »Geh schon« wäre unklug, da sie dann in ihrer mißlichen Lage auch noch Groll hegen würden. Wir versuchen, uns mit Feingefühl auf solche Mitglieder einzustimmen, so daß sie sich auf sich selbst besinnen und in Harmonie von uns gehen. Fast ist das so wie beim Angeln eines großen Fisches, nur daß wir den Fisch vom Angelhaken lösen wollen!

Wer kommt?

Im Sommer 1989 hatte die Gemeinschaft 153 Mitglieder, davon 27 Kinder und 126 Erwachsene; 49 Erwachsene waren Männer, 77 Frauen. Dieses Ungleichgewicht der Geschlechter herrscht auch bei den Gästen vor, vielleicht sogar bei allen heutigen Menschen auf der geistigen Suche. Es mag daran liegen, daß Männer für materielle Veränderungen aufgeschlossener sind und die Technik beherrschen, während Frauen mehr an spirituellen Veränderungen interessiert sind und einer von der Intuition geleiteten Entfaltung weniger Widerstand entgegensetzen. Von den Erwachsenen waren 15 über 60 Jahre alt. Nur acht waren jünger als 30, und 89, darunter ich, waren zwischen 30 und 50 Jahre alt, also im besten Alter. Wir waren alles Weiße, die überwiegende Mehrheit aus der Mittelschicht, und die größte Berufsgruppe dabei waren Angehörige der »helfenden« Berufe. Wir kamen aus 17 Ländern, drei Viertel davon aus Großbritannien, den Vereinigten Staaten und Deutschland.

Aus den (ehemals) kommunistischen Ländern war niemand da, obgleich wir auch schon jugoslawische und tschechische Mitglieder hatten. Im Zuge von »Glasnost« nehmen wir mit Begeisterung Beziehungen zur Sowjetunion auf. Anfang der achtziger Jahre hieß es in einer von Eileens Weisungen, daß Rußland in eine machtvolle Phase seiner spirituellen Entwicklung eintreten wird; vielleicht haben wir nun bald auch Mitglieder aus der Sowjetunion. Hauptproblem ist die finanzielle Seite. Menschen aus osteuropäischen Ländern haben keine harten Währungen, so daß wir jeden Besucher von dort voll unterstützen müssen, was unsere Mittel stark belastet.

In gewisser Hinsicht ist es schade, daß wir keine Mitglieder aus der Dritten Welt haben. Dadurch werden wir in unserer kulturellen Vielfalt und internationalen Vielschichtigkeit eingeschränkt. Daran sind zum Teil ebenfalls finanzielle Probleme schuld. Aber unsere eigene Zivilisation ist weitgehend für die Weltsituation verantwortlich. Eine Veränderung kann nur von diesem Moloch selbst ausgehen; ein Titel, der mir zum vorliegenden Buch einfiel, lautete: »Mission im Westen«. Wir bilden immerhin ein internationales Netz von Gemeinschaften mit ähnlichen Zielen. In diesem Kontext gesehen, ist die Gewichtung nicht so unausgewogen, wie die Statistik vermuten läßt. Bis jetzt haben sich noch keine starken Verbindungen zu Japan ergeben, auch einem reichen, materialistischen Land. Um sie anzuknüpfen, muß eine beträchtliche kulturelle Kluft überbrückt werden.

Manche Neuankömmlinge haben bei ihrer Ankunft die Vorstellung, daß die Welt verändert werden muß; sie sind sich offenbar noch nicht bewußt, daß die moderne Art, das zu tun, die eigene Wandlung ist. Andere suchen bei uns die Therapie, die sie brauchen, und merken bald, daß wir ein ganz besonderes spirituelles Zentrum sind, keine Therapiegemeinschaft. Wieder andere hören vielleicht »Stimmen« oder haben »Visionen«; sie werden einsehen müssen, daß wir weder ein Zentrum zur Förderung parapsychologischer Fähigkeiten sind noch uns besonders beeindrucken lassen von derlei Erscheinungen. Ein weiteres Motiv, sich uns anzuschließen, ist der Wunsch, anderen zu dienen; Leute mit dieser Motivation müssen bei sich klären, ob sie damit nicht bloß das Gefühl verdecken, nur dann etwas wert zu sein, wenn sie ihren Mitmenschen helfen, also eine Art Minderwertigkeitskomplex. Dann gibt es noch diejenigen, die innerlich vereinsamt sind und in einer Gemeinschaft die Gesellschaft anderer suchen; sie werden feststellen, daß eine spirituelle Gemeinschaft sehr einsam machen kann, denn die Mitglieder sind damit beschäftigt, ihre Beziehung zu Gott zu vertiefen, und das geschieht häufig ganz privat.

Nach meiner Definition wäre ein »ideales« Mitglied eines, dessen Herz geöffnet ist für Gott, der in seinem Herzen wohnt, und das seine Freude und seinen Elan zum Handeln aus dieser Wirklichkeit schöpft. Dieses offene oder sich öffnende Herz brauchen unsere Mitglieder, denn es ist dieses innere Band, das die heutige Welt bitter nötig hat. Ein liebevolles Herz mag durch die betreffende Persönlichkeit verdeckt werden, aber die sechsmonatige Vorbereitungszeit und die verschiedenen Einstimmungsmeditationen enthüllen schließlich, ob sich jemand als Mitglied weiter um die Selbstfindung bemühen wird.

Erwachsene mit Kindern bringen uns immer in eine Zwickmühle. Einerseits heißen wir Kinder gern in der Gemeinschaft willkommen. Andererseits jedoch nehmen das Gästeprogramm, das wir aufgestellt haben, und der Verwandlungsprozeß, der sich hier vollzieht, sehr viel Zeit in Anspruch. Das kann zu Ungerechtigkeiten gegenüber Eltern, Kindern und der Gemeinschaft insgesamt führen. Daher ist es vorteilhafter, wenn sich Eltern in der größeren Gemeinschaft draußen ansiedeln und beispielsweise ihre Kinder in die Steiner-Schule schicken, wo sie ausgezeichnet im Sinn der neuen menschlichen Wertvorstellungen erzogen werden, die wir brauchen. Natürlich bekommen Partner, die in der engeren Gemeinschaft leben, manchmal Kinder, und diese wachsen dann bei uns auf.

Eine Frau aus dem Kreis der festen Mitglieder ist vor einiger Zeit schwanger geworden. Nach einer Meditation auf einer eigens anberaumten Mitgliederversammlung einigten wir uns darauf, der alleinstehenden Mutter in ihrer Schwangerschaft beizustehen und sie auch nach der Geburt des Kindes weiter zu unterstützen. Baby Elisabeth ist jetzt die Wonne der ganzen Gemeinschaft. Aber aufgrund unserer beschränkten Möglichkeiten können wir solche Unterstützung nur in Ausnahmefällen gewähren.

Bis jetzt gibt es noch keine verläßliche Statistik über die Angehörigen der größeren Gemeinschaft in der Umgebung. Man darf wohl sagen, daß Herkunft und Nationalität ähnlich sind wie in der Foundation, wenn auch nicht so viele Menschen aus Nicht-EG-Ländern stammen. Außerdem sind mehr Familien mit Kindern dabei, wie es sich für eine in der Entwicklung begriffene spirituelle Gemeinschaft gehört.

Die Arbeit in der »Personalabteilung«

Ich habe 18 Monate in der Personalabteilung gearbeitet und war das letzte Jahr zusammen mit Cally Miller Simpson Focaliser für diesen Bereich. Cally und ihr Mann Harley, der die Strichzeichnungen für dieses Buch angefertigt hat, gehören jetzt zur größeren Gemeinschaft: Sie haben sich »selbständig« gemacht. Sie haben einen kleinen Laden, in dem sie Harleys Bilder von landschaftlich schönen Flecken dieser Gegend verkaufen, aber Cally arbeitet trotzdem noch in der Gemeinschaft mit. Sie hat die Osterkonferenz 1990 mitkoordiniert. Während unserer gemeinsamen Zeit in der Personalabteilung sind wir gute Freundinnen geworden und lernten einander achten. Gegen Ende unserer gemeinsamen Dienstzeit harmonierten wir so gut miteinander, daß uns in der Meditation sogar ähnliche Bilder erschienen.

Der Dienst in der Personalabteilung ist eine sehr verantwortungsvolle Arbeit. Dort werden Entscheidungen getroffen, die das Leben anderer manchmal stark beeinflussen, und darum ist die Meditation stets Grundlage dieser Tätigkeit. Die Meditationen dort haben eine klare Form. Alle schließen die Augen, werden still und lösen sich von jedem vorherigen Gespräch. Wir stimmen uns auf die lautersten Interessen der Gemeinschaft und des einzelnen ein. Dann wird eine Lichtsäule oder ein ähnliches Symbol visualisiert, das die Gemeinschaft repräsentiert, oder eine bestimmte Arbeit, wenn es um ein Job-Interview geht. Das Ziel ist, festzustellen, ob die betreffende Person in die Lichtsäule eingehen und ohne Probleme darin verharren kann. Wenn sie nicht hineingelangt oder Schwierigkeiten hat, darin zu verweilen, ist das ein Zeichen dafür, daß die Mitgliedschaft oder eine bestimmte Tätigkeit nicht oder noch nicht in Frage kommt. Das Mitglied, das die Meditation leitet, bittet um Informationen zu dem innerlich Geschauten. Zum Abschluß der Meditation tauscht man sich über die Ergebnisse aus. Wenn man sich freimachen kann von »Bildern der Leistung«, also jeder Art des Erfolgsdenkens, und »Ego-Einmischung«, also der Beeinflussung durch Status-Überlegungen, ist diese Vorgehensweise bemerkenswert effektiv. Es werden nicht einfach Ja/Nein-Entscheidungen getroffen, sondern Informationen zu den angesprochenen Fragen eingeholt, die den Mitgliedern in vielen Punkten Klarheit verschaffen. Durch solche Meditationstechniken kommen wir zu viel umfassenderen Erkenntnissen als durch ein »vernünftiges Gespräch«.

Die Personalabteilung befaßt sich nicht nur damit, wer kommt und wer geht. Gemeinschaftsmitglieder wechseln häufig ihre Tätigkeiten, und die Personalabteilung hilft ihnen dabei, einen neuen Arbeitsplatz zu finden. Falls es einmal persönliche oder die Arbeit betreffende Probleme zwischen den Mitgliedern eines Arbeitsbereichs gibt, setzt die Personalabteilung unter Umständen einen Vermittler ein.

Die Wohnsituation ist ebenfalls ein wichtiges Anliegen dieser Abteilung; es gibt so etwas wie eine Hackordnung für den verfügbaren Wohnraum. Im Park geht es dabei häufig um den Umzug von einem gemeinsamen zu einem Einzelwohnwagen. In Cluny rückt man in ein sonniges, nach Süden gelegenes Zimmer auf. Die Wohnsituation der Mitglieder hat sich verbessert, selbst in den sechs Jahren, die ich hier bin. Das ist wichtig, denn dadurch fällt es Mitgliedern leichter, länger zu bleiben, und zudem ist mit unzumutbaren Wohnverhältnissen nichts gewonnen. Die neueste Statistik zeigt, daß fast die Hälfte der festen Gemeinschaftsmitglieder schon fünf Jahre und länger hier ist, und nach so langer Zeit ist es einfach schön, eine anständige, wenn auch bescheidene Bleibe zu haben.

* * *

An einem Mittwochmorgen im August 1988. Die Personalabteilung trifft sich im Andachtsraum des Parks zur Mittwochmorgen-Einstimmung. Michael und Margrit sind schon eingetroffen, aber Cally hat sich etwas verspätet. Sie hat mit ihrem Hund Sheba einen Morgenspaziergang gemacht. Es ist verlockend, ein wenig länger draußen zu bleiben, besonders bei schönem Wetter. Als sie kommt, führt Margrit uns in eine Meditation. Margrit ist klein, Schweizerin und Perfektionistin. Sie mußte dazu überredet werden, der Personalabteilung beizutreten. Sie pflegte ständig darüber zu murren, wie alles gemacht wurde; jetzt muß sie damit fertig werden, sich selber Murren anzuhören! Inzwischen hat Margrit die Gemeinschaft verlassen. Der Abschied von ihr ist uns sehr schwer gefallen. Sie hat Jack geheiratet, ebenfalls ein früheres Mitglied der Gemeinschaft, und ist mit ihm nach Arkansas gezogen, um dort Licht zu verbreiten ...

Margrit spricht ein paar Worte, damit wir still werden. Sie ruft den »Engel von Findhorn« an, bei unserer Meditation mit uns zu sein. Eine halbe Stunde später bringt sie uns aus der Stille wieder in die Außenwelt zurück. Die Meditation ist eine Zeit der Stille und Ruhe; manchmal empfängt jemand eine Weisung für die Abteilung oder auch die ganze Gemeinschaft. Danach erheben wir uns langsam und gehen zum Büro in dem Gebäude des Parks, wo das Treffen seinen Fortgang nehmen wird.

Unsere Gruppe ist in Feierstimmung, weil wir es tatsächlich geschafft haben, zusammenzukommen. Wir sind vielbeschäftigte Leute. Michael und ich halten eine Menge Workshops ab, und auch Cally hat schon einige geleitet. Es ist zwei Monate her, seit wir uns das letzte Mal vollzählig versammelt haben. Cally trinkt gern eine Tasse Tee um diese Morgenstunde. Während sie ihn zubereitet, zündet Michael eine Kerze an. Er ist ebenso groß, wie Margrit klein ist, ein zurückhaltender Engländer mit gewinnender Stimme und einem innerem Feuer, das anscheinend nie außer Kontrolle gerät. Seine Ruhe hilft Cally und mir, uns wieder abzukühlen, wenn uns etwas aufregt.

Sobald Cally den Tee fertig hat, gehen wir zur Tagesordnung über. Margrit führt heute Protokoll. Die Management-Gruppe hat die Idee gutgeheißen, daß ein paar Mitglieder sich ausschließlich mit der Leitung von Workshops befassen. Das ist neu in der Gemeinschaft. Wir sind immer davor zurückgeschreckt, zwei Ebenen zu schaffen mit professionellen »Ausbildern« und »Hilfskräften«, obwohl längst schon ein paar von uns ihre meiste Zeit mit Workshops verbringen. Es erscheint nur vernünftig, diese Tatsache anzuerkennen, da sie durch ihre Workshop-Verpflichtungen daran gehindert werden, andere Arbeiten gut auszuführen. Die Erziehungsabteilung wird die Einzelheiten der neuen Tätigkeit ausarbeiten. Michael wird dazugehören. Wer wird ihn in der Personalabteilung von Cluny ersetzen? Dianne vielleicht? Sie scheint aber lieber beim Gästedienst zu bleiben. Immerhin wird Christa dort Focaliser für Langzeitgäste werden ... Das Problem, Ersatz für Michael zu finden, bleibt ungelöst.

Im nächsten Monat werden wir, wie schon so oft, kein volles Team mehr sein. Michael scheidet aus der Abteilung aus, ich trete eine fünfwöchige Workshop-Tour in Europa an, und Margrit überlegt, ob sie Mitte September ihren Urlaub nimmt. Bleibt nur noch Cally. Sie stöhnt, aber sie wird es machen. Vielleicht bleibt Margrit ja doch hier. Sie arbeitet an einer Kartei, in der alle Richtlinien erfaßt sind, die die Gemeinschaft mit den Jahren zur Regelung des Gemeinschaftslebens aufgestellt hat. Wir nennen sie »Richtlinien«, weil es in der Praxis so viele Ausnahmen davon gibt, daß es zu anmaßend wäre, von Regeln zu sprechen. Margrit will sie kodieren und zu einem Verzeichnis zusammenfassen – eine Riesenaufgabe. Margrits Abschied von der Gemeinschaft rückt bedrohlich näher. Sie will das Werk noch vollenden, bevor sie geht, und bis Mitte September kann sie unmöglich damit fertig werden. Cally hat nichts zu befürchten. Wenn Margrits Werk an alle verteilt wird, kann niemand mehr mit der Entschuldigung aufwarten, er kenne die Richtlinien der Gemeinschaft nicht. Aber wird es denn überhaupt jemand lesen?

Ein früheres Mitglied kehrt zur Gemeinschaft zurück. Ich bin begeistert – ich habe mit ihm im Garten von Drumduan zusammengearbeitet. Wo soll er arbeiten? Er könnte im Cullerne-Garten eingesetzt werden, aber der Park-Garten benötigt dringend einen Focaliser, ebenso der Hausdienst des Parks. Cally, die für die Unterkünfte zuständig ist, muß einen Platz für ihn finden, wo er von Sonntag ab wohnen kann. Nächste Woche müssen wir mit ihm gemeinsam eine Einstimmung vornehmen. Wer wird das organisieren, und wann?

So geht es weiter mit der Tagesordnung – zwölf Punkte sind zu besprechen. Wir machen eine Pause, trinken Tee und knabbern Plätzchen dazu. Früher wurden Plätzchen vom gemeinsamen Budget gekauft, aber der Finanzausschuß hat damit Schluß gemacht. Einer von uns läuft die Straße hinunter zum Phoenix-Laden und ersteht Plätzchen ...

Wir haben diese Woche noch kein persönliches Sharing miteinander gehabt. Seit unserem letzten Austausch ist schon zuviel Zeit verflossen. Wenn wir nicht wissen, was in den anderen vorgeht, wie können wir dann in harmonischer Weise zusammenarbeiten?

Wir haben auch lange nicht über unsere Vorstellungen und Visionen bezüglich der Weiterentwicklung der Gemeinschaft gesprochen. Wenn wir keine gemeinsame Vision haben, woher wissen wir dann, ob wir bei unserer gemeinsamen Arbeit das gleiche Ziel haben? Wir einigen uns auf ein zweitägiges Treffen in Mansewood, einem Haus in ländlicher Gegend, das einem Mitglied gehört. Dort ist es ruhig, denn es liegt abseits der Betriebsamkeit und Ablenkungen der Gemeinschaft. Wir planen, über Nacht zu bleiben, am ersten Tag einen wirklich persönlichen Austausch miteinander zu pflegen und für den zweiten Tag einige Mitglieder des Management-Ausschusses einzuladen, um Zukunftsvisionen zu besprechen. Ich willige ein, ein kurzes Konzept zu diesem Thema zu erarbeiten, damit wir eine Diskussionsgrundlage haben.

Es ist bereits Mittag – Zeit, unser Treffen rechtzeitig für die um 12.15 Uhr im Andachtsraum stattfindende Meditation zu beenden. Wir fassen einander bei den Händen und schließen die Augen. In der Stille spüren wir, daß wir lieben und geliebt werden. Es ist gut, lebendig zu sein. Später beim Mittagessen stürzen sich Leute auf Cally und mich wie Wespen auf Marmelade – Fragen über Fragen ... Summen und Brummen. Kein Wunder, daß sich mein Magen unangenehm meldet.

Während ich schreibe, schallt Gelächter vom Instandhaltungsdienst aus dem Schuppen gegenüber meinem Wohnwagen zu mir herüber. Sie haben eine Arbeitspause gemacht und scherzen miteinander. Ist die Art und Weise, wie wir hier arbeiten, leistungsfähig genug, um ein Vorbild zu sein? Bei einem Blick auf das Protokoll des eben beschriebenen Treffens sehe ich, daß wir 16 Geschäftspunkte in drei Stunden abgehandelt haben, von denen noch eine halbe Stunde Meditation und eine Viertelstunde Pause abgehen. Unsere Begegnung war sehr herzlich, es gab keinen spürbaren Druck, und wir hatten vor allem ein Gefühl, als würden wir einander sehr gut kennen. Nicht nur rein äußerlich, sondern von innen heraus. Wir setzen keinen Ehrgeiz in unsere Arbeit, denken an keinen Profit und brauchen unsere Fähigkeiten nicht unter Beweis zu stellen. Wir sind Menschen auf dem Wege zu Gott – unvollkommene Menschen natürlich, aber wir sind gern beisammen und tun unsere gemeinsame Arbeit freudig. Kraft und Begeisterung für unsere Gemeinschaft steigen in mir auf.

Ja, ich bin davon überzeugt, daß wir Menschen der Zukunft sind mit unserer Vision von einem menschlichen Dasein, in dem das normale Alltagsleben ebendiese entspannte, liebevolle innere Qualität hat. Wir sind hier, um einander mit überströmender Liebe zu helfen. Das Reich Gottes wird auf Erden anbrechen, doch die meisten von uns werden es nicht einmal merken. Aber alles wird besser sein. Beim Schreiben höre ich in den Nachrichten, daß ein neuer amerikanischer Bomber gerade seinen ersten Flug angetreten hat. Er hat über 500 Millionen Dollar gekostet. Noch immer redet alle Welt vom Frieden und rüstet für den Krieg. *Das oben beschriebene kleine Treffen und die vielen anderen Begegnungen ähnlicher Art sind die stillen Ereignisse, die von jetzt an die wahre Geschichte des Menschen bestimmen. Ich sehe voller Überzeugung einer Ära entgegen, in der die Menschheit nicht nur von Frieden redet, sondern in Frieden lebt.* Vielleicht werden dereinst Historiker die Archive der Findhorn-Gemeinschaft durchstöbern und die knappen, manchmal etwas banalen Protokolle unserer Versammlungen lesen, um sich ein Bild davon zu machen, wie alles angefangen hat.

Einstimmung im Speisesaal von Cluny Hill

9

Das Zusammenleben in Findhorn

Du kannst mich nur
so nahe halten, wie deine
Erwartungen erlauben.

Greif nach mir, was immer
ich sein mag, und geh
mit leeren Händen davon.

Warte auf Zeichen von mir,
die Veränderung künden,
und werde alt
in deiner Ungeduld.

Hör meine Antworten
auf deine Träume; deine
Ohren werden schmerzen
vor Stille.

Erhoffe für mich Glück
und langes Leben, und
deine Einsamkeit
vollendet das Märchen.

Erwarte von mir, alles zu
sein, was du dir wünschst,
und unser Abstand
wird abgrundtief.

Komm mir nur
so nahe, wie dein offenes
Herz cs erträgt, und ich will singen,
weil du dich schenkst,
oder mich still woandershin kehren.

Guy Thorvaldsen

Der spirituelle Kontext

Der Findhorn-Gemeinschaft ist nicht allein an einem gemeinsamen Leben gelegen. Auch innerhalb ihres Rahmens existieren unterschiedliche Lebensformen nebeneinander. In Cluny und Newbold, beides große Häuser, wird mehr Gemeinschaft gehalten als im Park mit seinen einzeln stehenden Wohnwagen. Was demonstriert wird, ist ein Gemeinschaftsleben als Grundlage für die Suche nach dem wahren Selbst und als Ausdruck der gewonnenen Erkenntnis. Für jeden von uns ist das Leben hier Herausforderung und

Der 25. Geburtstag der Findhorn-Gemeinschaft

Chance. Wenn wir uns den Herausforderungen stellen, bieten sich uns Chancen, liebevoller zu werden. Die Freude über diese neue Liebe ist ein Ansporn, noch mehr Herausforderungen anzunehmen. Setzt sich diese Aufwärtsspirale fort, weicht das Gefühl, daß die eigene Wandlung schmerzhaft ist, dem Bewußtsein, daß sie zwar nicht gleich angenehm ist, aber letztlich der Weg zu noch mehr Freude ist. Dadurch vermindert sich der innere Widerstand. Jeder einzelne erlebt, was auf der ganzen Welt geschehen muß – den allmählichen Übergang vom Ich-Selbst zum göttlichen Selbst. Vom Standpunkt des Ich-Selbst aus handelt es sich dabei um einen Prozeß des Sichaufgebens. Im allgemeinen ist dieser Prozeß um so schmerzhafter, je mehr Widerstand dem Sichaufgeben entgegengesetzt wird.

Dieses Aufgeben geht letztlich an die Wurzeln des Ich-Selbst. Es ist kein taktisches Spiel, in dem ein Teil des Selbst aufgegeben wird, damit sich der verbleibende Rest um so hartnäckiger festsetzen kann. Manchmal kommen Leute, deren Energie im Ich-Selbst konzentriert bleibt, auf die irrige Auffassung, sie hätten alle notwendigen Veränderungen gemacht. Dabei bauen sie nur neuen Widerstand in anderen Bereichen ihrer Persönlichkeit auf. Wenn sich solche Menschen lange in der Findhorn-Gemeinschaft aufhalten, bekommen sie unter Umständen sehr harte Lektionen erteilt. Eileens innere Stimme sagt dazu:

> Jede Seele auf dem spirituellen Weg erlebt eine Zeit, zu der ihr alles genommen wird und sie nackt und in wahrer Bescheidenheit vor Mir steht.
>
> Wenn diese Zeit kommt, denkt sie, es sei das Ende, denn sie hat nichts mehr. Dann aber, wenn sie diesen Zustand des vollkommenen Nichts erreicht hat, wird sie alles. Dann geschieht es, daß sie Mich findet, den Herrn, ihren Gott ...
>
> Das ist der Wendepunkt in ihrem Leben. Sie mag sich schwer den Weg hinaufkämpfen müssen, aber sie wird nie zurückschauen wollen oder den leichten Weg wählen ...
>
> Sie wird nie aufgeben, wenn sie den Weg erst einmal fest unter die Füße genommen hat. Sie weiß, daß sie nicht mehr allein ist, daß sie Mich immer suchen und finden kann. Zusammen werden wir dem scheinbar Unüberwindlichen entgegentreten und die Höhen erreichen. Ich bin ihre immer anwesende Hilfe. Alles, was sie tun muß, ist bitten. Ich versage Meine Hilfe nie.
>
> Je mehr sie sich an Mich wendet, Mich findet, alles mit Mir tut, desto mehr wird sie unseres Einsseins gewahr.
>
> Ich trenne Mich nie von ihr.
>
> (*Gott sprach zu mir*, S. 111 f.)

Sobald wir verstanden haben, daß diese Identitätsumwandlung der Zweck der Findhorn-Gemeinschaft ist, der Grund für alle Lebenserfahrungen, die wir machen, wird es leichter, anderen zu helfen und beizustehen, selbst wenn die Selbstaufgabe nicht vollkommen ist. Die Schwierigkeiten, die andere durchmachen, sind viel leichter zu verstehen als die eigenen! Doch die Hilfe, die wir anderen angedeihen lassen, ist häufig ein gütiger Spiegel, in dem wir manchen Zug an uns selbst wiedererkennen. Zusammenfassend läßt sich also sagen:

1. In der Findhorn-Gemeinschaft tritt das göttliche Selbst an die Stelle des Ich-Selbst.
2. Je mehr Widerstand das Ich-Selbst leistet, um so schmerzhafter ist der Prozeß.
3. Je mehr sich das Ich-Selbst aufgibt, um so freudiger wird das Leben.
4. Selbstaufgabe bringt Freude mit sich, sie macht freier und:
5. Die Freude der Selbstaufgabe drückt sich im Dienen aus.
6. Durch das Dienen ergeben sich Gelegenheiten, immer selbstloser zu werden.

Damit ist auf eine kurze Formel gebracht, was in der Findhorn-Gemeinschaft geschieht. Wenn man tatsächlich dort lebt, ist es nicht immer leicht, diese Punkte im Sinn zu behalten. Das Drama der Verwandlung spielt sich oft weitgehend unbewußt ab, aber das zunehmende Bewußtsein dessen, was vor sich geht, gehört mit zu der spiralförmigen Aufwärtsbewegung – Stück für Stück wird etwas dazugewonnen. Es ist wie beim Beginn einer Bergbesteigung; aus der Ferne bekommt man eine Vorstellung vom Relief der Landschaft und kann sich damit ein rationales Bild dessen machen, was geschieht. Beim Hinaufklettern lernt man fortschreitend den Berg besser kennen; man bekommt ein Gespür dafür, was der nächste Kletterabschnitt bringen wird und wie er zu bewältigen ist.

Zum Sichaufgeben gehört auch, nicht mehr soviel vorauszuplanen. Der Hauptschwerpunkt liegt in der unmittelbaren Gegenwart und nicht in einer fernen Zukunft. Sowie man sich dem göttlichen Selbst überläßt, verfliegen nach und nach die Zukunftsängste. Statt dessen beginnt sich das Leben zu entfalten.

Eingedenk der Ungerechtigkeit und Armut in der Welt ist es sicher nicht leicht, diese Art der Lebenserfahrung zu akzeptieren. Aber für jeden persönlich hat sie etwas für sich. Du bist der Träger der Verwandlung. Ohne deine eigene Wandlung ändert sich nichts. Du bist der Schlüssel zum Ausgang aus der Sackgasse. Auch im Angesicht von Unterdrückung kommt die innere Wandlung an erster Stelle. Dann erst wird klar, wie dagegen vorgegangen werden kann. Gandhi hat das gelehrt.

In der Findhorn-Gemeinschaft kommen wir zu einer Lebensanschauung, die sowohl einfach als auch sehr subtil ist. Sie ist einfach, weil uns immer seltener die normalen Ängste der altgewohnten Lebensweise plagen. Ein Beispiel: Nach langer Bedenkzeit wurde Brenda schließlich Mitglied der Gemeinschaft. Sie verkaufte ihr Haus, kaufte jedoch statt dessen ein kleineres, das sie vermietete, um »für alle Fälle« etwas im Rücken zu haben. Jetzt macht sie sich keine Sorgen mehr. Sie weiß, daß sie nie mehr zu ihrer alten Lebensweise zurückkehren wird; wenn es Zeit für sie ist, die Gemeinschaft zu verlassen, wird sich ein neuer Weg auftun.

Ursula ging von Newbold fort in die Vereinigten Staaten. Nach einer Reihe von Abenteuern kam sie fast mittellos in Santa Fe an und wußte, daß sie eine Therapie nötig hatte, um für die nächsten Schritte frei zu sein. »Per Zufall« fand sie ein extrem billiges Zimmer in einem schönen Teil der Stadt. Dann lernte sie einen Therapeuten kennen, der sie mochte und ihr therapeutische Sitzungen anbot im Tausch gegen Hilfe im Haushalt. Etwas Geld verdiente sie sich mit Babysitten. Vor kurzem, als ihr Visum ablief, kehrte sie hierher zurück. »Ich weiß gar nicht, warum ich gekommen bin«, sagte sie, »meine Zeit in Newbold ist ja vorbei.« Trotzdem war sie zurückgekehrt. Zu diesem Zeitpunkt kamen zwei alte Freunde, die ebenfalls fortgewesen waren, aus Deutschland zurück. »Per Zufall« fehlte es in Newbold an Mitgliedern und wurde dringend Hilfe für den Sommer gebraucht. Trotz ihrer vorherigen Äußerung nahm sie es als gegeben an, für eine gewisse Zeit wieder in Newbold bleiben zu müssen.

Die »Sprache der Ebenen«

Die Lebensanschauung der Findhorn-Gemeinschaft ist zugleich auch sehr subtil, da aus spiritueller Sicht alles auf verschiedenen Ebenen zugleich existiert. Christopher, ein Sai-Baba-Anhänger, betete darum, in möglichst kurzer Zeit «heimzukommen« zu Gott. Er hatte sich vorgenommen, an einem Intensiv-Regressionskurs zur Erforschung früherer Leben in New Mexico teilzunehmen. Statt dessen erlitt er einen schweren Herzinfarkt. »Per Zufall« war gerade sein Arzt im Hause, so daß sofort die nötigen Maßnahmen ergriffen werden konnten. Er wurde eilends ins Krankenhaus gebracht. Monate später, nach drei schweren Operationen, war er wiederhergestellt, aber körperlich ein Wrack. Er zog eine Lehre daraus. »Ich habe die Leute in der Findhorn-Gemeinschaft immer kritisiert«, sagte er, »habe immer ihre spirituellen Bemühungen als unzulänglich bemäkelt, habe gemeint, sie würden sich nicht genügend anstrengen, und so fort. Jetzt verstehe ich, daß sie alle auf ihre eigene Weise zu Gott finden, so gut sie es können. Alles hat seine eigene Schönheit, seine eigene Logik.« Durch seine Schmerzen war ihm eine neue Bewußtseinsebene eröffnet worden, genau das, was er sich vor allem gewünscht hatte. Langsam erholte sich auch sein Körper wieder.

In der Gemeinschaft neigen wir dazu, stets zu hinterfragen: »Was bedeutet das?« »Warum ist das *jetzt* passiert?«, statt die Dinge einfach ihrer oberflächlichen Erscheinung nach hinzunehmen. Aus einem spirituellen Blickwinkel ist der »sichtbare Wert« einer Situation unter Umständen ein sehr oberflächlicher. Ist der spirituelle Weg beschritten, ändert sich allmählich unsere Sicht der Wirklichkeit.

Es geschieht.
Welch ein seltsamer Zufall, daß es gerade jetzt geschieht!
Von der Ebene meines höheren Selbst aus schaffe ich selbst die Situationen, die ich zur Verwirklichung meines göttlichen Selbst brauche, und zwar genau im richtigen Moment.
Alles, was geschieht, ist vollkommen am Platz.

Jede dieser vier Feststellungen ist wahr, aber sie gehen jeweils von einer anderen Sichtweise des Ereignisses aus. Wie sich Dramaturgen der List bedienen, ein und dieselbe Situation mit den Augen verschiedener Darsteller zu beobachten, so sehen wir im Lauf unserer spirituellen Entfaltung dieselbe Situation aus verschiedenen Blickwinkeln. Während man langsam den Berg zur göttlichen Anschauung emporklimmt, erkennt man allmählich die Harmonie hinter den scheinbaren Mißverhältnissen der Landschaft.

In unserer Entwicklung können sich verschiedene Ansichten vom Leben nebeneinander ergeben; den einen Augenblick sind wir ruhig und gelöst, verstehen wir alles; und dann wieder fühlen wir uns als unglückliche Opfer unerklärlicher Ereignisse. Zum spirituellen Weg gehört es dazu, der jeweiligen Wahrnehmungsebene gemäß reagieren zu lernen, auf der andere sich befinden mögen. Es nützt nichts, einem Menschen, der sich gerade in der Küche in den Finger geschnitten hat, zu erzählen, das sei eine Lektion über den Wert der Gelassenheit in einer Notsituationen. Vielmehr muß man ein Heftpflaster holen oder auf andere Weise zur Heilung beitragen. Ein junger Mann aus meinem Bekanntenkreis versuchte, diese unterschiedlichen Ebenen für sich zu nutzen, wenn er eine Frau attraktiv fand. »Ich bin sicher, wir kennen uns aus einem früheren Leben«, pflegte er zu sagen. »Du bist bestimmt meine Seelengefährtin!«

Davon einmal abgesehen, ist es oft hilfreich, jemandem, der mit Problemen zu kämpfen hat, eine neue Perspektive zu eröffnen. Ein Beobachter wird vielleicht intuitiv eine Verbindung zwischen der spirituellen Weiterentwicklung und dem Sinn bestimmter Ereignisse herstellen können, und das leichter als der Betroffene selbst. Ich habe die Methode, von einem höheren Punkt der Betrachtung auszugehen, sehr oft und erfolgreich bei meinen Beratungen angewandt. Je näher man dem göttlichen Selbst kommt, um so angemessener kann man reagieren, da es der Ursprung allen Wissens ist.

Die Sprache der »Ebenen«, das heißt die Fähigkeit, sowohl die eigenen persönlichen Erfahrungen wie auch die der anderen aus verschiedenen – jeweils angemessenen – Blickwinkeln zu betrachten, muß erst erworben werden. Die normalen Kommunikationsmittel reichen dafür nicht aus. Manchmal berührt es Besucher der Findhorn-Gemeinschaft unangenehm, daß wir »um die Dinge herumreden«. In scheinbarem Widerspruch zu unseren Zielen wirken wir dabei auf Außenstehende oft kindisch. Das ist ihre Einführung in eine veränderte Lebensweise.

Jede neue Generation von Mitgliedern der Findhorn-Gemeinschaft erlebt bei ihrem Eintritt eine Identitätskrise. Neue Wahrnehmungsweisen verdrängen alte, eingefahrene Denkweisen. Das wird häufig auf die Gemeinschaft projiziert. Aus Sätzen wie »Warum bin ich bloß hier? Es ist einfach zu viel für mich!« wird: »Alles schlecht organisiert! Warum machen wir die Sachen nicht anders?« Mitglieder, die schon länger hier sind, sehen darin eine Phase, die auch sie durchlaufen haben und die sie nicht ganz ernst nehmen. Diese Auffassung wiederum erschwert Veränderungen. Manchmal hat man das Gefühl, auf Watte zu treffen. Man hat eine Idee, die Gemeinschaft saugt sie auf, und weg ist sie. Nichts tut sich. Ein paar Monate später kommt jemand anders auf die gleiche Idee, und auf einmal wird sie aufgegriffen. Das soll uns eine Lehre sein, uns nicht persönlich mit Dingen zu identifizieren, und es stellt unsere Geduld auf die Probe. Unsere Zivilisation ist äußerst ungeduldig. Gott jedoch hat einen langen Atem.

Die gemeinsame Meditation

Die Findhorn-Gemeinschaft ist mehr auf die gemeinsame Arbeit ausgerichtet als auf gemeinsames Meditieren. Dennoch ist für das Wohlergehen der Gemeinschaft eine gemeinsame spirituelle Disziplin ebenso wichtig wie die des einzelnen, was Eileen oft betont. In den Anfangstagen war die gemeinsame Meditation Pflicht, aber das ist nicht mehr der Fall. Täglich finden zwanzigminütige Gemeinschaftsmeditationen morgens und zur Mittagszeit statt. In Cluny wird zusätzlich noch abends vor dem Essen meditiert. Dabei finden sich Gäste gern ein, während die Mitglieder oft wegbleiben. Es fällt meist nicht weiter schwer, eine gute Ausrede zu finden, warum man nicht hingeht, aber gerade von diesen Augenblicken stillen Zusammenseins profitiert die Gemeinschaft. Zum Abschluß der Mittagsmeditation visualisieren wir die Energien, die wir gemeinsam erzeugt haben, und schicken sie hinaus, um Ruhe in die Welt zu bringen. Irgendwo wird man sie spüren.

Gemeinschaftsmeditationen finden bei den wöchentlichen Arbeitseinstimmungen in den verschiedenen Abteilungen statt, ferner alle vierzehn Tage bei den »Familientreffen« im Park und in Cluny sowie bei den monatlichen Mitgliederversammlungen. Jedes Treffen innerhalb der Verwaltung beginnt mit einer Meditation.

Es ist ein schöner Anblick, die Gemeinschaft in der Universal Hall zusammen meditieren zu sehen. Das geht natürlich nur, wenn man zu spät kommt und auf die Empore hinauf muß! In solchen stillen Momenten spürt man die gemeinsame Identität und die Hingabe, die jeder einzelne auf seine eigene Weise einbringt.

Wege zur Problemlösung

Da wir unvollkommene Menschen auf der Suche nach Vollkommenheit sind und die Findhorn-Gemeinschaft ein Laboratorium für die Wandlung des Planeten ist, wirft das Leben hier eine Menge Probleme auf. Eine neue Menschheit wird nicht problemfrei sein, aber sie wird die Lösung anders angehen. In der Findhorn-Gemeinschaft haben wir viele verschiedene Möglichkeiten entwickelt und ausprobiert, mit entstehenden Problemen fertig zu werden, und zu diesem Zweck auf den Fundus der spirituellen und der »Wachstums«-Bewegungen zurückgegriffen.

Die erste Regel lautet: Darüber reden! Bei Leuten, denen es am nötigen Selbstwertgefühl mangelt, um über ihre Probleme zu sprechen, oder die zu stolz dazu sind – auch eine Art von Unsicherheit –, kommen sie indirekt zum Ausdruck und unterhöhlen die gemeinsamen Aktivitäten und zwischenmenschlichen Beziehungen. Allerdings gibt es auch ein paar Leute mit angeschlagenem Selbstwertgefühl, die glauben, nur dann mit anderen kommunizieren zu können, wenn sie Probleme haben, und die aus diesem Grund ständig künstlich welche verursachen. Bei der Findhorn-Gemeinschaft ist immer jemand da, der einem zuhört. Als ich neu hier war, hatte ich einen Kreis von »speziellen Freunden«, die geduldig meine vielen Klagen ertrugen. Jetzt empfinde ich, obwohl ich nicht besonders gesellig bin und selten ein enges Vertrauensverhältnis eingehe, große Liebe und ein starkes Zutrauen zu allen Mitgliedern der Gemeinschaft. Ich kann mich bei Bedarf an jeden einzelnen um Hilfe wenden, wie ich auch selbst für andere da bin, wenn ich gebraucht werde.

Ich bekomme nicht immer den Rat, den ich gern hören würde, aber wenn ich wüßte, was mir geraten werden sollte, hätte ich meine Probleme natürlich schon gelöst.

Wenn es sich um ein Beziehungsproblem handelt, ist die Meditation oft von Nutzen. Sie steht uns jederzeit zur Verfügung. Janes Beziehung zu Tom ging zu Ende, aber sie wollte es nicht wahrhaben. In ihrer Abwesenheit ging Tom eine neue Beziehung mit Alice ein. Jane wurde furchtbar wütend auf Alice. Sie meinte, Alice hätte sich mit ihr absprechen müssen, ehe sie einen solchen Schritt tat. Mehrere Male machte sie ihrem Ärger in aller Öffentlichkeit Luft. Das regte wiederum Alice auf, die ohnehin ein wenig Angst vor ihr hatte und stets eine Verteidigungshaltung einnahm; allerdings war sie zu einem Gespräch bereit. Karen und Christine willigten ein, sich die Probleme anzuhören und zu versuchen, die verletzten Gefühle zu beschwichtigen. Schließlich wurde ein Treffen arrangiert. Christine spielte den Ringrichter, assistiert von Karen.

Nach einer kurzen Einstimmung erhielt Jane als erste die Chance, solange sie mochte zu reden, ohne unterbrochen zu werden. Sie legte ihre Gefühle und ihre psychologischen Voraussetzungen für eine Beziehung mit großer persönlicher Einsicht dar; dabei gab ihr Ärger aber doch den Grundton an. Dann sprach Alice, mit aller Vorsicht, um nicht in Janes Empfindungen verwickelt zu werden. Christine und Karen wachten darüber, daß beide ausreichend Gelegenheit hatten, zu sprechen und gehört zu werden. Das gegenseitige Mißtrauen wurde zwar nicht abgebaut, aber durch den unmittelbaren Kontakt miteinander in wohlwollender Atmosphäre wurde den beiden das weitere Zusammenleben in der Gemeinschaft erleichtert.

Bei Jane kamen durch das Ende der Beziehung alte Verhaltensmuster wieder zum Vorschein, von denen sie wußte, daß sie daran arbeiten mußte, während Alice in der neuen Beziehung die Notwendigkeit einsehen lernte, ihre Gefühle zum Ausdruck zu bringen. Das Leben in einer kleinen Gemeinschaft stellt die Anforderung an uns, Möglichkeiten zu finden, mit schwierigen Situationen fertig zu werden. Man kann ihnen nicht lange aus dem Wege gehen, wenn man einander zwangsläufig jeden Tag sieht.

* * *

Wenn wir über eine Schwierigkeit hinausgehen können, löst sie sich in Luft auf. Dazu ist es jedoch nötig, die Energieebene zu wechseln, auf der man lebt. Spirituelle Beratung kann eine Hilfe sein, hierein Einblick zu nehmen, und persönliche innere Arbeit wie etwa die Meditation stabilisiert die neue Sichtweise. Die Hauptgefahr dabei ist die der Selbsttäuschung. Statt einer tatsächlichen Veränderung mag bloß der fromme Wunsch dasein, anders zu sein, so daß unerwünschte Verhaltensweisen eher unterdrückt als transzendiert werden. Eine bestimmte Art der verklemmten, labilen Persönlichkeit versteckt eine Menge psychologischer Probleme hinter einer Fassade von Wertvorstellungen. Bei meinen spirituellen Beratungen empfehle ich oft Leuten, einen Therapeuten aufzusuchen, der ihnen hilft, mit psychologischen Blockierungen Kontakt aufzunehmen.

Gegenwärtig sind in der Gemeinschaft Experten für Reichsche Therapie, Gestalttherapie und Bioenergetik sowie assistierende Berater und Kunsttherapeuten. Etliche Mitglieder sind auch in Psychosynthese ausgebildet. Wir haben keine Angst mehr, diese Techniken anzuwenden, mit deren Hilfe Blockierungen durchbrochen werden können, raten aber jedem davon ab, sich von einer festen wöchentlichen Therapiestunde abhängig zu machen. Auch ungewöhnlichere therapeutische und transformatorische Techniken werden angeboten, beispielsweise Clairvoyance, Rebirthing und Rückführungen in frühere Leben. Sie könnten als Methoden »veränderter Bewußtheit« bezeichnet werden. In jedem Fall sind die Qualität des jeweiligen Leiters oder Helfers, seine Fähigkeit, sich mit ungeteilter Aufmerksamkeit einzubringen, und sein eigenes Maß an Selbsterkenntnis zur Unterstützung eines Wandlungsprozesses mindestens ebenso ausschlaggebend wie die Technik.

Durch das Leben in der Gemeinschaft hat man Zugang zu den verschiedensten alternativen Heilmethoden, vom Geistheilen bis zum Kräuterheilen, von der Akupunktur bis zur Fußreflexzonentherapie. Und wenn das alles versagen sollte, gibt es auch noch einen allopathischen Arzt. Bemerkenswert ist jedoch, wie viele Krankheiten in der Gemeinschaft mit zwei Stadien der geistigen Entwicklung zusammenhängen: dem Loslassen und dem inneren Widerstand. Beispiele für Erkrankungen, die mit dem Loslassen zu tun haben, sind Erkältungen, Magenprobleme und Hautausschläge. Widerstand zeigt sich oft in Rückenschmerzen, Erschöpfungszuständen oder Verstopfung. Aber unser Aufgebot von Heilern und Masseuren lindert und hilft ...

In einer Wandlung begriffene Personen brauchen auf allen Ebenen viel Liebe und Unterstützung. Wir reden heute von präventiver und korrektiver Medizin, aber die größten Wachstumschancen in der neuen Menschheit dürfte eine »unterstützende Medizin« haben – Leute, die gründlich ausgebildet und spirituell genügend entwickelt sind, um anderen beim Übergang von fremdbestimmten zu innenbestimmten Zuständen beizustehen. Jeder dieser Unterstützer braucht selbst ebenfalls Beistand, und so entsteht eine Kette gegenseitiger Unterstützung. Das hat nichts mit Eigennutz oder Schwäche zu tun. Will man ein Haus bauen, braucht man ein Gerüst. Jeder Mensch, der etwas von seiner göttlichen Wirklichkeit erkennen und ausdrücken lernt, braucht während dieses Entfaltungsprozesses ein effektives Gerüst zu seiner Unterstützung. Der Sinn einer neuen Gemeinschaft ist nicht der, gemeinschaftlich zusammenzuleben; darin liegt kein Verdienst, auch wenn es durchaus eine wertvolle Erfahrung sein kann. Vielmehr wird dadurch ein effektives, praktisches Gerüst zur gegenseitigen Unterstützung geschaffen, denn an der Entdeckung des Selbst, die nie vollkommen ist, muß ständig »weitergebaut« werden. Wir empfehlen Gästen, die uns besuchen, nach ihrer Heimkehr für ein solches Gerüst zu sorgen.

Ein stützendes System im »Findhorn-Stil«

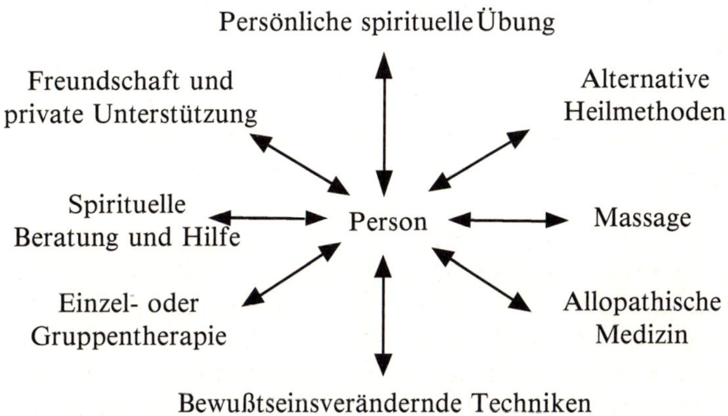

Die Zusammenarbeit

Soweit möglich, ist jedes Gemeinschaftsmitglied irgendeiner Arbeitsgruppe angeschlossen – das Bücherschreiben ist eine der Ausnahmen von dieser Regel. Die Arbeitsgruppen sind nicht allein dazu da, Aufgaben effizient auszuführen. Arbeit ist eine Gelegenheit, das Göttliche im eigenen Innern zum Ausdruck zu bringen, und eine Lernsituation, die oft aufzeigt, welche Veränderungen noch nötig sind, damit wir noch enger mit diesem Göttlichen in Berührung kommen. Beziehungen zu anderen Menschen gehören zur Arbeitserfahrung hinzu, und die Arbeitsgruppen bilden einen bedeutenden Teil des stützenden Systems. Gelegentlich gibt es größere Probleme in den jeweiligen Abteilungen, zum Beispiel, wenn etwas vorgefallen ist, das die betreffenden Mitglieder nicht gemeinsam zu bewältigen vermochten. Eine solche Situation entsteht für gewöhnlich durch ein Verhaftetsein; jemand, der eigentlich loslassen müßte, hat sich selbstbezogen mit einer Arbeit identifiziert, und nun spielt sein persönlicher Abwehrmechanismus in seine Motivationen hinein. Ein Mensch in dieser Verfassung findet meist für alles eine Rechtfertigung, nur um nicht loszulassen. Es ist eine Art Besessenheit. Die Personalabteilung wird dann einzugreifen versuchen und jemanden schicken, der den Ringrichter spielt und der betroffenen Abteilung hilft, die Sache zu klären.

Unter normalen Umständen wechseln wir unsere Tätigkeiten ziemlich oft. Auf diese Weise erweitert sich unser Erfahrungshorizont, lernen wir eine neue Arbeitsgruppe näher kennen. Die durchschnittliche Verweildauer in einer Arbeitsgruppe beträgt in etwa zwei Jahre; bei den Dienstleistungen – Küchenarbeit, Hausreinigung, Instandhaltung und Gartenarbeit – ist es allerdings meist weniger und bei manchen anderen erheblich mehr. Neue Mitglieder werden normalerweise im Dienstleistungsbereich eingesetzt; im Gästedienst und in der Personalabteilung wirken nur selten Mitglieder mit, die weniger als zwei Jahre in der Gemeinschaft sind.

* * *

Montagmorgen um neun Uhr fahre ich mit dem Rad zum Phoenix-Laden hinunter, wo es Kunstgewerbeartikel, Bücher und Bio-Lebensmittel zu kaufen gibt. Fünf Minuten später sind wir vollzählig versammelt: Anna, die für die Biokost zuständig ist; Ienek, die gerade den Kunstgewerbeteil von Ingrid übernimmt; Michael, unser Focaliser, der sich auch um die Kassetten kümmert; Katherine, die mit dem Versand betraut ist. Ian ist auch gekommen.

Er ist Langzeitgast und arbeitet in der Küche, macht aber ein paar Schichten bei uns mit. Ich selbst betreue die Bücherabteilung.

»Guten Morgen; stimmen wir uns ein.« Wir stellen uns hinten im Laden im Kreis auf, fassen einander bei der Hand und schließen die Augen.

»Wir segnen diesen Laden und rufen die Engel der Freude und Leistungskraft für unsere Arbeit an diesem Morgen an«, sagt Ienek. Jeder hat seine eigene Art und Weise, die Einstimmung zu beginnen. Anna und Ienek rufen die Engel an. Ich spreche gerne über den Gott im Innern. Ingrid sagt gar nichts. Michael hat entschieden etwas für die innere Berührung durch eine solche Einstimmung übrig, bei ihm dauert das Händefassen am längsten. Wenn er in guter Stimmung ist, hat er immer viel Zeit; das bringt uns zur Ruhe.

Wir setzen uns eine Weile, um die Neuankömmlinge zu begrüßen. Marianne ist aus Deutschland – sie ist Kunstlehrerin und möchte gern außerhalb der Ladentätigkeit Zeit haben, um in einem Atelier zu malen. Paula ist noch jung, Engländerin und voller Begeisterung. Wie wirken wir wohl auf sie? Vielleicht selbstbewußt, zum Scherzen aufgelegt und entspannt. An einem anderen Tag kann es völlig anders sein. Unter Umständen zanken Anna und ich uns, debattieren Ienek und Ingrid heftig über das Kunstgewerbe, versucht Michael nervös, Kasse zu machen, und Katherine hängt mit dem Versand zurück. Dann wissen wir, daß die wöchentliche Einstimmung »heavy« wird.

Diese längere Einstimmung findet einmal in der Woche, am Dienstagmorgen, statt. Der Laden bleibt geschlossen, und wir haben Zeit zum persönlichen Austausch und zur Meditation; außerdem besprechen wir wichtige geschäftliche Angelegenheiten. Gegen Ende der Einstimmung haben wir immer Klarheit über alles Anliegende.

An diesem Morgen sind alle guter Laune, unsere kurzen Einweisungen sind also fröhlich. Ian saugt Staub im Laden, und Ienek wischt danach auf. Katherine packt leere Pappkartons weg, während Michael die Papierkörbe ausleert. Die Gäste räumen die Bücherregale auf, die nach dem Wochenendverkauf unordentlich sind. Anna bleibt Zeit übrig, um mit der Lebensmittelbestellung für die Woche zu beginnen. Ich sortiere die Laufkarten von Büchern, die in den letzten zwei Tagen verkauft wurden. Ingrid sieht ein paar Postkarten durch, die aus Deutschland angekommen sind. Um zehn Uhr, wenn geöffnet wird, macht alles einen sauberen und ordentlichen Eindruck.

Wir zünden eine Kerze an und legen Musik auf. Alle haben einen unterschiedlichen Geschmack, was die Musik betrifft. Mir geht die schottische Folk-Tanzmusik auf die Nerven, die Ienek abspielt. Sie wiederum kann die fremdartige Meditationsmusik nicht ausstehen, die ich mag; die Bässe gehen ihr irgendwie auf den Magen. Ich spiele diese Musik nur, wenn sie keinen Dienst hat. Michael ist aufgefallen, daß jeder Kassetten mit der Musik verkauft, die er selbst mag; anscheinend spielt weniger der Kundenwunsch eine Rolle als vielmehr der Genuß des Verkäufers!

Katherines Kopf ist jetzt über den Schreibtisch gebeugt. Sie ist älter als wir anderen alle. Manchmal ist sie wie eine Mutter und wir wie Kinder, die sich zanken; wenn viele Bestellungen eingegangen sind und sie nicht nachkommt, ist sie bisweilen aber auch kurzangebunden und gereizt. Ich benutze sie als mahnende Instanz: Wenn ich etwas verbergen möchte oder nicht ganz ehrlich bin, habe ich das deutliche Gefühl, daß sie es merkt. Sie macht mir also ein wenig Angst, aber das ist meiner Ehrlichkeit sehr förderlich ...

Anna steht an der Kasse. Eine angenehme Arbeit, denn außer in den Hochsommermonaten, wo sehr viel zu tun ist, kommen zeitweise nur Mitglieder in den Laden. Man kann ein Schwätzchen halten und erfahren, was vor sich geht. Es macht auch Spaß, die Gäste zu beobachten, wonach sie suchen und wie ihre Augen angesichts bestimmter Dinge aufleuchten. Da gibt es die Schmuckliebhaber, die den kleinen Muttergott-Ohrringen aus Silber nicht widerstehen können, die »Durchgeistigten«, die stolz die spirituellen Bücher vorzeigen, die sie ausgesucht haben, und die »Vitamin-Freaks«, die unsere Regale nach den mit Magnesium angereicherten Vitaminen A, B, C und K durchstöbern. Die Besucher eines Ladens sind einfach und liebenswert. Hinter ihrer wichtigtuerischen Erwachsenenmiene verbirgt sich das kleine Kind in ihnen und quengelt: »Mami, ich möchte ... !« Vielleicht läßt sich eine sehr ernsthafte »spirituelle« Person, sich ihres Images wohlbewußt, ganz menschlich zu einem unserer berühmten Schokoladenriegel hinreißen! Oder eine Besucherin auf der Jagd nach indischen Armreifen, den »Bangles«, spaziert mit einem Buch über Persönlichkeitswachstum wieder hinaus. Das sind die kleinen Höhepunkte in einem spirituellen Laden.

Im Nu ist es Mittag. Wir schließen um 12 Uhr, damit, wer will, zur Gemeinschaftsmeditation um 12.15 Uhr gehen kann. Die Lampen gehen aus, der letzte Kunde verläßt den Laden, und das Schild »geöffnet« wird auf »geschlossen« gedreht. Wir bilden nochmals einen Kreis für eine kurze Einstimmung, diesmal vorn im Laden. Als ich meine Augen schließe, überkommt mich auf einmal ein überwältigendes Gefühl der Dankbarkeit dafür, daß ich meine Zeit mit so wundervollen Leuten verbringen darf. Ian, still und gründlich, wird eines Tages meinen Platz einnehmen. Einmal kam er herein und platzte fast vor unterdrückter Begeisterung, während er uns erzählte, daß er ein Verhältnis habe – die Freuden, Leiden und strahlenden Schwingungen des Verliebtseins. Dann Ienek, die langsam die quietschende

Tür zu ihrem prächtigen Selbst öffnet. Anna, für mich das Sinnbild vollkommener Weiblichkeit, mit der ich mich zum Nachteil unserer Freundschaft viel zu sehr identifiziert habe. Und Michael, achtsam und in allem peinlich genau, der die Zügel unserer widerspenstigen Gruppe in der Hand hält, ohne je der Chef zu sein ... Jeder einzelne ist ein Spiegelbild meiner selbst, hält mich zurück, unterstützt mich bei dem schwierigen Unterfangen der Selbstentfaltung.

»Sei nicht so rührselig! Hör auf zu weinen!« sagt mein vernünftiges inneres Selbst. Aber wie immer rinnen unfreiwillige Tränen herab. Solche offenbarenden Augenblicke sind unendlich kostbar. Wenn wir unser nächstes Drama zusammen haben, werden sie die Wirklichkeit sein, die uns durchbringt. Zeit, in den Andachtsraum zu gehen und zu danken.

Zusammen lernen

Der Sommer ist Gästezeit. Von Ende Juni bis Mitte September ist die Gemeinschaft meist total ausgebucht, gibt es kaum ein unbelegtes Bett. Alle außer den Mitgliedern der Gemeinschaft haben in diesen Monaten Sommerferien, aber leider läßt das Wetter im Hochsommer zu wünschen übrig. Im Mai/Juni, wenn Stechginster und Rhododendren blühen, und September/Oktober mit rotgelber Herbstfärbung ist es zauberhaft hier. Im Winter sind die Tage kurz, wir ziehen uns auf uns selbst zurück, haben weniger Erfahrungswochen und nur eine kleine Anzahl von Workshops. Dann bricht die Zeit des »Mitgliedertrainings« an, an dem normalerweise auch Langzeitgäste teilnehmen können. Jeder, der eine neue Workshop-Idee hat, versucht sich damit erst einmal an Mitgliedern und gibt am Wochenende eine Probe seines Könnens. Einige beliebte Leute von draußen treffen ein, um mit uns zusammenzuarbeiten. Wie es scheint, haben wir immer bestimmte Favoriten, die sich gut in die Gemeinschaft einfügen und gern zu Besuch kommen. Nach ein paar Jahren läßt die Beliebtheit eines solchen Stars wieder nach, und statt dessen steht ein anderer hoch im Kurs.

Der Winter ist auch die Zeit unserer internen Konferenz, zu der alle Mitglieder der Gemeinschaft zusammenkommen und sich miteinander austauschen. Wir reden über unsere Vision, die nächsten Schritte, die Herausforderungen, vor denen wir gemeinsam stehen. 1988, im Jahr, in dem sich die neue Kerngruppe bildete, beschlossen wir, versuchsweise spirituelle Arbeitsgruppen einzuführen, in denen wir uns regelmäßig treffen und unser Verständnis vom Sinn der inneren Arbeit weiterentwickeln wollten. Manche dieser Gruppen kommen immer noch zusammen, und ein beliebtes Arbeitsbuch dafür ist *Ein Kurs in Wundern.*

Die Hauptfunktion der internen Konferenz ist die, uns nach den hektischen Sommermonaten und den Gästekonferenzen einmal alle zusammenzubringen. Diese Zeit erscheint mir immer zu kurz. Es wimmelt in der Gemeinschaft von »originellen Typen«, und zur Konferenzzeit sind wir alle sozusagen auf dem Präsentierteller. Die Stars ergreifen das Wort und sagen, was sie zu sagen haben; unter Umständen gibt es eine neue Attraktion, die das Interesse aller findet. Wir kennen einander und lächeln uns wissend an. In einer geistigen Entwicklung befindliche Menschen werden nicht zu gleichförmigen »Masken Gottes« mit seligem Lächeln. Im Gegenteil, während sich das gemeinsame Element der Liebe in jedem von uns ausbreitet, kommt das individuelle Ausdrucksvermögen in unendlich vielen wechselnden Formen zum Tragen. Interessierte, lebhafte Menschen bieten eine bunte Vielfalt.

Zweimal im Jahr hatten wir in letzter Zeit den »Meisterschafts«-Workshop in der Gemeinschaft. Wann immer er stattfindet, ist er ausgebucht. Auch Langzeitgäste sind dabei. Der Workshop wurde ursprünglich für Schauspieler entwickelt. Alle Mitglieder der Gemeinschaft haben ständig Umgang mit Gästen, sie »fokalisieren« die Gäste in den verschiedenen Abteilungen, sie führen Gespräche, helfen und kommen Wünschen nach. Man muß ein gewisses Maß an Selbstvertrauen haben, und dazu verhilft der Meisterschafts-Workshop. Die Teilnehmer geben vor vierzig oder fünfzig anderen ihren Auftritt. Im Laufe eines kräftezehrenden Wochenendes, an dem kaum Zeit zum Schlafen bleibt, werden Erfahrungen gesammelt, die den Leuten helfen, ihre Gefühle und ihr Selbst zum Ausdruck zu bringen, statt es zu verdrängen.

Das »Spiel der Wandlung« wird das ganze Jahr hindurch gespielt, allerdings ist im Winter mehr Zeit dazu. Kleine Grüppchen von Leuten mit ernsten Gesichtern erscheinen beim Mittagessen und setzen sich ostentativ abseits von uns anderen zu Tisch – während des Spiels ist es nicht gestattet, sich unters Volk zu mischen.

Im Winter bekommen wir im allgemeinen auch unsere jährliche Ration an Therapie und Workshops in Gruppenbewußtsein und spiritueller Verwirklichung, um uns neugestärkt und klar dem sommerlichen Ansturm stellen zu können.

Wir sind Aktivisten, selbst in unserer Zeit der inneren Einkehr, und Ruhe ist eine relative Sache. Ich selbst mache mich deshalb gern für eine Woche davon, nach Traigh Bhan, unserer »Einsiedelei« auf Iona, oder nach Erraid, wo die Erraid-Familie ebenfalls derartige Möglichkeiten zur Verfügung stellt. Dort kann man meditieren, lange Spaziergänge durch die wilde Fels- und Moorlandschaft der schottischen Westküste machen oder sich an den langen Abenden vors Kaminfeuer kauern und einen spirituellen Klassiker oder Krimi lesen – je nach Geschmack. Einmal habe ich in meiner Zurückgezogenheit, als ich über Weihnachten allein in Traigh Bhan war und eine Woche fastete, das wahre Wunder der Meditation erlebt – daß es nichts Passives ist, sondern eine leuchtende Stille. Alle Sinne sind geschärft, Friede überkommt einen wie mit weichen Flügeln, und eine ruhige Freude breitet sich aus mit solcher Intensität, daß man meint, das Herz wollte zerspringen. Viele Menschen haben Angst vor solch einer Zeit, weil sie nicht gern allein sind, dabei ist die Gesellschaft Gottes unvergleichlich!

Die Lebensweise der Findhorn-Gemeinschaft hat einer verwirrten Welt eine Menge zu bieten ...

Die zwischenmenschlichen Beziehungen

Damit die Findhorn-Gemeinschaft entstehen konnte, mußten Eileen und Peter Caddy zusammenkommen. Eileen mußte ihren ersten Mann und die gemeinsamen Kinder verlassen, und für Peter war es die dritte Ehe. In dieser Hinsicht scheint unsere Entstehung dem Kodex aller religiösen Bekenntnisse zur ehelichen Treue zuwiderzulaufen. Doch ist noch ein anderes Grundprinzip zu beachten. Wenn die Erscheinungswelt ein Medium für die Selbsterkenntnis ist, sind die zwischenmenschlichen Beziehungen unter Umständen ein Mittel unter vielen, um diese Erkenntnis auszulösen. Was bedeutet es, wenn es in der Bibel heißt, der Mensch solle nicht lösen, was Gott zusammengefügt hat? Ist eine formelle kirchliche Zeremonie bei zwei Menschen, denen es an Selbsterkenntnis mangeln mag, ein Anzeichen dafür, daß Gott sie zusammengeführt hat? Vielleicht reißt eine von Gott bestimmte Verbindung Leute auseinander, die in Unwissenheit und Unreife zusammengekommen sind. Und wenn Menschen eine Ehe nicht scheiden wollen, sollte es nicht manchmal auf göttliche Weisung hin doch geschehen müssen?

Können wir in einem solchen emotionalen Bereich sicher sein, bei einer inneren Weisung darauf vertrauen zu dürfen, daß es sich nicht bloß um eine Selbstrechtfertigung handelt? Als ich mich in ein anderes Mitglied der Gemeinschaft verliebte, empfing ich die klare Weisung, es nicht zu einer sexuellen Beziehung kommen zu lassen – eine Weisung, die ich mutwillig ignorierte, was für beide viel Leid mit sich brachte. Es ist, offen gestanden, ein schwieriges Thema, das durch das westliche Ideal romantischer Liebe als der Grundlage für eine Beziehung noch komplizierter wird. In Ländern wie etwa Indien, wo die Ehepartner von anderen bestimmt werden, ist die Ehe ein Teil des Lebens, aus dem man lernen oder den man ertragen muß. Mit den Jahren wird vielleicht aus Kameradschaft Liebe; die Sexualität hat nicht so viel Gewicht. Im Westen haben wir entschieden etwas gegen den Gedanken einzuwenden, daß Eltern ein Wort bei der Partnerwahl mitreden sollten. Wir träumen von einer idealen Beziehung, die möglichst auf einer starken sexuellen Anziehung beruhen soll. Aber unreife Menschen mit sehr hohen Erwartungen, die sich in einem hochgradigen Stadium sexueller Erregung befinden, werden kaum das leise innere »Ja« oder »Nein« vernehmen können. Viele Leute versuchen es mit verschiedenen Beziehungen und Ehen auf Probe.

Soziologen haben längst nachgewiesen, daß das alte Großfamiliensystem durch die geographische Mobilität der Gesellschaft unbrauchbar geworden ist. Viele Kinder werden inzwischen von einem Elternteil allein aufgezogen, meist der Mutter. Und selbst wenn eine Paarbeziehung besteht, ist die Eltern-Kind-Beziehung in der Kleinfamilie emotional ungemein intensiv. Sie reproduziert sich beim Erwachsenen in Form von allerlei Bedürfnissen. Kinder, auch wenn sie geliebt werden und willkommen sind, bedeuten eine Reduzierung für den Lebensstandard der Familie und neigen dazu, eine saubere, statusgerechte Umgebung durcheinanderzubringen. Mehr als materielle Dinge brauchen sie Liebe und Zuwendung, bis sie lernen, ihre Liebe auch durch diese Dinge zum Ausdruck zu bringen. Alles wird durch eine kommerzialisierte Sexualität gefärbt, die wie eine ansteckende Krankheit ist.

Dadurch kommt ein Gefühl von Instabilität und Ungewißheit in die zwischenmenschlichen Beziehungen. Es reicht einfach nicht mehr, die klassischen Vorstellungen von moralischer Treue darüberzustülpen. Ein Selbstverständnis, das sich aus der Verbindung mit dem Göttlichen herleitet, ist auch in diesem Bereich die Vorbedingung dafür, daß sich reifere, weniger äußerliche Beziehungen entwickeln können.

Allerdings ist die Sache noch komplizierter als das. Sowie man sich dem wahren Selbst öffnet, erlebt man die Schönheit anderer Menschen immer intensiver – göttliche Augenblicke bedingungsloser Liebe. Unser emotionales Selbstverständnis, etwas zurückgeblieben, mag nun versuchen, diese Erlebnisse als sexuellen Reiz zu werten. Deshalb gilt in der Findhorn-Gemeinschaft die feste Regel, daß Focaliser keine intimen Beziehungen mit einem Gast ihres Arbeitsbereichs unterhalten dürfen. Vor kurzem wurde ein Focaliser, der diese Vorschrift übertreten hatte, gebeten, aus dem Gästedienst auszuscheiden. Wenn Menschen zu uns kommen, um Mitglieder der Gemeinschaft zu werden, sind sie, wie andere Menschen auch, vom Strudel der sexuellen Ungewißheit in unserer Zivilisation geprägt. Beziehungen entstehen und brechen ab, wie anderswo auch. Es wird zwar gern versichert, daß jede Beziehung für die betreffenden Partner eine Erfahrung ist, aus der sie lernen können, aber solche Äußerungen sind, sofern nicht das Gegenteil bewiesen wird, oft oberflächliche Selbstrechtfertigungen, die sich als Weisheit ausgeben. Auf keinem Gebiet ist es augenfälliger, daß wir keine verwirklichten Menschen sind, sondern Suchende.

Sicher ist, daß Beziehungen, die auf Unehrlichkeit oder ungelösten Problemen beruhen, in der Gemeinschaft auf eine harte Probe gestellt werden. Die hier herrschenden Wandlungsenergien lassen derlei nicht zu. Derzeit befindet sich gerade ein langverheiratetes Paar mit erwachsenen Kindern in einer Krise. Sie müssen sich durch ihr Paket an ungelösten, verdrängten Problemen hindurcharbeiten. Da nahezu alle Beziehungen von solchen Problemen durchsetzt sind, ist jeder in diesem Bereich gefordert. Etliche Mitglieder sind nach ihrer Scheidung oder kurz vor einer Trennung hierhergekommen. Einige wenige finden eine Sublimierung ihrer Sexualität in der Spiritualität, aber für die Mehrzahl ist eine Beziehung ein wichtiger Lebensinhalt, ob sie nun eine haben oder suchen. 1989 haben wir einen Workshop mit dem Titel »Auf dem Weg zu sexueller Ganzheit« abgehalten. Mitglieder machten voller Begeisterung bei den Workshopproben mit; noch wochenlang danach wurde überall in der Gemeinschaft in kleinen »Sexualitäts-Gruppen« über das diskutiert, was dabei herausgekommen war.

Wie anderswo auch, sind Veränderungen in den festen Beziehungen für Kinder problematisch. Für Kinder jedoch, die hier geboren oder von frühester Kindheit an aufgewachsen sind, ist die Gemeinschaft ein sehr starkes Auffangnetz. Die Eltern behalten zwar die Hauptverantwortung für ihre Kinder, aber die Kinder lernen, daß sie jeden Erwachsenen um Hilfe bitten können. Sie wachsen in einer liebevollen Atmosphäre auf. Es gibt kleine Kindergruppen, die meist von Müttern geleitet werden, ein Sommerprogramm für Krabbelkinder, eine Spielgruppe und Kindergärten in der Steiner-Schule. Der hier herrschende Geist erinnert viel mehr an die altmodische Großfamilie als an die einzelnen kleinen Kernfamilien. Aufmerksamkeit und psychologisches Einfühlungsvermögen sind allerdings viel stärker entwickelt als bei der traditionellen Großfamilie. Zum Beispiel entgeht es Kindern keineswegs, daß im Falle elterlicher Spannungen oder einer

Trennung beide Eltern Beistand erfahren und keiner von beiden verurteilt wird.

Die Mitglieder einer kleinen Gemeinschaft können Problemen nicht einfach den Rücken kehren. Hilfe und Liebe werden keinem versagt, der in Schwierigkeiten gerät. Aus diesem Grund werden Krisen im großen und ganzen äußerst schnell behoben.

Nach meiner persönlichen Auffassung hat unsere Zivilisation hinsichlich der zwischenmenschlichen Beziehungen, wie in anderen Bereichen auch, ein Übergangsbild vom Menschen geschaffen, wonach er nicht mehr an das Brauchtum gebunden und nunmehr hin und hergerissen ist zwischen kommerziellen, gesellschaftlichen und sexuellen Anforderungen und Reizen. Auf Verantwortung in einer Beziehung hinzuarbeiten verlangt ein viel tiefergehendes Verständnis vom Wechselspiel zwischen Liebe, Emotion und Verpflichtung, als wir bisher haben aufbringen können. Dieses Verständnis in der Alltagspraxis zu erwerben ist nicht leicht. Ich meine, daß die heutige Menschheit in ihrer Verwirrung nicht zu hart verurteilt werden sollte. Hier in der Findhorn-Gemeinschaft unternehmen wir ungeheure Anstrengungen, um Bewußtheit in alle Winkel unseres Lebens zu tragen. Derzeit liegt der Schwerpunkt auf persönlicher Integrität, wie sie in dem Satz zum Ausdruck kommt: »Ich muß meinen Gefühlen treu bleiben.« »Ich bin reif genug, um mein Handeln zu verantworten« ist eine Form von Integrität, die über dieses Stadium noch hinausgeht. Es nützt jedoch nichts, so zu tun, als hätte man einen bestimmten Punkt erreicht, wenn es gar nicht stimmt.

Was immer die Zukunft für die Betreffenden auch bringen mag, wir freuen uns jedenfalls noch immer über Hochzeiten in der Findhorn-Gemeinschaft und feiern sie als freudige Ereignisse. Die Paare bestimmen selbst die Art der Zeremonie, wobei die Universal Hall, die Gärten, bestimmte Punkte der Macht, heiliger Tanz und Bindungsrituale ihre Rolle spielen. Hochzeitskleidung ist bei uns nicht aus der Mode gekommen. Die Zeremonie wird von beiden Partnern gemeinsam ohne jede aufgesetzte Förmlichkeit entworfen. Bei solchen Gelegenheiten werden überall in der Gemeinschaft kollektive Liebe und Zuneigung spürbar auf eher unschuldige als naive Weise. Obgleich unsere Gemeinschaft überwiegend heterosexuell ist, akzeptieren wir auch Beziehungen zwischen Menschen gleichen Geschlechts ohne Zögern, wenn dieser Bindung ein Gefühl der Liebe statt bloße Ideologie oder Angabe zugrunde liegt. Vor nicht allzu langer Zeit hatten wir eine bewegende Segenszeremonie für zwei Frauen; mit ihrer jahrelangen Partnerschaft waren sie ein Vorbild für die gegenseitige Verpflichtung im Bewußtsein persönlicher Freiheit innerhalb einer Partnerbeziehung gewesen. Bei der Würdigung des Paars bemerkte eine Frau während der Zeremonie: »Mädchen, habt ihr Geschmack! Eure Kleidersäume sind genau auf einer Linie!«

In dieser Übergangszeit ist die entscheidendste Beziehung überhaupt die zu Gott im eigenen Innern, zum göttlichen Selbst. Indem wir in der Findhorn-Gemeinschaft dieser Beziehung Vorrang geben, arbeiten wir auf ein neues Menschenbild hin – liebevoll, aufmerksam, humorvoll, human. Kinder, die von Erwachsenen mit einem solchen Selbstverständnis aufgezogen werden, werden einmal gefestigt, haben weniger Bedürfnisse und sind selbstsicherer. Die Art und Weise ihres Umgangs miteinander wird sich reifer und menschlicher gestalten. Wir stehen gerade am Anfang dieser Form der gesellschaftlichen Neuorganisation und erleben selbst die Nöte, in die der Versuch führt, Spiritualität in den schwierigen Bereich der zwischenmenschlichen Beziehungen einzubringen.

Kunst und Spiel

Ehe ich 1983 aus Kalifornien zur Findhorn-Gemeinschaft gekommen bin, habe ich so vielen künstlerischen Darbietungen wie nur möglich beigewohnt. Ich nahm an, daß in Nordschottland in dieser Hinsicht nicht viel los sein könnte. Weit gefehlt! Über die Jahre habe ich mich immer wieder wundern müssen, was uns die Gemeinschaft alles an Kunstereignissen von höchstem Rang beschert. Sie finden meist in der Universal Hall statt und werden uns durch den Einsatz der Gruppe vermittelt, die für die Halle zuständig ist.

Die Akustik der Halle ist sehr gut. Manchmal benutzt die BBC sie für Konzertübertragungen und gibt uns damit Gelegenheit, klassische Musik bester Qualität mitanhören zu können. Das Aberdeen Youth Festival schickt uns alljährlich einen Chor und eine Tanzgruppe aus fernen Weltgegenden. Unsere eigene Hallen-Gruppe fahndet in der Theaterszene nach interessanten Aufführungen, um sicherzustellen, daß wir nicht zu Kulturbanausen werden. So gab es noch vor kurzem, um nur ein paar Beispiele zu nennen, *Antigone* von Sophokles und einen Abend mit Märchen aus 1001 Nacht, die wunderbar von einem Berufsschauspieler gelesen wurden – unter Mitwirkung einer unserer Bauchtänzerinnen.

Tänzer aus Polen und Kalifornien waren vor einigen Wochen hier. *Kathakali*, eine außergewöhnliche Musik- und Tanzgruppe aus Südindien, hat uns bereits zweimal besucht, um uns einen Eindruck vom *Mahabharata* zu vermitteln, und so könnte ich die Aufzählung fortführen. Ein Filmclub sorgt für erwünschte Zerstreuung und führt einmal pro Woche alte amerikanische Filme vor.

Das Publikum hier in der Findhorn-Gemeinschaft ist berühmt für seine Begeisterungsfähigkeit. Ein Konzert der schwarzen A-cappella-Gruppe *Sweet Honey in the Rock*, das die BBC einmal bei uns veranstaltete, endete damit, daß wir schließlich alle um die Fernsehkameras auf der Bühne herumtanzten, eine Szene, die von den BBC-Technikern mit großem Vergnügen gefilmt und im Fernsehprogramm gezeigt wurde.

In der Universal Hall kommen auch regelmäßig zwei Sacred-Dance-Gruppen zusammen. Außerdem gibt es Gruppen im Free Dance, afrikanischem Tanz und natürlich Jane-Fonda-Tanzgymnastik. Unsere Theatergruppe gastierte vor kurzem mit einer Aufführung beim Edinburgh Fringe Festival. Die Ceilidh-Band unterhält uns bei jeder Gelegenheit mit keltischer Musik. Was Erzeugnisse in Wort und Schrift betrifft, so finden sich in unserer internen Wochenzeitung *Rainbow Bridge* jede Menge Gedichte, Witze, ferner Berichte über die Versammlungen und mehr oder weniger spirituelle Kommentare. Für die breite Öffentlichkeit produzieren wir vierteljährlich die anspruchsvolle Zeitschrift *One Earth*.

Freitagsabends wird manchmal ein allgemeines Sharing anberaumt. Das ist eine informelle Veranstaltung, bei der Mitglieder und Gäste ihre Talente unter Beweis stellen können. Die Qualität ist unterschiedlich, aber wir sind ein sehr dankbares Publikum auch bei mittelmäßiger Darbietung, sofern die Betreffenden nur Mut und guten Willen zeigen. Die Vorführungen von einigen unserer Mitglieder wie auch manchen Gästen sind qualitativ ausgezeichnet.

Im Winter kommt der gemütliche Salon in Cluny zu seinem Recht; dann sitzen Gruppen ums Feuer und singen oder erzählen sich Geschichten. Ähnliches geschieht in Newbold, und von Zeit zu Zeit organisiert Kajedo Wanderer, der Focaliser von Newbold, indianische Schwitzhütten draußen im Garten. Es gibt eine Bergwandergruppe und am Neujahrstag um Mittag ein Polarbärenschwimmen in der Nordsee, das anzuschauen ich mir nie entgehen lasse!

Unsere Gemeinschaft als solche legt keinen besonderen Wert auf Rituale, die, von Westlern ausgeführt, oft aufgesetzt und gezwungen wirken. Aber wir versuchen, den Wechsel der Jahreszeiten bewußt zu erleben, halten bei Vollmond Meditationen ab und alle Vierteljahre Feiern zur Sonnenwende bzw. Tagundnachtgleiche.

Im Juni dieses Jahres haben wir uns zur Sommersonnenwende im Cullerne-Garten versammelt. Die Abendsonne schien von einem klaren,

Polarbärenschwimmen am Neujahrstag

strahlenden Himmel und meißelte jede Einzelheit der bewaldeten Hügel im Süden heraus. Nach kurzem Warten verkündete jemand, daß der Focaliser für dieses Ereignis nicht kommen könne. Sein Vater war an Krebs erkrankt, und nun meditierte er im Andachtsraum. Statt seiner leiteten Mitglieder aus Newbold den Abend mit indianischen Gesängen ein. Immer mehr Leute strömten zusammen, bis wir über zweihundert waren – Mitglieder, Gäste, Freunde – und einander in einem großen Kreis um ein Feuer herum bei den Händen faßten. Barbara Swetina hatte ihr Akkordeon mitgebracht und führte heilige Tänze an. Dann warfen wir alle zeremoniell ein Stück Holz aufs Feuer, um damit symbolisch die Vergangenheit abzuschließen und für die Zukunft zu beten.

Das Wasser in der Bucht glänzte azurblau und golden im Licht der untergehenden Sonne. In dieser vollkommenen Umgebung gewann das einfache Ritual magische Qualitäten und sprengte seine äußere Form. Wir öffneten den Kreis, damit die beiden Feuer – das große Feuer der Sonne und das kleine Sonnwendfeuer – in einer Lohe goldenen Lichts miteinander verschmelzen konnten. So ist es, wenn Gott in uns zu sich selbst kommt ...

Ein anderes denkwürdiges Ritual fand am Tag der »Harmonic Convergence«, dem Weltharmonietag im August 1987 statt. Wir pflanzten über hundert »Friedenspfähle« mit Inschriften in verschiedenen Sprachen auf. An diesem Tag kamen zum ersten und einzigen Mal die Delphine, die im Moray Firth leben, bei Flut in die Findhorn-Bucht geschwommen, ein so ungewöhnliches Ereignis, daß es im regionalen Rundfunk und in den Zeitungen Erwähnung fand. War es bloß Zufall, daß sie ausgerechnet an dem Tag herbeikamen, was sie nie zuvor und seitdem nie getan haben? Wir lesen an solchen Zeichen ab, daß die Gemeinschaft noch immer gesegnet ist.

* * *

Das Leben in der Findhorn-Gemeinschaft stellt Anforderungen, gibt Anregungen, ist vielseitig und pulsierend. Es ist unmöglich, sich hier zu langweilen, es sei denn, man hat mal eine kurze Zeitlang den inneren Elan verloren. Damit will ich nur sagen, daß eine relativ isolierte Gemeinschaft mit 200 bis 400 Mitgliedern weder in ländlichen Stumpfsinn noch in städtisches Chaos zu stürzen braucht.

Wenn unsere kleine Schar eine so abwechslungsreiche Feier aus dem Leben machen kann, wie wird es dann in einer neuen Weltkultur aussehen, wenn die Menschheit gemeinsam der inneren Erfahrung Gottes den Vorrang gibt? Wenn der grobe Materialismus überflüssig geworden und die grobe materielle Armut verschwunden ist, wird sich das Leben auf seinen wahren Sinn konzentrieren. Dann wird die Menschheit ein vielfältiges und aufregendes Leben in Harmonie und Freude leben. Wir in der Findhorn-Gemeinschaft sind der Beweis dafür, daß es sich dabei keineswegs um eine utopische Vision handelt. Aber es gibt noch viel zu tun.

Die Insel Erraid

10

Natur und Umwelt

Web sie ein und sicher sie,
binde sie, bis sie stark und eisenbraun
aus der Erde strömen kann,
im grünen Kalksteinsee sich löst,
des Himmels Blau in ihren Augen fängt,
   während sie schmilzt,
sich den Weg hindurch bahnend.

Und auf dem Hang, wie ich hinunterblicke
hinab ins nebelige Tal,
halten wir beide eine Weile inne,
der Atem stockt uns angesichts der Schönheit.
Eine Seele einfangen

Von Wundergärten zur Umweltperspektive

Seit der Veröffentlichung von *Der Zauber von Findhorn* und *Der Findhorn-Garten* wird die Findhorn-Gemeinschaft immer in Zusammenhang gebracht mit Riesengemüse und der Kommunikation mit Pflanzen-Devas. Manche unserer Gäste erwarten förmlich Naturwunder, wenn sie kommen. Wunder geschehen tatsächlich noch, aber nicht mehr so augenscheinlich wie früher.

Andere Gäste, besonders solche aus Deutschland, erwarten, hier auf eine höchst fortschrittliche Beziehung zur Umwelt zu stoßen. Und dann stellen sie erstaunt fest, daß sie uns in dieser Hinsicht längst überholt haben. All diese Gäste haben die große Veränderung nicht mitbekommen, die sich während David Spanglers Aufenthalt in der Gemeinschaft vollzogen hat. Da wir ein laufender Workshop für die spirituelle Entfaltung geworden sind, liegt der Hauptzweck unseres Hierseins weder in einer gesteigerten Kommunikation mit der Natur noch in der Bildung eines vollkommenen ökologischen

Bewußtseins – auch wenn wir in einer Satire »Die betenden Grünen« genannt worden sind.

Vielmehr ist es Aufgabe und Zweck der Gemeinschaft, eine materialistische Bedürfnisphilosophie durch innere göttliche Inspiration zu ersetzen. Unser Anliegen ist nicht unbedingt eine umweltorientierte Politik, sondern wir wollen ganz praktisch eine liebevolle Beziehung zu allen Dingen einschließlich der Umwelt aufbauen. Wie bei allen anderen Aspekten des Lebens auch, ist unser Verhältnis zu Natur und Umwelt sowohl eine Möglichkeit, Liebe zum Ausdruck zu bringen, als auch eine Quelle der Inspiration und eine Lehre für uns. Die Beziehung zur Umwelt ist bei jedem einzelnen Mitglied und Besucher etwas, das wächst und sich verändert. Durch den Umgang mit anderen, deren Ansichten man diskutiert und aufnimmt, und die Verbindung zur natürlichen Umwelt hier wird die Vorstellung eines Bezugs zu *Gaia* – der Mutter Erde – als einem vor Leben pulsierenden Wesen Wirklichkeit.

Als ich zur Findhorn-Gemeinschaft kam, war ich noch Fleischesser. Sowie ich empfindlicher für die Energien hier wurde, ging mir die Wahrheit von vielem auf, was Vegetarier sagen, nämlich daß die Art und Weise, wie Tiere geschlachtet werden, die Energie des Fleisches nachhaltig beeinflußt und infolgedessen jeder Bissen eine kleine Dosis Entsetzen und Todesangst mitliefert. Mir wurde auch klar, daß Fleischverzehr rheumatischen Erkrankungen und Herzleiden Vorschub leistet. Oft sind noch Chemie- oder Hormonrückstände im Fleisch enthalten, die dem Körper schaden. Ich las, daß erheblich mehr Land zur Erzeugung von fleischlichem Eiweiß gebraucht wird als zur Erzeugung der entsprechenden Menge pflanzlicher Proteine, und daß mancherorts durch die Rinderzucht lebenswichtige Regenwälder zerstört werden. Ich habe die indische Auffassung übernommen, nach der das Fleischessen einen Energieüberschuß und Aggressivität auslöst. Darum habe ich nach und nach meinen Fleischkonsum reduziert und nach Möglichkeit nur noch Wild gegessen, das es hier reichlich gibt. Nach Tschernobyl war allerdings auch dieses Fleisch verseucht. Doch trotz all dieser Kenntnisse stand mir der Sinn immer noch nach Fleisch! Ganz allmählich hat sich schließlich diese Lust in Abscheu verwandelt. Es hat lange gedauert, bis mir die fleischlose Ernährung zur zweiten Natur wurde, statt eine dem unwilligen Gaumen aufgezwungene Ideologie zu bleiben. Jetzt ist mir schon der Gedanke unangenehm, Fleisch essen zu müssen.

Aber Fisch mochte ich noch immer gern, und »Fish and Chips« ist in dieser Gegend eine echte Verlockung. Ich weiß wohl, daß die Energie von Fisch das Selbstgefühl dämpft, war jedoch lange nicht in der Lage, ihn aufzugeben. Erst im Juni 1989, als ich Focaliser eines Workshops war, hatte ich ein Erlebnis, das meine Empfindungen viel drastischer veränderte, als es beim Fleisch der Fall gewesen war. In der zweiten Workshop-Woche machten wir einen Ausflug zum Findhorn-Fluß, um mit Hilfe indianischer Übungen die Natur zu erkunden. Unter anderem sollte ein »Ort der Macht« gefunden und an ihm der Blick für längere Zeit unverrückt auf einen bestimmten Punkt gerichtet werden.

Ich hatte keine Schwierigkeiten, einen Ort der Macht ganz in der Nähe unseres Versammlungsortes zu finden. Die anderen hatten sich weiter verstreut. Die Zweige einer Wildrose vor meinem Platz bildeten ein kleines Dreieck, durch das ich ein Stückchen vom Fluß dahinter sehen konnte, vielleicht einen Quadratmeter groß. Mein Platz wirkte sehr stark auf mich; mir wurde angenehm warm, und ich fühlte mich wohl und war entspannt. Ich blickte stetig durch das Dreieck der Zweige auf die Wellen des Flusses. Plötzlich sprang ein großer Lachs hoch, genau an der Stelle, auf die ich meinen Blick gerichtet hielt. Ein paar Minuten später sprang er wieder. Nirgendwo sonst sprangen Fische, nur an dieser einen Stelle. Mir war, als wäre ich wirklich unmittelbar mit Naturkräften in Verbindung getreten und eine Wechselbeziehung eingegangen.

Dann empfing ich eine Botschaft in einer Mischung aus innerer Stimme und Bildern. Das offene Meer wurde mir gezeigt mit einem Schwarm von Fischen, die dicht unter der Wasseroberfläche herumschwammen und tauchten und in der Sonne silbern aufblitzten. Die Worte lauteten:

> Mit deinem menschlichen Bewußtsein kannst du unsere Erfahrung miterleben, die Bewegung mitempfinden lernen, die Schönheit unseres Soseins, und dabei trotzdem das eigene Bewußtsein behalten. Unser Leben ist nicht angsterfüllt, wie du vielleicht meinst. Natürlich werden wir gejagt, aber wir sind im Gleichgewicht und in Harmonie mit der Natur und nehmen unseren Tod als etwas zur Aufrechterhaltung dieses Gleichgewichts Notwendiges hin, haben also keine Angst. Aber es gibt eine Erfahrung, die wir dir nicht antun möchten. Das ist unsere Beziehung zum Menschen. Der Mensch befindet sich nicht im Gleichgewicht, in Harmonie. Seine Gier, uns zu fangen und zu töten, kennt keine Grenzen; sie wird sogar immer größer. Er ist aus dem Gleichgewicht geraten, und unsere Beziehung ist von Angst gekennzeichnet. Wir fürchten ihn entsetzlich, und unsere Erfahrung mit ihm löst blinde Panik aus.
>
> Dabei wissen wir, daß der Mensch in seinem Urbewußtsein versucht, eine Verbindung zu uns herzustellen. Und die einzige Art, die er kennt, ist die, sich uns einzuverleiben, uns unentwegt zu essen. Wir sind nicht ein Teil der Natur, um gierig von Menschen verspeist zu werden. Ihr seid dazu fähig, eine ganz

andersartige Beziehung zu uns einzugehen; ihr könnt mit eurem Bewußtsein in das unsrige eindringen und mit uns zusammen die Meere durchtanzen.

Besonders du sehnst dich nach uns, willst dich mit uns identifizieren. Deshalb ißt du so gern Fisch. Mache dir einmal das herrliche Abenteuer bewußt, das wir gemeinsam erleben können. Von allen Geschöpfen können nur die Menschen mit ihrem Bewußtsein ins Bewußtsein anderer eindringen und deren Erfahrungen teilen. Hör auf, uns zu essen, und lerne uns lieben und dich an uns zu freuen; dann werden wir die entsetzliche Angst vor dir verlieren, während du allmählich das Wunder unseres Seins mit uns teilen wirst.

Damit war die Botschaft beendet, die mich mit Verwunderung erfüllte. Sie war klar und eindeutig. Ich starrte weiter auf die Stelle, und noch zweimal sprang ein Lachs in ebendem einen Quadratmeter Flußwasser hoch, der in meinem Blickfeld lag. Was hat es mit einem solchen Erlebnis auf sich? Rationalisten würden es als selbstinduzierte Halluzination bezeichnen. Aber warum ist der Fisch ausgerechnet dort gesprungen? Auf der gesamten Flußlänge war noch vor einer Stunde, als wir Mittag machten, kein springender Fisch zu sehen gewesen, und an der Stelle, auf die ich hinabschaute, schien mir nichts Besonderes zu sein. Der Verstand versucht das auszuschließen, was sich nicht ausschließen läßt. Die Wirklichkeit ist viel wunderbarer als alle Vernunft; manchmal ist sie ganz und gar ehrfurchtgebietend, ein unglaublicher Tanz zwischen Bewußtsein, Erfahrung und Form, in dem alle formbar und geschmeidig sind. Eines Tages werde ich mit den Fischen im Meer herumschwimmen, springen und mich tummeln und beim Wenden in der Sonne aufleuchten, und ich werde alles mit menschlichem Bewußtsein erfassen. Aber nicht bei meinen Besuchen in Fischläden. Seit meinem Erlebnis dort am Fluß habe ich nie wieder den Wunsch verspürt, Fisch zu essen.

Ich habe dieses persönliche Erlebnis ziemlich ausführlich geschildert, weil es einen Veränderungsprozeß anschaulich macht, der typisch ist für das, was in der Findhorn-Gemeinschaft passiert. Statt ein spirituell wünschenswertes Ziel in einen Stock zur Selbstkasteiung zu verwandeln und Ideal gegen Praxis zu setzen, erweitern wir lieber unser Bewußtsein, so daß wir allmählich Gott ein wenig ähnlicher werden und nicht mehr das Verlangen haben, die fragliche Gewohnheit beizubehalten. Während man sich eine »grüne« Moralvorstellung sozusagen über Nacht aneignen kann, dauert unser Weg etwas länger, aber er ist eine gute Basis für den Austausch der Energien neuer Lebensweisen. Ausgangspunkt ist nicht das »du solltest«, sondern das »es ist so«.

Unser gemeinsames Ziel ist es, »der Erde nicht zur Last zu fallen«. Wir wollen uns demonstrativ in Richtung auf ein menschenerhaltendes und erderhaltendes Gleichgewicht für die Menschheit hinbewegen. Was damit gemeint ist, ist nur schwer genau zu definieren. Wir leben in und hängen weitgehend ab von einer Wirtschaft, die dieses Gleichgewicht keinesfalls fördert. Es läßt sich nicht sagen, wie unser Leben aussehen würde, wenn sie es doch täte, aber diese Frage ist rein hypothetisch. Einzig dann wird sich die Wirtschaft wirklich global verändern können, wenn die Menschheit sich auf das Göttliche im eigenen Innern einstimmt und diese Einstimmung zur Grundlage ihres Handelns macht, statt äußere Bedürfnisse zu wecken. Sowie das geschieht, wird die Findhorn-Gemeinschaft in der Gesamtgesellschaft aufgehen und verschwinden. Für den Augenblick jedoch leben und wirken wir innerhalb der gegebenen Situation.

Unser ökologisches Bewußtsein hat noch seine Schwächen. In Übereinstimmung mit dem generellen Trend nimmt es zur Zeit allerdings sehr schnell zu; so trifft sich inzwischen regelmäßig eine Ökologie-Gruppe. Wir haben in unseren Gärten nie chemische Mittel verwendet (mit einer unerheblichen Ausnahme in der Anfangszeit von Cullerne). Wir haben stets mit Freude vegetarische Kost genossen; nur freitags abends gibt es außerdem noch Fisch und zu Weihnachten nach Wunsch Puter. Allerdings ernähren wir uns nicht ausschließlich von biologisch-organischen Lebensmitteln, die in dieser Gegend, einmal abgesehen von dem, was unsere Gärten liefern, schwer zu bekommen sind; wir haben uns auch nicht auf Freilandeier festgelegt, und erst vor kurzem haben wir uns auf biologisch voll abbaubare Geschirrspül- und Reinigungsmittel umgestellt. Bisher kann man in Nordschottland außerhalb Aberdeens kein Papier recyceln, und so haben wir es alle zwei Monate lastwagenweise dorthin geschafft, was mehr kostet, als wir für das Papier bekommen. Glascontainer werden gerade erst eingerichtet im nächsten Ort; wir halten sie für dringend erforderlich.

Die Häuser, in denen wir wohnen, sind äußerst energieaufwendig. Cluny ist ein altes, undichtes Gemäuer, aber die Kosten für eine Isolierung der Wände und Doppelverglasung der Fenster übersteigen unsere Mittel bei weitem. Um einen kleinen Anfang zu machen, sind wir dabei, moderne Wärmetauscher ins Boilersystem einzubauen, wodurch sich der Energieverbrauch um einiges vermindern dürfte. Ein Vorhaben, Sonnenkollektoren auf dem Dach von Cluny anzubringen, wurde auf Eis gelegt.

Die Wohnwagen im Park sind ökologisch ein Alptraum, schlecht isolierte Blechkästen, die den ganzen Winter über luftverschmutzenden Rauch ausstoßen. Bis wir die Mittel haben, ökologisch funktionsfähige Häuser zu bauen, können wir nicht viel daran ändern. Immerhin haben wir eine Heizungsanlage in den zentralen Gästebungalows installiert, die mit einem einzigen Boiler betrieben wird, und dadurch die Luftverschmutzung verringert. Vor etlichen Jahren wurden zwei bekannte amerikanische Architekten, Sim van der Ryn und James Hubbell, von uns damit beauftragt, ein Konzept zu erstellen für interessante, energiesparende, wabenartig zusammenhängende Häuser, die der Siedlungsödheit einer normalen Bebauung entgegenwirken würden. Die beiden machten einen bemerkenswerten Plan, der bald allgemein »Hubbell Bubble« genannt wurde. Aber einige Mitglieder hatten ästhetische Einwände dagegen, und außerdem machte es uns Sorgen, wie die Stahlbetonbauweise der Bauten auf die feuchte Witterung reagieren würde. Zudem war abzusehen, daß die Häuser sehr teuer würden.

Mittlerweile fördern wir in begrenztem Maße private, durch Bauvorschriften eingeschränkte Bauvorhaben von Mitgliedern mit eigenen Mitteln. Wir haben ferner Neuland beschritten und alte Whiskyfässer zum Hausbauen verwendet, die wir sehr preiswert erstehen konnten. Eine Gruppe kleiner runder Gebäude ist geplant; eins ist bereits fertig, die anderen sind noch im Bau, während ich schreibe. Sie sind billig, innovativ und für Alleinstehende sehr attraktiv. Einer Park-Umweltplanungsgruppe (PEG) halfen Landschaftsarchitekten auf Besuch bei uns, schonende Landnutzungspläne zu erstellen. 1990 ist ein einfacheres Hausbauprojekt als das

Ökologischer Hausbau

Hubbellsche, nach Tolkien »Bag End« genannt, für elf Privathäuser mit Holzfachwerk angelaufen.

Wir hatten auch schon mehrere Sommer lang unsere eigene »Bauhütte« hier. Wir fördern Besucher mit handwerklichen Fähigkeiten und einer spirituellen Neigung zur Arbeit in der Atmosphäre der Findhorn-Gemeinschaft. Sie haben den Erweiterungsbau an unserem Gemeinschaftzentrum erstellt, eine merkliche Verbesserung des bestehenden funktionellen Gebäudes. Bessere Wohnmöglichkeiten für eine stabiler gewordene Gemeinschaft sind längst überfällig, und jeder kleine Fortschritt ist höchst willkommen.

Unsere erste 75-kW-Windkraftanlage namens »Moya« ist inzwischen in Betrieb. Nachdem sie eine Weile in Einzelteilen gegenüber dem Gemeinschaftszentrum gelagert hatte, während wir mit den technologischen und finanziellen Schwierigkeiten kämpften, sie ins Stromnetz einzugliedern, steht sie nun aufrecht und dreht sich. Diese Windkraftanlage ist ein wichtiger symbolischer Akt, ein Schritt in Richtung wirtschaftliche Unabhängigkeit. Gegenwärtig arbeitet sie noch nicht rentabel, da sich der Kaufpreis erst amortisieren muß; sie wird auch nicht unseren gesamten Strombedarf decken; und es war schwierig, einen passenden Platz dafür zu finden – die Anlage war zu laut, um sie in der Nähe zu haben, und sie an der besten Stelle in etwa 800 Meter Entfernung aufzustellen hat die Kosten gewaltig erhöht, da wir eine zusätzliche Umspannstation brauchten.

Wir sind also keineswegs »weltweit führend« in alternativen Technologien oder im ökologischen Hausbau, wenn auch »Hubbell Bubble« ziemlich einmalig gewesen wäre. Ebensowenig besitzen wir zur Zeit schon das Land, das wir brauchen würden, um die Universal Hall wirklich zum Mittelpunkt einer stetig weiterwachsenden Gemeinschaft zu machen, wie sie es der natürlichen Entwicklung entsprechend wäre. Die Vision einer solchen Gemeinschaft dringt allerdings langsam ins Bewußtsein unserer Mitglieder ein. Und wenn sie ein »Teil von uns« geworden ist, werden wir sie verwirklichen. Ich halte es für wichtig, den Prozeß der Selbstfindung sowohl durch die greifbare Form wie auch durch die geistige Erziehung einer Gruppe anschaulich zu machen. Die Universal Hall ist wirklich ein Kunstwerk. In kleinerem Maßstab geben der Naturandachtsraum und die Faßhäuser bereits einen Vorgeschmack von den Möglichkeiten einer ökologisch fundierten, benutzerfreundlichen, ästhetisch ansprechenden Architektur. Alles übrige ist gegenwärtig noch im Planungsstadium und Teil unserer Zukunftsvision – ein biologisches ungiftiges Klärsystem, eine Bio-Farm mit kreisförmig angelegten Feldern, ein Naturschutzgebiet – alles Bilder eines Traums, die Wirklichkeit werden, wenn ihre Zeit gekommen ist.

Spirituelles Gärtnern

Dorothy Maclean hatte jahrelang Weisungen empfangen, die 1971 von der Findhorn Foundation unter dem Pseudonym »Divina« in zwei Bänden veröffentlicht wurden. 1963 hatte Dorothy gemerkt, daß sie Verbindung zu den Energiekräften aufnehmen konnte, die das Pflanzenwachstum bestimmen und unterhalten und die sie Devas nannte. Durch diese Beziehung vermochte sie Peter praktische Ratschläge zu erteilen, wie er die Gärten anlegen sollte, wodurch das erstaunliche Pflanzenwachstum gefördert wurde, das den Ruhm der Gemeinschaft begründete. Die ganze Geschichte ist eingehend in dem Buch *Der Findhorn-Garten* geschildert.

Dorothy Maclean

Seitdem steht unsere Gartenarbeit ein wenig im Schatten von Dorothys speziellen Kommunikationsbegabungen. Jeder meint, er müsse die gleichen Kontakte herstellen können, um ein »echter« spiritueller Gärtner zu sein; aber niemand hat bisher die besonderen Botschaften empfangen können, die die Devas in jenen Anfangstagen Dorothy zukommen ließen. Aus diesem Grund ist die echte spirituelle Gartentradition etwas ins Hintertreffen geraten. Einige Gärtner haben sich mit einem leichten Zynismus über die »Naturkräfte« geäußert, die einer romantischen Vergangenheit angehören, und würden im Traum nicht daran denken, mit einem Komposthaufen zu meditieren! Andere wieder, zu denen auch ich gehöre, fühlen sich zur Gartenarbeit hingezogen, weil sie ein Gegengewicht zu jahrelanger Geistes- oder Büroarbeit bildet, doch gerade, wenn wir uns auf diesem Gebiet, das Können erfordert, eingearbeitet haben, fühlen wir uns zu anderen Tätigkeiten berufen. Dennoch ist die geistige Verbindung zum Gartenbau nie ganz abgebrochen. Wenn sie in einem Garten verloren zu sein schien, machte sie sich in einem anderen um so stärker bemerkbar. Gegenwärtig nimmt sie wieder an Kräften zu. Es ist wichtig, sich ins Gedächtnis zu rufen, daß Dorothy nur einen der vielen Wege beschritten hat, auf dem man mit den Kräften der Natur in Berührung kommen kann.

»Spirituelles Gärtnern« unterscheidet sich insofern von normalem biologisch-organischem Gartenbau, als Meditationstechniken in die Gartenarbeit integriert werden. Pflanzen reagieren nachweislich empfindlich auf Energien und Klänge: Sie wachsen zum Beispiel zu klassischer Musik hin und von Rock-Musik weg und weisen in Gegenwart verärgerter oder aggressiver Menschen mikroenergetische Störungen auf (vgl. Tompkins/Bird: *Das geheime Leben der Pflanzen*). Hier in der Findhorn-Gemeinschaft bedienen wir uns außer der normalen einstimmenden Besinnungstechniken kurzer Meditationen nach dem Pflanzen von Setzlingen, bei der Fertigstellung von Komposthaufen und an einzelnen Gewächsen oder Beeten. Diese Art des Gärtnerns erfordert auch Liebe und Achtung vor den Pflanzen, auf die man sich vor der Ernte oder vor dem Beschneiden in einer Besinnung einstimmt. Dadurch bekommt man einen Sinn für den Garten als eine Ganzheit mit eigenem Charakter. Schritt für Schritt kommt man als Gärtner mit dem Garten in Einklang. Man entwickelt ein intuitives inneres Gespür für die Bedürfnisse der Pflanzen, für das, was sie mögen und was ihnen mißfällt. Die Pflanzen wiederum reagieren auf die innere Verfassung des Gärtners und seine Visionen hinsichtlich des Gartens.

In meinem ersten Jahr bei der Findhorn-Gemeinschaft hatte ich das Glück, mit Alan Watson zusammenzuarbeiten, der damals Focaliser des Gartens von Cluny war. Als Alan einmal während eines Garten-Workshops wundervolle Naturdias vorführte, wurde mir klar, daß er durch seine Fotografie den Pflanzengeistern ebenso nahegekommen war wie Dorothy. Seine Werke, von denen Beispiele in unserem jährlichen Naturkalender zu sehen sind, machen auf einzigartige Weise das Wesen der Pflanzenenergie sichtbar. In einem Ergänzungskapitel zur zweiten Auflage des Buches *Der Findhorn-Garten* beschreibt Alan, wie Fliegen seine Aufmerksamkeit erregten, indem sie um ihn herumsurrten, bis er merkte, daß ein Gast im Garten etwas falsch machte. Das erinnert mich an die Zeit, als ich einmal mit einer Gästegruppe sowie Alan und Karin Werner an einem Gartenprojekt in Cluny arbeitete.

Karin hatte vor, die Polsterstauden im Hanggarten auszugraben, um Quecken zu entfernen, die sich dazwischen unter den Steinen ausgebreitet hatten. Es war der heißeste Tag des Jahres, ein Tag, der keineswegs zum Ausheben von Pflanzen geeignet war. Bei unserer Einstimmung hatten wir alle einschließlich einiger Gäste ein ungutes Gefühl, unser Vorhaben in der glühenden Sonne auszuführen. Aber wir ließen uns nicht beirren – 18 Leute fielen über den Steingarten her und hoben in schneller Folge alle alteingewurzelten Pflanzen heraus. Es war so, als zöge man jemandem die Haut ab. Nach ungefähr einer dreiviertel Stunde durchbohrte sich Karin mit einer Gabel das Bein. Eine Gabelzinke durchstach die Wade an einer Seite und kam auf der anderen wieder heraus. Alan jagte mit ihr ins Krankenhaus, damit sie eine Tetanus-Spritze bekam, während wir anderen gedrückt weiterarbeiteten. In der Teepause trat Alan mit nacktem Fuß auf ein weggeworfenes Streichholz, das sich ihm in den Fuß bohrte. Nachdem die Umsetzung endlich beendet war und die armen Pflanzen, welk und trocken, wieder in ihrem Beet ums Überleben rangen, fiel ich die Stufen vor Cluny hinunter und verstauchte mir den Fuß. Naturgeister können ganz schön grob sein, wenn man sie anruft, aber ihnen die schuldige Aufmerksamkeit versagt. Für uns war das eine ausgezeichnete, wenn auch schmerzhafte Lehre über die innere Einstimmung auf den Garten.

Maria Thun, eine deutsche Gärtnerin und Anthroposophin, bringt einen Jahreskalender heraus, in dem entsprechend der Einflüsse von Mond und Planeten die besten Aussaat- und Pflanzzeiten verzeichnet sind. Nach ihrer Methode ist die Findhorn-Gemeinschaft auch meist vorgegangen; allerdings haben wir herausgefunden, daß die Meditation mit Pflanzen dem Einfluß von »ungünstigen« Tagen entgegenwirkt. Was an solchen Tagen ausgesät wurde, ist ebensogut gekeimt. Zwar können die wenigsten Leute so klare Botschaften von den Devas empfangen wie Dorothy, aber jeder kann mit den Pflanzen meditieren. Der Erfolg läßt nicht auf sich warten.

Das Hauptproblem bei den Gärten der Findhorn-Gemeinschaft ist weniger durch die Pflanzen bedingt als vielmehr durch den häufigen Wechsel der Gärtner. Ständig kommen neue Besucher in die Gärten, um ein paar Morgen oder Nachmittage dort mitzuarbeiten, und nicht nur das: Oft ist das ihre erste Erfahrung mit Gartenarbeit. Dabei geben die Gärten meist mehr, als sie umgekehrt erhalten.

Wir bringen den Gästen bei, ein langsameres Tempo vorzulegen, zwischen angebauten Pflanzen und Unkraut zu unterscheiden und auf ihre Schritte zu achten. Natürlich werden trotzdem erst einmal die falschen Gewächse herausgerissen, treten schwere Füße etwas kaputt. Aber die Gärten haben ihre Lehrfunktion begriffen. Es ist sehr wichtig, daß einige von denen, die in einer Betonlandschaft aufgewachsen sind, wieder mit der Erde in Berührung kommen, auf der sie stehen.

Manchmal kommen auch sentimentale Besucher hierher, deren Finger beim Unkrautrupfen zittern. Die Natur ist alles andere als sentimental. Schöpferisches Mitgehen mit der Natur setzt eine klare Sicht der Dinge voraus, die mit den örtlichen Gegebenheiten im Einklang und mit den ökologischen Erfordernissen im Gleichgewicht ist, um dann mit Entschlossenheit ans Werk zu gehen. Diese Beziehung ist in Peter Caddys Gartenarbeit in der Frühzeit unserer Gemeinschaft aufs schönste sichtbar geworden.

Wenn unsere Gäste einen ersten Bezug zum Garten gewonnen haben, scheint es oft so, als würden die verschiedenen Arbeitsabläufe – das Säen, Harken, Kompostaufbringen, Ernten, Unkrautjäten usw. – etwas von ihrem eigenen Leben widerspiegeln: Veränderungen, die sie vornehmen müssen, die Notwendigkeit, das Unkraut alter Gewohnheiten auszureißen. Das spirituelle Gärtnern ist ein beachtlicher Lehrmeister und Streßlinderer. Die Erziehungsfunktion unserer Gärten erklärt, warum die Zeit der großen Gartenfrüchte vorbei ist.

Mitglieder befassen sich selten länger als ein Jahr oder zwei mit Gartenarbeit. Vom Garten her gesehen ist das sehr schade, denn die natürlichen Abläufe halten sich nicht an den schnellen Rhythmus ungeduldiger Menschen. Die wirklich begeisternden Erträge der frühen Findhorn-Gärten haben sich erst nach etwa drei Jahren eingestellt. Jetzt wechseln viele Gärtner schon vorher und lassen die Gärten mit Entzugserscheinungen zurück. Wenn allerdings ein spirituell orientiertes Team mit klaren Vorstellungen einmal wieder lange genug ans Werk geht, reagieren die Naturgeister positiv.

Das geschieht zur Zeit im herrlichen Cullerne-Garten. Es zeigt sich weniger in Übergröße oder ungewöhnlichen Gewächsen als vielmehr in einer intensiven Gesamtschwingung, die sich selbst den weniger Einfühlsamen bemerkbar macht. Ich habe 1984 für eine Saison in diesem Garten gearbeitet, als er sich eben von den Mißklängen unter den früheren Gärtnern erholte, die vergeblich versucht hatten, die Mittel zum Erwerb von Haus und Land wieder hereinzuwirtschaften. Einige von uns begannen, dort jeden Mittag heilkräftige Meditationen abzuhalten, statt zum Andachtsraum zu gehen. Den ersten ertragreichen Gemüsegarten legten wir als deutliche Alternative zu den intensiv bewirtschafteten Gemüsefeldern an. Er hatte die Form von Schmetterlingsflügeln mit einem runden Thymianbeet in der Mitte.

Erfahrenere Gärtner hatten erhebliche Bedenken gegen unser Projekt und erklärten, bei der schlechten Erde würde dort nichts gedeihen. Der erste Hinweis, daß unser Vorhaben von Erfolg gekrönt sein würde, war ein wunderschönes Ei, das ein Austernfischer genau ins Zentrum des Thymianbeetes in der Mitte des neuen Gartens gelegt hatte. Für mich war das eine klare Zustimmung von seiten der Gartengeister. Dann stellte uns ein örtlicher Reiterhof schier unbegrenzte Mengen Pferdemist zur Verfügung. Gegen Ende des Jahres wurde ein Wildschutzzaun um den Garten gezogen, eine größere Arbeit mit dem symbolischen Sinn, die Gartenbegrenzungen festzulegen, was meines Erachtens den Naturgeistern ebenso dienlich war wie uns.

Die schönste Zeit, die ich überhaupt in Findhorn-Gärten verbracht habe, waren zwei Jahre im Drumduan-Garten, wo ich mit Ian Sargent zusammengearbeitet habe. Als wir damit anfingen, war der Garten völlig überwuchert und vernachlässigt. Unserem Gefühl nach schrie er geradezu nach Zuwendung. Wir stellten eine Liste von 19 vorrangigen Arbeiten auf, die getan werden mußten, und schaufelten Gäste herbei. Abgestorbener trockener Besenginster wurde ausgerissen, Buchen- und Rhododendronhecken gepflanzt, der Gemüsegarten wurde vollkommen wieder instandgesetzt, und die Rabatten wurden erweitert. Wir gruben 500 Iris aus ihrem ornamentalen Zierbeet, befreiten sie von Unkraut und setzten sie wieder ein, legten einen neuen Kräutergarten an und schufen dadurch, daß wir die Pfade anders legten, Platz für ein prächtiges Beet einjähriger Blütenpflanzen, Ians ganzer Stolz und seine Freude.

Diesmal waren es nicht die Naturgeister, die sich über unser Tempo ärgerten. Vielmehr waren verschiedene Hausbewohner der Meinung, wir zerstörten die Atmosphäre von feiner Dekadenz, die über dem Gelände lag. Die Umweltgestaltungsgruppe der Gemeinschaft wurde zum Kommen aufgefordert. Glücklicherweise braucht in der Gemeinschaft alles seine Zeit, und als die Gruppe endlich kam, waren die meisten Projekte bereits weitgehend vollendet. Die Gruppe äußerte vernichtende Kritik. »Hier sieht es ja aus wie auf einer Baustelle«, sagte jemand. Sie drohten, mich meines Amtes als Focaliser zu entheben. Doch mittlerweile konnte ich versprechen, fortan ein langsameres Tempo vorzulegen und aufzuräumen, da die Hauptarbeit getan war. Ich wußte, daß der Garten die Art von Energie gebraucht und ersehnt hatte, die wir ihm hatten zukommen lassen, mußte jedoch meine Lektion im richtigen Umgang mit Menschen lernen, mochte auch die Einstimmung auf die Natur gut gewesen sein.

Im Winter dünnten wir den Wald rings um den Garten aus und entnahmen ihm etwa siebzig Bäume. Wir fällten sie fast alle mit der Hand. Ein Mann erbot sich freundlich, uns mit seiner Motorsäge dabei zu helfen, aber der Garten schrie auf, als er auf seine Art zu Werke ging. Siebzig Bäume mit Bügelsägen zu fällen brachte uns beinahe um, aber es hat sich gelohnt. Die Devas waren glücklich, wir sprachen mit jedem Baum, ehe wir ihn fällten, und die Bäume, die stehenblieben, konnten wieder atmen und sich ausbreiten. Im Vorfrühling schließlich bekamen wir grünes Licht für ein Projekt, das uns ein Jahr zuvor untersagt worden war – die Entfernung eines alten Schwimmbeckens voller Schrott und Abfall, ein Schandfleck mitten im Garten. Es war gerade noch Zeit dafür vor der Pflanzzeit. Mit Hilfe eines kleinen Trupps von Workshop-Teilnehmern rissen wir das Becken ab, um an seiner Stelle einen tiefliegenden Garten mit Teich und einer überdachten Sitzgelegenheit für Workshop-Gruppen inmitten eines Steingartens anzulegen. Für den Steingarten fanden wir wunderschönen gelben Sandstein an einem verfallenen Haus in der Nähe.

Das war das Tüpfelchen auf dem i. Im darauffolgenden Sommer meinten einige Gäste, Naturgeister auf dem Gelände von Drumduan gesehen zu haben. Die Fingerhüte wuchsen über zwei Meter hoch, und es war eine wahre Wonne, morgens hinauszugehen. Die alte strahlende Schwingung der frühen Findhorn-Gärten war wiedergekehrt. Ende Juli desselben Jahres begannen wir mit der Zuckererbsenernte. Normalerweise reifen sie noch etwa drei Wochen lang nach. Im Dezember konnten wir immer noch pflücken – trotz drei Zentimetern Schnee auf der Erde blühten sie weiterhin!

Drumduan House beherbergt jetzt die Moray-Steiner-Schule. Sie benötigt einen funktionellen Garten mit viel Rasen. Unser im Ornament angelegter Garten ist verschwunden, ist nur noch Erinnerung. In der Findhorn-Gemeinschaft lernt man das Loslassen.

Ohne den Drumduan-Garten unterhalten wir jetzt drei große Gartenanlagen in der Gemeinschaft – das Gelände vom Cluny College, den Gartenkomplex im Park, wo alles seinen Anfang genommen hat, und das etwa drei Hektar große Stück Land bei Cullerne. Jeder Garten wird mit der gleichen Liebe von seinen Gärtnern gepflegt und hat einen ganz eigenen Charakter, wobei der Park vielleicht besondere Erwähnung verdient, weil es sich bei ihm um den ursprünglichen Findhorn-Garten handelt. Es gibt keinen Einzelgarten im Park, sondern viele kleine Gartenstücke zu beiden Seiten der Wege zwischen den Bungalows. Jedes Mal, wenn man um eine Ecke kommt oder an einem Haus vorbeigeht, liegt ein neuer Gartenteil vor einem – der ursprüngliche Gemüsegarten, Blumenbeete vor dem Andachtsraum, der zwischen Wohnwagen hinter dem Gemeinschaftszentrum versteckte Kräutergarten sowie Steingärten, Teiche und Büsche an den Gästebungalows. Vor der Universal Hall liegt ein weiterer Gartenteil mit Teichen und einer Wiese voller Osterglocken unter alten Bäumen. In Pineridge verbirgt sich wieder ein Stück Parklandschaft, das mit seinen von dekorativem Besenginster eingefaßten ruhigen runden Rasenflächen der Naturkapelle alle Ehre macht, und dort ist auch noch ein zweites Gemüsegärtchen, das früher als Baumschule genutzt wurde. Die Parkgärten sind ein filigranes Geflecht von unterschiedlichster Art. Um sie genießen zu können, muß man erst überall herumspazieren und sich hinterher das große Ganze vor Augen führen, denn sonst nimmt man leicht alle seine Teile für selbstverständlich, wie es uns oft geht. Der Garten von Cluny liegt um das Haus herum, und die Cullerne-Gärten erstrecken sich weit vor einem; aber die Gärten im Park zeigen nur scheu hier und da ihr Gesicht – sie sind nicht als Ganzes zu erkennen, nur vor dem inneren Auge.

Zur größeren Gemeinschaft zählt noch das große Gelände von Minton House, ferner Newbold mit seinem alten, ummauerten Gemüsegarten und der neue Garten vom Meadowlark-Pflegeheim. Auch auf Erraid an der Westküste wird in großem Stil Gemüse gezogen.

In der Mitte des Parks neben dem alten grünen Wohnwagen, in dem Eileen, Peter und Dorothy einst wohnten, befindet sich der ursprüngliche Garten, in dem Blumen und Gemüsepflanzen sich zu unterschiedlichen Mustern in Form und Farbe miteinander verbinden. Wenn man nach einer Wanderung durch die üppigen Gärten des Parks dort stehenbleibt, kann man daran zurückdenken, wie Peter Caddy hier, wo der Familienwohnwagen schließlich seinen Standplatz gefunden hatte, 1962 den ersten Spatenstich in die sandige Schutthalde tat. Aus diesem ersten Spatenstich ist alles andere gewachsen.

Nördlich an den Gemüsegarten grenzt ein naturbelassenes und wildes Stück Land an. Niemand setzt den Fuß hinein. Zu jedem unserer Gärten gehört ein solcher Platz, ein symbolisches Heiligtum, in das sich die Devas zurückziehen können, wenn die Menschen unerträglich werden. Die Naturgeister haben sich nie weit von der Menschheit entfernt. In dem Maße, in dem wir unseren rationalistischen Realismus durch innere Bewußtheit ersetzen und mit offenen Augen innehalten, zeigen sie sich schüchtern wieder:

> Wir sind uns schon einmal begegnet. Wann immer jemand einer Pflanze Aufmerksamkeit oder Gefühle entgegenbringt, verbindet sich ein Wesensteil dieses Menschen mit unserem Wesen, und so wird die eine Welt gehegt. Ihr

Menschen seid uns deshalb alle eng verbunden, aber solange ihr diesen Bindungen keine Anerkennung zollt, bleiben sie ein Nichts und entwickeln sich nicht. Pflanzen dienen der menschlichen Ernährung, sie geben sich auf diese Weise hin und schaffen greifbare Verbindungen. Diese Verbindungen gehören zwar der Vergangenheit an, aber sie können durch die Erinnerung in der Gegenwart wiederbelebt werden. Das Gedächtnis hat unter anderem den großen Nutzen, die Erinnerung an das Einssein allen Lebens wieder wachzurufen.

Rhabarber-Deva, 20. Oktober 1963
Aus: *Du kannst mit Engeln sprechen*

Die Umgebung

Paul Hawkens Buch *Der Zauber von Findhorn* gibt einen völlig irreführenden Eindruck von der natürlichen Umgebung unserer Gemeinschaft. Er schreibt:

> Der Zug fuhr weiter Richtung Norden. Die Pflanzen wurden immer kleiner, sie zogen sich gleichsam in den Boden zurück, schüchtern und demütig. Magere Bäume suchten sich gegenseitig Halt zu geben vor den Stürmen des Winters, der sich schon anzukündigen schien; verbogene, bizarre Gestalten vom Winde geboren, gaben sie ein fremdartiges Bild. Unterwürfig zeugten sie von ihrem Herrn, wie wohl auch knorrige Zwerge vor ihrem König liegen würden. Nirgendwo Blumen, Blüten oder Obstbäume, und doch waren es angeblich in Findhorn so viele, und mehr! (S. 13)

Im Nachwort des Buches dementiert er diese Schilderung wieder, aber allein die Andeutung, daß es sich dabei um die Landschaft rings um Findhorn handelt, ist für die Gegend eine echte Beleidigung. Forres hat den kommunalen schottischen Gartenpreis gewonnen, es war verschiedene Male Sieger im Wettbewerb »Britain in Bloom« (Großbritannien in Blüte) und ist fast immer unter den ersten drei. Überall wachsen herrliche alte Bäume, und die Einheimischen sind mit Recht stolz auf ihre Gärten. Die Küsten des Moray Firth sind seit Jahrhunderten fruchtbares Ackerland, außerdem wird hier der nördlichste Weizenanbau der britischen Inseln betrieben. Es regnet verhältnismäßig wenig, das Jahr hat viele Sonnenstunden, und im Herbst und Winter ist das Wetter wunderbar. Gewiß haben wir ein gutes Quantum Wind und gelegentlich Stürme, aber wenig im Vergleich mit der Westküste von Wales oder dem englischen Lake District. Eine reiche Fauna und Flora verleiht den Tälern der Flüsse Spey und Findhorn ihren Zauber.

Vielleicht wollte Paul Hawken auf diese Weise die Erfolge der frühen Gärtner der Findhorn-Gemeinschaft stärker herausstreichen. Sie brauchen eine so zweifelhafte Aufwertung keineswegs. Obwohl der Parkgarten auf sehr armem Boden angelegt wurde, ist die Umgebung insgesamt auf ihre stille Art reich gesegnet und läßt das Wirken der natürlichen Energien sichtbar werden. Darauf hat ROC (R. O. Crombie) in den sechziger Jahren aufmerksam gemacht und uns zu besonderen Lichtungen und Winkeln im Flußtal des Findhorn-Flusses geführt, von Dulsie Bridge und Ardclach bis Randolph's Leap und Sluie Walk, Orte, zu denen wir unsere Gäste mitnehmen, damit sie einmal mit den Kräften hinter den Erscheinungsformen der lebendigen Natur in Berührung kommen. Am Randolph's Leap strecken sich die alten Buchen großmütig zu den Besuchern herab und ermutigen die kleinen Menschlein dazu, ihre Dünkelhaftigkeit abzulegen und sich soweit zu vergessen, daß sie den rücksichtsvollen grauen Stamm umarmen (natürlich nur, wenn niemand hersieht), während das Wasser in seinen sinnesfrohen Kaskaden unaufhörlich weiter an den Felsen formt.

Selbst in den reinen Nutzwäldern aus Kiefern gedeiht eine Fülle von Moosen und Heidekraut, Blaubeeren und Pilzen, letztere eine reiche Ernte für den Kenner, da die Einheimischen im allgemeinen alle Pilze, die nicht im Supermarkt verkauft werden, mit Argwohn betrachten? Gleich südlich von uns, hinter den Dünen, ist ein acht Meilen langer Sandstrand, und das Wasser ist zum Glück so kalt, daß der Strand für kommerzielle Nutzung ungeeignet ist, während sich dahinter die schönsten natürlichen Felsformationen die Küste entlangziehen. Überall ruft die Natur nach Würdigung; zu unserer Arbeit gehört nicht nur, sie ihrer Schönheit wegen zu ehren, sondern uns das Geschenk unserer Lage zunutze zu machen, um uns und unseren Gästen zu helfen, wieder mit den Energien des Lebendigen Planeten in Einklang zu kommen. *Diese Art von Erfahrung ist das tiefgreifendste ökologische Training für jedermann.* Viele unserer Programme enthalten die Gelegenheit zum Naturerleben. Unsere Zivilisation ist weit von einer liebevollen Würdigung der Natur abgekommen; es ist höchste Zeit, den Rückweg anzutreten. Die Überreste der »Erdvölker«, etwa der amerikanischen Indianer und der australischen Ureinwohner, können noch gerade rechtzeitig manches von ihren Talenten an uns weitergeben. Für die meisten von uns in der Findhorn-Gemeinschaft bedeutet das »der Erde nicht zur Last fallen« zunächst einmal, die Erde und ihre Kräfte ganz persönlich dadurch wiederzuentdecken, daß wir in aller Stille versuchen, mit der jeweiligen Stimmung und Wesensart der Natur in der Umgebung von Findhorn mitzuschwingen.

Wege nach außen

Hauptbeitrag der Gemeinschaft zur Lösung der ökologischen Krise ist die Vorführung einer erfolgreichen, befriedigenden Lebensweise bei niedrigem Lebensstandard. Einen zweiten Beitrag leistet sie dadurch, daß sie Leuten durch ihre Gartenbaumethoden und ihre Beziehung zur Natur hilft, ihre Erde auf eine spirituelle Art wiederzuerleben und sie in Ehren zu halten. Mit zwei weiteren Projekten wenden wir uns nach außen.

1978 boten uns zwei niederländische Familien, die eine den Inneren Hebriden zugehörige Insel vor der Westküste von Mull besaßen, die Verwaltung ihrer Insel für zehn Monate im Jahr an. Seitdem ist dort eine kleine Gemeinschaft von etwa zehn Mitgliedern aufgeblüht und bewohnt kleine Häuschen, die um 1860 herum ursprünglich für Leuchtturmwärter und ihre Familien gebaut worden waren. Die Gruppe finanziert sich selbst und teilt, wie wir anderen auch, ihr Leben mit Gästen. Auf Erraid nehmen Besucher an einer Lebensweise teil, die der Autarkie viel näher kommt, als es bei der übrigen Gemeinschaft der Fall ist. Dort werden Kerzen und Buntglasarbeiten hergestellt. In den großen biologisch-organischen Gärten, die weitgehend mit Seetang gedüngt werden, wächst fast genug Gemüse für alle, und Kühe und Hühner liefern Milch und Eier. Im Sommer wird etwas Fisch gefangen. Weitere Lebensmittelvorräte werden einmal wöchentlich mit einem Bus von der Findhorn-Gemeinschaft hinübergeschickt, eine elfstündige Fahrt durch eine der schönsten Landschaften Schottlands mit jeweils zwei Fährbootüberquerungen auf dem Hin- und Rückweg.

Die Erraid-Familie, wie wir sie nennen, hat einen eigenen Lebensrhythmus gefunden, der den harten natürlichen Gegebenheiten der Insel angepaßt ist. Das Klima ist ziemlich rauh und die Insel häufig heftigen Stürmen ausgesetzt. Die Eigentümer sind daran interessiert, daß der natürliche Charakter der Insel erhalten bleibt, eine Vorstellung, die wir von ganzem Herzen teilen. Aber worin besteht dieser natürliche Charakter? Bis vor kurzem haben Schafe Erraid bevölkert und nach Belieben abgegrast. Wie sähe die Insel wohl aus, wenn nicht Jahr für Jahr Schafe ihre Pflanzendecke rigoros abweideten?

Die Besitzer gaben anfangs nur ihre Zustimmung zur Anpflanzung eines kleinen eingezäunten Waldstücks in einer relativ geschützten Lage. Dieser kleine Wald, hauptsächlich Kiefern, mit jungen Birken und Eichen gemischt, wächst trotz der Stürme tapfer heran. Inzwischen haben die Eigentümer das Einzäunen des gesamten Nordwestteils der Insel, das sind etwa 14

Prozent der gesamten Fläche, zur ökologischen Wiederherstellung befürwortet. 1989 war der Zaun fertig. Nach nur sechs Wochen ohne Schafe blühten auf dem wilden, hügeligen Gelände Wildblumen in Hülle und Fülle, die endlich von dem alljährlichen Abgeweidetwerden verschont geblieben waren. Als nächstes ist die Aufforstung von 4000 einheimischen Bäumen geplant – Ebereschen, Weiden, Eichen und Birken –, die die Grundlage für eine natürliche Regeneration bilden sollen. Das ist ein praktisches Beispiel für die Wiederaufnahme der Verbindung zur Natur; Mensch und Natur arbeiten schöpferisch zusammen an der Wiederherstellung einer natürlichen Wildnis.

An unsere Erraid-Familie stellt das Leben harte Anforderungen. Das einzige neue Gebäude, ein kleiner Andachtsraum auf einem Hügel mit Blick auf die alte Abtei der nahegelegenen Insel Iona, gibt dem arbeitsreichen Leben auf der Insel eine spirituelle Ausrichtung. Für diejenigen, die an einem relativ einfachen Leben teilhaben wollen und wilde Landschaft, berggesäumte Himmelsweiten und inselübersäte Meere zu würdigen wissen, ist Erraid absolut romantisch. Die Wiederherstellung einer Naturlandschaft um ihrer selbst willen und zur Freude von Besuchern ist ein Symbol für die Heilung unseres Planeten, den wir so mißhandelt haben.

Alan Watson war einer der Hauptinitiatoren für das Naturerneuerungsprojekt auf Erraid. Er wirkt ferner an einer geplanten Wiederaufforstung viel größeren Maßstabs in den nördlichen Highlands mit, wo der alte kaledonische Wald regeneriert werden soll. Der Norden und Westen Schottlands gilt mit Recht als eine der landschaftlich schönsten Gegenden Europas. Dabei ist sie von Schafzüchtern und Wildhegern im 18. Jahrhundert ihres ursprünglichen Waldbewuchses beraubt worden, von dem nur ein Prozent übriggeblieben ist. In Gebieten wie Glen Affric, wo noch ein kleiner Flecken Wald erhalten ist, kann man das echte schottische Hochland bewundern; es schreit förmlich danach, sich wieder in der Welt zu behaupten. Alan denkt an die Wiederherstellung dieses herrlichen Naturgebietes auf einem 600 Quadratmeilen großen Gelände nördlich von Glen Affric. Ein paar örtliche Grundbesitzer sind bereits interessiert, und die ersten Grüppchen von uns sind schon zum Bäumepflanzen ausgezogen, die sie in Ermangelung einer Einzäunung mit Plastikummantelungen geschützt haben. Ohne den Schutz eines Zauns gehen die jungen Bäumchen schnell durch Wild- und Schafverbiß ein.

Alans Zukunftsvision ist rückhaltlos von der Findhorn-Gemeinschaft unterstützt worden, aber das Projekt übersteigt unsere bescheidenen Mittel bei weitem. Derzeit werden unter Aufsicht der Forst- und Naturschutzbehörde sowie einiger Privateigentümer Pilot-Einzäunungsprojekte durchgeführt. Gefördert wird die Regeneration der Natur durch Ausbringen von einheimischer Saat in geschützten Baumschulen.

Schottland besitzt bis jetzt noch keinen Nationalpark. Das Gebiet, in dem mit der Wiederaufforstung begonnen wurde und das von einmaliger Naturschönheit und für die Landwirtschaft nur von geringem Wert ist, wäre ideal dafür geeignet. Durch dieses Projekt begeben wir uns versuchsweise auf neue Betätigungsfelder und tragen unsere spirituelle Auffassung von der Beziehung zwischen Mensch und Natur in die Öffentlichkeit. Diese Öffnung nach außen ist ebenso innovativ wie beflügelnd.

Immer wieder habe ich in diesem Buch betont, daß es bei einer Ausrichtung des Lebens nach innen nicht um einen vollendeten Seinszustand geht, sondern um die Freisetzung von Energie, die in Erscheinung tritt, wenn wir uns vom Göttlichen im eigenen Innern motivieren lassen. Die Arbeit der Findhorn-Gemeinschaft auf dem Gebiet von Natur und Ökologie ist keine Ausnahme davon. Wer mit Liebe auf diesem Gebiet tätig werden will, dem bietet es endlose Handlungsmöglichkeiten. Das Leben ist reich und aufregend. Wenn wir uns auf die Reise zum Selbst begeben, sprudelt ein perlender Quell Lebendigkeit empor. Je weiter wir vorangehen, um so mehr Energie haben wir. Wie sonst sollten der blasierte Zynismus und die Ziellosigkeit, an denen unsere Zivilisation krankt, überwunden werden können? Bei uns heißt es nicht: »Wie können wir die Zeit rumbringen? Was läuft im Fernsehen?«, sondern: »Wie sollen wir bloß wählen zwischen so vielen spannenden Aktionsmöglichkeiten!« Die Mitarbeit an der Heilung des Planeten regt zum Handeln an. Statt einen aussichtslosen Kampf gegen mächtige eingewurzelte Interessen zu führen, der aufreibend ist und die Mühe nicht lohnt, wollen wir lieber ein inneres Bild der Heilung unserer Erde wachrufen und lebendig halten – eine Vision, die über alte Grenzen hinwegfegt, erstaunliche Verbündete schafft und zu Hoffnung und Optimismus anspornt. Durch diese Zielsetzung kann die Menschheit über die Unfruchtbarkeit fortwährender Auflehnung hinauswachsen zum gemeinsamen Bewußtsein der Menschlichkeit auf einem Planeten, dem Ehre erwiesen wird.

Newbold House in Forres

11

Es geschieht einfach – von der Foundation zur Gemeinschaft

Der tiefere Sinn der Gita muß im Zusammenhang mit dem Wesen des Menschen verstanden werden, wie es sich in der Welt ausdrückt, in den menschlichen Alltagsaktivitäten. Die wichtigste Aufgabe der Gita besteht darin, die unschätzbare uralte Weisheit auf die Ebene des Irdischen hinabzubringen und das irdische Leben auf die Ebene höchster Weisheit emporzuheben. Die Bhagavadgita überträgt Vedanta ins tägliche Leben und erhebt das tägliche Leben zur Ebene des Vedanta; nicht nur, daß sie Philosophie und Spiritualität ins tägliche Leben hineinträgt, sie trägt auch das tägliche Leben in die Philosophie und Spiritualität hinein. Insofern söhnt sie Spiritualität und Alltagsleben miteinander aus.

Sai Baba: *Vorträge über die Bhagavadgita*

Loslassen und Festhalten

Die Findhorn-Gemeinschaft hat sich aus einer kleinen Keimzelle von Leuten entwickelt, die meditierten und einen Garten bestellten. Nach und nach kamen andere hinzu, und Wohnmöglichkeiten für sie wurden geschaffen. Da man das Gefühl hatte, daß Eileens Weisungen an die Öffentlichkeit dringen sollten, wurde mit dem Publizieren begonnen. Immer mehr Gäste strömten herbei, und um sie zu versorgen, wurde ein Speisesaal errichtet. Seminare entstanden, um den Gästen eine spirituelle Bildung zu ermöglichen. Die kleinen Anfänge haben große Auswirkungen gehabt und eine bunte Vielfalt ermöglicht. Die Foundation war eine Art Ei, in dem das Küken »Gemeinschaft« allmählich Gestalt annahm. Jetzt ist die Findhorn-Gemeinschaft dabei, sich zu einem größeren Ganzen auszuweiten, zu dem auch normale Leute immer leichter Zugang finden.

Um ein lebendiges Beispiel für das Wirken des Göttlichen im alltäglichen Leben sein zu können, müssen sich Strukturen entwickeln, innerhalb derer einzelne und Familien ihre spirituellen Einsichten zum Ausdruck bringen und in einer Vielzahl unabhängiger Tätigkeiten weiterlernen können. Die engere Findhorn-Gemeinschaft ist eine relativ begrenze Körperschaft, die ein gewisses Maß an Kontrolle über ihre Mitglieder ausüben kann. In letzter Instanz können Leute ersucht werden, die Gemeinschaft zu verlassen. Die künftige Findhorn-Gemeinschaft hingegen muß sich in einer Situation, in der sich keine klare Kontrolle mehr aufrechterhalten läßt, neuen Formen der Kommunikation und kollektiven Kontrolle öffnen. Die Foundation muß ihre Eierschale zerbrechen. Eine Menge ist bereits geschehen, aber wir standen erst am Anfang dieses neuen Stadiums unseres Wachstums. Im allgemeinen ist es immer noch die Foundation, der sich die Leute anschließen wollen, die sich hierhergezogen fühlen; sie ist weiterhin die führende Organisation.

Aber das ändert sich. Wenn die Gemeinschaft wachsen soll, müssen zwei Ängste ausgeräumt werden: die kollektive Angst der Gemeinschaftsmitglieder, die Kontrolle zu verlieren, und die Angst der einzelnen Mitglieder vor der Unabhängigkeit. Aus diesem Grund gehen wir mit kleinen Schritten vor. Gott gibt das Tempo vor, in dem sich die Gemeinschaft wandelt. Obwohl sich die Zeiten schnell ändern, sind wir nicht in hektischer Eile. Jeder neue Schritt setzt das klare Verständnis voraus, wie er sich natürlich aus dem vorigen ergeben kann. Je weniger wir uns von Angst beherrschen lassen, um so schneller kann sich etwas verändern. Manchmal habe ich das Gefühl, daß wir mit der einen Hand die Dezentralisierung fördern, um ihr mit der anderen wieder Einhalt zu gebieten. Einer der Kleinunternehmer, die ich für dieses Kapitel interviewt habe, sagte mir: »Ich habe zwar keine enge Verbindung zur Foundation, sehr wohl aber zum ›Engel von Findhorn‹.«

Vielleicht ist die Gemeinschaft eines Tages so dezentralisiert, daß sie als solche gar nicht mehr existiert. Dann wird es wirklich jener Engel sein, der uns bei unseren verschiedenen Tätigkeiten miteinander verbindet. Aber das ist noch in weiter Ferne. 1969 hat Eileen die folgene Weisung empfangen:

> Es [das Zentrum des Lichts] wird stufenweise wachsen und sich sehr rasch ausbreiten. Weitet euch mit dieser Expansion. Die Fundamente reichen sehr, sehr tief und sind auf Fels gebaut. Deshalb macht es nichts aus, wie schnell das Wachstum vor sich geht oder wie groß es wird.
>
> Laßt alle Angst beiseite, es könnte euch aus der Hand gleiten. Ich versichere euch, daß das nicht geschieht. Aber es wird wachsen, aufblühen und dann in voller Blüte stehen, und alle werden die herrlichen Früchte sehen. Alle werden Meine Hand an diesem Wachstum erkennen.
>
> (*Findhorn – Zentrum des Lichts*, S. 166 f.)

Einige Tätigkeiten innerhalb der Gemeinschaft sind von Natur aus selbstverwaltet. Das Cluny Hill College schreitet offenbar langsam einer Unabhängigkeit entgegen, derer sich Newbold schon seit einiger Zeit erfreut.

Angefangen hat es mit der Einführung einer neuen Erfahrungsswoche im Park, in der einige der Unterschiede im Lebensstil hier und in Cluny zutage traten. *One Earth* nahm als Gemeinschafts-Rundbrief seinen Anfang und mauserte sich allmählich zur New-Age-Zeitschrift eigener Prägung. Sie hat bisher unter unserer Schirmherrschaft gestanden, weil sie sich finanziell nicht selbst tragen konnte, ändert jedoch jetzt ihre Rechtsform. Der Audiobereich wird demnächst wahrscheinlich von unserer Handelsabteilung *New Findhorn Directions* übernommen. Aus der Töpferei kann ganz natürlich ein eigenständiges Kunsthandwerksunternehmen werden. Das »Spiel der Wandlung« ist ohnehin schon weitgehend selbständig. Und unser Verlag ist der nächste Kandidat für die Unabhängigkeit, dann könnte die Buchhaltung folgen.

In Zukunft wird sich vermutlich der gastronomische Service des Parks (ein Restaurant, das Green Room Café und ein Mahlzeiten-Anlieferungsdienst, den auch einzelne Mitglieder und Freunde in Anspruch nehmen können) mit dem Bioladen zusammentun und eine eigenständige Genossenschaft zur Versorgung der ganzen Gemeinschaft bilden. Auch die Gärtner könnten sich zusammenschließen – mit Unterstützung aller, die von ihrer Arbeit profitieren und die schönen Gärten genießen – und ihr Gemüse an die Genossenschaft verkaufen.

Ein weiteres Unternehmen könnte Instandhaltung und Bauarbeiten übernehmen. Eine Unterkunftsvermittlung könnte entstehen, die einer Vielzahl von einzelnen und Gruppen einschließlich selbständiger Workshopleiter aus der Umgebung Wohnmöglichkeiten beschaffen könnte. Die Universal Hall könnte vielleicht als örtliches Schauspielhaus fungieren und für entsprechende Veranstaltungen vermietet werden. Eine für die Halle zuständige Gruppe könnte in Schulen und anderswo in der Umgebung Schauspielunterricht geben.

Wenn diese Dinge geschehen, wird die Foundation sich schließlich nur noch als administratives und spirituelles Zentrum verstehen können, das seine Gäste zu den verschiedenen ihm angeschlossenen selbständigen Betrieben schickt, die für ihre erzieherische Aufgabe, diesen Gästen Erfahrungen in spirituell motivierter Arbeit zu vermitteln, bezahlt würden. Zur Zeit hat allerdings die Foundation noch die Zügel in der Hand. Machen wir doch einen Spaziergang durch den Caravanpark, eine Tour, die jeden Tag für

Kurzbesucher abgehalten wird, und sehen wir einmal, was in unserer aufstrebenden Dorfgemeinschaft alles vor sich geht.

Das wachsende Spektrum von kommerziellen Betrieben und Unternehmen

Holzwerkstatt, Bay Area Graphics, »Apotheke«, New Findhorn Directions, Weatherwise, Alternative Data

Im Park leben drei Arten von Leuten: Mitglieder und Gäste der Findhorn Foundation; Sommergäste, die hier Ferien machen und nur wenig oder gar kein Interesse an dem haben, was in der Gemeinschaft vorgeht; und Leute, die das ganze Jahr über auf dem Platz wohnen, aber keine Mitglieder der Gemeinschaft sind. Eine kleine Gruppe der letztgenannten war schon hier, bevor wir die Eigentümer wurden, und hat ebenfalls keinerlei Interesse an der Gemeinschaft. Wenn sie einmal fortziehen, hoffen wir, daß Leute mit Interesse ihre Wohnwagen kaufen. Die Mehrheit derer, die im Park wohnen, sind allerdings Teil des Geschehens, auch Nicht-Mitglieder.

Eine weitere Gruppe von Findhorn-Freunden lebt im Dorf Findhorn, in Forres und in der ländlichen Umgebung. Eine grobe Zählung ergab, daß es sich um über neunzig Menschen handelt, zu denen noch Hunderte hinzukommen, die ebenfalls von den selbständigen Betrieben leben – alles zusammen also mehr als die Gesamtsumme der Foundation-Mitglieder und ihrer Angehörigen. Therapeuten, professionelle »Bewußtseinsveränderer« und Heiler sowie Handwerker und Kunsthandwerker gehören zu ihnen, ferner Arbeitslose und Studenten von den örtlichen Colleges. Eine alleinstehende Schwangere fühlte sich in die Nähe der Gemeinschaft gezogen, weil sie meinte, ihr Kind wünsche dort geboren zu werden. Gegenwärtig können sich solche Leute für einen kleinen Beitrag als »assoziierte Freunde« der Gemeinschaft anschließen und sind dann berechtigt, viele unserer Einrichtungen zu benutzen. Wie eng oder locker ihre Beziehung zur Gemeinschaft sein soll, bleibt ihnen selbst überlassen. Manche arbeiten ein paar Schichten in unseren Arbeitsbereichen mit. Einige sind Exmitglieder.

* * *

Gleich an der Hauptstraße von Findhorn, nahe der Bucht, befinden sich Haus und Holzwerkstatt von *Richard Brockbank*, einem Meister seines

Fachs und Holzkünstler. Vom Verkauf seiner wunderschönen Arbeiten lebt er mit Frau Diana und Kindern. Richard und Diana haben 1980 eine Erfahrungswoche mitgemacht und sofort den Wunsch gehabt, hierherzuziehen und hier zu leben, allerdings nicht als Mitglieder. Richard, der vorher Möbelschreiner war, nahm an einem Seminar bei uns teil, das »Verborgene Talente« betitelt war. Das hat ihm zu dem nötigen Selbstvertrauen verholfen, es mit einem Leben als Holzkünstler zu versuchen. »Per Zufall« stand gerade das Haus drüben an der Straße zum Verkauf, und drei Monate später zogen sie ein. Obwohl sie immer noch nicht das Bedürfnis hatten, Mitglieder zu werden, nahmen sie beide am Orientierungsprogramm teil, um ihre Verbindung zur Gemeinschaft zu verstärken und besser verstehen zu können, was hier vor sich geht.

Zu Anfang hoffte Richard noch, viel Geld mit seiner Arbeit verdienen zu können. Diese Hoffnung hat sich bis jetzt nicht erfüllt, aber es war immer genug zum Leben. Bei einigen Gemeinschaftsmitgliedern weckte er als Selbständiger, der sein eigenes Geld verdiente, zuerst ein wenig Argwohn. Es herrschte eine gewisse Zurückhaltung, eine leise Angst, er sei nicht »zu kontrollieren«. Dabei ist die Gemeinschaft den Brockbanks nach wie vor sehr wichtig, und Richard übernimmt immer noch einmal pro Woche einen Küchendienst, um »in Fühlung zu bleiben«.

Der Hauptreiz lag für ihn in der Gründung und Führung eines eigenen Unternehmens, etwas, das mir von anderen, die ich interviewte, bestätigt wurde. »Es ist leichter, Unternehmer zu werden und dann Spiritualität in das Unternehmen einzubringen, als erst spirituell orientiert zu sein und sich dann auf die Geschäftswelt einzulassen«, bemerkte jemand.

Bei Richard ist Spiritualität das Wesen seiner Arbeit. Er meditiert täglich im Findhorn-Andachtsraum, um innerlich inspiriert zu werden. Ebenso wie die Gemeinschafts-Mitglieder von der hier spürbaren Energie als dem »Engel von Findhorn« sprechen, spürt Richard eine schöpferische Energie in seinem Atelier, als wäre sie ein »Wesen«, und versucht, mit ihr im Einklang zu arbeiten. Ein echtes Kunstwerk ist wahrscheinlich in greifbare Form umgesetzte spirituelle Energie. Wenn ich mich in Richards Atelier umschaue, spüre ich deutlich eine gewisse Intensität. Es war wie eine Offenbarung für ihn, als einmal eine Besucherin, eines seiner Werke in Händen, vor innerer Bewegung weinte.

Für die Zukunft hat Richard persönlich die Vorstellung, immer klarer ein Werkzeug für das Wirken Gottes zu werden. Er würde gern eine Gruppe von spirituell inspirierten Künstlern und Kunsthandwerkern hier sehen, die sich bei ihrer Arbeit gegenseitig anregen und inspirieren und zusammen Workshops abhalten könnten. Dann hätten sie womöglich auch die Mittel, jemanden anzustellen, der ihre Erzeugnisse vermarkten könnte – für die Kunsthandwerker selbst eine sehr zeitraubende Angelegenheit. Richard hat das Empfinden, daß seine Arbeit einschließlich der Holzbearbeitungskurse, die er leitet, eine Brücke schlägt in die weitere Umgebung hinein, ein Standpunkt, den andere selbständige Kleinunternehmer hier ebenfalls vertreten.

* * *

Auf dem Rückweg durch die Gemeinschaft entlang der Straße nach Pineridge liegt linker Hand unser eigenes Grafik- und Design-Studio. Seit langem schon heißt es *Bay Area Graphics*. Es untersteht einem Paar aus Deutschland, Ronald Morton und Claudia Klingemann. Beide waren früher Mitglieder der Gemeinschaft und haben in unserem Grafikstudio gearbeitet. Dort waren sie sozusagen unsichtbar, wie sie es empfanden, und ihre Arbeit spielte sich praktisch hinter der Bühne ab. Gearbeitet wurde je nach Termindruck zu unregelmäßigen Zeiten, und so beschlossen die beiden, den Versuch zu wagen, das Studio als Privatunternehmen zu führen. Zuerst sträubte sich die Gemeinschaft dagegen, und in der Selbstbesinnung kamen Zweifel an ihrem Geschäftspartner auf, der inzwischen ausgeschieden ist. Ein ganzes Jahr lang wurde verhandelt, bis die zwei im Juli 1986 grünes Licht bekamen und einen Mietvertrag für das Studio mit fünf Jahren Laufzeit abschließen konnten. Obwohl sie der Gemeinschaft Vorzugspreise einräumen und Gewinne fast ausschließlich durch »Fremdaufträge« erzielen, haben sie manchmal immer noch das Gefühl, kritisiert zu werden, weil sie »Geld verdienen«.

Bay Area Graphics aufzubauen war ein echtes Abenteuer. Weder Ronald noch Claudia hatten Erfahrungen im geschäftlichen Bereich und Management; für Claudia war es die erste Tätigkeit außerhalb der Gemeinschaft. In den folgenden drei Jahren erwarben sie die nötigen professionellen Kenntnisse. Claudias Kommentar: »Wir hatten schwere Zeiten zu bestehen, besonders mit unserem Geschäftspartner. Alles, was wir bei der Gemeinschaft über Gruppenprozesse und Gruppenarbeit gelernt hatten, wurde auf die Probe gestellt.«

Auch die Preise mußten sie festsetzen lernen und darauf hinwirken, daß hochwertige grafische Arbeiten in der Umgebung geschätzt werden. Sie nutzten staatliche Zuschüsse für Geschäftsgründungen sowie Fortbildungsmöglichkeiten und stellten Leute ohne Bindung an die Gemeinschaft ein. Ein solches Unternehmen zu führen erfordert Zielstrebigkeit. Beide haben festgestellt, daß sie mehr als doppelt so viele Stunden arbeiten, wie sie als Mitglieder der Gemeinschaft zu leisten hatten, aber sie genießen ihre Unabhängigkeit und Verantwortung.

Spiritualität im geschäftlichen Bereich ist für Ronald und Claudia eine Frage der Einstellung, Motivation und Atmosphäre. Sie lassen sich in ihrem Verhalten noch immer von den Prinzipien der Gemeinschaft leiten, aber die Beherrschung der technischen Erfordernisse ihrer Tätigkeit stellt hohe Ansprüche an sie. Das Geschäft gibt ihnen ebensoschnell Feedback wie ein spiritueller Lehrer. Claudia sagt: »Wenn ich an mir selbst arbeite, spiegelt sich das im Geschäft wider. Vernachlässige ich mein Innenleben, zeigt sich das auch. Das Feedback kommt sofort.«

Den Angestellten gefällt die freundliche Atmosphäre der Gemeinschaft, sie interessieren sich dafür, was vorgeht. Ronald und Claudia sind für Teamarbeit, aber sie haben bisher noch keine gemeinsame Einstimmung eingeführt. Sie wollen in einem vernünftigen Rahmen Gewinn machen, haben jedoch nicht vor, das Unternehmen erheblich zu erweitern; vielmehr möchten sie lieber Zeit gewinnen, noch andere, eher künstlerische Arbeiten zu machen statt rein kommerzielle Grafik.

In Morayshire ist das Lohnniveau niedrig und die Arbeitslosigkeit hoch. Leute, die etwas Gedrucktes brauchen, haben sich bisher kaum um die grafische Gestaltung gekümmert; das haben sie meist der Druckerei überlassen. Die Verbreitung der Idee, daß grafische Gestaltung höchsten Ansprüchen gerecht werden kann, wirkt sich positiv auf die Lebensqualität in der Umgebung aus. Ronald und Claudia würden sich gern darauf spezialisieren, Werbemittel für kleine Organisationen und Unternehmen zu entwerfen, um so auch deren Arbeit auf eine höhere Qualitätsstufe zu bringen.

* * *

Am Eingang zum Caravanpark ist eine Ansammlung von kleinen Unternehmen, die vielleicht die Keimzelle eines zukünftigen »Gewerbegebietes« bilden. Der alte Toilettenkomplex gleich nördlich vom Eingang, wo Eileen einst meditiert hat, ist gesäubert und umgebaut worden. Jetzt ist darin *Findhorn Bay Apothecary* untergebracht, eine Genossenschaft. Auf engstem Raum existieren nebeneinander ein vegetarisches Bistro, ein Kräuterheilkundiger, ein auf Kräuterbücher spezialisierter Buchladen und ein Versandgeschäft. Die Genossenschaft führt auch eigene Besucherprogramme durch. Zuerst war die »Apotheke« ein Privatunternehmen, dann kam ein Teilhaber hinzu. Erst im Herbst 1988 wurde eine Genossenschaft daraus, die seither um ein eigenes Profil bemüht ist. Ihre Mitglieder mußten erst die Anfangshürden des Miteinanderlebens und -arbeitens überwinden. Finanzielle Ebbe ist an der Tagesordnung, aber die Lage ist nicht ausweglos. Der Versandhandel scheint zur Zeit der Bereich zu sein, der größere Entwicklungsmöglichkeiten verspricht, und sollte er erfolgreich sein, könnte endlich eine geplante Gebäudeerweiterung finanziert werden. Die Genossenschaftsmitglieder halten zu Beginn und am Ende des Tages eine gemeinsame Einstimmung im Stil der Findhorn-Gemeinschaft ab und pflegen einmal in der Woche miteinander zu meditieren und sich auszutauschen. Sie haben keine Erfahrung in Geschäftsführung, hoffen jedoch, auf eigens anberaumten Treffen im Minton-Haus von anderen Gemeinschaftsunternehmen lernen zu können. Die formulierte Vision der »Apotheke« gleicht der vieler anderer Zweige der Gemeinschaft, wobei das Erfahrungen-Sammeln im Lern- und Erziehungsprozeß genauso hoch eingestuft wird wie das Verkaufen. Sie bezeichnet sich selbst als » Ort, wo die Leute lernen, einander zu lieben, als Team zusammenzuarbeiten und sich bewußt zu machen, daß jeder seine Rolle spielt und etwas dazulernen wie auch beisteuern kann«. In der Selbstdarstellung heißt es weiter, daß der spirituellen Entwicklung Raum gegeben werden und in Zukunft mehr Gewicht auf Heilung und Gästeprogramme gelegt werden sollte. Bei diesem Unternehmen hat also der materielle Erfolg nur untergeordnete Bedeutung neben der spirituellen Erziehung, so daß die »Apotheke« eher eine Taschenausgabe von Cluny oder Newbold ist als ein reines Geschäft, allerdings mit eigenständigen Zielsetzungen.

* * *

Gleich auf der anderen Seite der Straße – einer alten Landebahn der Air Base, die noch aus dem Krieg stammt – steht ein Wohnwagen mit dem stolzen Schild *New Findhorn Directions*. Dabei handelt es sich nicht gerade um ein Büro, das den Neid vieler Geschäftsleute erregen würde, aber immerhin um den Verwaltungssitz all der Unternehmen, die von der Gemeinschaft in die Selbständigkeit entlassen worden sind, um deren Status der Gemeinnützigkeit nicht zu verletzen. Die Leiter von »NFD«, wie diese Firma kurz genannt wird, sind alle Mitglieder oder Exmitglieder der Gemeinschaft.

New Findhorn Directions besteht seit 1979 als eingetragenes Unternehmen. Es wurde aus der Idee geboren, daß einzelne Unternehmen wie Setzlinge, die in einem Treibhaus vorgezogen, dann abgehärtet und schließlich ins Freie gebracht werden, erst im Treibhaus der Gemeinschaft keimen, bei NFD abgehärtet und zuletzt unabhängig würden. Vier Jahre lang war das einzige Pflänzchen »Weatherwise Solar«. Aber 1983 haben wir das Land gekauft, auf dem die Gemeinschaft entstanden ist, und damit auch das kommerzielle Wohnwagengelände. Das Management des Wohnwagengeländes war natürlich nicht mit unserer Gemeinnützigkeit vereinbar, deshalb wurde es der Firma NFD eingegliedert und von eigens eingestellten professionellen Geschäftsführern übernommen, die früher der Gemeinschaft angehört hatten. 1989 schieden auch der Phoenix-Laden und das Handelszentrum aus der Gemeinschaft aus und traten der NFD bei, im großen und ganzen aus den gleichen Gründen.

Die »Treibhaus«-Vision der NFD realisierte sich nie. Statt daß sich durch Initiative einzelner Mitglieder neue Betriebe unter ihren Fittichen selbständig machten, wurde die NFD eine Dachgesellschaft für Unternehmen zur finanziellen Unterstützung der Gemeinschaft. »Bay Area Graphics« machte sich ohne die NFD unabhängig, und »Weatherwise Solar« hatte seine schwerste Krise zu bestehen, *nachdem* es sich unabhängig gemacht hatte.

Eine harte Nuß, die die NFD zu knacken hat, ist einmal der Druck von seiten der Gemeinschaft, Gewinne wieder an sie zurückfließen zu lassen, während zum anderen die Unternehmen unterkapitalisiert sind und eine Menge Investitionen brauchen, um zu florieren. Zwiespältig ist auch, daß der Phoenix-Laden und das Handelszentrum die Praxis des Einstimmens und des Austauschs (Sharing) beibehalten haben und sich als unabhängige Teile der Gemeinschaft betrachten, die Betreiber des kommerziellen Caravanparks hingegen einige Angestellte haben, die nie zur Gemeinschaft gehört haben, so daß sie quasi ein ganz normales kleines Unternehmen führen, wenn auch vielleicht auf eine freundlichere, anteilnehmendere Art und Weise.

Die NFD steht vor der schwierigen Aufgabe, einen gangbaren Weg zwischen diesen verschiedenen Zielen und Einstellungen zu finden. Aber es gibt noch ein weiteres Dilemma. Das Handelszentrum, das unsere Naturkalender, Karten und Bücher über den Versand vertreibt, hat im letzten Jahr keinen Gewinn erzielt. Wenn es weiter Verluste macht, in welchem Maße sollte es dann von den anderen beiden NFD-Töchtern gestützt werden? In Kürze wird das Windkraftprojekt ein neuer Zweig der NFD werden, denen dann der Stromverkauf an den ganzen Park obliegt. Auch das dürfte Defizite mit sich bringen. Wir sind gefordert, spirituell orientierte Lösungen für Unternehmensprobleme zu finden. Für Alex Walker, den jetzigen Leiter der NFD, ist das praktische Vorleben spiritueller Prinzipien im Geschäftsbereich Teil einer Zukunftsvision, die auch ökologisches Bewußtsein und ein vernünftiges Erwerbsleben miteinschließt.

An uns ist die deutliche Mahnung ergangen, daß die Entwicklung solcher Geschäftsunternehmen Vorsicht und Klarsicht erfordert. Die NFD hat versucht, ein Projekt zur Teilnutzung von Wohnraum (Time-Sharing) im Park zu realisieren, um dadurch weitere Bauarbeiten zu finanzieren und bessere, dauerhaftere Unterkünfte für Gäste schaffen zu können. Aber es gab von Anfang an Probleme. Die Gestaltungsgruppe des Parks hatte etwas an der einfachen Holzkonstruktion der Unterkünfte im Landhausstil auszusetzen, und so wurde George Ripley, der Architekt der Universal Hall, beauftragt, einen anderen Entwurf zu machen, der jedoch keine Zustimmung fand. Teure Werbeprospekte, die zu Beginn des Vorhabens verschickt worden waren, mußten ein Jahr später durch neue ersetzt werden. Das Interesse war gering, und die Gemeinschaft spaltete sich darüber in zwei Lager. Ende 1987 wurde das Projekt mit einem Verlust von 10.000 Pfund fallengelassen, für uns eine große Summe. Im nachhinein läßt sich sagen, daß es zu ehrgeizig und kommerzieller Baufinanzierung dieser Art zu ähnlich war, die nur durch eine aggressive Verkaufstechnik erfolgreich ist. Vielleicht hätte die Idee ausgeführt werden können, wenn wir einfach Freunde überall in der Welt gefragt hätten, ob sie ein kleines Apartment kaufen wollten, das in ihrer Abwesenheit andere benutzen würden, eine Praxis, die in einigen indischen Ashrams geübt wird.

Es gibt keine automatische Erfolgsgarantie für Unternehmen mit einer Verbindung zur Findhorn-Gemeinschaft, wie diese Beispiele zeigen. Im Grunde ist alles ein sehr delikater Balanceakt, eine Gelegenheit, in einer komplexen, relativ überschaubaren Geschäftssituation »von innen nach außen« zu arbeiten.

* * *

Geht man die gleiche Straße weiter entlang, kommt man zu einer großen Holzbaracke. Am hinteren Ende dieser Baracke, deren Selbstwertgefühl durch den Namen »Medway Building« aufgebessert wird, liegt das Büro von *Weatherwise Solar*, meist kurz »Weatherwise« genannt. Das Unternehmen gehört Lyle und Liza Schnadt, hat sechs Angestellte – keiner davon der Gemeinschaft verbunden – und ist auf Dämm- und Klempnerarbeit, Heizungsinstallation sowie Sonnenkollektoren spezialisiert. Der Name »Weatherwise Solar« ist etwas irreführend, da die Sonnenkollektoren derzeit nur etwa 30 Prozent des Geschäfts ausmachen. Andererseits ist die Firma auf ebendiesem Gebiet besonders innovativ gewesen mit ihren sehr leistungsfähigen Kollektoren. Lyle hat die Vorstellung, die Produktion dieser umweltfreundlichen Energieträger einmal so zu erhöhen, daß sie in sonnenreichere Länder exportiert werden können. Sollte sie sich erfüllen, könnte die »Sonnenseite« des Firmennamens noch einmal im Mittelpunkt stehen.

Lyle hat früher in den Vereinigten Staaten Theologie studiert und sich dann für das Gemeinschaftsleben interessiert. Er ist 1971 zur Gemeinschaft gekommen und hat in jenem Jahr beim Bau des ursprünglichen Gemeinschaftszentrums mitgeholfen. 1974 ist er wiedergekehrt und hat fünf Jahre lang ein Gutteil Verantwortung für den Bau der Universal Hall übernommen. Ende der siebziger Jahre reifte bei ihm die Idee, durch die Gründung einer Wärmedämmfirma etwas von der ökologischen Botschaft der Gemeinschaft zu verbreiten. Die Gemeinschaft unterstützte Lyle bei diesem Vorhaben, und so entstand die NFD. Da ein anderes Unternehmen, eine Gesellschaft zur Vermarktung von Kunsthandwerk, keinen rechten Boden unter den Füßen gewann, war Weatherwise mehrere Jahre gleichbedeutend mit der NFD. Zu Anfang, als die Firma in der Hauptsache noch einfache Wärmedämmungen ausführte, stellte Lyle ehemalige Gemeinschaftsmitglieder ein, aber als die speziellere Kenntnisse erfordernde Fabrikation von Sonnenkollektoren anlief, nahm er Einheimische, die länger blieben und das nötige Fachwissen besaßen. Sie hatten allerdings nichts für Dinge wie Einstimmungen übrig, die infolgedessen außer Gebrauch kamen.

Dann machten sich Lyle und Liza mit ihrem Unternehmen selbständig. Statt aber durch die NFD genügend »abgehärtet« zu sein, kümmerte die Firma vor sich hin und ging 1985 schließlich fast bankrott. Sie mußte kürzer treten und eine Neuorientierung vornehmen. Die Gemeinschaft leistete Beistand: Der frühere Focaliser François Duquesne wurde Geschäftsberater von Weatherwise, und wir stellten einen Bankkredit zur Verfügung, damit es weitergehen konnte. In den letzten dreieinhalb Jahren konnten alle Darlehen getilgt werden, und inzwischen ist die Firma groß genug, um Körperschaftssteuer zu zahlen. Es erfordert aber weiterhin großen Einsatz, sie durch alle Klippen hindurchzubringen. Von ihr leben Lyle und Liza nebst Familie sowie die Angestellten, aber darüber hinaus wirft die Firma keine Gewinne ab.

Aus dieser Erfahrung heraus tritt Lyle nachdrücklich dafür ein, Spiritualität in bestehende Unternehmen einzubringen, statt von vornherein von einem spirituellen Standpunkt auszugehen. »Spirituelle Prinzipien lassen sich erst integrieren, wenn man etwas von Geschäftsführung versteht«, beteuert er.

Das liegt wahrscheinlich weitgehend daran, daß die vorherrschende Geschäftspraxis alles andere als spirituell ist. Jede Umgebung schafft sich ihren eigenen Katalog an Bedingungen und Herausforderungen. Die Gemeinschaft ist sozusagen ein geschützter Raum, und ihre Grundsätze in die breitere Öffentlichkeit zu tragen ist schwer. Aber genau das ist ein Weg, der vorwärts führt.

Obwohl Weatherwise ohne sichtbare spirituelle Praktiken auskommt, herrscht dank Lyle eine harmonische Atmosphäre in der Firma, ohne üble Nachrede und Klatsch, und anstelle einer hierarchischen Struktur gibt es einen kooperativen Gemeinschaftssinn. Lyle strebt eine Teilhaberschaft der Mitarbeiter an, aber sie sind im Augenblick noch nicht daran interessiert. Für Lyle ist die Lage der Firma im Park Hilfe und Ansporn, und die Angestellten haben sich allmählich daran gewöhnt und respektieren inzwischen die Gemeinschaftsmitglieder, mit denen sie zusammengearbeitet haben – Weatherwise hat gerade einen Großauftrag abgeschlossen, eine neue Zentralheizung in Cluny zu installieren.

Lyle hätte gerne mehr Zeit für sich selbst, aber das Geschäft und seine Familie nehmen sein Leben ganz in Anspruch. Liza (geb. Hollingshead), die halbtags in der Firma mitarbeitet, hat Eileen Caddy beim Schreiben ihrer Autobiographie geholfen. In den vergangenen zwei Jahren hat sie sich auch für bessere Kontakte der Gemeinschaft zur Sowjetunion eingesetzt. Zweimal im Jahr finden Gruppenreisen von Mitgliedern und Freunden dorthin statt, und immer mehr sowjetische Besucher kommen hierher.

* * *

Im selben Gebäude gleich neben Weatherwise befindet sich eine Firma ganz anderer Art: *Alternative Data.* Hier summen und klicken Computer, und die Atmosphäre erinnert mehr an eine Geschäftsetage als an eine Holzbaracke.

Ende 1985 arbeiteten François Duquesne, Exfocaliser der Gemeinschaft, und Stephan Wik, ein junger selbständiger Geschäftsmann aus Schweden, beide Computer-Freaks, an der Entwicklung eines effektiven computerisierten Buchhaltungssystems für die Gemeinschaft. Sie stellten ihre Geräte – zwei Apple-Computer neuesten Datums – in einer kleinen Hütte neben unserem Empfangsbüro auf, die fortan »Apple-Schuppen« hieß, und legten los.

Etwa um diese Zeit besuchte der technische Leiter der Firma Apple, Großbritannien, eine Konferenz in Edinburgh. Er hatte von der Findhorn-Gemeinschaft gehört, und da er zufällig einen freien Tag hatte, setzte er sich in sein Auto und fuhr zu uns. Bei der Foundation angekommen, meldete er sich wie jeder andere Kurzbesucher beim Empfang an. Als er am »Apple-Schuppen« vorbeikam, hörte er das vertraute Geräusch von Computern, spähte hinein und sah voller Erstaunen zwei brandaktuelle Produkte seiner Firma in Betrieb. Ein Gemeinschaftmitglied machte ihn mit den beiden Enthusiasten bekannt. »Per Zufall« hatte Stephan am Vortag über Satellit aus den Vereinigten Staaten die neuesten Spezifikationen zu den Geräten erhalten, Informationen, die selbst der Apple-Chef von Großbritannien noch nicht hatte. Er war tief beeindruckt.

Die Firma Apple wollte eine »benutzerfreundliche« Produktinformation für die Käufer ihrer Geräte erstellen. Die angehenden Geschäftsführer von Alternative Data kamen nun auf die Idee, diese Informationen durch ein Computer-Netzwerk zu liefern. Das Projekt wuchs und nahm greifbare Formen an. Stephan nennt Alternative Data eine ganz kleine Firma mit ganz großen Freunden. Ein weiterer Fortschritt zeichnete sich ab, als British Telecom beschloß, das schottische Hochland mit einem Kommunikationssystem neuesten technischen Standards auszustatten, dem ein Großcomputer in Inverness zugrunde liegen sollte, um so kleine Firmen aus dem überfüllten Süden Englands in den Norden abzuziehen. Die für die wirtschaftliche Erschließung des Hochlands und der Inseln zuständige Behörde wollte diese Entwicklung fördern und stellte weitere Mittel bereit. Das Informationsmaterial, an dem Alternative Data im Auftrag von Apple arbeitete, sollte die Nutzung eines Apple-Computers zum Informationsabruf anschaulich machen. Der im Rahmen des British-Telecom-Projektes eingesetzte Großcomputer hatte ein sehr komplexes Befehlssystem, das sich wesentlich vom einfachen System kleinerer PCs unterschied. Alternative Data erarbeitete eine Methode, durch die Besitzer eines Apple-Computers in ganz Großbritannien unmittelbaren Zugriff auf den großen Datenspeicher in Inverness haben konnten, wenn sie ihren eigenen Computer, ein Modem und das Telefonnetz benutzten.

An dem Tag, an dem ich Alternative Data besuchte, war gerade die erste erfolgreiche fehlerfreie Vorführung des Programms für die leitenden Angestellten von Apple erfolgt. Das Programm sollte als Software vertrieben werden, die nach Belieben mit dem Computer zusammen gekauft werden konnte, und Alternative Data sollte am Verkaufsgewinn teilhaben. Vielleicht würden sie bald viel Geld verdienen ...

Bei Alternative Data arbeiten außer den beiden Gründern noch zwei Leute, und drei weitere sollen gerade eingestellt werden. Zu Beginn hat die Gemeinschaft die Sache unterstützt, indem sie das Gebäude zur Hälfte finanziert und François und Stephan freie Unterkunft und Verpflegung gewährt hat. Gemeinschaftsmitglieder leisten weiterhin privaten Beistand, und das Klima im Park ist dem Unternehmen sehr förderlich. Als Gegenleistung hat die neue Firma das wachsende Computersystem der Gemeinschaft mit Geräten und Software versorgt. Bis jetzt hat sich die Belegschaft von Alternative Data regelmäßig zur Einstimmung zusammengefunden. Stephan sagt, daß es sich sofort bemerkbar macht, wenn sie unter Arbeitsdruck einmal davon absehen. Er hat das Empfinden, daß der »Engel von Findhorn« aktiver Geschäftspartner ist und längerfristig keine schlechten Gewohnheiten zuläßt. Die Data-Leute mußten sich sehr eingehend mit ihren persönlichen Beziehungen auseinandersetzen und müssen es noch. Das ist für François eigentlich die größte Schwierigkeit, seit er in der Gemeinschaft lebt. Seines Erachtens kommen im Geschäftsleben immer Macht-, Profit-, Autoritäts- und Statusinteressen mit ins Spiel. Besonders bei der Zusammenarbeit mit großen Firmen erweisen sich die persönlichen Beziehungen und das eigene Selbstverständnis als entscheidende Bereiche, in denen die spirituelle Arbeit sich bewähren muß.

Gerade als ich dieses Buch für den Satz fertig machte, hörte ich, daß Apple den begehrten Vertrag im letzten Augenblick mit einem erheblich größeren Konkurrenten von Alternative Data abgeschlossen und die kleine Firma damit in eine Krise gestürzt hat. Von mächtigen Freunden abhängig zu sein birgt eigene Risiken!

Bei einem solchen Überblick über die geschäftlichen Unternehmungen der Findhorn-Gemeinschaft ist man verblüfft über die Vielfalt der Aktivitäten, der Formen und Eigentumsverhältnisse. Unsere Prinzipien außerhalb des Nestes der Gemeinschaft in die Tat umzusetzen unter Leuten, die diese Ideale nicht unbedingt hochhalten, stellt die spirituelle Ausrichtung der Betreffenden auf eine harte Probe. Manchmal verlieren die frischgebackenen Geschäftsleute ihr Ziel aus den Augen oder glauben, daß das, was sie in der engeren Gemeinschaft erlebt haben, nicht auf die größere Menschengemeinschaft übertragen werden könne. Aber wenn wir darauf hoffen, daß unsere Gäste bei ihrer Heimkehr etwas von unserer Lebensweise mitnehmen, müssen wir ganz sicher auch im eigenen Umkreis Vorbild sein. Die Ausdehnung über Geschäftsunternehmen gibt uns Gelegenheit dazu.

Es gibt Versuche, für die Geschäftsleute eine Organisation zur gegenseitigen Unterstützung und zum besseren Verständnis ins Leben zu rufen, aber selbst das ist einigen neuen Unternehmen zuviel, die schon unter der Last ihrer eigenen Probleme fast zusammenzubrechen scheinen. Sie ist jedoch früher oder später erforderlich. Der einzelne Mensch kommt nicht ohne ein entsprechendes Netz zu seiner Unterstützung aus, und Geschäftsleute brauchen es ebensosehr wie jeder andere auch. Angesichts der Probleme, die eine spirituell orientierte Unternehmensführung aufwirft, müssen wir unseren Stolz überwinden und bei anderen, in einer ähnlichen Situation befindlichen Menschen Hilfe und Beistand suchen. Das Leben in der Findhorn-Gemeinschaft bereitet uns darauf vor, den Weg zur eigenen Mitte wiederzufinden in einer Welt, die vom Weg abgekommen ist. Wenn diese Vorbereitung eine Wirkung zeigen soll, muß sie unter den widrigsten Umständen genauso nützlich sein wie unter den angenehmsten.

Helfende Organisationen

Newbold, Meadowlark, die Moray-Steiner-Schule, Minton House

Jetzt steigen wir in den Bus der Gemeinschaft und fahren nach Cluny hinüber. An der Auffahrt von Cluny steigen wir aus und gehen noch ein paar Minuten die Hauptstraße entlang, bis wir zum Eingang von *Newbold House* kommen. Newbold steht fest auf der Erde, solide und eindrucksvoll. Es heißt, daß ein Offizier im Ruhestand das Haus Ende letzten Jahrhunderts für sich und seine Frau erbauen ließ. Sie sollen dort mit ihren 15 Dienern gelebt haben. Im ausgedehnten Gewächshaus befand sich eine Heizungsanlage, die mit Kohle befeuert wurde, so daß das ganze Jahr über tropische Gemüse und Früchte gezogen werden konnten. Ein letzter alter Weinstock stirbt derzeit langsam ab, während das Treibhaus um ihn herum verfällt. Aus dem Wohnhaus wurde später ein Hotel. In den siebziger Jahren gingen Gemeinschaftsmitglieder manchmal dort essen, und Mitglieder von Cluny halfen ab und zu bei der Gartenarbeit, wodurch stets eine Verbindung bestand.

Aufgrund der großen Mitgliederzahl unserer Gemeinschaft Ende der siebziger Jahre hatten wir ständig Bedarf an zusätzlichen Gästeunterkünften. Zeitweilig konnten wir ein Haus namens Cluny Bank benutzen, das Mitgliedern gehörte, aber als sie fortgingen, wurde es eine Privatpension. Dann wurde uns von den Eigentümern Newbold angeboten. Zuerst beschloß die Gemeinschaft, es nur für die Hochsaison im Sommer zu mieten. Bei unserer internen Konferenz im Oktober, als die Entscheidung anstand, ob wir Newbold behalten wollten, fühlten sich Harley und Cally Miller berufen, das Haus zu übernehmen. Die Gemeinschaft verfügte jedoch nicht über die nötigen Mittel, um es zu erwerben. Harley und Cally besaßen 1000 Pfund und borgten sich weitere 2000 Pfund, um die Miete weiter bezahlen zu können. In Newbold war noch ein Workshop geplant; er war ein voller

Erfolg, und von dem Erlös konnten Harley und Cally die geliehenen 2000 Pfund innerhalb von sechs Wochen zurückzahlen. Sie wurden die Focaliser von Newbold, und 1982 konnte der neugebildete gemeinnützige Newbold-Förderverein das Haus sehr preiswert erwerben und brachte die nötige Summe durch Spenden und drei größere Darlehen auf, deren letztes jetzt noch abbezahlt wird.

1981 äußerte ein Newbold-Gast gegenüber Harley und Cally kritisch: »Wenn ihr auf Gott vertraut, warum nehmt ihr dann Geld von den Leuten?« Die beiden überlegten sich die Sache, und seitdem wird das Newbold-Haus ausschließlich durch Spenden von Besuchern finanziert. Es blüht und gedeiht, und man hat vor kurzem eine neue Zentralheizungsanlage einbauen können, ohne weitere Kredite aufnehmen zu müssen. Gerade wird ein prachtvoller Wintergarten auf einer Seite des Hauses liebevoll wiederhergestellt. Man träumt davon, auch die Treibhäuser im ummauerten Garten wieder in Funktion zu sehen, allerdings mit einer Solarheizung betrieben, statt mit Kohle.

1983 ging Harley für eine Weile nach Berlin, und Cally kehrte 1984 in den Schoß der Gemeinschaft zurück. Damit waren die »Eltern« von Newbold fort.

Newbold gleicht in vielem der Foundation, hat aber einen ganz eigenen Charakter. Es werden eigenständig Mitglieder aufgenommen und Kurse abgehalten. Gäste der Foundation machen während ihrer Erfahrungswoche einen Besuch in Newbold, um dort einen Text von David Spangler zu besprechen und das Haus zu besichtigen. Viele kehren wieder, um länger zu bleiben, entweder für ein paar Tage gegen Ende ihres Aufenthalts in der Gemeinschaft oder extra nur für einen Besuch von Newbold. Kajedo Wanderer, der seit dem Weggang der Millers Focaliser des Hauses war, hat noch eine ganz eigene Note hinzugefügt durch Kurse in T'ai Chi und Vipassana-Meditation. In Newbold besteht außerdem ein reges Interesse an der Kultur der Indianer, und so werden oft Schwitzhütten und Zeremonien mit Gesängen abgehalten.

Vor nicht allzulanger Zeit haben sich die Mitglieder von Newbold in zwei Lager gespalten. Die eine Gruppe wollte, von den meisten Mitgliedern des Fördervereins befürwortet, die familiäre Atmosphäre des ursprünglichen Newbold aufrechterhalten. Kajedo hatte jedoch die Vorstellung, das Haus zu einem Ort der stillen Einkehr zu machen. Seine Idee wird gerade verwirklicht, aber das hat seinen Preis gekostet – eine Gruppe von Mitgliedern ist nach großen Spannungen und Schwierigkeiten gegangen. Der Förderverein machte noch den Vorschlag, die Einnahmen von Newbold dazu zu verwenden, ein ähnliches Haus zu erwerben, damit beiden Seiten Genüge getan wäre, aber die Mitglieder, die mit Kajedos Vorstellungen nicht einverstanden waren, sind verschwunden. Ich muß sagen, daß ich bei einem Besuch in Newbold keineswegs das Gefühl habe, als hätte es etwas von seiner Atmosphäre verloren. Ich gehe immer mit meinen Workshop-Gruppen dorthin, um Sacred Dance zu üben – am liebsten bei schönem Wetter auf den herrlichen Rasenflächen vor dem Haus. Ich bin sehr gern dort.

Die Foundation neigt dazu, Newbold als Selbstverständlichkeit zu betrachten. Mehr Newbold-Mitglieder besuchen uns als wir sie. Wir haben sie nie finanziell unterstützt, außer dadurch, daß wir ihnen in den Anfangsjahren ein paar Gästegruppen geschickt haben. Die fehlende Unterstützung hat sich allerdings als segensreich erwiesen, denn dadurch wurde Newbold gezwungen, sich vollkommen auf die eigenen Füße zu stellen und eigene Finanzierungsmöglichkeiten aufzutun, wovon die Foundation nur lernen kann. Newbold hat sich stets als integraler Bestandteil der größeren Findhorn-Gemeinschaft betrachtet.

* * *

Wir kehren zurück nach Cluny und gehen dann genau sieben Minuten durch den Wald von Cluny Hill zum Dumdruan-Haus. Ich weiß, daß es sieben Minuten sind, weil ich zwei Jahre lang in Drumduan gewohnt habe und den Weg sommers wie winters gegangen bin, bis die Bäume, von denen er gesäumt ist, alte Freunde waren. Jetzt hat sich allerdings vieles geändert. Auf dem Schild am Eingang des Geländes, das ich einmal gepflegt habe, steht *Moray Steiner School.*

Bereits Ende der siebziger Jahre diskutierte eine »Kindergruppe« (in Wirklichkeit handelte es sich um Erwachsene) die Idee einer alternativen Bildung und Erziehung. Ihrem Einsatz sind Spielgruppen, eine Kinderkrippe, eine Kleinkindgruppe und ein Jugendprogramm zu verdanken. 1983 bekundeten zwei anthroposophisch ausgebildete Lehrerinnen und Mitglieder der Gemeinschaft ihre Bereitschaft, bei der Gründung einer Schule mitzuwirken, und eine Reihe von interessierten Eltern, von denen einige Mitglieder und andere Freunde der Gemeinschaft waren, nahmen das Angebot gern an. Es wurde beschlossen, eine Steiner-Schule einzurichten, da die zentrale Rolle, die eine spirituelle Erziehung bei den Anthroposophen spielt, unserer eigenen Philosophie sehr nahe kommt. Es hatte zudem noch den weiteren Vorteil, daß die Schule dem großen Verband von Waldorf-Schulen angehören würde. Leute außerhalb der Gemeinschaft hatten ebenfalls Interesse, und so begann im September 1985 der Unterricht für sechs- bis siebenjährige Erstkläßler in einem kleinen Gebäude in Pineridge, das »Familienhaus« hieß.

Gegen Ende des Jahres war klar geworden, daß die Verpflichtungen der Mitgliedschaft in der Gemeinschaft und der Schulunterricht zusammen zu hohe Anforderungen an die Lehrerinnen stellten. Um sich auf ihre Lehrtätigkeit konzentrieren zu können, machten sie sich selbständig. Bald stellte sich auch heraus, daß das »Familienhaus« im Park zu klein und außerdem zu abgelegen war für Eltern, die nicht hier wohnten. Von Mai 1987 ab mietete die Schule Dumdruan House von der Foundation. Mit seinen großen Räumen und den ausgedehnten Rasenflächen ist es geradezu idyllisch für die Kinder und ihre Lehrer.

Gegenwärtig sind fünf Klassen für die Sechs- bis Elfjährigen in Drumduan eingerichtet, und im umgebauten Kellergeschoß befinden sich die Räumlichkeiten für eine Spielgruppe und zwei Kindergartengruppen. Etwa sechzig Kinder kommen hierher. Zwar sind nur etwa ein Fünftel davon Kinder von Gemeinschaftsmitgliedern, aber auch viele der anderen Eltern betrachten sich als zur größeren Findhorn-Gemeinschaft gehörig.

Kinder beim Theaterspielen

Bei der anthroposophischen Schulerziehung wird der spirituellen Entwicklung der Kinder die größte Bedeutung beigemessen. Sie geht von verschiedenen Entfaltungsstadien menschlicher Fähigkeiten aus und versucht, mit dem erwachenden Bewußtsein des Kindes mitzugehen, statt dieses in bestimmte Bahnen zu zwängen. Während der Grundschuljahre steht der Wille des Kindes im Mittelpunkt, werden seine Neugier und sein Erkundungsgeist angeregt. Kinder zwischen 7 und 14 Jahren werden in ihrer emotionalen Entwicklung gefördert, insbesondere durch künstlerische Arbeiten. Erst wenn die Kinder dieser Altersstufe entwachsen sind, werden sie zu kritischem, rationalem Denken angehalten.

Generelle Schwerpunkte sind die Schaffung einer sozial befriedigenden Umgebung sowie die Erziehung zu Kooperationsbereitschaft, Mitteilsamkeit und Rücksichtnahme auf die Stärken und Schwächen anderer. Fertigkeiten werden kaum hierarchisch beurteilt; vielmehr wird jede erlangte Fähigkeit wie die andere bewertet.

Die Moray-Steiner-Schule ist in vieler Hinsicht in einer besonderen Situation. Zuerst einmal sorgt die Findhorn-Gemeinschaft für einen internationalen Grundstock von Lehrern und Schülern. Er gewährleistet Vielfalt und Anregung, aber auch Sprachschwierigkeiten. Zum zweiten versäumt der »Engel von Findhorn« nicht, auf die Lehrer einzuwirken, die sich infolgedessen oft in einen Wandlungsprozeß hineingezogen fühlen, dem diejenigen ohne entsprechenden Rückhalt durch die Gemeinschaft dann ziemlich hilflos gegenüberstehen. Zum dritten nehmen die Eltern von Kindern auf Waldorf-Schulen normalerweise großen Anteil an der Schule und ihren kulturellen Veranstaltungen, während sie hier ein etwas gespaltenes Verhältnis dazu haben, weil sie unter Umständen von anderen Gemeinschaftsaktivitäten sehr stark in Anspruch genommen sind.

Die Schule hatte Probleme, Lehrer anzuwerben, da sie nur dürftige Gehälter zu zahlen vermag. Die Lehrer sind, wie gesagt, oft in einem tiefgreifenden persönlichen Entwicklungsprozeß, und ein Berater mit anthroposophischem Hintergrund führt allwöchentlich ein Gruppentreffen mit ihnen durch. Es hat auch Schwierigkeiten zwischen Eltern und Lehrern gegeben. Obendrein haben manche Eltern so gut wie keine Ahnung vom Sinn der anthroposophischen Erziehung und brauchen in dieser Beziehung selbst ein Fortbildungsprogramm. In den schwierigen Anfangsjahren ist es manchmal vorgekommen, daß bei einem Mangel an Lehrkräften einige Eltern den Unterricht und andere die Verwaltungsarbeiten übernommen haben.

Aber inzwischen läuft der Schulbetrieb normal. Nach derzeitiger Vorstellung soll die Schule in Drumduan bleiben, das Haus vielleicht der Gemeinschaft abgekauft und darauf hingearbeitet werden, daß es drei Kindergartengruppen gibt und acht Schuljahre (von 6 bis 14) absolviert werden können, so daß sich das staatliche und das Steiner-System in dieser Hinsicht nicht mehr unterscheiden.

Ein stabiler Lehrkörper muß gebildet werden. Die Findhorn-Gemeinschaft ist ein Zentrum für das praktische Beispiel und nicht für die Theorie, und wenn das Unternehmen Erfolg haben soll, müssen die spirituellen Konzepte, die den Kindern vermittelt werden, sowohl den Lehrern wie den Eltern in Fleisch und Blut übergegangen sein. Das ist ein Grundsatz, der ebenso für Aktivitäten in der größeren Gemeinschaft wie für die Foundation selbst gilt. Eine höhere Vernunft wirkt an der Entwicklung dieses Zentrums mit, und sie läßt sich nicht verleugnen. Darin sind die besondere Aufgabe und die Möglichkeiten der Moray-Steiner-Schule zu sehen.

* * *

Der Weg nach *Meadowlark* im Südwesten von Forres ist ziemlich lang. Meadowlark ist ein modernes Pflegeheim mit 31 vorwiegend älteren Bewohnern, das David und Lizzie Mead aufgebaut haben. Sie haben die Gemeinschaft Anfang der achtziger Jahre dreimal besucht und fühlten sich hierher gezogen. Er war Arzt, sie Krankenschwester, und so erschien das Projekt eines Pflegeheims, in dem das Grundprinzip der liebevollen Fürsorge walten sollte, nur natürlich. Zu dem Zeitpunkt, an dem sie beschlossen, in diese Gegend zu ziehen, war gerade die Steiner-Schule im Aufbau begriffen, was ihnen für die Erziehung ihrer Kinder wichtig war. Sie kamen her und fanden innerhalb einer Woche ein Stück Land, einen Architekten und geistige Unterstützung bei der Gemeinschaft. Sie steckten ihre gesamten Ersparnisse in das Projekt und brauchten darüber hinaus noch einen beträchtlichen Bankkredit. Weatherwise übernahm die Grundstückserschließung sowie die Klempner- und Installationsarbeiten, während ein örtliches Bauunternehmen die Bauarbeiten besorgte. Die Meads gingen voller Gottvertrauen ans Werk – und dabei war die Finanzierung durch die Bank erst gesichert, als das Dach schon stand!

In Meadowlark ist der täglichen Umgebung der Bewohner größte Aufmerksamkeit gewidmet worden. Jeder von ihnen hat ein sehr schön gestaltetes Zimmer mit eigener Farbgebung. Die allgemein genutzten Räume sind mit unglaublicher Sorgfalt von einem Gemeinschaftsmitglied mit Farben im anthroposophischen Stil ausgemalt worden. David sagt: »Ich könnte mich nicht wohl fühlen, wenn ich anderen weniger zugestehen würde als mir selbst. Wir wollen den Geist der Findhorn-Gemeinschaft in unsere Arbeit und in die Umgangsart mit unseren Mitarbeitern hineintragen.«

Die erste Patientin war ein älteres Mitglied der Gemeinschaft, der das Leben in einem unserer winzigen, feuchten Wohnwagen einfach zuviel geworden war. Binnen zweier Jahre nach Eröffnung des Heims war Meadowlark vollbelegt, und jetzt gibt es eine Warteliste, obwohl die Preise hoch sind, was die Vermutung nahelegt, daß David und Lizzie auf dem richtigen Weg sind.

Meadowlark hat einen großen Mitarbeiterstab, der überwiegend aus der Umgebung stammt. Die Meads machen kein Geheimnis daraus, daß sie sich von der Findhorn-Gemeinschaft inspirieren lassen. Sie wollen eine Atmosphäre schaffen, in der die Arbeit Spaß und Freude macht, und motivieren ihre Mitarbeiter entsprechend durch Beratung, Zuhören, Zusammenkünfte und Teamwork sowie durch ein vertrauenbildendes sechsmonatiges Trainingsprogramm. Sie wollen eine gewisse höfliche Unterwürfigkeit von Angestellten, wie sie in dieser Gegend Tradition hat, allmählich ausräumen und ihre leitende Funktion ohne Kontrolle ausüben. Meadowlarks erster Geburtstag mit 75 Mitarbeitern und Angehörigen wurde in unserem Gemeinschaftszentrum im Park gefeiert. Viele Mitarbeiter hatten uns vorher noch nie besucht, obwohl sie im näheren Umkreis leben, ein Hinweis auf die vorsichtige Zurückhaltung, mit der wir hier betrachtet werden. Aber alle Mitarbeiter sind inzwischen entweder für uns oder verhalten sich neutral. Inwieweit die Verbindung zur Gemeinschaft auch ohne die Meads aufrechterhalten werden wird, ist ungewiß. Der Erfolg von Meadowlark hat ihnen Appetit auf neue Unternehmungen gemacht, und sie überlegen derzeit, das Projekt zu refinanzieren, um eine Wohnungsgenossenschaft zu gründen. Es ist zu hoffen, daß durch Meadowlark und andere Einrichtungen, die ich beschrieben habe, bessere Wechselbeziehungen zwischen der Gemeinschaft und der örtlichen Umgebung angebahnt werden.

* * *

Der letzte Halteplatz auf unserer Tour liegt wieder im Caravanpark. Jenseits von Cullerne dehnen sich die großen Anlagen von *Minton House* aus. Vor langer Zeit hatte Eileen Caddy von diesem rosaroten Haus einmal die Vision, daß es ein Ort der Heilung werden würde. Diese Vision hat sich inzwischen erfüllt. Judith Meynell, der Minton gehört, sieht darin eine Ergänzung zur Arbeit der Gemeinschaft, und bietet ihr Haus als einen Ort der Stille an, wo Leute ruhig werden und ihr Gleichgewicht wiederfinden und dabei auch Rat und Hilfe bekommen können. Im Haus werden außerdem Kurse abgehalten, meist an Wochenenden, mit dem Schwerpunkt auf alternativer Medizin, aber auch zu Themen wie »soziale Verantwortung im Geschäftsleben« und anderen. Gegenwärtig kann das Haus bequem zwölf Gäste unter hervorragenden Bedingungen aufnehmen. Judith will den Kontakt zu Leuten aus dem »Establishment« pflegen, denen die Gemeinschaft auf den ersten Blick zu unorthodox erscheinen mag. Beispielsweise nutzt das örtliche Gesundheitsheitsamt die Räume für Versammlungen, und außerdem werden »Tage der Stille« für die hiesige Geistlichkeit organisiert. Im Prospekt von Minton House steht, daß beabsichtigt ist, »auf eine verantwortungsvolle Weise alternative und konventionelle Lebensweisen einander näherzubringen«.

Judith hofft, eine GmbH für Minton bilden zu können aus einer Gruppe von Leuten, die die finanzielle Verantwortung mittragen und das Haus ohne die übliche hierarchische Struktur führen, wobei sie selbst die Koordination übernehmen will. Die derzeitigen Leiter des Hauses meditieren morgens zusammen und freuen sich, wenn sich Gäste zu ihnen setzen. Allerdings hat es Schwierigkeiten gegeben, eine Mitarbeitergruppe zusammenzustellen, und in dieser Hinsicht ist noch nicht alles voll zufriedenstellend. Ein »Arbeits-und-Lern-Programm« ist angelaufen, bei dem sich die Betreffenden über eine längere Zeit hinweg durch die Teilnahme an der Arbeit und am spirituellen Leben auf die Atmosphäre des Hauses einstellen können.

Bis auf eine Erfahrungswoche hat Judith keinen Anteil am Tun und Lassen der Gemeinschaft genommen und wird deshalb, wie sie meint, gelegentlich schief angesehen von uns. Allmählich sind jedoch das gegenseitige Vertrauen und die Achtung voreinander gewachsen, nicht zuletzt, weil uns klar geworden ist, daß die Ausdehnung über die Grenzen dessen hinaus, was wir kontrollieren können, durchaus begrüßenswert ist und keine Ängste auslösen sollte. In der sommerlichen Hochsaison mieten wir in Minton Räumlichkeiten für Workshops und Erfahrungswochen, die den Rahmen unserer eigenen Möglichkeiten sprengen.

* * *

Die Findhorn Foundation ist sicher nur eine in einer ganzen Reihe von Institutionen innerhalb einer sich immer weiter auffächernden Gemeinschaft. Noch ist sie der beherrschende Teil, aber der Trend ist nicht zu verkennen. Mit den Jahren wird die Dezentralisierung ebenso zunehmen, wie neue Formen des Umgangs und der gegenseitigen Unterstützung entstehen, aus denen eine größere, spirituell orientierte, selbstbestimmte Gemeinschaft heranwächst. In Eileens Weisungen gibt es Hinweise darauf, daß die Ausdehnung weitergehen wird, wenn das geschieht:

In kommenden Tagen,
wenn dieses Zentrum wächst und sich weitet,
werden immer mehr Seelen hierher gezogen.
Jeder hat etwas Besonderes zu geben
zum Bau an dem Ganzen.
Sie müssen selber finden,
was ihr Beitrag ist,
und geben, was sie haben.

Ihr werdet merken,
daß viele neue wunderbare Gaben und Talente
zum Vorschein kommen,
jede von ihnen soll gefördert und gebraucht werden.
So wird eine völlig neue Entwicklungsstufe
für das Werk beginnen.
(*Findhorn – Zentrum des Lichts*, S. 108)

Eine Lebensweise, die eine ausgewählte Gruppe in einer so begrenzten Gemeinschaft wie der Findhorn Foundation annimmt, regt zur persönlichen Wandlung an. Wenn dieser Lebensstil in einer Reihe von Lebenssituationen und arbeitenden Betrieben, die in Interaktion miteinander stehen, weiterentwickelt wird, entsteht ein realistischeres Modell dieser Lebensweise, das sich auf die Welt übertragen läßt. *Die Fundamente sind gelegt. Jetzt baut sich die Gemeinschaft selbst weiter auf.*

Teil 3
Lebensbilder

Cullerne House

Vorbemerkung

In diesem Teil des Buches wird die Geschichte von zwanzig Menschen erzählt, denen die Findhorn-Gemeinschaft heute zum Mittelpunkt ihres Lebens geworden ist. Jede persönliche Lebensgeschichte könnte ein eigenes Buch füllen, und auf den wenigen folgenden Seiten kann nur ein Überblick gegeben werden. Dennoch offenbart sich selbst durch so kurze Berichte eine faszinierende Vielfalt. Das Grundthema ist das der Suche – nicht der Suche nach der Findhorn-Gemeinschaft als solcher, sondern die Sehnsucht nach etwas, das die betreffenden Menschen zur Gemeinschaft geführt hat, wo sie zumindest ein gewisses Maß von dem finden konnten, was sie suchten.

Es hat mir große Freude gemacht, das Material für diesen Teil des Buches zusammenzutragen. An jedem Leben zeigt sich im kleinen ein Aspekt des Ringens um Verständnis, dem sich die ganze Menschheit in diesen Zeiten widmen muß. Viele von uns haben auf unserer Suche nach Wahrheit den Kodex der geltenden Moral gebrochen und gelegentlich sogar einmal das Gesetz übertreten. Wir haben gelernt, uns selbst zu vergeben und uns zu ändern, wie schmerzhaft das auch sein mochte, um der Erkenntnis entgegenzugehen, daß wir das gestaltgewordene Ebenbild Gottes sind. Diese Erkenntnis, die dem Leben eine neue Richtung gibt, wird zum Leitstern, zum Licht, das uns zu unserer Wahrheit zieht und uns außer mit Zielstrebigkeit und Entschlossenheit auch mit immer mehr Freude erfüllt. Nur unsere inneren Widerstände auf dem Weg bereiten uns Schmerzen. Manch einer von uns hat so kluge Abwehrmechanismen entwickelt ...

Die hier wiedergegebenen Geschichten verdeutlichen das Vertrauen, das in den persönlichen Geschichten der Menschen dieser Gemeinschaft sichtbar wird, ein Vertrauen, das durch den Austausch mit- und die Sorge füreinander vertieft wird, da hier keiner verdammt oder verurteilt wird, weil er so ist, wie er ist, sondern liebevollen Beistand erhält, über sich hinauszuwachsen.

Die Berichte sind thematisch entsprechend der gegenwärtigen Situation der Betroffenen geordnet, so daß sie ebenso als individuelle Lebensgeschichte wie als Schilderung eines Teils des Gemeinschaftslebens gelesen werden können.

Der Ehrenplatz bei dieser Sammlung gebührt Eileen Caddy. Für mich ist sie der Anker unserer Gemeinschaft. Sie hat das Empfinden, daß eine höhere Macht sie davon abgehalten hat, von hier fortzugehen, obwohl sie das, wie aus ihrem Bericht hervorgeht, bisweilen gern getan hätte. Da sie bereits eine Autobiographie veröffentlicht hat und ihre Lebensgeschichte im Kapitel über die Geschichte der Gemeinschaft schon umrissen wurde, habe ich sie gebeten, uns vor allem etwas über den augenblicklichen Abschnitt ihres Lebens zu sagen.

Lebensbilder

Die Ankerfigur – Eileen Caddy

Eileen Caddy

Wir trafen uns eines Morgens im Wohnzimmer von *Eileen Caddys* kleinem Wohnwagen. Es war ein sehr bewegendes Gespräch, denn Eileen erzählte von der schwierigen Aufgabe, zwei Seiten ihrer selbst miteinander auszusöhnen.

»Ich habe eine Affirmation erhalten: ›Freude kommt mit dem Dienen, und Dienen kommt mit der Hingabe.‹ Heute fühle ich mich immer wieder veranlaßt, noch einmal zu lesen, was mir bereits eingegeben wurde. Meine Aufgabe besteht darin, es weiterzugeben. Indem ich diese Wahrheiten verbreite, wird mir gesagt, kann ich Millionen Menschen helfen, sie sich zu eigen zu machen.

Ich muß anerkennen, daß ich eine Lehrerin für die Welt bin. Ich muß meine Angst vor dieser Tatsache verlieren, denn es ist die Wahrheit – ich lehre die Welt Gottes Wort. Die wundervollen Botschaften sind mir nicht umsonst zuteil geworden. Jetzt habe ich die Pflicht, sie zu leben, sie zu sein, sie anschaulich zu machen und zu verkörpern, bis wir voneinander durchdrungen und eins sind. Daran arbeite ich unentwegt.

Die Menschen wollen von mir lernen, was ich zu geben habe; trotzdem stelle ich mein Licht oft noch unter den Scheffel. Ich habe eine absolut kostbare Botschaft an die Menschheit weiterzuleiten und muß das furchtlos und mit Freude tun. Ich bin wahrhaft reich gesegnet – für alles danke ich. Ich bitte, daß mir gezeigt werden möge, wie ich mit den Millionen teilen kann, was mir gegeben wurde, darum, für jede Veränderung, für Gott in meinem Innern offen zu sein.

Wissen Sie, ich finde es furchtbar schwierig. Mir kommt dieser schreckliche Gedanke, ich wäre eine Heuchlerin; dabei hätte er mir gar nicht kommen dürfen, wenn es stimmte. Ich will die Wahrheit leben, die Wahrheit sein – ich bin die Wahrheit. Aber ab und zu überkommen mich Zweifel. Warum sollte gerade ich auserwählt sein?

Ich akzeptiere es, daß Gott Übermittler braucht. Ich akzeptiere es, daß Peter mich brauchte, damit er dazu eingesetzt werden konnte, die Findhorn-Gemeinschaft zu schaffen. Aber manchmal habe ich ein Gefühl, als sei gar nicht *ich* das. Ich muß mich kneifen, um sicherzugehen, daß ich es doch bin, als sei in meinem Innern ein Krieg im Gange. So ist es immerfort gewesen, vom ersten Wort an. Ein Teil von mir will sich zur Ruhe setzen und ein stilles, friedliches Leben leben. Der andere sagt: ›Du bist hier, um zu dienen; nur weiter so!‹

Ich hatte einen Traum. Darin war ich tot und lag in meinem Sarg. Sie ließen den Sarg ins Grab hinab. Ich versuchte, jemandes Aufmerksamkeit zu erregen, und ein Mädchen empfing meine Botschaft und sagte: ›Sie will nicht begraben werden, sie will ins Krankenhaus!‹ Also brachten sie meinen Körper dorthin, und ich sah, wie mich Chirurgen sezierten und meine Organe für Experimente herausschnitten. Beim Zuschauen fing ich an, mich halb totzulachen. Ich sagte: ›Dienen bis zuletzt – jetzt bin ich frei!‹ Die Erinnerung an diesen Traum hilft mir sehr, wenn mir wieder einmal der Gedanke kommt, daß ich mich zur Ruhe setzen könnte.

Selbst in den sechziger Jahren, als ich soviel meditiert habe, war der Konflikt da. Die Meditation war wunderbar, Stunden, in denen ich einfach da war, einfach in Gott ruhte. Ich befand mich in einem unglaublichen Zustand der Glückseligkeit. Aber wenn ich in einem höheren Bewußtseinszustand zu Peter zurückkehrte, fiel es mir recht schwer, ein normales Eheleben zu führen. Peter beklagte sich; ich hatte große Schwierigkeiten, mit ihm ins Bett zu gehen.

Eins meiner Kinder hat mir geschrieben: ›Liebe Mam, deine Arbeit wird sich in Zukunft mehr und mehr damit befassen, das Wort Gottes wie eine gütige Schäferin an Millionen weiterzugeben. Du wirst die Herde durch ein neues Tor geleiten und ein Einssein und Eingestimmtsein erfahren wie selten eine verkörperte Seele.‹

Mein Wunsch ist, Gott an die erste Stelle zu setzen. Ich weiß, daß Gott in mir ist; es gibt keine Trennung. Aber ich kann nur so und nicht anders sein, und wenn die Botschaften kommen, daß ich Millionen ansprechen soll, bekomme ich Angst. Sie nicht?«

Ich erinnerte Eileen an die Worte, die Jesus in Gethsemane sprach: »Mein Vater, ist's möglich, so gehe dieser Kelch an mir vorüber; doch nicht wie ich will, sondern wie du willst!«

»Es ist keine Last«, fuhr Eileen fort, »es ist eine Verantwortung. Das hat mich so geschmerzt, als Peter und ich uns getrennt haben. Wir waren für so viele Leben verantwortlich. Wir waren auserwählt, dieses Werk zu vollbringen, es bestanden kosmische Bindungen. Die Arbeit nun allein zu tun weckt ein Verantwortungsbewußtsein in mir, das ich seit meiner Kindheit habe. Wenn wir gereist sind, habe ich mich um die anderen, um die Fahrkarten, ums Geld gekümmert. Verantwortungsgefühl ist mir tief eingeprägt. Mein Vater erwartete das von mir.

Ich versuche, mit meinem Dilemma zurechtzukommen, indem ich mich der Christusenergie bediene. So wird alles gelingen. Ich halte mich an Affirmationen wie: ›Ich bin ein schönes, von Christus erfülltes Wesen.‹ ›Ich nehme mein Christuslicht jetzt in Anspruch.‹ ›Ich nehme die Liebe jetzt in Anspruch, die bedingungslose universelle Liebe, jetzt‹ – immer jetzt, weil es nichts anderes gibt als die Gegenwart. Ich bin eingehüllt und erfüllt von dieser wundersamen Liebe. Möge diese Liebe mich umströmen, zur ganzen Gemeinschaft hinausströmen und immer weiter hinaus in die ganze Welt. Sie ist jetzt Teil von mir, und das kann ich vor allen Leuten offen bekennen. Ich habe keine Angst mehr, mich mitzuteilen, denn die Affirmationen kommen von innen.

Nun ein Wort über die Gemeinschaft. Sie ist wie mein größtes, unbeholfenstes Kind. Ich hatte die gleichen Schwierigkeiten mit meinem Sohn Jonathan, mußte mich zurückhalten und ihn seinen eigenen Weg gehen lassen. Ich wurde aufgefordert, mich zurückzuhalten und mich nicht in die Wachstumsphase der Gemeinschaft einzumischen. Das habe ich auch getan. Sie wollten nichts von Weisungen hören, und mir wurde gesagt: ›Laß sie, sie müssen aus den eigenen Fehlern lernen.‹ Bis vor zwei Jahren war es außerordentlich schwierig. Ich habe mich für alles verantwortlich gefühlt. Ich wußte, was zu tun war, aber mir wurde gesagt: ›NEIN!‹ Wenn sich ein Kind in Gefahr begibt, ist es schrecklich, sich zurückzuhalten, aber ich mußte es. Es ist ziemlich leicht, eine Beziehung abzubrechen, aber es dauert oft Jahre, sie wieder aufzubauen, und ich wollte nicht, daß es mir mit der Gemeinschaft so ergeht.

Vor kurzem habe ich mich der neuen Kerngruppe angeschlossen. Ich spürte erst einen Widerstand dagegen. Ich wollte nicht mit einer Gruppe arbeiten – das habe ich all die Jahre vorher auch nie gemacht –, und ich wollte nicht mit jungen Leuten zusammenarbeiten. Ich spürte die Ablehnung einiger Mitglieder der Gruppe mir und dem gegenüber, wofür ich stehe. Aber mit Gebet, Meditation und einfachem Sosein habe ich mich zur gemeinsamen Arbeit durchgerungen.

Es war eine gute Entscheidung. Jetzt macht es mir Freude, mit ihnen zu arbeiten. In dem Maße, wie ich offen und verletzlich bin, sind sie es auch. Sie sind viel spiritueller, als ich gedacht hatte, Gott sei Dank. Sie haben unendlich viel Weisheit.

Mein Rat an alle, die Gemeinschaft wie die Welt, ist der: Wendet euch nach innen. Findet das Göttliche im eigenen Innern und schöpft euer Sein mehr und mehr aus dieser göttlichen Mitte. Das ist es, was mit der Kerngruppe geschieht. Sie nehmen sich mehr Zeit, um sich nach innen zu kehren und zu meditieren. Man muß in die Stille gehen, sich mehr Zeit nehmen, still zu werden. Gebet und Meditation sind die beiden Schlüssel für die Herzenstüren. Alles liegt in uns, nur müssen diese Türen geöffnet werden. Es steht alles in dem kleinen Buch *Herzenstüren öffnen*. Besonders neuen Gemeinschaften empfehle ich, sich darauf zu konzentrieren, erst die spirituellen Grundlagen zu schaffen. Ohne sie werden sie sich wieder auflösen. Zu Beginn der Findhorn-Gemeinschaft haben Peter und ich ein wenig wie Einsiedler gelebt. Aber wir haben die spirituellen Fundamente gelegt – gute Fundamente.

Was meine Zukunft betrifft, so habe ich einfach das Empfinden, daß ich hier bin, um zu dienen. Ich muß mich für jeden Dienst offenhalten. Ich sehe vor mir viele Reisen, viele Kontakte mit Leuten, viel Geben. Es ist mir kleinem Menschlein schrecklich, auf diese Weise eingesetzt zu werden, und ich frage mich immer noch: ›Warum gerade ich?‹«

Weinend fuhr Eileen fort: »Ich sage fortwährend: ›Dank sei Dir, wenn Du mich in irgendeiner Weise gebrauchen kannst.‹ Das ist das erste, was ich morgens sage. Mit ›irgendeiner Weise‹ meine ich, daß es nicht an Bedingungen geknüpft sein soll. Es muß bedingungslos sein. Seltsam, nicht wahr? Manche Leute würden ihr Leben für so etwas hingeben, aber ich habe es mir nicht ausgesucht. Ich empfinde es bei mir nicht als etwas Natürliches. Doch wenn es das ist, was Gott von mir verlangt, dann nur zu, brauche mich? Eines Tages werden meine beiden Hälften zusammenfinden, und dann wird keine Spaltung mehr bestehen. Es wird sich ganz von selbst fügen.«

* * *

Vom Süchtigen zum Focaliser – Craig Gibsone

Craig Gibsone

An windigen Tagen, wenn Flut ist, sieht man aller Wahrscheinlichkeit nach die Segel von Windsurfern durch die Bucht von Findhorn jagen. Und eins davon gehört womöglich *Craig Gibsone*, dem derzeitigen Focaliser der Findhorn-Gemeinschaft. Er kommt aus Australien und ist 48 Jahre alt, sieht aber jünger aus.

»Ich bin im Südwesten Australiens auf einem völlig abgelegenen kleinen Anwesen ohne fließend Wasser und Elektrizität geboren. Mein Vater hat bei der Landwirtschaftskammer gearbeitet und war viel unterwegs. Meine Mutter versorgte uns – meine beiden Schwestern und mich. Sie war ein sehr sensibler, intuitiver Mensch.

Ich bin ziemlich einsam aufgewachsen, in enger Berührung mit der Natur. Ich habe immer mein Spielzeug draußen liegenlassen, damit die Elfen damit spielen konnten! Ich erinnere mich an seltsame Erlebnisse, die ich jetzt spirituell nennen würde – an einen heftigen Alptraum, in dem ich in eine herumwirbelnde Menschenmasse fiel, die immer dichter wurde und mich mehr und mehr beengte, bis ich den Geist an das Leben verlor. Es war, als würde ich ertrinken. Doris Lessing hat in ihrem Buch *Anweisung für einen Abstieg zur Hölle* etwas Ähnliches beschrieben. Dann sind meine Schwestern und ich einmal in einer Nacht alle gleichzeitig aufgewacht und haben drei leuchtende Augen am Fußende unserer Betten schweben sehen, die uns anschauten. Ich habe meinen Kopf unter der Bettdecke versteckt und gehofft, sie würden verschwinden, aber sie blieben lange Zeit da. Wir waren außer uns vor Entsetzen. Ich weiß, daß meine Schwestern und ich beschlossen hatten, uns zusammen zu inkarnieren. Die eine ist eine machtvolle Hellseherin – ihr geistiges Erwachen kam hier in der Gemeinschaft. Die andere ist eine sanfte Frau, sensibel und vielgeliebt.

Der Schulbeginn war für mich absolut traumatisch. Ich war Legastheniker, aber das wußte niemand – ich habe es erst mit 35 begriffen. Ich saß meine Zeit bei den langsam Lernenden ab und wurde behandelt, als sei ich geistig behindert. Als ich acht war, zogen wir nach Perth in die Stadt. Das war ein ungeheurer Schock und hat mich in der Schule noch mehr zurückgeworfen.

Meine Familie war fromm und gehörte der anglikanischen Kirche an, und eine Zeitlang fühlte ich mich durch die Kirche gestärkt. Ich entdeckte die Kraft des Gebets und überlegte, ob ich Priester werden sollte. Doch das ging unter in einer Woge von ›sex and drugs and rock' n' roll‹! Ich glaube, ich bin mit einer Veranlagung zur Sucht geboren; mein Vater und mein Großvater waren Alkoholiker. Einen Großteil meines Lebens habe ich daran gewendet, von der Sucht loszukommen – besonders vom Alkohol.

Als Jugendlicher habe ich viel Zeit mit Surfen am Meer verbracht. Dann passierte, als ich 17 war, zweierlei und hat mich vollkommen verändert. Ich bin zur Kunstschule gegangen und habe mich zum ersten Mal im Leben voller Freude intellektuell und kreativ beschäftigt *(Craig ist ein hervorragender Töpfer – C. R.)*. Ich habe auch Tolkiens *Herrn der Ringe* gelesen, was mich tiefbewegt hat. Damit bin ich ein Jahr lang durch ganz Australien gereist. Aber Sex und Alkohol habe ich trotzdem nicht aufgegeben. Als ich nach Perth zurückkam, erschien mir dort alles so, wie es immer gewesen war, also kaufte ich ein Ticket und machte mich nach Europa auf, noch immer mit Tolkien in der Tasche. Europa war wieder ein traumatisches Erlebnis. Mir war beigebracht worden, daß die Australier das Volk Gottes seien, und da stieß ich nun auf 5000 Jahre europäischer Kultur und kam mir klein und unbedeutend vor. Ich reagierte, indem ich noch mehr trank.

Nach vier Jahren Wanderschaft blieb ich Mitte der sechziger Jahre in

London hängen, auf dem besten Wege, an fortgesetztem übermäßigem Alkoholgenuß und lymphatischem Krebs zugrunde zu gehen. Zwei Wochen vor einer Krebsoperation gab mir jemand eine Pille LSD. Sie hat mich auf eine bemerkenswerte Weise offen gemacht, und danach habe ich drei Jahre lang Erfahrungen mit psychedelischen Drogen gesammelt. Ich bin aus dem Krankenhaus entlassen worden, habe die empfohlene Anschlußbehandlung mit Kobaltstrahlen abgebrochen und vom Alkohol abgelassen. Mir war, als hätte ich die letzte Chance bekommen. Ich änderte meine Ernährungsgewohnheiten und meine Einstellung zum Leben. Ohne zu wissen, was ich eigentlich tat, fing ich an, im Lotussitz zu meditieren.

Ungefähr um diese Zeit führten ein paar Psychiater Experimente mit psychedelischen Drogen durch. Mit ein paar anderen nahm ich unter kontrollierten Bedingungen zusammen mit einer Gruppe von Schizophrenen LSD ein. Für mich war das eine Möglichkeit, in den eigenen Wahnsinn einzutauchen. Nach drei Jahren war ich endlich soweit, mir mein Leben ohne aufputschende Mittel selbst einzurichten. Ich las das Buch *Das Geheimnis der Derwische* von Idries Shah und begann mich umzusehen. Ich half mit, etwas aufzubauen, das »Kunstlabor« genannt wurde, und hatte dort eine Ausstellung von Gemälden, ging aber wieder auf einen Trip und verschenkte alle meine Arbeiten. Dann ging ich für eine Woche zum tibetischen Zentrum Samye Ling in Südschottland, das ich erst nach drei Jahren wieder verließ, wobei ich allerdings im mittleren Jahr eine Weile erfolglos auf Guru-Jagd in Indien war.

In Samye Ling erfuhr ich etwas von früheren Leben, Yoga und Meditation. Ich dachte, ich könnte dem Kreislauf von Leben und Tod durch intensive Meditation entrinnen. Andererseits hörte ich auch vom Bodhisattva-Leben mit der Verpflichtung, wiedergeboren zu werden, bis die ganze leidende Menschheit erlöst ist.

Ende 1968 besuchte ich die Findhorn-Gemeinschaft. Irgendwie wußte ich auf einmal, daß alles, was ich entdeckt hatte, dort ausgeführt wurde. Ich lernte die westliche Mysterientradition kennen, während ich Tee trank mit älteren Leuten, die mich an meine Familie erinnerten, aber von Dingen wie fliegenden Untertassen, St. Germain und Devas sprachen. Da gingen mir die Augen auf! Als ich mir einen Vortrag von Peter Caddy anhörte, hatte ich Halluzinationen, ohne Drogen genommen zu haben, und sah, wie er sich erst in einen Moses verwandelte und dann in ein Lichtwesen. Wie dem auch sei, Samye Ling war in Schwierigkeiten und rief mich für ein Jahr zurück, und so kam ich erst 1970 wieder zur Findhorn-Gemeinschaft, mit ganzen zehn Pfund in der Tasche.

In ihrer Frühzeit glich die Gemeinschaft einem Ashram mit Peter als Leiter und Eileen als Guru. Zuerst habe ich das so hingenommen, aber später trat David Spangler dafür ein, daß wir uns nach innen zur Quelle der eigenen Weisheit wendeten, und Myrtle Glines half uns, mit unseren Emotionen in Berührung zu kommen, was bis dahin nie geschehen war. Ich wurde Peters rechte Hand und half dabei, die Dinge zu stabilisieren. Ich war der erste der neuen Focalisergruppe.

Es gab jede Menge traumatische Erlebnisse. Eine Frau, mit der ich ein Verhältnis hatte, ging wegen einer Abtreibung fort, und irgend jemand sagte mir, das wäre so, damit ich meine Energie frei für die Gemeinschaft einsetzen könnte. Das fand ich abscheulich, also ging ich fort und verbrachte ein Jahr bei der Lorian Association in den Vereinigten Staaten. Aber 1974 kehrte ich für eine weitere Runde zurück.

Peter reiste viel, und ich übernahm während seiner Abwesenheit die Aufgabe des Focalisers, lernte in der Gruppe zuhören und versuchte, Gruppenverantwortung aufzubauen. Als Peter zurückkam, übernahm er selbst die Kontrolle wieder, ohne überhaupt zu honorieren, was in seiner Abwesenheit erreicht worden war. Das war eine Lektion in Bescheidenheit und für mich der Schlüssel zu meiner wahren spirituellen Entfaltung. Einmal habe ich mit Peter, Eileen und ROC eine Rundreise durch Großbritannien gemacht, um etliche der Leitfiguren der esoterischen Bewegung aufzusuchen und Kraftorte zu aktivieren. Die Fahrt war ein großes Erlebnis. Ich beobachtete nur und lernte mein Teil, während Peter und ROC das ihre taten und Eileen die Energien zusammenhielt. Es war inspirierend, dynamische Intuition am Werk zu sehen. Viele Male habe ich mich wie eine Maus in der Höhle des Löwen gefühlt. Sie schienen eine viel größere Macht in sich zu vereinen, als ich in meinem ganzen Leben je erfahren hatte; eine höchst bemerkenswerte Gruppe!

Einmal, als Peter fort und ich Focaliser war, hatten wir die Möglichkeit, ein Haus namens Cluny Bank zu kaufen. Ich versuchte, eine Art kollektives Bewußtsein zu formen, statt einfach nur Peters Willen auszuführen. Die alte Kerngruppe besichtigte das Haus. Wir fanden es herrlich, aber die Meditation verlief negativ, so daß wir es nicht erwarben. Ähnliches geschah mit Drumduan. Als Peter zurückgekehrt war, übte er Kritik an uns und sagte, wir hätten bloß Angst. Aber Cluny Bank wurde schließlich von Mitgliedern privat erworben und stand uns fortan bei Bedarf zur Verfügung, und Drumduan wurde ein Jahr später ebenfalls von jemandem gekauft und uns geschenkt. Mit unseren Einstimmungen hatte es seine Richtigkeit, aber Kritik konnte ich nicht gut vertragen. Ende der siebziger Jahre bestand ein gewisser

Druck, in den Erwerb eines jeden Eigentums einzuwilligen, das zum Verkauf stand.

1978 war ein Krisenjahr für mich. Zuerst kam meine Mutter bei einem Autounfall ums Leben. Dann ertrank die Frau, mit der ich zusammenlebte – wieder empfing jemand durch Channelling die Botschaft, das sei nur geschehen, damit ich für die Gemeinschaft frei würde. Schließlich ereignete sich noch der Unfall mit dem Kristall *(siehe Kapitel 5 – C. R.)*. Ich hatte den Eindruck, daß die Gemeinschaft sich so sehr von Äußerlichkeiten und Illusionen hatte verlocken lassen, daß sie offenbar zurückfiel ins Magische. Es gab auch Drogenprobleme. Bei uns bestand die klare Regel, kein Marihuana zu gebrauchen. Aber einige Leute rauchten es trotzdem, und es wuchs sogar hinter der Töpferei, wo ich arbeitete. Eileen und Peter wußten davon nichts. Es gehörte alles zu den Illusionen der siebziger Jahre. Mein Gefühl sagte mir, es sei wieder Zeit zum Abschiednehmen, und diesmal blieb ich viereinhalb Jahre fort.

Ich mußte über das Ertrinken meiner Freundin hinwegkommen. Ich ging zur See, segelte über den Atlantik und lebte in der Karibik, um mit Wasser in Berührung zu bleiben. Dann arbeitete ich als Bauleiter bei verschiedenen Gemeinschaften in den Vereinigten Staaten. Schließlich gebot mir meine innere Stimme, wieder zur Findhorn-Gemeinschaft zurückzukehren.

Als ich zurückkam, gab es keinen Platz für mich. Ich wohnte eine Zeitlang in einer Garage, renovierte mir dann einen alten Wohnwagen im Gemüsegarten und zog dort ein. Ich wußte, daß ich wieder Focaliser der Gemeinschaft werden würde, aber zuerst einmal mußte ich den Park wiederbeleben, die Kommunikation zwischen den Leuten wieder in Gang bringen und neue Formen der Gruppenintegration entwickeln. Auch für mich selbst war es eine Zeit des Wiederaufbaus. Die alten Formen der Führung waren den achtziger Jahren nicht mehr angemessen. Ich ließ mich nicht mehr von den schönen Weisungen früherer Zeiten bezaubern, sondern lernte, Weisungen statt dessen als eine natürliche, normale Funktion des Lebens aufzufassen, so normal wie der Gang zur Toilette, als Werkzeug, das Hilfe und Arbeitsmittel ist.

Als mir das Focaliseramt angeboten wurde, war ich unschlüssig. Ich bat die Gemeinschaft, darauf zu vertrauen, daß ich keine alten Systeme wiederbeleben würde. Ich wollte zur inneren meditativen Einkehr anregen, dem Wesenskern der Gemeinschaft, aber in einem Gruppenkontext. Das Zeitalter der Gurus geht zu Ende. Der Lehrer ist heute einer, der die Leute ins eigene Innere weist. Wir stehen erst am Anfang unseres Werdegangs, am Anfang eines neuen Zyklus. Innere Einstimmung und Weisung haben stets zur Spiritualität gehört. Jetzt, da die materialistischen Kräfte in den Hintergrund treten, werden sie auch in die breitere Öffentlichkeit hineingetragen. In meinen Augen ist die ökologische Krise der Schlüssel; die Leute merken allmählich, daß sie bei fortgesetztem Konsum schließlich sich selbst konsumieren werden. Wir müssen uns selbst schätzen lernen, wie hoch oder niedrig unser Lebensstandard auch sein mag, ob wir nun einen Mercedes fahren oder ein Fahrrad. Werden wir in unserer Gemeinschaft weiterhin unser Konsumverhalten im Vergleich zur Gesellschaft zügeln können und dennoch ein in sozialer und spiritueller Hinsicht erfülltes, energiesprühendes Leben vorleben können? Wenn wir wirklich im Spirituellen Erfüllung finden, wird das Gewicht des Materialismus die Leute nicht mehr klammheimlich auf die materielle Ebene zurückziehen können.

Ich wünsche mir, daß wir wieder ein Gespür für die Bedeutung der Findhorn-Gemeinschaft in globaler Sicht bekommen. Wenn wir unser Leben demDienst an ihr widmen, arbeiten wir mit archetypischen Mustern der Menschheit. Veränderungen in der Struktur unserer Gemeinschaft laufen parallel zu dem, was in der Sowjetunion geschieht. Ich persönlich habe mir die Aufgabe gestellt, meine eigene individuelle schöpferische Mitte zu finden, aus der ich meine Kraft und Vitalität beziehe, und mich bereitwillig für etwas gemeinsames Größeres zur Verfügung zu stellen. Im Grunde verliert man nichts, wenn man sich dem Geist und dem größeren gemeinsamen Ziel unterwirft; vielmehr gewinnt man daraus Kraft und wird beflügelt. Ich will mit der gleichen Inspiration wie François und Jay weitermachen, den früheren Focalisern, zum Wohle der Findhorn-Gemeinschaft. Das heißt, die spirituelle Fortbildung der Gemeinschaft als etwas beizubehalten, das zur Vitalität und zum Leben unter gemeinsamen und doch vielgestaltigen Umständen hinzugehört, manches Gemeinschaftliche zu privatisieren und den Leuten zu helfen, loslassen zu können.

Die Erfahrungen der siebziger Jahre haben meine Einstellung zum Eigentum stark beeinflußt. Die Gemeinschaft als solche muß nicht unbedingt alles besitzen und schaffen. Wir sollten offen sein gegenüber gleichgestimmten Leuten, die an unserer Seite arbeiten, und ihnen zutrauen, daß sie das Rechte tun. Ich denke, daß sich der »Engel von Findhorn« auch dann eines Besitzes annimmt, wenn er nicht der Foundation gehört. Sie hat eine erzieherische Funktion und wird wohl zu einer kleineren politisch, gesellschaftlich und spirituell relevanten Körperschaft schrumpfen. Zu viele Menschen sind abhängig von der Gemeinschaft. Wir müssen Lebensmöglichkeiten außerhalb der Gemeinschaft schaffen.

Die Vitalität der Natur ist dort am stärksten, wo die größte Vielfalt herrscht. Das trifft auch auf uns zu. Wir müssen auch den Devas, den Elementargeistern und Engeln unseren Tribut zollen, jenen unsichtbaren Wesenheiten, die der Gemeinschaft zu der nötigen Standhaftigkeit verholfen haben, tiefgreifende Veränderungen durchzumachen, durch die sie hätte zerstört werden können. Manchmal denken wir an diese Beziehung, aber manchmal vergessen wir sie auch.

Eine echte Herausforderung dürfte die Frage für uns sein, wie die Foundation und wie die größere Gemeinschaft zu definieren ist. Auf einer inneren Ebene hat es den Anschein, als sei der »Engel von Findhorn« viel größer geworden als die Foundation. Er überträgt seine Vitalität auf immer mehr Menschen in unserer Umgebung und hilft sowohl den der engeren als auch den der weiteren Gemeinschaft zugehörigen Menschen dabei, ein Gefühl für den eigenen Wert und die eigene Einschätzung zu entwickeln. Wir müssen im Kern der Findhorn- wie der weiteren Gemeinschaft auf einer Ebene mit dem Geist bleiben, der uns zu seinen Mitschöpfern macht.«

Zum Schluß bat ich Craig, noch etwas eingehender zu schildern, wie er von seinem Suchtverhalten losgekommen war.

»Durch den Buddhismus. Ich habe eine gewisse Vorstellung von der ›Maya‹ bekommen, der Täuschung durch Sinnesbefriedigung. Selbst wenn mir die Kraft fehlte, meine sinnlichen Begierden zu überwinden, kam ich doch immer wieder an den Punkt zurück, wo mir aufging, daß nur im spirituellen Bereich wahrhafte Befriedigung zu finden ist – Illusionen sind substanzlos. Irgendwo auf dieser Linie bin ich durch den Schleier gedrungen und habe die Illusionen so gesehen, wie sie sind. Man muß sich disziplinieren, auf eine sanfte Art. Für mich ist meine meditative Übung ausschlaggebend. Auch wenn ich mich in Drogen oder Gefühlen verloren habe, war immer noch ein Teil von mir Beobachter. Zu diesem Zentrum kehre ich immer wieder zurück – zum Beobachter. Ich bekomme mannigfache Hilfe, wenn ich meine persönlichen Führer und Wächter anrufe, das Reich der Engel, die Elementargeister. Beratung kann auch von Nutzen sein. Wir müssen ganze spirituelle und ganze therapeutische Arbeit leisten, weil wir durch unsere Erziehung von Kindheit an intellektuell manipuliert und indoktriniert worden sind. Für mich ergibt die Mischung aus westlicher Therapie und östlicher Mystik eine wunderbare Symbiose.«

* * *

Eine Seniorin – Elfreda Coy

Elfreda Coy

Wenn ich im Gemeinschaftszentrum mein Mittagessen zu mir nehme und viele Gäste da und lebhafte Unterhaltungen im Gange sind, setze ich mich gern neben *Elfreda Coy*. Nicht, daß wir uns anschweigen würden, aber sie bleibt auch inmitten der Betriebsamkeit immer sie selbst, und das ist sehr beruhigend. Mittlerweile ist sie ein wenig gebrechlich, und ihr Haar ist weiß geworden, aber sie gehört nach wie vor fest zur Gemeinschaft. Elfreda stammt aus der Generation meiner Eltern. Sie erinnert mich an die nachmittägliche Teestunde bei meiner Mutter um halb fünf, zu der es dreieckige Sandwiches gab. Sie ist sogar in der gleichen Gegend aufgewachsen wie ich. Elfreda ist seit siebzehn Jahren bei der Gemeinschaft.

»Meine Mutter hat uns stets zum Kirchgang angehalten und zur Sonntagsschule ins Pfarrhaus geschickt. Ich gehörte zum Jugendbibelkränzchen. Später war ich im Bachchor an der St.-Albans-Abteikirche. Ich pflegte stille Exerzitien-Wochenenden bei den Nonnen der Abtei zu verbringen. Ich bin immer zur Kirche gegangen, nur hier in der Gemeinschaft gehe ich statt dessen täglich in den Andachtsraum. Ich weiß, wenn ich Hilfe brauche, kann ich nach innen lauschen, und dann wird sie mir zuteil.

Ich war zwanzig Jahre lang verheiratet und habe zwei Söhne. Meine Ehe war entsetzlich schwierig. Sie endete schließlich mit einer Scheidung. Drei Jahre danach begegneten wir uns zufällig wieder, und da bat er mich, ihn noch einmal zu heiraten. Ich habe eingewilligt, aber es war ein vollkommenes Fiasko, das nur drei Wochen dauerte. Dann habe ich alles mögliche gearbeitet: im öffentlichen Dienst, in einem Bekleidungsgeschäft, beim Drogeriehandel Boots. Ich habe mich in Schönheitspflege und Maniküre ausbilden lassen. Nach einiger Zeit bin ich nach Letchworth umgezogen, um in der Nähe meines Bruders zu sein, und dort habe ich meine beste Freundin kennengelernt; wir haben im gleichen Haus gewohnt. Wir hatten die gleichen Interessen und sind dem gleichen spirituellen Weg gefolgt, was herrlich war. Dreimal die Woche haben wir uns in einem kleinen Kreis getroffen und zusammen meditiert, Heilungen gegeben, gelesen und diskutiert.

Eines Tages habe ich meinem Bruder einen Besuch abgestattet. Ein paar

Freunde von ihm waren da, die in Urlaub fahren wollten, und als ich sie fragte, wohin, sagten sie: ›Zur Findhorn-Gemeinschaft – willst du nicht mitkommen?‹ Das habe ich gemacht. Und so bin ich 1972 für zehn Tage hierher gekommen. An einem regennassen Abend ging ich allein zum Andachtsraum und blieb länger, um ein Tonband, das Peter spielte, anzuhören. Mittendrin wurde mir schlagartig klar, daß *diese Gemeinschaft* meine Heimat werden sollte. Ich war im Grunde hier, um zu bleiben. Irgendwo mußte Arbeit auf mich warten! Am nächsten Tag erzählte ich Peter von meinem Erlebnis, und er sagte: ›Ja gut, das ist schon recht so – die Sache ist bloß die, daß du dir eine eigene Unterkunft kaufen mußt.‹

Gerade war eine Tante von mir gestorben, und ich hatte genug geerbt, um meine Ausgaben davon zu bestreiten. Im Andachtsraum hatte ich ganz deutlich den Wohnwagen vor Augen, in dem ich fortan leben sollte, und ich fand ihn dann tatsächlich zwischen den alten Wohnwagen, die unten im Caravanpark zum Verkauf standen – einen wunderschönen *neuen* in den Farben Hellblau und Weiß. Peter zeigte mir einen Platz für meinen Wohnwagen, und ein paar Jüngere begannen, die Fundamentgräben zu ziehen, doch da erhielt Eileen eine Botschaft von oben, in der es hieß, daß sie am falschen Ort gruben, und so mußten sie aufhören. Sie zeigten mir eine andere Stelle, aber mein Wagen paßte nicht dorthin. Als Peter von seiner Reise zurückkehrte, wies er mir den Platz an, auf dem ich immer noch bin, dem Gemeinschaftszentrum gegenüber. Ich bat David Spangler, herzukommen und ihn zu segnen. Er ging überall herum und rief dann heilkräftige Energien mitten auf meinen Wohnzimmerfußboden herab. Noch Wochen später klopften Leute bei mir an und fragten, ob sie auf meinem ›Kraftpunkt‹ sitzen dürften!

Zuallererst habe ich in Peters Büro gearbeitet, mich ums Telefon gekümmert und mit Dorothy Maclean zusammen Gelegenheitsarbeiten erledigt. Nach drei Monaten bin ich in die Weberei übergewechselt und habe Kleider für den Laden hergestellt. Auch in der Küche und im Garten habe ich gearbeitet.

1975 nahm Peter ein paar von den Älteren mit nach Cluny Hill, das wir gerade gekauft hatten. Das war vielleicht in einem Zustand – überall Spinnweben! Peter bat mich, die Stühle für den Andachtsraum von Cluny neu zu polstern, und nachdem ich damit fertig war, habe ich drei Jahre lang das gleiche für die Universal Hall getan und 300 bis 400 Stühle bezogen. Danach war ich als Focaliser in der dem Verlag angeschlossenen Versandabteilung tätig, wo ich bis 1984 geblieben bin.«

Ich erzählte Elfreda, daß sie dort arbeitete, als ich 1983 meine Erfahrungswoche absolvierte, und daß sie für mein Gefühl ein strenges Regiment dort geführt hätte.

»Das lag an meiner früheren Behördenlaufbahn. Vor ein paar Jahren ist mir alles über den Kopf gewachsen; ich sollte mich um die Herstellung von 32.000 Broschüren kümmern, und niemand hatte Eile, sie fertig zu machen. Der Streß war zuviel für mich. Barbara *(ebenfalls ein älteres Mitglied, das inzwischen gestorben ist – C.R.)* nahm mich mit zu sich nach Hause, damit ich eine Ruhepause einlegen konnte, die ich dringend nötig hatte. Anschließend bin ich Hostess im Gemeinschaftszentrum gewesen.

Ich bin jetzt halb im Ruhestand, aber ich finde trotzdem noch eine Menge zu tun. Ich bin von Herzen gern hier. Alles, was geschehen ist, ist Gottes Wille; wir alle hatten Prüfungen zu bestehen, auch ich. Eine herrlich aufregende Überraschung brachte mein achtzigster Geburtstag mit sich. Ich hatte gar nicht gemerkt, daß irgend etwas im Gange war, denn die anderen Mitglieder hielten alles vor mir geheim. Sie holten mich in den Aufenthaltsraum im Gemeinschaftszentrum – kein Mensch war da, doch auf einmal strömte die ganze Gemeinschaft herbei, und alle sangen ›Happy Birthday‹. Dann wurde ich in den Speisesaal geführt, und dort stand ein ganzer Tisch voller Geschenke und ein Blumenstrauß, der so groß war, daß ich ihn nicht tragen konnte, außerdem noch ein riesiger Kuchen. Sie haben mir auch eine Karte geschenkt mit weiß Gott was darauf – ich habe sie aufbewahrt, damit ich sie mir anschauen kann, wenn ich einmal zu alt bin, um etwas anderes zu tun.

Nachdem auf der Konferenz von 1988 beschlossen worden war, spirituelle Gruppen für Mitglieder einzuführen, bin ich jeden Mittwochabend zu einem solchen Treffen gegangen. Wir waren überwiegend ältere Leute. Wir haben uns aufs Einssein, auf Einigkeit und Liebe konzentriert, damit wir wie ein Wesen zum Wohle der Gemeinschaft tätig werden konnten. Wir haben einander sehr gut kennengelernt. Ich könnte nicht mehr ohne Spiritualität in meinem Leben auskommen – eine andere Lebensweise erscheint mir total langweilig. Viele Leute, die ich treffe, können nicht begreifen, wie wir uns so einig und so liebevoll sein können. Sie spüren das, sobald sie zur Tür hereinkommen. Es liegt daran, daß wir wie eine Familie sind – das habe ich vielen, vielen Menschen gesagt. Ich wache morgens auf und denke jedesmal: ›Wieder ein herrlicher Tag mit meiner Familie. Bravo! Ich danke Dir, Geliebter!‹«

* * *

Manager – Alec Whittam und Alex Walker

Alec Whittam

Alec und *Liz Whittam* leben im »Fuchsbau« – in zwei sonnigen Souterrain-Räumen an der Südostecke des Hauses von Cluny. Die Räume liegen zwar ruhig und abgeschieden, sind aber unsicher. Wenn die Abwasserrohre verstopft sind, steht der Fuchsbau zuerst unter Wasser. Als Focaliser von Cluny ist Alec, wie man sagen könnte, derjenige, der das göttliche Feedback zuerst bekommt. Er ist 54 Jahre alt.

»Ich bin in einem Arbeiterviertel von Manchester geboren und aufgewachsen, und meine Eltern gehörten der Arbeiterschicht an. Ich war der erste aus unserer Nachbarschaft, der die Aufnahmeprüfung fürs Gymnasium bestand. Nach meinem Wehrdienst habe ich mich am Lehrercollege in Loughborough als Sportlehrer ausgebildet. Gleich danach habe ich geheiratet – die Ehe hielt nur vier Jahre, genauso lange wie meine erste Anstellung als Lehrer in Kent. Dann bin ich nach London gegangen, um dort eine Stelle anzutreten, und habe wieder geheiratet. Anfang der sechziger Jahre sind wir nach Kanada ausgewandert, und nach einiger Zeit wurde ich Sportlehrer an der Universität von Manitoba. Später habe ich im Ressort Jugend, Sport und Freizeit der Provinzregierung gearbeitet.

1974 brach eine traumatische Zeit für mich an. Meine Ehe zerbrach nach sechzehn Jahren, und meine Frau zog mit unseren vier Kindern nach British Columbia. Ich wollte in ihrer Nähe bleiben und gab meine Arbeitsstelle auf, weil mir dort eine neue Anstellung in Aussicht gestellt worden war, aber der Politiker, der mir dieses Versprechen gegeben hatte, wurde aus dem Amt abgewählt. Mit vierzig Jahren war ich zum ersten Mal arbeitslos. Das war ein echter Wendepunkt für mich, und ich traf eine ganze Reihe von Entscheidungen. Bis dahin hatte ich weitgehend in meinem beruflichen Werdegang Erfüllung gefunden, was zum Scheitern meiner Ehen beigetragen hat. Als Liz und ich uns kennenlernten, war ich fest entschlossen, diesen Fehler nicht noch einmal zu begehen. Wir verbrachten elf Jahre damit, unsere Beziehung zu pflegen. Mein Beruf hatte erheblich weniger Gewicht.

Kurz nachdem ich Liz begegnet war, freundeten wir uns mit einem holländischen Paar an und luden sie in unsere Wohnung ein. Albert, der Mann, sagte: ›Was arbeiten Sie?‹ Ich sah ihn verlegen an, da stand er auf, ging zum örtlichen Laden, erstand ein Taschenbuch über Selbsthilfe und sagte: ›Ich glaube, Sie sind auf diesem Stand angekommen – lesen Sie das!‹ Danach habe ich angefangen, an Workshops teilzunehmen. Wir traten einer Gurdjieff-Gruppe bei; dadurch begannen wir, zu suchen und zu hinterfragen, aber es war uns zu streng. In den darauffolgenden Jahren habe ich herumgesucht, Workshops mitgemacht und an Kursen teilgenommen. Ich hatte verschiedene Jobs, bekam jedoch immer so ein gewisses Kribbeln in den Füßen. Ich wollte eigentlich auf einem Boot leben und reisen, aber es erschien mir so schwierig, alles dafür Nötige zu lernen, deshalb wollte ich mich mit einem Wohnwagen zufriedengeben. Liz hielt nichts davon, aber sie wollte gern nach Europa, um unsere kulturellen Wurzeln zu erkunden. Meine Schwester schlug uns einen Kompromiß vor: Wir sollten doch in einem Wohnmobil durch Europa fahren.

An diesem Punkt kam die Findhorn-Gemeinschaft ins Spiel. Völlig überraschend gab mir jemand das Buch *Der Zauber von Findhorn*, und im örtlichen Kino lief ein Film, in dem die Gemeinschaft vorkam, und zu allem Überfluß wurde noch Peter Caddy in einer regionalen Fernsehsendung interviewt. Wir wandten uns gleich an die Kontaktperson der Findhorn-Gemeinschaft in Vancouver, und sie kam zu einem Gespräch zu uns. Dann haben wir alles verkauft und sind nach Europa gegangen mit der Vorstellung, der Gemeinschaft einen Besuch abzustatten, dann jedoch Kurs auf den sonnigen Süden zu nehmen. In London kauften wir einen Campingwagen, beschlossen, zuerst bei der Gemeinschaft vorbeizuschauen, und trafen rechtzeitig zu unserer ersten Erfahrungswoche im Mai 1984 dort ein. Am Dienstag überlegten wir schon beide: ›Also eigentlich müßten wir länger hierbleiben.‹ Allem Anschein nach versuchten die Leute hier, all das in die Tat umzusetzen, was ich in meinen Workshops gelernt hatte. Liz fand es wunderbar hier – das war praktische Spiritualität! Wir hatten beide das Gefühl, heimgekehrt zu sein.

Aber wir hatten unseren Sonnenhunger noch nicht gestillt. Wir besuchten unsere holländischen Freunde in den Niederlanden und hatten die ganze Zeit über das Empfinden, eigentlich zur Gemeinschaft zurück zu müssen. Um bei unserem ursprünglichen Plan zu bleiben, fuhren wir trotzdem gen Süden. Wir kamen gerade noch bis in die Bretagne, als die Kupplung unseres Campers kaputtging. Offenbar war niemand in der Lage, sie zu reparieren. Wir brachten acht Tage auf dem Parkplatz eines Händlers in Rennes zu und beschlossen schließlich, wieder Richtung Norden zur Gemeinschaft zu fahren. Mit einemmal konnte auch die Kupplung repariert werden und hat nie mehr Ärger gemacht. Einen Monat lang nahmen wir am Programm ›Leben in der Gemeinschaft‹ teil und gingen zu Gesprächen. Ich wollte meine Kinder noch einmal sehen, bevor ich Mitglied wurde, und zudem hatten wir kein Geld für die Beiträge, also kehrten wir nach Kanada zurück. Es dauerte zwei Jahre, bis wir das Geld zusammen hatten; erst 1986 konnten wir am Orientierungsprogramm teilnehmen.

Mein Kommen stand unter einem bestimmten Leitmotiv. Ich hatte erkannt, daß ich nur dann spirituell etwas erreichen würde, wenn ich mich selbst aufgab. Damals war ich noch der Meinung, ich müßte mich ganz einem System, einem Menschen oder einer Überzeugung hingeben. Ich fragte mich: ›Ist das hier ein Ort, dem ich mich hingeben muß?‹ Nachdem ich einige Zeit hier war, wurde mir klar, daß ich mich dem Göttlichen in meinem Innern hingeben, mich meinem wahren Selbst hingeben mußte.

Was hinzukam und ebenfalls ins Gewicht fiel, war unsere Beziehung, unsere Energie als Paar. Ich hatte den starken Eindruck, sie sei ein Geschenk, das wir mitgebracht hatten. Das Geschenk ist dadurch erwidert worden, daß unsere Beziehung gekräftigt wurde, auch wenn es nicht leicht war. Infolge meines früheren Traumas neigte ich dazu, unsere kleine Welt abzuschirmen, so daß wir uns aufeinander konzentrieren konnten. Unsere Ankunft hier markierte das Ende dieser Phase. Jetzt waren wir gefordert, uns zu wenden und Seite an Seite nach vorn zu schauen. Wir übernahmen gemeinsam das Amt der Hausdienst-Focaliser und hatten Freude daran. Als wir jedoch die Chance bekamen, Focaliser von Cluny zu werden, machte Elizabeth nicht mit, während es mir recht war. Intellektuell konnte ich das verstehen, aber auf der Ebene des ›ängstlichen Kindes‹ hatte ich damit zu kämpfen. Ich wurde gebeten, eine Position einzunehmen, die ähnliche Ansprüche an mich stellte wie zuvor meine beruflichen Tätigkeiten, Ansprüche, die dazu beitrugen, daß meine Ehen zerbrachen. Die Spirale hatte eine weitere Drehung gemacht, und für mich hieß die Frage: ›Bist du jetzt bereit?‹ Ich hatte Angst, daß die Sache schiefgehen könnte.

Die Hauptherausforderung für mich als Focaliser von Cluny war das Hervortreten des ›ängstlichen Kindes‹ in meinem Innern – ich mußte mich ihm stellen. Die Arbeit als Focaliser führt leicht zur Isolation; man ist allein in seinem Amt. Ich muß mich täglich mit den Projektionen anderer Leute herumschlagen – mit denen, die von jemandem gesagt bekommen wollen, was sie tun sollen, und denen, die überall autoritäre Verhaltensweisen wittern. Ein so labiles Gleichgewicht zu erhalten hat mir oft ein Gefühl der Ohnmacht beschert. Häufig habe ich nicht sagen können, was ich hätte sagen müssen; ich habe es unterdrückt, und dann ist es um so stärker hervorgebrochen. In den ersten zwei Jahren bei der Gemeinschaft habe ich mit einer gewissen Arroganz umhergeschaut und andere dabei beobachtet, wie sie sich mit Problemen abmühten. ›Bin ich froh, daß ich soviel Reife besitze, das nicht durchmachen zu müssen‹, dachte ich im stillen. Jetzt bin ich gezwungen, die innere Arbeit nachzuholen, die ich damals versäumte. Ich werde durchgeschüttelt, bis ich genauer hinschaue, inwiefern ich mich ändern muß. Mein neuer Durchbruch besteht darin, Beistand zu suchen – ich habe Sitzungen mit Michael Dawson und Lee Oldershaw.

Wenn ich wieder einmal in labiler Verfassung bin, denke ich, daß das hier noch nicht alles ist. Eine Zeitlang winde ich mich hin und her und überlege, ob ich fortgehen sollte. Aber es nützt einfach nichts – das innere Feedback kommt sofort. Ich habe einmal mein Gehen angekündigt, und mein ganzer Körper wie auch mein Inneres haben aufgeschrien: ›Nein!‹ – der Schmerz war unmittelbar darauf spürbar. Ich dachte, es wäre mein Ich, das aufschreit, weil ich mich so anklammere, aber mitnichten. Also werde ich mich weiter der Aufgabe des Focalisers widmen. Ich kann machen, was ich will, die Inspiration, die von diesem Ort ausgeht, läßt sich nicht leugnen. Es kommt ziemlich oft vor, daß ich richtig begeistert bin. Vielleicht von einem Management-Treffen oder etwas anderem, das mir Anregungen gibt. Mein Herz hängt wirklich an Cluny.

Ich kann mir durchaus vorstellen, daß Cluny unabhängig wird, habe jedoch gelernt, dieses Wort mit aller Vorsicht zu gebrauchen, da es sehr heftige Gefühlsreaktionen hervorruft. Noch ist die weitere Gemeinschaft nur ein Pünktchen im Zentrum der Foundation. Nach einiger Zeit wird die Foundation ein Pünktchen im Zentrum unserer großen spirituellen Gemeinschaft sein. In diesem Sinne will ich Cluny in die Unabhängigkeit führen, nicht im Sinne einer Abtrennung. Wie ich vermute, werden wir in Cluny ein Stadium erreichen, in dem die Mitgliedschaft an bestimmte Fähigkeiten geknüpft ist. Wir leisten hier hauptsächlich Erziehungsarbeit, sind aber darüber hinaus auch ein Übungsplatz für die Mitglieder der übrigen Gemeinschaft. Unsere Autonomie wird allmählich zunehmen. Wir müssen die Foundation davon überzeugen, daß wir auch selbst Buch führen können. Eine Menge hängt von dem Vertrauen ab, daß Cluny in guten Händen ist. Wir arbeiten mit einem Geschenk, das einen Pferdefuß hat: Neue Mitglieder kommen voller Überschwang und mit jugendlichem Feuereifer zu uns, doch es fehlt ihnen die ausgleichende spirituelle Kraft derer, die schon länger in der Gemeinschaft sind. Es beunruhigt mich, daß junge Mitglieder als Focaliser wichtige Vorzeigebereiche für unsere Gäste betreuen. Für einige mag es ja gut sein, ins kalte Wasser geworfen zu werden, aber für die Führung einer Erziehungseinrichtung ist das nicht gut genug. Wenn wir längerfristig feste Mitarbeiter vom Park für uns gewinnen könnten, wären wir in der Lage, das professionelle Niveau der Belegschaft von Cluny zu heben.

Wir stehen vor einer weiteren Schwierigkeit. Überall sorgen Neuheiten und Veränderungen für Wirbel. Wir werden sicherlich Fehler machen. Ich möchte nicht, daß wir in alte Zeiten zurückfallen – und wieder eine Wagenburg bauen. Das war zu Anfang nötig, aber jetzt nicht mehr. Wir müssen offen sein. Zum Beispiel haben wir vor kurzem eine Unterstützergruppe gebildet – sie sollte mir in die Hand arbeiten, und was schließlich daraus wurde, war ein Experiment im gemeinsamen Fokalisieren. Am Ende gehe ich in die Annalen ein als der Focaliser, der den alleinverantwortlichen Einzelfocaliser abgeschafft hat! Wir müssen Neues ausprobieren. Die Energie drängt an die Oberfläche – welches Werkzeug ist am besten für sie geeignet? Ich finde es sehr spannend!«

* * *

Alex Walker

Alex Walker hat im Oktober 1989 Pauline Akhurst geehelicht. Es war die »Hochzeit des Jahres« bei der Gemeinschaft! Nach sechs Jahren des Zusammenlebens befanden sie es für richtig, eine formelle Bindung einzugehen. Ich bat Alex insbesondere wegen seiner langen Erfahrungen mit der Verwaltung der Gemeinschaft um seine Geschichte. Alex ist 33 Jahre alt und Schotte.

»Meine Eltern sind von Glasgow nach England gezogen, als ich drei war. Sie waren das, was man Angehörige der Mittelschicht in der ersten Generation nennen könnte. Wir sind von Lancashire nach Birmingham und schließlich nach Yorkshire gezogen, wo ich gewohnt habe, bis ich 21 war. Ich habe an der Universität von Leeds Geographie studiert. Dieses Fach gefiel mir, weil es sehr weit gefaßt ist und mit Geologie, Meteorologie und Mathematik zusammenhängt, mit dem Gesamtzustand des Planeten. Im letzten Semester wuchs bei mir der Wunsch, wieder nach Schottland zurückzukehren, um meinen Wurzeln nachzuspüren, und ich wurde in Glasgow für einen Abschlußkurs in Städteplanung angenommen. Zu jener Zeit brodelte es politisch in Schottland (Scotland Act), und ich war bald in der schottischen Nationalpartei aktiv. Es war faszinierend. Ich genoß es, die Straßen von Glasgow und das Leben dort zu erkunden. Ich hatte das Empfinden, das Leben in Glasgow viel besser zu verstehen als in Yorkshire.

Andererseits befand sich Glasgow wirtschaftlich in einer schweren Krise, Armut und Häßlichkeit regierten, und nach einiger Zeit hatte ich keinerlei Illusionen mehr, was die Politik betraf. Sie schien weder etwas für die sich abmühenden, unglücklichen Menschen zu tun, die ich kennenlernte, noch für mich. Eines Tages kaufte ich in einem Bahnhofsladen in Edinburgh das Buch *Der Zauber von Findhorn*, und kurz danach stattete ich der Gemeinschaft einen Besuch ab. Der dortige Lebensstil brachte einige helle Saiten in mir zum Klingen; das schien mir die ideale Gemeinschaft zu sein. Leute aus unterschiedlichstem Milieu waren hier vertreten und versuchten, in Harmonie miteinander und mit der Erde zu arbeiten. Ihr Leben stand in krassem Gegensatz zu meinem politischen Aktivismus, bei dem es in der Hauptsache um den Kampf *gegen* etwas ging. Dies hier war viel konstruktiver!

Allerdings konnte ich nicht begreifen, wie sich die Gemeinschaft einer für mich gefühlsduseligen, irrelevanten Spiritualität verschreiben konnte, und so ging ich wieder nach Glasgow zurück, besuchte die Gemeinschaft jedoch von Zeit zu Zeit. Je mehr Zeit ich hier verbrachte, um so tiefgreifendere innere Erfahrungen machte ich, die mir die Tür zur Spiritualität öffneten. Ich hatte plötzlich tiefe und völlig unerwartete Herzensbeziehungen zu Glasgow, manchmal auch zu Schottland und gelegentlich zu jedermann. Das überzeugte mich davon, daß ich noch mehr spirituelle Erfahrungen sammeln und lieber ein Vorbild für ein besseres Leben abgeben sollte, als auf andere einzureden und zu mahnen. Die meisten meiner Freunde dachten, ich wäre beknackt. Meine Kindheit in England mußte mich irgendwo gestört haben!

Ich wagte den Sprung ins Wasser und trat der Gemeinschaft 1981 bei. Seitdem engagiere ich mich hauptsächlich in zweifacher Hinsicht für die Gemeinschaft. Zum einen kenne ich mich in geschäftlichen und finanziellen Angelegenheiten aus. Ich merkte bald, daß es damit bei der Gemeinschaft im argen lag. Es gab eine traumatische Finanzkrise. Natürlich wurde ich gebeten, mich in der Buchhaltung nützlich zu machen, und in den ersten ein oder zwei heißen Jahren dort gab es oft Kampfstimmung. Die Schulden waren immer mehr angewachsen, die Einkünfte jedoch gleich geblieben. Auf der einen Seite standen uns unsere Gläubiger sozusagen auf den Füßen, während auf der anderen verstimmte Gemeinschaftsmitglieder nicht mehr Geld für ihre Abteilungen bekommen konnten. Unsere Aufgabe bestand darin, die Probleme zu beheben, die durch zu große Ausgaben in den siebziger Jahren verursacht worden waren, und realistische Finanzplanung zu lernen. Für mich war es eine spannende Herausforderung, Verantwortung zu übernehmen. Nach einem Jahr gehörte ich zur Managementgruppe und kümmerte mich dann fünf Jahre lang um die Finanzen.

Das zweite wichtige Ereignis war, daß ich Pauline kennenlernte. Sie war in der Gemeinschaft aufgewachsen, von dort fortgegangen und 1982 mit ihrem dreijährigen Sohn Barnaby wieder zurückgekehrt. Seit Anfang 1983 sind wir zusammen.

Ich habe auch an verschiedenen Workshops über Astrologie und Tarot teilgenommen oder sie geleitet. Mir erschien die Gemeinschaft wie ein spiritueller Supermarkt mit allen möglichen ›Erzeugnissen‹ in den Regalen, die ausprobiert werden konnten. Die Meditation zum Beispiel. Vor Jahren war ich in TM (Transzendentale Meditation) eingewiesen worden. Seitdem habe ich regelmäßig meditiert, aber es hat lange gedauert, bis ich das Gefühl hatte, es zu verstehen. Zuerst habe ich das Mantra verwendet, das mir in der TM gegeben worden war, um still zu werden und die Mitte zu finden. Aber bei der Findhorn-Gemeinschaft ging mir auf, auf welch mannigfaltige Weise die Meditation genutzt werden kann, unter anderem in der Gruppenmeditation als Instrument der Entscheidungsfindung oder um bei bestimmten Problemen Informationen von höheren Ebenen zu empfangen. Ich muß sagen, daß ich erst in den letzten beiden Jahren nach und nach mehr von den verschiedenen Anwendungsformen und Möglichkeiten der Meditation begriffen habe.

Rückführungen in frühere Leben haben mich ebenfalls fasziniert. Bei einer Rückführung war ich ein Junge im England des 11. Jahrhunderts. Mein Vater war jung gestorben im Kampf gegen die Normannen, und doch wurde ich, als ich älter war, Quartiermeister beim normannischen Heer. Erst im reifen Alter wurde mir in jenem Leben klar, daß diese gespaltene Loyalität die Erklärung für meine innere Unruhe war. Die Rückführung half mir, meine ambivalente Einstellung zu England wie auch zu meinem Adoptivsohn zu verstehen, der von seinem leiblichen Vater fast nichts gesehen hat. Die Rückführungserfahrung davon, wie schwierig eine solche innere Zerrissenheit ist, hat mir tiefen Einblick in unsere Beziehung verschafft.

Von 1987 an habe ich mich mehr auf dem privaten Geschäftssektor der Gemeinschaft engagiert. Ich habe eine kleine Filmproduktion gestartet, Silver Cauldron, und bin später Hauptgeschäftsführer der New Findhorn Directions geworden, wo ich seither arbeite. Ich wollte an der Weiterentwicklung der Gemeinschaft im größeren Rahmen mithelfen und habe mit anderen zusammen ein offenes Forum gegründet für diejenigen, die nicht zur

Foundation gehören. Jetzt arbeite ich hier an einem Netz von Betrieben mit, das gerade erst entsteht. Außerdem bin ich noch immer in der Managementgruppe und im Vorstand der Foundation.

Gegenwärtig ist die Gemeinschaft wirtschaftlich, sozial und spirituell in einem sehr guten Zustand. Sie bietet einer wachsenden Zahl von Menschen zunehmend vielfältige, attraktive Möglichkeiten. Eine wichtige Aufgabe ist die, Geschäft und Spiritualität miteinander zu vereinen, sowohl innerhalb der Unternehmen als auch in der Beziehung zu Organisationen draußen. Soll es eine gemeinsame spirituelle Praxis geben? Wird sich etwas an der zentralen Rolle der Foundation als Organisator ändern? Eine Alternative für sie wäre die, sich mehr auf die spirituelle Erwachsenenbildung zu verlegen und dabei eine professionellere Haltung dem Leben und der Arbeit gegenüber einzunehmen, sowie die, an einer Verbesserung der materiellen Lebensumstände ihrer Angestellten zu arbeiten.

Eine weitere Möglichkeit wäre die Weiterentwicklung unseres Aspekts der ›Mysterienschule‹ nach Art eines westlichen Ashrams, wobei wir das Leben gegenüber dem in der westlichen Welt oder gar dem der übrigen Gemeinschaft sichtbar vereinfachen könnten. Ich glaube, zwischen diesen beiden Ideen besteht ein Spannungsverhältnis. Vielleicht kann es dadurch abgebaut werden, daß beide realisiert werden. Professioneller vorzugehen hat durchaus Vorteile, ebenso eine Lebensweise mit mehr Selbsthingabe, nur läßt ein Ashram leicht elitäres spirituelles Gebaren aufkommen. Womöglich spiegelt es nur wider, wer wir sind – teils Materie, teils Geist. Es wird «nichts entschieden werden, sondern die Antworten werden von selbst kommen. Ich für mein Teil würde gern beides verwirklicht sehen. Es liegt eine Herausforderung für uns darin, da das Bauprogramm jetzt anläuft. Welche Lebensweise sollte es widerspiegeln?«

Mitglieder auf Probe – Helen Martin und Jean Prince

Helen Martin gehörte zur Orientierungsgruppe, deren Co-Focaliser ich im Herbst 1987 war. Sie ist 35 Jahre alt, eine stille, in sich gekehrte Frau von sanfter Intensität. Wenn Helen von ihren Engelkontakten und ihren Erfahrungen im Umgang mit dem Göttlichen spricht, zweifle und zögere ich nicht, ihr zu glauben. Sie ist vollkommen ehrlich. Seit unserem Interview ist sie Mitglied geworden und arbeitet im Parkgarten.

»Ich bin in einer kleinen Stadt an der Westküste Schottlands geboren. Meine Mutter war Hausfrau, mein Vater Ingenieur. Ich hatte zwei Brüder;

Helen Martin

der älteste starb, als ich noch klein war, aber ich war seinem Geist enger verbunden als meinem jüngeren Bruder hier. Mein Leben lang habe ich eine stärkere Verbindung zur Welt der Geistwesen gehabt als zu dem, was als reale Welt bezeichnet wird. Schon von Kindesbeinen an habe ich stets Gottes Hand in meinem Leben gespürt. Als ich fünf war, hatte ich in der Schule einen heftigen Streit mit Ihm, ich weinte innerlich und sagte: ›Warum muß ich denn zur Schule gehen, obwohl ich doch alles habe, was ich an Wissen und Weisheit brauche?‹ Er erwiderte: ›Diesmal ist es einfach anders; du mußt lernen, je größer du wirst.‹ Ich zog mich in mich selbst zurück. Ich konnte nicht begreifen, warum die Leute mich nicht verstanden. Noch heute ringe ich um Worte und weiß nicht, wie ich mich ausdrücken soll.

Für lange Zeit hatte ich das Gefühl, nicht Herr über mein Schicksal zu sein, denn sobald Gott eingriff, war Er da in all Seiner Pracht und Herrlichkeit und leitete mich. Jetzt ist alles unauffälliger. Ich gehe mehr auf Gott zu, bewege mich mehr auf die Mitschöpferschaft zu. Das ist ein Geschenk, das ich bei der Findhorn-Gemeinschaft erhalten habe. In dem Maße, in dem ich aufs Licht zugehe, entsprechen meine Gedanken und Taten eher meinen Zielen.

Als ich jung war, war mir die Kirche ein sehr tröstlicher Ort. Ich ging gerne hin mit meinen Eltern. Ich bin auch oft mit der Diakonin hingegangen, um Blumen aufzustellen. Dann habe ich gesessen, ihr zugeschaut und die Engel singen gehört. Das erste Buch, das ich in der Kirche bekommen habe, hieß *Der kleinste Engel*. Von dem Augenblick an spürte ich, daß ich in meinem Wesen engelgleich war. An meinem achten Geburtstag (Karfreitag) habe ich einen Film über die Kreuzigung gesehen, und da ist mir klar geworden, wie übel Menschen einander mitspielen können. Zum ersten Mal verstand ich wirklich, wer der Herr Jesus war. In dem Augenblick habe ich Ihm versprochen, mein Leben in den Dienst der Menschheit zu stellen. Ich erinnere mich, daß ich mit zehn Jahren Jesus durch meinen Pfarrer predigen gehört habe. Ich wußte es, als es geschah. Einige Jahre später wurde mir erzählt, mein Pfarrer hätte an jenem Tag eine Jesusvision gehabt, als er die Kanzel bestieg, und sich ihm geöffnet, damit er durch ihn reden könne.

Meine Beziehung zur Kirche änderte sich, als ich achtzehn war. Eines Tages sah ich während des Abendmahls zur Empore hoch, und da erschien ein Lichtpfeil. Ich spürte die Christusenergie und vernahm die Worte: ›Es ist Zeit zu kommen.‹ Ich verließ die Kirche und fing an, nach Alternativen Ausschau zu halten. Elf Jahre war ich als Lehrerin tätig, und in den Ferien reiste ich viel, oft nach Griechenland – dort habe ich mich richtig zu Hause gefühlt. Ich habe auch die Sowjetunion und Skandinavien besucht. Ferien im Ausland bedeuteten für mich die große Freiheit.

Eine Freundin gab mir das Buch *Der Zauber von Findhorn*. Ich war zutiefst erschüttert von der Geschichte und konnte nicht begreifen, was Gott mit Eileen anstellte. Zur Findhorn-Gemeinschaft hatte ich keinen Bezug. Später einmal bin ich zu einer Wahrsagerin in Südengland gegangen. Sie erzählte mir von einem Ort, an dem ich leben würde, beschrieb mir die Leute, denen ich begegnen würde, und gab mir deren Namen, Haar–, Augenfarbe und Beruf an. Die Namen waren die von Leuten, die ich auf meiner Erfahrungswoche kennenlernte. Sie wußte sogar, daß wir heilige Tänze üben würden, nannte mir die Abteilung, in der ich arbeiten sollte, und den Namen des dortigen Focalisers, nur den Namen des Ortes konnte sie nicht angeben. Erst fünf Jahre danach habe ich die Erfahrungswoche absolviert. Als ich drei Tage dabei war, fiel mir alles ein, was sie mir erzählt hatte.

Ich fühlte mich unwiderstehlich hierhergezogen und kam wieder, um am Programm ›Leben in der Gemeinschaft‹ teilzunehmen. Mein Verstand sagte mir allerdings, das sei nicht der richtige Ort für mich. Meine Lehrtätigkeit bot mir angenehmere Möglichkeiten – die Arbeit war sinnvoll und machte mir Freude, und mein Leben war ausgeglichen und kreativ. Eines Tages dann, wieder zurück bei der Arbeit, befand ich mich plötzlich außerhalb meines Körpers und sah mir selbst beim Unterricht zu. Die Worte wurden mir eingegeben: ›Siehst du nun die schöpferische Kraft?‹ Es war Zeit, mit dem Unterrichten aufzuhören. Der Teil meines Lebens war vollendet.

Aber ich war noch immer nicht soweit, zur Gemeinschaft zu kommen! Ich buchte einen Flug nach Australien und dachte im stillen: ›Wenn ich mein ganzes Geld ausgebe, habe ich nicht mehr genug, um zur Findhorn-Gemeinschaft zu gehen.‹ Gott war mir gnädig. Ich fand Arbeit für sechs Monate, durfte ein Haus samt Auto hüten und habe mit alten Freunden wieder in Verbindung treten können. Das Leben war herrlich. Ich beschloß, für ein halbes Jahr nach Neuseeland zu gehen. Dort ging alles schief. Ich mochte Neuseeland, konnte jedoch keine Arbeit finden und war auch nicht recht mit meiner Wohnsituation zufrieden. Eines Tages bei einem Spaziergang, ich überlegte gerade, was ich in meiner Lage tun sollte, füllte sich mein Körper mit Licht, und eine Stimme sagte: ›Geh heim.‹ Heimgehen hieß in dem

Moment, zur Findhorn-Gemeinschaft zu gehen. Ich sah mir ein Schaufenster an, und da lag das Buch *Der kleinste Engel* wieder. Daraufhin habe ich mit der ersten Maschine Neuseeland verlassen und an die Findhorn-Personalabteilung geschrieben. Zwei Monate habe ich in der Nähe der Gemeinschaft bei Freunden gelebt, ihnen im Garten geholfen und die Nähe zur Natur genossen; dann haben mir meine Eltern das Geld gegeben, das ich zum Beitritt brauchte. Weitere zwei Jahre sind vergangen, und ich bin immer noch hier.

Ich hatte keinerlei Vorstellung davon, womit ich einen Beitrag leisten konnte. Ich war glücklich, an der gemeinsamen Einstimmung teilnehmen zu dürfen, und stimmte mich aufs Kochen in der Küche von Cluny ein. Das war ein Schock! Kochen macht mir Spaß, aber hier sollte ich auf einmal Mahlzeiten in einer völlig ungewohnten Größenordnung vorausplanen. Ich hatte das Empfinden, enormen Erwartungen entsprechen zu müssen, obwohl ich gerade erst gelandet war. Damit begann ein intensives Kennenlernen menschlicher Verhaltensweisen und Einstellungen, meine eigenen eingeschlossen. Nachdem ich mich eingewöhnt hatte, machte es mir Spaß, an der transformativen Energie mitzuwirken, von der die Küchenarbeit geprägt ist.

Ende des ersten Jahres willigte ich ein, Focaliser für die Küche zu werden. Das war eine Erfahrung ganz anderer Art. Für eine längere Zeit sträubte ich mich dagegen, bis ich mich aus einer Haltung der Liebe dazu durchrang, weil ich Cluny von der Küche her unterstützen und die Abteilung zur Synergie hinführen wollte. Was den Versuch anbelangt, Hilfe für die Küche zu bekommen, hatte ich die meiste Zeit über das Gefühl, nach einem Strohhalm zu greifen. Ich konnte zwar merken, wie sich ein Teil der Vision erfüllte, aber Cluny als Ganzes war mir zu groß und zu dynamisch, um damit fertig zu werden. Ich brachte die Küche so weit, daß die dortigen Mitarbeiter sich als Gruppe zusammengehörig fühlten; damit hatte ich getan,wozu ich berufen worden war. Den nächsten Schritt mußte jemand anders tun. Mein Leben hatte sich anderthalb Jahre in der Küche abgespielt. Meine eigene Entwicklung war identisch gewesen mit der einer Gruppe – der Küchenbelegschaft. Erst als ich dort aufhörte, konnte ich wieder zu mir selbst finden. Ich schaue immer noch zurück und verarbeite das, was sich in der Küche mit mir ereignet hat. Allmählich sehe ich klarer, wo ich blockiert war, wo ich mich abgemüht habe und warum.

Ich empfing eine klare innere Weisung, wann ich aus dem Küchendienst ausscheiden sollte. Noch in derselben Woche startete ich das Kinderprogramm für die Sommerferien. Für mich besteht der Unterschied zwischen der Arbeit mit Kindern und der Arbeit mit Erwachsenen darin, daß man mit Kindern leichter den Schleier ablegen kann. Es genügt vollkommen, einfach zusammen zu sein.

Bei meiner Arbeit mit Kindern habe ich eine meiner tiefsten Einsichten gehabt und zwar über das Arbeiten mit einem klaren Vorsatz. Ich habe mir ausgemalt, daß ich einen Raum schaffen wollte, der die Kinder umschließt, und allein dieser Vorsatz hat mir ein wunderbares Arbeiten beschert. Alles war leicht; ich bekam von allen Seiten, aus allen Bereichen der Gemeinschaft Unterstützung, und mein Herz jubelte vor Freude über die Arbeit, die ich tat. Ich möchte in irgendeiner Eigenschaft weiter mit Kindern arbeiten.

Augenblicklich vertrete ich Lucia im Empfang von Cluny, solange sie in Urlaub ist. Bald wird die Entscheidung anstehen, ob ich Vollmitglied werden soll. Ich bin zu diesem Maß an Verpflichtung bereit, bin jedoch nicht sicher, was ich beitragen kann und was es in der Gemeinschaft gibt, in das ich einsteigen könnte. Ich habe nicht vor, den Planeten oder die Bäume oder die Delphine zu retten, obwohl mir diese Dinge natürlich am Herzen liegen. Ich ziehe es vor, auf der Ebene des menschlichen Bewußtseins Verbindung aufzunehmen. Meine Beziehungen zu den Menschen hier beflügeln mich. Ich unterhalte enge, hilfreiche Freundschaften mit verschiedenen Mitgliedern aus meiner Orientierungsgruppe. Sie sind wundervolle Lehrer und Freunde. In erster Linie sind es die zwischenmenschlichen Beziehungen, die meine Entscheidung beeinflussen, hierzubleiben.

Wenn ich auf mein Leben in seiner Gesamtheit zurückblicke, wird mir deutlich, daß es immer auf irgendeine Art und Weise gesegnet war. Seit meiner Kindheit ist immer eine Schar Engel um mich gewesen. Wenn ich schwierige Zeiten durchlebe oder emotionale Probleme hatte, waren sie zugegen. Da ich für diese Energie empfänglich bin, erkenne ich die Gegenwart der Engel an und arbeite bewußt damit.«

* * *

So ruhig und nach innen gekehrt Helen ist, so mitteilsam und schwungvoll ist *Jean Prince*. Die beiden waren zusammen in der Orientierungsgruppe, aber während Helen größtenteils in Cluny gelebt hat, wohnt Jean im Park. Sie ist 46 und hatte gerade in der Gemeinschaft die Abteilung Öffentlichkeitsarbeit übernommen.

»Ich bin im Londoner East End, in Bethnal Green, geboren. Meine Familie hatte immer wenig Geld, und ich habe nie einen Teddy oder ein Fahrrad besessen. Als mir ein Platz am Gymnasium von Stepney bewilligt wurde,

Jean Prince

mußte meine Mutter putzen gehen, um das nötige Geld dafür zu verdienen. Mit siebzehn stand für mich fest, daß ich nie wieder arm sein wollte, und ich arbeitete schwer dafür. Mit 25 habe ich die Werbeabteilung des *Brighton Evening Argus* geleitet. Fünf Jahre später habe ich angefangen, als freiberufliche Texterin Werbung und PR (Public Relations) zu machen. Ich war auf eine materialistische Welt ausgerichtet, in der nur die äußere Fassade zählte. Ich erinnere mich noch, daß ich schon mit zwanzig gewisse Zweifel hatte: Irgend etwas fehlte, aber Geld hatte damals die größere Anziehungskraft.

Ich machte mich. Mit meinem zweiten Ehemann zusammen besaß ich eine Eigentumswohnung in Kensington, ein Haus in Spanien und ein Ferienhaus in Südfrankreich, und ich fuhr einen Porsche. Dann verließ er mich und nahm alles mit. Ich kam aus Spanien zurück und hatte weder Geld noch Arbeit noch eine Wohnung. Nach einem vierjährigen Rechtsstreit wurde mir unsere Wohnung in Kensington zugesprochen. Ich gründete ein PR-Beratungsunternehmen in London und machte Öffentlichkeitsarbeit für Klienten wie das Ritz-Casino. Aber ich war nicht mehr so mit dem Herzen dabei wie vorher. Ich begann nach dem zu suchen, was fehlte. Ich nahm an einem Workshop von Robert Hargrove über ›Beziehungen‹ und an einem weiteren über ›Führungsqualitäten‹ teil. Dadurch veränderte sich etwas bei mir. Ich belegte Kurse in ›Persönlichkeitsentwicklung‹ und wurde geradezu workshopsüchtig. Ich übte Yoga, machte eine neunmonatige Shiatsu-Ausbildung mit und ging zur Weißen Loge, um mich geistig weiterzuentwickeln – fast jedes Wochenende war ich fort zu einem Workshop.

In dieser Zeit hörte ich von der Findhorn-Gemeinschaft. Irgend jemand sagte: ›Du würdest es dort toll finden!‹, also besorgte ich mir Informationsmaterial, aber ich bin nicht hingefahren. Vor zweieinhalb Jahren bin ich fünf Monate um die Welt gereist, eine Art Geschäftsreise mit 32 Aufträgen für Artikel und Storys. Als ich zurückkam, habe ich mich im Eiltempo auf die PR-Arbeit gestürzt, und nach drei Monaten war ich so erschöpft, daß ich dringend Erholung brauchte. Beim Aufräumen meines Schreibtischs fand ich die alte Findhorn-Broschüre wieder. Diesmal fuhr ich hin. Ich nahm an der Erfahrungswoche und an einem Workshop zum Thema ›Das Neue schaffen‹ teil. Statt einer Ruhepause hatte ich die zwei intensivsten Wochen meines Lebens, aber ich wußte endlich, daß das, was mir fehlte, hier zu finden war. Ich ging für einen Monat nach London zurück, um auszuprobieren, wie es sich in der alten Umgebung anließ. Nach zehn Tagen beendete ich alle meine Projekte und wickelte meine Geschäfte mit den Klienten ab. Im April 1987 bin ich hergekommen. Das gab eine Menge Ärger in der Familie. Meine Mutter dachte, sie würde mich nie mehr zu sehen bekommen, weil ich mich irgendeiner Sekte anschließen wollte, in der ich für alle Ewigkeit in der Versenkung verschwinden würde, doch nach einiger Zeit besuchte sie mich, sah sich gründlich um und fand es herrlich.«

Jean wies auf die Gartenarbeitskleidung, die sie trug. »Ich habe ungeheure Veränderungen durchgemacht. Ich verdiene kein Geld mehr und bin mit alten Klamotten und einem Gebrauchtwagen glücklich und zufrieden. Ich kaufe nicht einmal mehr Bücher. Das alles ist mir nicht mehr wichtig. Meine Londoner Freunde behaupten, ich wäre irgendwie lichter und sanfter geworden. Vor Jahren wirkte ich noch hart und zäh, aber jetzt bin ich dabei, mein wahres Wesen zu ergründen. Ich bin sehr gern hier.

Die ersten zwei Jahre bei der Gemeinschaft bedeuteten für mich eine extreme Herausforderung und zugleich ein Offenwerden für den inneren Frieden, den ich nie gefunden hatte. Ich habe mich mühevoll durch mein Ego und meine Arbeitswut hindurchgebissen. Peter Caddy hat diesen Ort einmal den ›Ego-Friedhof‹ genannt! In meinem ersten Jahr habe ich als Focaliser für den Hauspflegedienst im Park gearbeitet und den Leuten zeigen wollen, wie gut ich bin, damit sie mich mochten. Ich mußte die schwierige Aufgabe lösen, eine echte Motivation für mein Tun zu finden. Ich konnte mit Liebe und Freude die zum Hausdienst gehörenden ›Verschönerungsarbeiten‹ erledigen, wie zum Beispiel den Blumenschmuck zu richten. Ganz anders war es hingegen beim Toilettenputzen. Ich las unentwegt Eileens Weisungen und war fest entschlossen, Toiletten und Blumen einmal mit gleicher Liebe zu pflegen. Dazu habe ich neun Monate gebraucht. Danach habe ich mich förmlich um das Toilettenschrubben gerissen und bin mit wahrer Liebe ans Werk gegangen.

Als ich zur Gartenarbeit nach Cullerne überwechselte, stellte sich mir das gleiche Problem in anderer Form. Durch die Anzucht von Strohblumen verfiel ich wieder in kommerzielle Gepflogenheiten. Ich sah darin eine Möglichkeit, Geld für diese Abteilung zu verdienen, und versuchte, neue Wege zur Gewinnmaximierung aufzutun. Das alles änderte sich, als ich Blumen für eine große Landmesse hier in der Gegend zusammenstellte. Wenn wir Blumen säen, wenden wir ihnen Liebe zu, segnen sie und bitten die Naturgeister, die Saat mit Kräften zu beleben. Das gleiche geschieht, wenn wir die

Sämlinge pikieren und später auspflanzen. Die Farben beginnen zu leuchten, und die Blumen werden mit Liebe und Freude geschnitten und getrocknet. Ich sah auf einmal, daß die Blumen diese Schwingungen in sich aufnahmen und damit eine Möglichkeit darstellten, Liebe und Freude in die Welt zu tragen. Das war der einzige Grund, sie aufzuziehen, und nicht der Profit. Liebe zu verbreiten war das einzig Wichtige.

Dadurch, daß ich immer mehr Liebe in meine Arbeit einbringe, werden meine alten Verhaltensmuster in Frage gestellt, und infolgedessen gewinnt die Öffentlichkeitsarbeit in meinem Leben eine ganz neue Ausrichtung. Zuerst dachte ich, ich könnte PR-Arbeit für die Gemeinschaft mit der alten Einstellung tun: ›Es handelt sich um ein Produkt – mit kreativen Ideen kann man für alles Reklame machen.‹ Nach einem Jahr wurde mir klar, daß ich noch eine Menge lernen mußte, ehe ich PR-Arbeit für die Gemeinschaft machen konnte. Dieses Jahr haben wir auf der Brodie-Castle-Messe einen Stand mit biologisch-organischen Gemüsen und Blumen hergerichtet. Die Leute haben sich über deren Leuchtkraft gewundert, und so sind wir ins Gespräch gekommen über die Gemeinschaft und unsere Lebensweise. Das ist eine neue Art der Öffentlichkeitsarbeit, in deren Mittelpunkt nicht die Findhorn-Gemeinschaft als Produkt oder Workshop-Zentrum steht, sondern das Vorbild und die Anregung, die wir geben.

Ich glaube, die spirituellen Impulse, die sich durch die Gemeinschaft ziehen, werden stärker. In unserer Abteilung macht sich allmählich eine machtvolle geistige Energie bemerkbar. Wir öffnen uns bei unserem Austausch mehr füreinander. Entscheidend ist nicht das, was wir tun, sondern wie wir es tun – deshalb kommen die Gäste hierher. Dieses ›Wie‹ deutlich zu machen ist das, womit ich mich in den nächsten Jahren beschäftigen will. Ich sehe uns in eine neue Daseinsform hinüberwechseln, und einige Mitglieder werden gezwungen sein, den Blick auf alte Wunden zu richten und diese zu heilen, während wir den Wandlungsprozeß durchlaufen. Wir sind gefordert, uns mit unseren unabgeschlossenen Persönlichkeitsproblemen auseinanderzusetzen, um klare, offene Mittler zu werden, in die Licht einströmen kann. Ich bin jetzt in einer spirituellen Gruppe, die sich das Ziel gesteckt hat, Licht anzuziehen und zu binden. Dieses Bewußtsein versuchen wir in unserem täglichen Leben und Arbeiten zu entwickeln.

Kurz nachdem ich zur Gemeinschaft kam, habe ich an einem Workshop mit dem Titel ›Praktische Wege zur Selbsterkenntnis‹ teilgenommen. Er wurde für mich zu einer Einführung in die Kunst. Es war ausgesprochen interessant für mich, Kunst als Therapieform angewendet zu sehen. Zwei Jahre lang habe ich regelmäßig Einzelsitzungen mit Hannah Albrecht gehabt, um durch künstlerische Betätigung die Wunden früherer Beziehungen zu heilen und Blockierungen und Entwicklungsprobleme abzubauen. Diese Art der Therapie gefällt mir am besten. Zu Anfang konnte ich meine Wut nicht in Farbe ausdrücken. Jetzt kann ich jedes Gefühl innerhalb von wenigen Minuten zum Ausdruck bringen. Die künstlerische Betätigung hat ungeheure schöpferische Energien in mir aktiviert. Ich lerne gerade Weben. Ich mache Ohrringe und Gestecke aus Strohblumen. Ich habe Festkleider für Kinder genäht und Paulines Hochzeitskleid, und ich flechte Körbe. Selbst bei praktischen Dingen probiere ich gern etwas Neues aus. Als im Garten ein Drainagerohr verstopft war, haben wir nicht die für die Instandhaltung zuständige Abteilung bemüht, sondern selbst gebuddelt, das Rohr freigelegt, bis wir die Stelle fanden, und es selber wieder frei gemacht. Es macht einfach Spaß, den Versuch zu wagen, und es ist sehr befriedigend.

Ich betrachte die Findhorn-Gemeinschaft als meine Heimat. Ich würde gern lange Zeit bleiben und habe vor, nächstes Jahr hier zu bauen. Immer mehr erfahrene und erfolgreiche Geschäftsleute Ende Dreißig stoßen zu uns. Ich glaube nicht, daß unser Werdegang reiner Zufall ist – vielmehr wird von uns erwartet, daß wir neue Wege der Geschäftsführung entdecken. Eine neue Möglichkeit, PR-Arbeit zu leisten, habe ich schon andeutungsweise im Kopf. Es hatte seinen Grund, daß ich 15 Jahre lang Öffentlichkeitsarbeit gemacht habe; aber zuerst einmal mußte ich aus den alten Geleisen heraus.«

* * *

Leben im Park – Mari Hollander

Mari Hollander ist 38 Jahre alt, eine große, sehr rührige Amerikanerin. Im Mittelpunkt ihres Lebens in der Gemeinschaft stehen ihre Familie, ihre Kinder und die Arbeit an der Infrastruktur des Parks, wobei sie sich augenblicklich in der Hauptsache mit Energiefragen befaßt. Sie ist sehr aktiv in der Moray-Steiner-Schule und hat mir viele Informationen darüber geliefert (siehe Kapitel 11). Ihre Geschichte macht unter anderem anschaulich, wie schwierig und segensreich es ist, Kinder in der Findhorn-Gemeinschaft aufzuziehen.

»Ich bin in den Niederlanden geboren, und meine Eltern waren Holländer. Ich war die Älteste. In die Vereinigten Staaten sind wir gezogen, als ich fünf war. Obwohl wir häufig umzogen, habe ich mich immer heimisch ge-

Mari Hollander

fühlt – das häusliche Leben bot mir Sicherheit. Schon vor unserer Abreise aus Holland bin ich gern zur Kirche gegangen. Wir gehörten zu einem sozialen, freiheitlich gesinnten Zweig der Presbyterianer, die mir Gott als liebevoll und freundlich näherbrachten; ich bin sehr gern zur Sonntagsschule gegangen.

Als ich zwölf war, hatte ich eine Freundin, deren Mutter in einem Buchladen arbeitete, und fing an, esoterische Bücher über solche Sachen wie Atlantis und Reinkarnation zu lesen. Auch mein Vater las solche Bücher, was uns miteinander verband. Wir plauderten über kosmische Theorien. Meine Mutter hatte nicht soviel Interesse an diesen Dingen – sie war einfach ein lieber Mensch.

Als Studentin habe ich Ende der sechziger Jahre etwa vier Jahre lang eine radikale politische Linie verfolgt, eigentlich mehr durch den Konsum von Drogen wie Marihuana und LSD als durch aktive Beteiligung. Die Politik ernüchterte mich jedoch bald, und ein, zwei Jahre später gab ich auch den Drogenkonsum auf. In meiner Studienzeit an der Universität habe ich mich von der Kirche distanziert, obwohl ich immer noch Sinn für den Dienst am Nächsten hatte: Meiner Meinung nach war das Dienen besser als bloßes Denken, und nach Abschluß meines Studiums hatte ich plötzlich die Eingebung, mich als Krankenpflegerin ausbilden zu lassen. Nach meiner Ausbildung habe ich dreieinhalb Jahre gearbeitet und ausgedehnte Ferien gemacht. Mit meinen Kenntnissen konnte ich überall in der Welt etwas anfangen, und so reiste ich durch die Vereinigten Staaten, Kanada und Mittelamerika. Dann habe ich Kurs auf Europa genommen, und da bin ich bis jetzt geblieben.

In einer Frauensendung im Radio hatte ich von zwei Frauen gehört, ›Divina‹ und ›Elixir‹ *(Pseudonyme für Eileen Caddy und Dorothy Maclean – C.R.)*, die in Schottland einen ›magischen‹ Garten haben sollten. Als ich mich zwecks weiterer Informationen an den Sender wandte, teilte man mir nichts Genaueres mit, nannte mir jedoch den Titel einer Zeitschrift, und die Kongreßbibliothek hat mir dann nähere Angaben machen können. Ich schrieb an ›Divina‹ und ›Elixir‹ in Morayshire und äußerte meinen Wunsch, sie zu besuchen. Bald danach zog ich um und vergaß die ganze Sache. Eines Tages, ich las gerade *Das geheime Leben der Pflanzen* und war eben beim letzten Kapitel angekommen, in dem von der Gemeinschaft die Rede ist, kam ein Brief von der Foundation an, der mir nachgeschickt worden war. Kurz darauf gab mir meine Schwester das Buch *Der Findhorn-Garten*. Ich war erfüllt von einer neuen Hoffnung.

Ich entschloß mich also, nach Europa zu gehen, um einen Hebammenkurs zu absolvieren und der Findhorn-Gemeinschaft einen Besuch abzustatten, wofür ich insgesamt zwei Jahre einplante. Bei der Gemeinschaft angekommen, packte mich der blanke Horror angesichts meiner Erfahrungswoche. 45 Leute sollten dazugehören, dabei hatte ich für Gruppen überhaupt nichts übrig! Doch dann lernte ich ein nettes Paar aus Auroville kennen, das mich davon überzeugte, das Leben in der Gruppe ernst zu nehmen. Trotz der Erfahrungswoche kam ich zur Oktoberkonferenz von 1976 wieder hierher zurück und blieb zum Essenz-Programm. Ich hatte gedacht, es würde mich lehren, meine Mitte zu finden und Gruppenbewußtsein zu entwickeln. Nach ›Essenz‹ blieb ich einfach hier, übernahm für sechs Wochen die Arbeit als Focaliser der Cluny-Hauspflege und wurde dann Mitglied. Ich wollte am Kinderprogramm mitwirken, habe das aber doch nicht gemacht. Wie ein Tempelsklave habe ich mich bei harter Arbeit am wohlsten gefühlt. In den Krankenhäusern hatte mir die Arbeit mit Patienten immer Spaß gemacht, während ich mit Verwaltungsdingen meine Probleme hatte. Hier ging es hundertprozentig um etwas Gutes.

Ein Jahr nach meinem Beitritt bin ich in den Park übergewechselt, um in der Kinderkrippe zu arbeiten, der Nachfolgerin des winzigen Säuglingszimmers, das Ende der siebziger Jahre eingerichtet worden war. Ich lernte Loren kennen, und wir trafen uns in den folgenden drei Monaten immer wieder in denselben Schichten und Dienstleistungen. Wir gingen eine Beziehung miteinander ein und sprachen davon, ein Kind zu bekommen. Es war merkwürdig, nämlich so, als würden unsere noch ungeborenen Kinder sagen: ›Ihr müßt zusammen unsere Eltern werden!‹ Wir haben die Elternschaft gewählt und fühlten uns zugleich dazu auserwählt, und ich wurde sofort schwanger. Ich habe es beim ersten Besuch mit Kindern der Gemeinschaft auf Erraid gemerkt.

Im Jahr darauf sind wir mit unserer Tochter Ona wieder nach Erraid gefahren und fanden es richtig für uns, dort zu leben. Ich bin in der Vorstadt aufgewachsen und habe normale Schulen besucht, in denen nichts über die Natur gelehrt wurde. Ich wollte schon immer auf einem Bauernhof leben. Auf Erraid konnte ich mir diesen Wunsch erfüllen und etwas über Hausbau, Boote und Viehhaltung lernen, darüber, wie ich mich auf diesem Planeten erhalten konnte. Wir unternahmen noch eine Reise in die Vereinigten Staaten, ich legte meine Arbeit in der Foundation nieder, und dann zogen wir nach Erraid. Wir zogen in ein Haus ohne Heizung und fließendes Wasser. Ein heroischer Entschluß! Wir übernahmen die Instandsetzung eines der schlimmsten Häuser dort und kämpften uns durch einen langen Winter.

Auf Erraid habe ich das Leben in einer Gruppe kennengelernt, in der einer vom anderen abhing. Für die Kinder war die Umgebung ideal, aber meine Beziehung zu Loren geriet ins Wanken. Wir trennten uns auf Erraid für sechs Monate; das Leben auf der Insel hatte jedoch im Vergleich zum Leben in der Gemeinschaft einen so stabilisierenden Einfluß, daß wir wieder zusammenfanden. Bei Onas Geburt wußte ich bereits, daß wir noch ein Kind haben würden – selbst dessen Namen Teva. Ich wollte allerdings mindestens drei Jahre warten, um die Freude am ersten auszukosten. Teva wurde tatsächlich an Onas drittem Geburtstag geboren. Ich hatte mich erst ein wenig gegen diese Schwangerschaft gesträubt, weil wir gerade unsere Beziehung wiederaufgenommen hatten und vertiefen wollten, aber es war fast so, als würde ich einen Vertrag erfüllen. Nach Tevas Geburt war unser Verhältnis gerade akzeptabel, hingegen konnten wir wunderbar zusammenarbeiten. Wir unterhalten immer noch eine gute Arbeitsbeziehung und versuchen uns gegenseitig zu übertrumpfen, wie Geschwister.

Nach fünfjährigem Aufenthalt auf Erraid sind wir zur Gemeinschaft zurückgezogen. Wir haben das unsrige zu einem gesunden Gruppenleben beigetragen und eine feste Brücke zwischen uns und den Eigentümern der Insel schlagen können, nicht zuletzt wegen meiner holländischen Herkunft. Die Erraid-Gruppe war stark und harmonisch, als wir Abschied nahmen.

Nach unserer Rückkehr habe ich sechs Monate im Lebensmittellager gearbeitet; danach wollte ich eine ›richtige‹ Arbeit in der Personalabteilung übernehmen, und Loren sollte sich abwechselnd mit mir um die Kinder kümmern. Ich hatte das starke Empfinden, das zu tun, um mich selber besser kennenzulernen. Drei Tage nach Antritt meiner Tätigkeit verliebte er sich in jemand anders. Ich war am Boden zerstört. In den vergangenen beiden Jahren hatte ich mich ganz unserer Beziehung gewidmet, um sie zu erhalten und zu festigen. In negativer Hinsicht hatte ich meine Identität als ›Mari‹ verloren und war das geworden, ›was die Familie brauchte‹.

Ich geriet in helle Wut. Ich gab C. (der anderen Frau) alle Schuld, traf mich mit ihr und sagte ihr, sie solle die Finger von Loren lassen. Sie wollte Freundschaft mit mir schließen, aber ich war Gift und Galle und zeigte ihr die Zähne. Irgendwie mußte ich sie so anschuldigen, um weiterarbeiten zu können. Später vergab ich ihr und goß meinen Zorn über Loren aus. Allmählich kam ich jedoch wieder ins Gleichgewicht. Ich weiß noch, daß ich dachte: ›Wie wird sich je die Libanon-Frage lösen, wenn ich nicht einmal mit meinem eigenen Kram fertig werde?‹ Ich habe eine Menge Beratungen hinter mich gebracht, um mir meinen Zorn einzugestehen und wieder zu mir selbst zu finden. Die Kinder litten unter der Trennung. Teva wurde jähzornig, und Ona brauchte eine Menge Zuwendung in ihrer Verunsicherung. Ich zog mit den Kindern in eine neue, kleinere Behausung. Sie wurde für mich zum Symbol dafür, mich wieder auf mich selbst zu besinnen. Zum ersten Mal lebte ich nicht mit einem anderen Erwachsenen zusammen. Die Hütte anzustreichen und zu renovieren war für mich gleichbedeutend mit einer Selbsterneuerung. Ich wollte aber die Gemeinschaft verlassen, damit Loren und ich Abstand voneinander gewinnen konnten. Ein Wendepunkt trat ein, als ich zu vergeben vermochte. Nach und nach gewann ich meine Selbstachtung zurück und fühlte mich nicht länger als Opfer. Es dauerte ungefähr zwei Jahre, bis ich mich erholt hatte.

Mir wurde klar, daß ich gern in der Gemeinschaft weilte, und ich verlegte mich auf den Bereich der Planung und den Energiesektor. Dann lernte ich Richard kennen; ich hatte ein gutes Gefühl dabei, und wir zogen zusammen. Die Familie befindet sich jetzt in einem sehr bewegten Stadium. Wir wohnen gegenüber von Loren und seiner neuesten Partnerin. Alle kommen gut miteinander aus.

Ona ist inzwischen zehneinhalb und ist aus freien Stücken zu ihrem Vater gezogen. Vier Monate haben wir uns darauf vorbereitet, und doch ist es mir schwergefallen; manchmal bin ich immer noch verstimmt. Ich muß gegen die alte Vorstellung ankämpfen, ich hätte versagt, wenn meine Tochter nicht bei mir bleiben mag. Intellektuell bin ich darüber längst hinweg, aber in meinem Gefühl noch nicht. Augenblicklich hat es sich eingependelt: Ich fühle mich nicht abgelehnt und lehne umgekehrt sie nicht ab. Sie kommt oft herüber. Teva zeigte seinen Unmut dadurch, daß er sich mit ihr zankte. Wir haben uns auch gestritten – das schien für uns eine Möglichkeit zu sein, unser Bedauern zum Ausdruck zu bringen. Nichts an dieser Situation ist endgültig, Ona konnte also jederzeit zurückkommen. Für mich ist das harte Arbeit – ich muß mich selbst beständig im Auge behalten. Trotzdem ist es recht so. Sie sollte eine Zeitlang bei ihrem Vater sein. Lorens Partnerin liebt die Kinder und ist sehr gut zu ihnen. Aus Lorens Beziehungen ist noch ein Mädchen da, das wir in unsere Familie miteinbeziehen. Ich möchte gern, daß Teva lernt, daß man alle Probleme durcharbeiten kann.

Außer mit meiner Familie bin ich damit beschäftigt, die Gemeinschaft mitaufzubauen. Ich bin jetzt im nächsten Stadium dieses Prozesses. Ich würde gerne von den Energiefragen abgehen und mich mehr mit der Zukunftsplanung befassen. Meine Erfahrungen mit Erraid, der Personalabteilung, der Schule, dem Energiesektor und der Elternschaft haben mich vielseitig geprägt. Auch am Spiel der Wandlung nehme ich teil, und es hilft mir, meine innere Ungeduld zu zügeln und die notwendigen Veränderungen in meinem Innern zu vollziehen.

Ich habe vor, etwas Handfestes zu tun und das ›Rosenhäuschen‹, in dem wir einmal gewohnt haben, durch einen Anbau zu erweitern – Pläne machen, Kosten kalkulieren und beim Bauen mitwirken. Das wird die Ausbildung für die Entwicklungsabteilung sein. In meinen Augen ist diese Entwicklungsarbeit hier auf unserem Land ein Spiegel für die eigene Verwandlung wie auch die Verwandlung des Planeten. Ich engagiere mich sehr in Fragen wie sozialer Ökologie und Architektur sowie Erhaltung der Lebensgrundlagen auf dieser Erde und in unserer Gemeinschaft. Kann etwas von der Vollständigkeit und Autarkie Erraids hierhergeholt werden? Ich finde das sehr spannend!«

* * *

Die Vergangenheit loslassen – Barbara Hellenschmidt

Barbara Hellenschmidt

Barbara Hellenschmidt lebt in Cluny, wo sie etwas länger als ein Jahr Mitglied ist und in Garten und Speisesaal arbeitet. Sie ist 49 Jahre alt. Für ihre Geschichte habe ich als Überschrift das Loslassen von der Vergangenheit gewählt, etwas, das wir alle schaffen müssen, wenn wir das Göttliche in uns selbst umfassen wollen.

»Ich bin in Brandenburg an der Havel in Ostdeutschland geboren. Mein Vater war Anwalt, aber in den Kriegsjahren habe ich ihn nur sehr selten gesehen. Von der ganzen Familie hat mir meine Großmutter am nächsten gestanden – als ich noch klein war, pflegte sie mich auf Spaziergänge in den Wald in der Nähe unseres Hauses mitzunehmen und mir von Naturwesen zu erzählen. Oft gingen wir auch schweigend nebeneinander her. Ich war davon überzeugt, daß die Naturwesen für den Auf- und Untergang der Sonne verantwortlich waren. Das waren ihre Stunden.

Als ich fünf war, kamen die Russen. Wir wurden gefangengenommen und in den Keller eines Nachbarhauses gesteckt. Alle Frauen wurden wiederholt vergewaltigt. Danach war meine Mutter zeitweise fast wie geistesgestört, und ein junges Mädchen aus dem Dorf kümmerte sich um uns. Mein Bruder war damals erst sieben Wochen alt – er wäre gestorben, wenn das Mädchen nicht für ihn gesorgt hätte. Nachdem wir wieder auf freiem Fuß waren, mußten wir häufig in unserem eigenen Keller übernachten, während ringsumher die Bomben und Granaten einschlugen. Ich erinnere mich noch, daß verwundete Pferde in unserem Garten verendeten und dabei schrien und mit den Beinen in der Luft strampelten, während ringsum alles in Flammen stand. Alte Männer und kleine Jungen, wie krank sie auch sein mochten, wurden von den Russen weggeholt und mußten für sie arbeiten. Die Soldaten trieben sie mit Peitschen an und schrien dabei: ›Davai! Davai!‹ Dann begann der endlose Strom von Flüchtlingen aus Ostpreußen, schmutzige, verletzte, ausgehungerte Gestalten, die ihr Hab und Gut auf dem Rücken schleppten.

Einmal wurde Großvater weggeholt. Wir wußten nicht, ob er lebte oder tot war. Er kam wochenlang nicht wieder. Eines Abends wurde die Haustür geöffnet. Alle hatten Angst, es wären wieder Soldaten, aber es war Großvater, gebrochen, weißhaarig und alt. Er ging, ohne ein Wort zu sagen, zu seinem Stuhl, zog ein großes Taschentuch hervor und hielt es vor sein Gesicht – wir sollten nicht sehen, daß er weinte.

Es gab sehr wenig zu essen. Die Leute versuchten, Lebensmittel von den Versorgungszügen der Truppen zu stehlen; wurden sie dabei von den Russen erwischt, wurden sie erschossen. Als ich sechs Jahre alt war, nahm meine Mutter uns nach Thüringen zu ihrer Schwester mit, wo es mehr zu essen gab. Das hieß, von meiner Großmutter Abschied zu nehmen. Die Reise dauerte zwei Tage, und wir mußten ein gutes Stück des Weges zu Fuß zurücklegen. Drei Jahre lebten wir dort, ohne richtig willkommen zu sein. Eines Tages kehrte mein Vater heim, aber er erinnerte sich nicht mehr an mich, und ich konnte mich nicht mehr an ihn erinnern. Ich war tief enttäuscht. Meine Mutter war noch so erschüttert von ihren Erlebnissen mit den Russen, daß sie ihm nicht mehr nahe sein konnte. Auch für mich war alles sehr schwer. Nach fünf Monaten zog mein Vater nach Hamburg, und 1949 folgten wir ihm nach Westdeutschland nach.

Was mir im Leben Freude bereitete, waren meine Ferienaufenthalte bei meiner Großmutter. Jedesmal, wenn ich aus diesen Ferien nach Hause zurückkam, wurde ich krank. Ich fing an, die Russen und den Kommunismus zu hassen, weil ich das Leid meiner unglücklichen Kindheit darauf projizierte.

Dann kam ein Tag, an dem meine Eltern uns Kinder zusammenriefen und uns eröffneten, sie würden sich scheiden lassen. Das traf uns wie ein Blitz aus heiterem Himmel. Mein Vater hatte immer gesagt: ›Nur der Pöbel macht Geschrei.› Auch ich hatte gelernt, meine Gefühle zu verbergen, sie in meinem Innern zu verschließen. Mein Vater heiratete bald darauf eine viel jüngere Frau. Obwohl ich mit meiner Mutter nicht gut zurechtkam, tat sie mir leid, und ich begann, Männer zu hassen und ihnen zu mißtrauen.

Nach der Schule studierte ich Betriebswirtschaft. Während des Studiums lernte ich meinen Mann kennen. Ich war so argwöhnisch, daß es vier Jahre dauerte, bis ich in eine Heirat einwilligte. Diese Zeit und die ersten Jahre meiner Ehe waren die glücklichsten meines Lebens. Mein Hunger nach Liebe und sein Bestreben, einem allzu behüteten Dasein zu entfliehen, schienen sich bestens zu decken, aber nach und nach verlor ich meinen Sinn für ein Eigenleben und lebte nur noch durch ihn. Ein paar Jahre nach der Geburt unserer Tochter entfremdeten wir uns emotional voneinander, und es kam so weit, daß wir nicht mehr miteinander reden konnten. Ich ging zu einem Therapeuten, einem Geistlichen, und kam dadurch zum Christentum zurück. Einer Kirchengemeinde anzugehören war mir eine große Hilfe. Mein Mann war einfach nicht gesprächsbereit, und nach drei Jahren reichte ich die Scheidung ein und bildete mich zur Lehrerin aus. Es war eine schwere Zeit. Ich hielt mich irgendwie über Wasser und versuchte, meine Gefühle durch meine Tochter auszuleben. Sie hatte jedoch Schwierigkeiten mit meinen verdrängten Emotionen, während ich die ihren fürchtete, und so war unser Verhältnis oft gespannt.

1983 nahm ich an einem Workshop in Hamburg teil, den ein Indianer abhielt. Er stellte mein Bewußtsein, ein armes Opfer zu sein, und meine Überzeugung, daß die Ereignisse meines Lebens dem Zufall zu verdanken seien, in Frage. Ich versuchte, meine Kindheit zu begreifen und meinen Eltern zu vergeben. Auch in meinem christlichen Glauben wurde ich bestärkt. Bei diesen Workshops habe ich zum ersten Mal Leute getroffen, die schon bei der Findhorn-Gemeinschaft gewesen waren. Man gab mir das Buch *Der Zauber von Findhorn*, und als ich es las, wurde mein Kindheitsglauben an die Naturwesen wieder wach. Schließlich hatte ich die Wahl, in den Ferien entweder die Findhorn-Gemeinschaft zu besuchen oder nach Finnland zu gehen. In einem Traum kaufte ich ein Zugbillet nach Nordschottland. Damit war die Sache entschieden!

Während meiner Erfahrungswoche war ich schier überwältigt von der Liebe, die die Menschen hier ausstrahlten. Dann nahm ich an Eileen Caddys Workshop ›Lieben lernen‹ teil. Ich beschloß, Liebe zum Mittelpunkt meines

Lebens zu machen. Wieder zurück in Hamburg, verbesserte sich mein Verhältnis zu meinen Schülern, und ich öffnete mich immer mehr der Liebe zu anderen Menschen. Aber ich wußte auch, daß ich noch einen langen Weg vor mir hatte. Ich nahm mir ein Jahr frei, um zur Gemeinschaft gehen zu können – zumindest hatte ich damals vor, nur ein Jahr zu bleiben. Als ich dort eingetroffen war, hatte ich drei Monate lang Probleme mit einem Knie. Kein Wunder – ich stand mit einem Fuß im Alten und mit dem anderen im Neuen! Ich trieb mich selbst weiter voran – und unternahm eine Reise zu Sai Baba und in den Himalaya. Baba brachte mir meine ganzen Schattenseiten zu Bewußtsein – im Ashram mußte ich mich mit meinem Neid und meiner Abhängigkeit von anderen auseinandersetzen. Doch nach meiner Abreise von dort, als es mir endlich gelungen war, meinen Widerwillen gegen die fremde Kultur zu überwinden, verbrachte ich eine herrliche Zeit in Nepal, wo ich nur in Begleitung eines Führers auf Trekkingtour ging.

Danach war mir mein Leben in Hamburg nicht mehr so wichtig. Ich besuchte noch einige Workshops und ließ allmählich von meinem alten Leben ab. Ich brauchte ein Jahr, um loslassen zu können. Im Juli 1988 habe ich mich endlich der Gemeinschaft angeschlossen. Ich wußte, daß ich meine Gefühle freilassen mußte, und nahm an einem dreimonatigen Workshop in Bioenergetik und Gestalttherapie teil. Es war harte Arbeit, aber sie bereitete mich auf die große Versöhnung vor, die noch ausstand.

Ich brachte nur wenig von Hamburg mit. Ich wollte mein altes Leben hinter mir lassen. Aber aus irgendeinem Grund nahm ich eine kleine russische Puppe mit. Dann kamen erstmalig ein paar Russen zu unserer Konferenz hier bei der Gemeinschaft, und ich lernte sie kennen. All meine alten Schmerzen, Haß, Angst und Schuldgefühle waren plötzlich wieder da. Ich begann, mich mehr und mehr damit zu befassen. Ich las *Perestroika* von Gorbatschow, und dann bot sich mir die Gelegenheit, mit einer Gruppe der Findhorn-Gemeinschaft die Sowjetunion zu besuchen.

Als wir in Leningrad landeten, durften wir aus irgendwelchen Gründen nicht gleich von Bord gehen. Draußen patroullierten Solaten mit Maschinengewehren. Der Anblick ließ all meine Kindheitsängste wieder aufsteigen. Im Flughafengebäude sahen alle Polizisten wie Soldaten aus. Wenn ich gekonnt hätte, wäre ich sofort wieder abgeflogen. Ich sagte dauernd zu mir selbst: ›Bleib in der Gegenwart ... ‹

In Moskau lernte ich zwei sowjetische Anhänger von Sai Baba kennen, die sich von ihren sämtlichen Kriegserinnerungen freigemacht hatten. Es war höchste Zeit für mich, ein gleiches zu tun. Allerdings begegnete ich auch Russen, die wegen des Krieges nicht mit Deutschen sprechen mochten. Einer unserer Reiseleiter sprach unaufhörlich von der Zerstörung der Sowjetunion durch die Deutschen. Meine Schuldgefühle wurden immer größer, selbst in der Gruppe. Ich teilte den anderen mit, was ich empfand, und sie äußerten ebenfalls ihre Gefühle, so daß ich die Dinge in einem neuen Licht sehen konnte. Da ich stets alles in mir angestaut und nie darüber geredet hatte, war ich auch für die Meinung anderer unzugänglich gewesen. Es war eine solche Erleichterung, es herauszulassen! Dann fiel mir eine Reise nach Israel ein, die ich einmal gemacht hatte. Ich war von Mitleid und Trauer erfüllt gewesen, hatte jedoch keine persönlichen Schuldgefühle gehabt. Jetzt wurde mir klar, daß meine Schuldgefühle mit meinem Haß und meiner Angst vor den Russen zusammenhingen. Ich reagierte nur auf meine eigenen unterdrückten Gefühle.

Ich öffnete mich der Herzlichkeit der Russen, die ich kennenlernte. Nach zwei Wochen konnte ich den jungen Soldaten ins Gesicht sehen und tatsächlich Freundlichkeit davon ablesen. Ich kehrte mit einem Gefühl inneren Friedens heim. Und noch etwas anderes geschah. Meine rechte Schulter war infolge einer Arthritis jahrelang steif gewesen. Nichts hatte bisher dagegen geholfen. Nach der Rußlandreise war sie auf einmal wieder beweglich und heil.

Ich neige noch immer dazu, mich zu verschließen, wenn ich verletzt werde. Offen zu bleiben und mich mitzuteilen ist eine täglich neue Übung für mich. Ich habe angefangen, Massagen zu geben, wodurch Gefühle in denen geweckt werden, die ich massiere; ich kann ihnen helfen aufgrund meiner eigenen Erfahrungen, durch die ich lernte, mich zu öffnen. Später einmal würde ich mich gern der für Gäste zuständigen Abteilung anschließen und mit Gruppen arbeiten. Ich bin sicher, daß ich nicht in den Schuldienst zurückkehren werde. Ich will in der Findhorn-Gemeinschaft bleiben.«

Jugend in der Gemeinschaft – Shirley Barr

Ich führte mein Gespräch mit *Shirley Barr* nach ihrer Rückkehr von einem höchst erfolgreichen interkulturellen Jugendprojekt in Botswana und vor ihrer erneuten Abreise, um in London drei Jahre lang Schauspielunterricht zu nehmen. In ihre Geschichte ist auch die Geschichte unseres Jugendprojektes eingewoben, für das die jungen Leute selbst verantwortlich sind. Shirley wird uns fehlen in der Gemeinschaft.

»Ich bin in Dundee geboren, aber die ersten acht Jahre meines Lebens habe ich in Carnoustie in der Nähe des Meeres verbracht, wo meine Mutter das

Shirley Barr

Postamt leitete, während mein Vater beim Gesundheitsamt in Dundee beschäftigt war. Eine glückliche Zeit!

Mein Vater wurde Verwalter eines Behindertenheims in England, deshalb zogen wir um und wohnten in einem großen Haus auf dem Gelände. Dort war ich auch glücklich. Zum ersten Mal hatte ich ein eigenes Zimmer. Das zum Heim gehörige Gelände war wunderschön. Es gab ein Tiergehege für die Kinder, und mein Bruder und ich kümmerten uns um die Tiere – einen Esel, Hühner, Kaninchen und Meerschweinchen. Im Dorf war eine einklassige Zwergschule, an die wir uns allerdings erst einmal gewöhnen mußten.

Als wir in England wohnten, haben wir die Findhorn-Gemeinschaft besucht. Ich habe an der Kinderwoche teilgenommen und meine Eltern an der Erfahrungswoche. Ich fand die Gemeinschaft toll. Die Kinder dort kamen mir so frei und glücklich vor – ich war neidisch. Wir blieben nur ein Jahr in England, und als die Ferienzeit nahte, fragte mein Vater: ›Würdest du gern in der Findhorn-Gemeinschaft leben?‹ Ich war ganz begeistert, die anderen aber weniger. Wir beschlossen, hinzufahren und zu sehen, ob es eine Wohnmöglichkeit für uns gab. Nach den entsprechenden Gesprächen – auch mit uns Kindern – wurde unserer Familie ein Wohnwagen in Aussicht gestellt; wir fuhren heim und packten unsere Sachen.

Ich fand es sehr spannend, in einem Caravan zu wohnen. Wir zogen in den Sommerferien dorthin, und ich habe drei Wochen lang Freundschaft mit allen geschlossen. Ich bin geradewegs mitten in das Kinderleben der Gemeinschaft geplumpst. Ein unglaublicher Ort zum Aufwachsen Ich war kaum noch zu Hause, weil ich soviel mit anderen zusammen war. Es ist unmöglich, hier ein geschlossenes Familienleben aufrechtzuerhalten – dazu gibt es zuviel zu tun. Es gibt keine verkehrsreichen Straßen, und eine Menge Leute kümmern sich um einen. Wir durften in der Küche helfen oder beim Saubermachen – selbst das Arbeiten machte Spaß. Ich bin auch gern in Kinloss zur Grundschule gegangen.

Etwa um die Zeit, als ich in Forres auf die höhere Schule kam, änderte sich vieles. Verschiedene Jugendliche von hier besuchten sie, und es gab eine Menge Vorurteile gegen die Gemeinschaft, von denen wir auf der Grundschule nichts gemerkt hatten. Für die Gemeinschaftskinder war es schrecklich – wir wurden Tag für Tag geärgert. Ich fing an, mich zu fragen, warum ich eigentlich in der Gemeinschaft lebte. Ich wollte Freunde in der Schule haben und versuchte zwei, drei Jahre lang, zu verheimlichen, wo ich herkam. Ich machte nach Möglichkeit den anderen alles nach. In der Schule waren die Leute alle irgendwie zu, und wenn ich zur Gemeinschaft zurückkam, waren dort alle offen und glücklich. Für alle in meinem Alter war das sehr schwer, wir haben also rebelliert, und es kamen einige geringfügige Diebereien vor in der Gemeinschaft.

Ich bin sehr anpassungsfähig, doch für ein paar von den anderen war es schwieriger. Wir waren alle mitbeteiligt an dem, was vorfiel. Bei uns wurden dadurch Aggressionen und Unsicherheiten abgebaut, aber in der Gemeinschaft wurde alles problematischer, und die Leute trauten keinem Jugendlichen mehr. Dann kam ein Zeitpunkt, wo alle anderen jungen Leute fortgingen und ich alleinblieb, so daß ich mich mit Älteren anfreundete – viele von ihnen nahmen mich ›unter ihre Fittiche‹. Es waren auch noch andere junge Leute da, die älter waren als ich, und sie ließen mich an ihren Aktivitäten teilnehmen. Als einige meiner Altersgenossen zurückkehrten, war ich ausgeglichener und fühlte mich nicht mehr so jung. Ich hörte auf, mich um jeden Preis ins Gymnasium von Forres einfügen zu wollen, trug die Kleider, die mir gefielen, und nahm kein Blatt mehr vor den Mund. Ich konzentrierte mich auf meine Aufgaben, damit ich die Schule so bald wie möglich abschließen konnte.

Aufgrund der Schwierigkeiten mit den Jugendlichen begann Craig, Treffen mit uns zu vereinbaren. Die meisten der anderen waren ebenfalls durch ihre Erfahrungen reifer, aber man traute uns trotzdem nicht. Überall wurde ein Auge auf uns gehalten, besonders in Cluny. Das stiftete noch mehr Unfrieden – ein echter Teufelskreis. Craig wollte mit uns Freundschaft schließen, aber er wollte darüber hinaus herausfinden, was eigentlich los war. Dann kam Allan Howard zu den Treffen. Er sah, daß sie nichts brachten; und er befand, daß wir die Sache selbst in die Hand nehmen sollten.

Unser erstes Treffen im Rahmen des Jugendprojektes fand in Cluny statt. Es bewirkte unglaubliche Veränderungen in unserem Leben. Von da an wuchs das Vertrauen zwischen uns und der Gemeinschaft. Wir starteten einen Jugendaustausch mit jungen Leuten aus der Easterhouse-Siedlung in Glasgow. Jugendliche von hier blieben fünf Tage dort, und dann kamen sie und blieben bei uns. Zusammen haben wir die ›Terra Nova‹ organisiert.

Terra Nova war eine Konferenz für Aktivisten. Wir luden dazu Leute aus Basisgruppen für Wohnsituation und Sozialarbeit sowie Jugendgruppen und junge Menschen aus Arbeitervierteln ein. Wir hatten schwarze Schriftsteller und eine Rasta-Gruppe da. Die Idee war, alle zusammenzubringen und ein Netzwerk zu schaffen. Jede Gruppe erzählte, was sie wie gemacht hatte, und dadurch, daß man den anderen zuhörte, ergaben sich Lösungen für die eigenen Probleme. Ort der Veranstaltung war ein Riesenzelt im hinteren Bereich des Caravanparks, und die meisten Delegierten waren in Wohnwagen untergebracht. Es regnete ununterbrochen, und das Zelt wurde fast umgeblasen, aber trotzdem war es ein großer Erfolg. Etwa 200 Leute kamen, die fast fünf Millionen Menschen vertraten; sogar im Parlament wurde es erwähnt. Zum Abschluß der Konferenz organisierten wir ein Computer-Netzwerk. Viele Gemeinschaftsmitglieder halfen uns während der Konferenz, und wir durften die Halle für Vorträge benutzen, aber die Gemeinschaft hatte offiziell nichts mit der ganzen Organisation zu tun.

Unser Selbstvertrauen erhielt unerhörten Aufschwung, daß wir so etwas abziehen konnten. Wir machten mit kleineren Sachen weiter – Arbeitsprojekten innerhalb der Gemeinschaft wie etwa Regenrinnen von Blättern befreien, Abfall beseitigen, anstreichen, lauter nützliche Dinge.

Unser nächstes großes Projekt war, einen Austausch mit Indianern aus Kanada anzubahnen. Wir brauchten ein Jahr, um ihre Reise zu uns zu arrangieren, und 1986 kamen sie endlich. Die erste Woche verbrachten wir mit ihnen auf Erraid, und dann nahmen sie an einer Art Erfahrungswoche teil, einer sehr lockeren. In der letzten Woche machten wir schließlich alle zusammen in einem gecharterten Bus eine Rundreise durch Großbritannien. Die Indianer sangen und trommelten überall – sie waren auch im Fernsehen – und erlaubten uns, mit ihnen zu singen und zu tanzen.

Als sie wieder fort waren, brauchten wir auch ein Jahr, um die Mittel für unsere eigene Reise aufzubringen. Wir verbrachten drei unglaublich tolle Wochen in Winnipeg und folgten dann dem Indianerpfad durch die Rockys, wo wir nachts zelteten. Wir erlebten Schwitzhütten und lernten einen Medizinmann kennen – unser ganzes Interesse galt dem kulturellen Austausch. Die Heimkehr fiel uns sehr schwer.

Ich hatte gerade die Schule abgeschlossen. Es war zu spät, mich noch am College einzuschreiben, und ich hatte auch keine rechte Lust dazu. Ich wohnte in Cluny. Ich beschloß, noch ein Jahr länger hierzubleiben und halbtags in der Abteilung für Bildung und Erziehung mitzuwirken, die übrige Zeit beim Jugendprojekt. Dann lernte ich Andy kennen, und wir zogen zusammen, was einen totalen Aufstand in meiner Familie zur Folge hatte. In dem Jahr bin ich meiner Mutter wirklich nahegekommen – sie ist eine meiner besten Freundinnen geworden. Ich habe bei der Schauspielschule vorgesprochen, wurde jedoch abgewiesen und bin daraufhin noch länger in der

Gemeinschaft geblieben, um Sommerprogramme für Jugendliche mitzuorganisieren, die immer mehr gefragt waren. Als Kim, der andere Focaliser, ging, habe ich Jessica zum Focaliser ausgebildet.

Dann kam das Botswana-Projekt auf. Die Idee war, junge Menschen aus drei verschiedenen Kulturräumen einer ihnen allen völlig fremden Situation auszusetzen. Wir kamen aus der Sowjetunion, aus Westeuropa – genauer gesagt aus Großbritannien und Schweden – und aus Botswana. Es ging uns darum, unsere kulturellen Unterschiede aufzuspüren und zugleich miteinander kooperieren zu lernen. 38 Teilnehmer, darunter auch Projekt-Koordinatoren, gehörten zu der Reisegruppe – 14 Europäer, 8 Botswaner und 12 Sowjetbürger. Wir reisten durch Botswana, untersuchten die ökologische Situation und erstatteten nach einer Abschlußbesprechung dem Kalahari-Naturschutzbund und der Naturschutzbehörde von Botswana Bericht.

Wir gingen wirklich den kulturellen Unterschieden auf den Grund! Wir genossen nicht nur die Schönheit der Landschaft, von der wir alle begeistert waren, sondern hatten auch einen unglaublich guten Meinungsaustausch innerhalb der Gruppe. Alle zwei Tage fanden Gruppenzusammenkünfte und kleinere ›Familien‹-Treffen statt. Jede Familie bestand aus ein paar Leuten der verschiedenen Kulturkreise und übernahm im Wechsel mit den anderen das Kochen und Putzen für die ganze Gruppe. Wir zankten uns ein bißchen darum, wer gut mitarbeitete und wer nicht, lauter Nichtigkeiten, doch wenn wir richtig ins Debattieren kamen, merkten wir, daß sich viel mehr dahinter verbarg. Nächstes Jahr wird dann der geplante zweite Teil der Reise folgen, beginnend mit Arbeitsprojekten im sowjetischen Ural, weiter mit dem Zug nach Schweden zu einer einwöchigen Rundfahrt und abschließend nach Großbritannien zum Zentrum für alternative Technologie in Wales und für die letzte Woche zur Findhorn-Gemeinschaft – alles zusammen fünf Wochen.

Was mich persönlich betrifft, so gehe ich in London auf die Schauspielschule. Dort werde ich die nächsten drei Jahre bleiben. Für mich bedeutet das eine Riesenumstellung, aber es ist auch wirklich Zeit, zu gehen. Bisher ist alles bestens gelaufen, und ich denke, daß dann auch dieser Schritt richtig ist. Ich habe ein Stipendium bewilligt bekommen und teile mir eine Wohnung mit zwei anderen Mädchen. Das ist absolut gut so, auch wenn ich schließlich doch nicht Schauspielerin werden sollte. Ich habe hier gelernt, daß ich mir die Freiheit nehmen kann, meinen Interessen nachzugehen.«

Ich fragte Shirley, was sie von Spiritualität halte.

»Als ich hierher kam, wußte ich nicht, was das bedeutet. Da ich jedoch mitten darin aufgewachsen bin, ist mir all das Gute zuteil geworden, ohne daß es mir bewußt geworden wäre. Ich habe gelernt, mich auf Versammlungen einzustimmen und zu meditieren. Es ist mir nicht eingebläut worden, sondern es war einfach so. Ich setze mich nicht hin und meditiere, aber manches von dem, was ich tue, ist so etwas wie Meditation in der Aktion. Manchmal frage ich mich, woher all das kommt, was ich weiß, da es mir doch niemand beigebracht hat. Wahrscheinlich bin ich ziemlich bewußt für mein Alter. Es muß angeboren sein.

Das einzige Problem, das eine Kindheit in der Findhorn-Gemeinschaft mit sich bringt, besteht darin, daß man zu schnell erwachsen wird. Vielleicht liegt es daran, daß man von Anfang an für voll genommen wird. Ich habe ein Gefühl, als hätte ich etwas von meiner Jugend versäumt. Jung zu sein ist sehr wichtig – ich glaube, ich bin zu schnell gereift. Ich persönlich würde allerdings nicht wünschen, daß jetzt etwas anders wäre. Es ist eigentlich ziemlich perfekt so. Ich mache mir nur Gedanken um die Kinder, die zur Steiner-Schule gehen, denn sie wachsen wirklichkeitsfremd auf. Die Gemeinschaft ist im Grunde zu sehr ein schützender Hort. Obwohl ich mich abstrampeln mußte, bin ich doch froh, daß ich auf staatlichen Schulen war und nicht auf der Steiner-Schule. Wenn diese Kinder in die Welt entlassen werden, bekommen sie womöglich einen echten Schock. Trotzdem glaube ich, daß es hervorragend für Kinder ist, in der Gemeinschaft aufzuwachsen. Ich hätte nirgendwo sonst sein mögen!«

* * *

Heiler und Erzieher – Michael Dawson und Angela Morton

1988 starteten wir ein Experiment und stellten erstmalig Vollmitglieder als Ganztagserzieher ein. *Michael Dawson* nahm ein solches Amt an. Er ist Heiler und hält regelmäßig Workshops mit dem Titel »Die Ursache heilen« in der Gemeinschaft ab. Außerdem gehört er der neuen Kerngruppe an. Michael ist 45 Jahre alt.

»Ich bin in Enfield in der Nähe von London geboren. Meine Eltern hatten mehrere Geschäfte – Zeitungskioske, Tabakläden und dergleichen.

Für mich hatte es immer einen Reiz, herauszufinden, wie etwas funktionierte. Schon mit vier Jahren wollte ich herausfinden, wie Glühbirnen funktionieren; damit begann mein Interesse an Elektronik. Es machte mir Angst, zur Schule gehen zu müssen, ich war ein bißchen ein Einzelgänger

Michael Dawson

und liebte die Natur und Tiere. Als ich acht Jahre alt war, trat ich dem britischen Tierschutzbund bei. Mein Vater und mein Bruder hingegen hatten etwas für Soldaten übrig, und mein Vater ging auf Taubenjagd. Was mir noch gefiel, war Science-fiction. Mit zwölf Jahren trat ich der Interplanetarischen Gesellschaft Großbritanniens bei. Ich war das jüngste Mitglied bei deren Vorträgen in der Caxton Hall.

Als ich älter wurde, verlor die Schule ein wenig von ihrem Schrecken. Zuerst wurde ich immer herumgestoßen, aber irgendwann habe ich dann die Macht des Schweigens erkannt und die Augen benutzt, um mich nicht mehr mit körperlicher Gewalt wehren zu müssen. In den naturwissenschaftlichen Fächern war ich gut, und vom Religionsunterricht war ich befreit.

Meine Eltern ließen sich scheiden, als ich 13 Jahre alt war. Ich spürte etwas Trennendes zwischen uns; sie waren eher Menschen als Eltern. Nach ihrer Scheidung hatte ich über ein Jahr lang eine zutiefst sarkastische Einstellung zum Leben und zweifelte an mir selbst und anderen. Ich wollte keine Freundin. Die Scheinheiligkeit, die ich überall sah, bedrückte mich, und ich war froh, in Ruhe gelassen zu werden.

Mit 16 Jahren bin ich von der Schule gegangen, um bei der Post Elektronik zu lernen; das langweilte mich jedoch, und so wechselte ich bald zur Handelsmarine über und bildete mich dort zum Funkoffizier aus. Die Interessen meiner Offizierskollegen – im allgemeinen Kneipen und Bordelle – sagten mir nicht zu, deshalb habe ich schließlich Funkmeßtechnik studiert und dann neun Jahre bei Decca-Radar unterrichtet.

Trotz meiner Zweifel am Sinn der Ehe habe ich geheiratet, und nach drei Jahren hatte ich auf einmal ein schönes Haus, ein Auto und zwei Kinder. Meine Frau wollte ein größeres Haus und mehr Geld haben, aber ich hatte das Gefühl, es fehle irgend etwas anderes. In der Bücherei fand ich ein Buch von Yogi Ramacharaka über östliche Philosophie und Okkultismus. Damit trat eine Wende ein. Ich las es in der Küche, während meine Frau fernsah. Es war das erste von über tausend Büchern über okkulte und spirituelle Themen. Ich verschlang sie förmlich.

Nach zwei Jahren als Lehnstuhl-Okkultist beschloß ich, das Gelernte praktisch anzuwenden, und wählte den Weg des Theravada-Buddhismus. Das Christentum hatte keinen Reiz für mich – es erschien mir zu einfach, und ich war ein Verstandesmensch. Meine Freunde nannten mich ›Spock‹, was ich als Kompliment auffaßte. Meine Frau, der allmählich klar wurde, daß sie nicht mehr mit dem Mann zusammenlebte, den sie geheiratet hatte, verliebte sich in den Nachbarn, nahm die Kinder mit und zog zu ihm. Zwei Jahre lang lebte sie nebenan und stellte meine Lebensphilosophie auf die Probe. Aber ein Jahr nach unserer Trennung lernte ich Barbara Gillians kennen. Wir fanden, daß wir in aller Freiheit gemeinsam geistig wachsen konnten. Bei meiner Ankunft in der Findhorn-Gemeinschaft waren wir noch zusammen.

Ich vernarrte mich in die Idee, Lehrer zu werden, malte mir aus, wie die Kinder mir jedes Wort von den Lippen saugen würden, und fing an, Pädagogik zu studieren. Nach zwei Monaten löste sich die Netzhaut in meinem rechten Auge, und ich mußte mich sofort operieren lassen. Es vergingen weitere drei Monate mit dem Studium, da passierte es wieder. Und als ich einen dritten Anlauf nahm, löste sich die Netzhaut zum dritten Mal ab. Als ich nach der dritten Operation im Bett lag, ging mir auf, daß ich irgend etwas nicht sehen wollte. Natürlich – ich würde unser Erziehungssystem mit seiner Strenge und seinen Freiheitsbeschränkungen nie gutheißen können. Das war ein Wink mit dem Zaunpfahl! Ich rief vom Krankenhaus aus beim Lehrer-College an und exmatrikulierte mich. Zwei Tage später wurde mir eine Stelle an dem College angeboten, an dem ich studiert und Elektronik gelehrt hatte.

Noch ganze sieben Jahre habe ich unter guten Bedingungen mit wenig Wochenstunden und langen Ferien dort unterrichtet. Ich begann, New-Age-Gemeinschaften zu besuchen, und studierte und lehrte Astrologie. Eines Tages, ich war mit einer Freundin im Auto unterwegs, empfing sie spontan die gechannelte Botschaft, es sei Zeit für mich, mein Leben einfacher zu gestalten und mich zu läutern, meine Lehrtätigkeit aufzugeben und darauf zu vertrauen, daß sich mein Leben weiterentwickeln werde. Zum ersten Mal seit Jahren fing ich an zu weinen und konnte nicht weiterfahren. Drei Wochen lang befand ich mich in einem veränderten Bewußtseinszustand, schrieb Gedichte, erging mich in der Natur und liebte meine Studenten ... Und dann kündigte ich. Da ich mich jedoch immer noch für die Zukunft absichern wollte, überlegte ich, ob ich einen Juwelenhandel aufmachen sollte. Eben wollte ich mein Vorhaben ausführen, als ich mitten in dem Film ›Krieg der Sterne‹ ganz deutlich die drei Worte vernahm: ›Verkauf keinen Schmuck!‹ Ich gab mein Vorhaben auf und schlug mich vier schwere Jahre lang als Aushilfslehrer in den Problemschulen von Südlondon durch. Ich lernte, vor dem Unterricht auf der Toilette zu beten, und bediente mich noch einmal der

Macht des schweigenden Blickes, um Ordnung zu halten. Die Kinder gaben mir den Spitznamen ›Vikar‹, der mir durchaus angemessen war, da Jesus damals mein Vorbild als Heiler und Lehrer wurde.

Schließlich kam ich zur Findhorn-Gemeinschaft. Während ich in meiner Erfahrungswoche in der Küche Kartoffeln schrubbte, kam mir der Gedanke, noch eine Woche länger zu bleiben. In der zweiten Woche beschloß ich, das ›Essenz‹-Programm mitzumachen. Meine Mutter war gestorben und hatte mir genau die richtige Summe hinterlassen, um dafür bezahlen zu können. ›Essenz‹ war eine erfreuliche Erfahrung für mich und machte mich offen, aber vor einer Mitgliedschaft schreckte ich noch zurück. Dann wollte Barbara die Gemeinschaft besuchen, und ihr zuliebe kam ich ebenfalls noch einmal her und hoffte, im Minton-Haus als Heiler wirken zu können. Nach zwei Wochen verspürten wir beide den Drang, Mitglieder zu werden. Unser Haus hatte bereits ein Jahr zum Verkauf gestanden – nach unserer Entscheidung war es innerhalb von zwei Tagen verkauft. Wir hatten das nötige Geld!

1984 traten wir der Gemeinschaft bei. Ich arbeitete über ein Jahr beim Instandhaltungsdienst von Cluny und war die Hälfte der Zeit dort Focaliser. Ich besaß zwar nicht die nötigen Fertigkeiten zur Instandhaltung von Cluny, aber durch Gebet und praktische Verwirklichung war es eine gesegnete, glückliche Zeit.

Ich hatte mich schon viele Jahre ein wenig als Heiler betätigt; in der Gemeinschaft entwickelte ich meine Fähigkeiten weiter und half anderen, sich so zu entspannen, daß sie mit ihrem höheren Selbst Verbindung aufnehmen und dadurch etwas über die psychologischen Wurzeln ihrer Probleme erfahren konnten. Mit versöhntem Herzen konnten sie dann einer Heilung entgegenschreiten. Mit Karin Werner zusammen war ich Focaliser für einen sechswöchigen Workshop im Heilen, bei dem ich mich genötigt sah, von meinem wissenschaftlich begründeten Lehrer-Hintergrund loszukommen und offener und vertrauensvoller zu werden. Ich begann in der Abteilung ›Gesundheit und Ganzheit‹ zu arbeiten, heilte Mitglieder und Gäste und ergriff die Gelegenheit, als Co-Focaliser bei unserer Heilungskonferenz mitzuwirken.

Ich bin die ganze Zeit über in Cluny geblieben, aber Barbara und ich haben uns getrennt, und sie ist in den Park gezogen. Es war traurig, aber wir wußten beide, daß es zu unserem Besten war. Unsere Beziehung hatte 16 Jahre gehalten.

Nach der Konferenz wechselte ich zur Personalabteilung. Es war ein echtes Wachstumsstadium. Ich fand es abscheulich, Leute zu verärgern. Jetzt mußte ich mich in liebevoller Weise zur Wahrheit bekennen und dadurch manchmal die Enttäuschung anderer mitansehen. Doch bestärkte es mich in meinem Vertrauen auf meine innere Einstimmung. Jetzt bin ich lehrendes Vollmitglied der Gemeinschaft und halte nicht allein Workshops zum Thema ›Die Ursache heilen‹ ab – acht bisher –, sondern arbeite auch mit dem *Kurs in Wundern*, der eine geradezu elektrisierende Wirkung auf mich hat. Meinem Empfinden nach wird mich meine weitere Arbeit ebenso in die Welt hinaustragen wie tiefer in die Gemeinschaft hinein.

Letztes Jahr bin ich zu der neuen spirituellen Kerngruppe gestoßen. Ich hatte es gar nicht vor. Ich hatte nur acht Stimmen bekommen und fühlte mich nicht unbedingt dazu berufen, deshalb lehnte ich mich entspannt zurück und schaute dem Wahlgang in der Universal Hall zu. Jemand sagte, ich sollte der Gruppe angehören, und daraufhin ging ich zur Mitte der Halle, um zu erklären, warum ich nicht in Frage käme. Zu meiner Überraschung spürte ich dort eine Kraft, die mich zu der Gruppe hinzog, und ich gab ihr nach. Ich stand das ganze schwierige Auswahlverfahren durch und wurde schließlich akzeptiert. Von den acht Leuten in der Gruppe bin ich der einzige aus Cluny. Die anderen sind fast alle schon länger in der Gemeinschaft und kennen einander. Es hat einige Zeit gedauert, bis ich meine innere Kraft in der Gruppe fand. Jetzt empfinde ich unsere einstündige Meditation als stärkend und erfüllend; was ich gebe, erhalte ich zurück – Geben und Nehmen sind dasselbe. Die Kerngruppe ist so etwas wie die spirituelle Wurzel des Findhorn-Baums. Unsere Aufgabe besteht darin, die spirituelle Ausrichtung unserer Gemeinschaft aufrechtzuerhalten und ein sicherer Bezugspunkt zu sein. Als Mitglied der Kerngruppe habe ich mich vor allem mit den Mitgliederversammlungen der Gemeinschaft befaßt, bemühe mich darum, die Inspiration wiederzubeleben, neue Wege zu beschreiten und den Geist zu bewahren.

Meine äußeren Erfolge beim Heilen, bei Workshops und Freundschaften befriedigen mich nicht in ausreichendem Maße. Die wahren Früchte bringt mir meine Reise nach innen. Das ist das Wichtige: Gottvertrauen zu haben und ein genügsames Leben zu führen. Mein Hauptziel ist es, mein Herz offenzuhalten und das Leben zu bejahen. Dienen bringt Freude. Ich kann der Illusion vom Aufopfern verfallen und denken, es gibt zuviel zu tun, es wird zuviel von mir verlangt. Dabei wird nichts von mir verlangt – ich treffe selbst die Wahl. Ich habe das Gefühl, als sei ich auf dem Heimweg zurück zu einer spirituellen Heimat, die ich einmal verlassen habe und wo ich meinen inneren Frieden wiederfinden kann. Ich habe das starke Empfinden, daß sich die Dinge auf unserem Planeten beschleunigen; die Erde braucht eine Menge an Erziehung und Heilung. Ich glaube, daß ich mich verkörpert habe, um dabei zu helfen.«

* * *

Angela Morton

Angela Morton lebt wie Michael in Cluny. Sie ist 33 Jahre alt.

»Ich bin am 4. März 1956 geboren. Frühlingskräfte! Meine Lebensweise hängt mit diesem Geburtsdatum zusammen.

Ich bin in Hamburg aufgewachsen. An viel kann ich mich nicht mehr erinnern, außer daran, daß ich Blumen liebte. Ich konnte sie völlig selbstvergessen stundenlang streicheln. Meine Eltern hatten einen Gemüseladen, aber mein Vater starb, als ich fünf Jahre alt war, und sein Tod ließ uns früh reifen. Wir waren drei: meine ältere Schwester, meine Mutter und ich. Dadurch ist meine Auffassung von der Unabhängigkeit der Frau geprägt worden. Ohne ein negatives Urteil fällen zu wollen: Männer werden nicht unbedingt gebraucht. Es erscheint nur natürlich, daß Frauen vollkommen gleichwertig sind. Meine Schwester und ich stehen uns sehr nahe. Sie ist der Mensch in meinem Leben, durch den ich die Erfahrung bedingungsloser Liebe machen und so mein spirituelles Wesen entfalten konnte, denn bei ihr durfte ich alles und jedes sein, und sie liebte mich dennoch.

Zu Anfang ging ich gern zur Schule und gehörte zu den Klassenbesten, doch nach und nach verlor ich das Interesse und begnügte mich mit dem Mittelmaß. Ich las gern, besonders Bücher für Erwachsene. Wenn ich so zurückdenke, möchte ich behaupten, daß ich nicht die Hälfte davon verstanden habe. Ich verbrachte auch gern die Ferien in Jugendzeltlagern. Diese Gruppen gaben mir das Gefühl, von meiner Familie unabhängig zu sein.

Meine Mutter hielt meine Schwester und mich für begabter als sich selbst. Sie erwartete schon früh von uns, Verantwortung zu übernehmen. Als ich 16 war, fingen die Familienregeln an, mich zu ärgern. Ich wollte nur noch weg. Mit meiner Mutter zu reden half nichts. Ich unternahm einen Selbstmordversuch, im Grunde ein Schrei nach Hilfe und Aufmerksamkeit. Ich blieb zwei Wochen in einer psychiatrischen Klinik und wollte nicht wieder nach

Hause. Aber ich mußte und verbrachte ein weiteres Jahr voller Spannungen in der Familie, ständig unter Schuppenflechte leidend. Dieses Leiden war so schlimm, daß ich ins Krankenhaus mußte, und eine Ärztin dort erkannte die psychologischen Zusammenhänge und ermutigte mich dazu, von zu Hause wegzugehen. Sie ließ mich meine Mutter vom Krankenhaus aus anrufen, damit ich ihr mitteilen konnte, daß ich fortgehen würde, und erwartete mich nach dem Anruf mit einem Glas Weinbrand zur Stärkung.

Obwohl ich noch zur Schule ging, verdiente ich mir selbst den Lebensunterhalt, indem ich am Nachmittag im Kindergarten arbeitete und Nachhilfestunden gab. Dabei lernte ich, daß die Erziehung leichter ist, wenn man Liebe aufwendet. Aber das Leben rings um mich her schien mir von Ignoranz, Unbewußtheit und Selbstsucht gekennzeichnet zu sein. Ich sah überhaupt keine Ideale, für die man leben konnte. Die kommerzielle Welt war mir zuwider, und infolgedessen engagierte ich mich in linker Politik, stieß dort jedoch auf die gleichen Unwahrheiten und kehrte mich wieder davon ab.

Ich teilte mir ein Haus mit zwei jungen Männern. Wir mochten uns sehr und versuchten zu begreifen, welchen Sinn Leben und Universum haben. Wir führten lange Gespräche über dieses Thema. Einmal hatte ich ein Erlebnis, in dem ich die Allgegenwart Gottes erkannte – er war so winzigklein, daß er in allem und jedem steckte und folglich das Größte überhaupt war. Dabei fällt mir unsere letzte Mitgliederversammlung über Gott ein – ich empfing die Botschaft: ›Gott ist überall, Gott ist sogar im Nichts.‹ Damals nannte ich Gott noch ›Es‹. Da ich in den sechziger Jahren aufgewachsen bin, konnte ich Gott nicht so leicht anerkennen.

Ich dachte mir, daß ich eine Berufsausbildung machen sollte. Ein Universitätsstudium reizte mich nicht, also wurde ich Buchhändlerin. Es hat mir Freude gemacht, Leute bei der Auswahl von Literatur zu beraten. Dabei erhob sich die Frage: ›Wer bin ich?‹ Es war so, als sei ich bei jedem Kunden ein anderer Mensch, und daraus schloß ich: ›Wenn ich in einer Gemeinschaft unter allen möglichen Leuten lebe, muß ich mir selbst treu bleiben.‹ Ich gründete kleine Gemeinschaften, aber sie zerbrachen an so albernen Sachen wie dem Geschirrspülen.

Ich fing eine Beziehung mit einem der beiden jungen Männer an, mit denen ich zusammenwohnte. Er hatte von der Findhorn-Gemeinschaft gehört und gab mir ein Buch darüber. Ich stand einer Spiritualität, die sich auf Gurus konzentrierte, sehr kritisch gegenüber, und obgleich mir auch der Gedanke nicht verlockend erschien, mit Naturgeistern zu sprechen, hatte die Vorstellung von einem langfristigen Gemeinschaftsleben einen gewissen Reiz für mich.

Unser eigener Versuch, eine Gemeinschaft aufzubauen, scheiterte, aber wir hatten etwas Geld gespart und beschlossen, davon eine Reise zu machen, die bei der Findhorn-Gemeinschaft beginnen sollte. 1981 haben wir die Erfahrungswoche mitgemacht, und im Grunde bin ich seitdem hier geblieben.

Zu Anfang hatte ich Angst. Die Mitglieder erschienen mir alle wie Göttinnen und Götter. Beim Hausdienst legten sie die Laken so langsam und sorgfältig zusammen, daß ich dachte: ›Das ist Liebe!‹ Dann schnitt ich in der Küche mit der gleichen Langsamkeit Möhren, und die Leute mochten mich nicht. In der zweiten Woche habe ich meinen ersten Küchendienst mit Karin Werner zusammen absolviert, einer Deutschen wie ich, und die Geschirrspülmaschine bedient, und Karin arbeitete im gleichen Normaltempo wie ich. Es klingt komisch, aber es war einfach herrlich.

Nach einem Monat wollten sowohl mein Partner als auch ich Mitglied werden. Das Geschenk der Findhorn-Gemeinschaft an uns war die Liebe zu Gott – statt nur an ein ›Es‹ zu denken. Gott zog aus meinem Kopf in mein Herz, das größte Geschenk, das einem gemacht werden kann. Ich wußte, daß ich mich als Mitglied gut nützlich machen konnte, aber ich hielt mich für noch nicht reif dazu. In den Einführungsgesprächen wurde ich gedrängt, meine Ängste zu überwinden.

Nach dem Orientierungsprogramm arbeitete ich im Speisesaal von Cluny, was mir gefiel. Schon bald wurde ich Focaliser und entdeckte, daß dort ein Engel weilte, der ›Speisesaal-Engel‹, ein höheres Wesen, dem zuzuhören ich lernen konnte. Im Speisesaal war immer Zeit, sich mit Gästen auszutauschen, die persönliche Zuwendung und Unterstützung brauchten. Auf diese Art und Weise nahm ich die ersten tieferen Kontakte zu den Gästen auf.

Mein Freund und ich trennten uns. Wir wollten ganze Menschen werden, aber im praktischen Leben bestärkten wir einander nur in unseren labilen Verhaltensmustern. Mittlerweile verstehe ich, daß wir unseren Vertrag miteinander erfüllt hatten. Das Alleinsein war ein Drama. Ich wußte nicht, was ich machen sollte, und ging recht schnell eine furchtbare, sehr schmerzvolle Beziehung ein. Ich betete: ›Lieber Gott, wenn ich auf mich selbst gestellt sein soll, laß es mich wissen; und wenn ich eine Beziehung haben soll, dann laß mich wissen, mit wem!‹ Ich träumte von Eric, und der schickte mir nach zwei Wochen einen Blumenstrauß und wollte mich näher kennenlernen. Wir sind immer noch zusammen.

Eine Zeitlang habe ich die Buchhaltung für Cluny erledigt und wurde dadurch aufgeschlossener für das, was in der größeren Gemeinschaft vor sich ging, um danach zum Gästedienst überzuwechseln und die Arbeit mit Besuchern zu lernen – wie man eine tragende, Sicherheit bietende Atmosphäre schaffen kann, in der sich die Gäste dem eigenen Innern öffnen können, wie ich es von meiner Schwester her gewohnt war, als ich klein war. Die Arbeit mit einer Gruppe erfordert Geschick und die Fähigkeit, eine starke Verbindung zum höheren Wesen der Findhorn-Gemeinschaft und dem wahren Selbst der Gruppenmitglieder zu unterhalten. Ich merkte, daß ich zum Werkzeug und Mitschöpfer wurde – ich mußte mich oft über meine durchschnittliche Seinsebene erheben und ›über mich hinauswachsen‹. Im Umgang mit den verschiedenen Kräften innerhalb einer Gruppe muß man im Hier und Jetzt leben. Zu Beginn versuchte ich noch, mit einer neuen Gruppe das zu tun, was bei der vorigen gut funktioniert hatte, und machte eine Bauchlandung. Man muß einfach die Verbindung zu den höheren Wesen und zum Vertrauen aufrechterhalten. Ich lernte, Selbstvertrauen zu haben, eine der wichtigsten Lektionen meines Lebens. Nach zwei Sommern als Focaliser der Gästeabteilung bin ich zu ›Bildung und Erziehung‹ übergewechselt.

1984 las Eric ein Buch über Sai Baba und versuchte mich dazu zu überreden, es ebenfalls zu lesen. Ich glaubte nicht an Gurus, aber plötzlich wurde ich aus jedem Winkel mit Baba bombardiert. Fünf Gäste aus der Erfahrungswoche waren Anhänger von ihm. Ich träumte von ihm. Dann war einer der Co-Focaliser der Erfahrungswoche Sai-Baba-Anhänger, und da beschloß ich, mit ›meinem eigenen Gott› zu Rate zu gehen – der mir Hingabe empfahl. Zuletzt entschied ich mich, mit Eric und einer Gruppe von Gemeinschaftsmitgliedern zu ihm zu fahren. Jetzt bin ich davon überzeugt, daß er Gott ist, der auf der Erde weilt. Er hat mir geholfen, ein besserer Mensch zu werden, liebevoller, mitfühlender und vertrauensvoller. Ich bin glücklicher und setze wieder große Hoffnungen in die Zukunft der Menschheit und des Planeten. Er spricht von drei spirituellen Entwicklungsstufen. ›Ich bin im Licht‹ – so war es die meiste Zeit in meinem Leben. ›Das Licht ist in mir‹ – so war es die letzten drei Jahre. Jetzt arbeite ich an der Vorstellung: ›Ich bin das Licht.‹ Ganz habe ich sie mir noch nicht zu eigen gemacht. Es besteht ein Unterschied zwischen dem geistigen ›Wissen‹ und dem Wissen, von dem jede Faser durchdrungen ist.

In der letzten Saison war ich im Büro der Erziehungsabteilung tätig. Zuerst habe ich die Gäste-Broschüre zusammengestellt, und danach bin ich Co-Focaliser geworden. Das war meine verantwortungsvollste Tätigkeit bisher. Bevor wir die neue Kerngruppe hatten, wurde meines Erachtens viel vom Geist und von der visionären Kraft der Gemeinschaft in dieser Abteilung bewahrt. Der Focaliser trug die Verantwortung für die spirituelle Integrität unserer Erziehungsarbeit und bereitete den Weg, auf dem die Energien einströmen konnten. Jetzt macht das die Kerngruppe. Zwischen mir und meinem Co-Focaliser entstand eine herzliche Freundschaft.

Als uns der Zeitpunkt richtig erschien, die Focaliser-Rolle aufzugeben, trat niemand an unsere Stelle. Es war eine starke Lektion in Vertrauen. Ich mußte darauf vorbereitet sein, daß das, was ich getan hatte, unter Umständen wieder zusammenbrach. Es brach nichts zusammen, aber es veränderte sich. Wenn ich zurückblicke, kann ich sehen, daß sich Veränderungen vollziehen, die nicht stattgefunden hätten, wenn ich geblieben wäre. Die Gruppe hat sich neu gebildet und jetzt statt eines Focalisers einen Koordinator. Ich habe die Verantwortung übernommen für unser ›Outreach‹-Programm, unsere »Arbeit draußen«. Unsere Programme haben eine große Chance, zu anderen Orten weitergetragen zu werden. Sie werden überall gebraucht.

Ich glaube, daß ich mir meine eigene Wirklichkeit erschaffe – vieles davon unbewußt. Es ist ein Verständnis, das sich mit meiner spirituellen Entfaltung eingestellt hat. Da ich ein Teil Gottes bin und Gott mich liebt, ist alles, was mir scheinbar zustößt, meine eigene Schöpfung und zu meinem Besten. Das hilft mir über die Phasen in meinem Leben hinweg, die schwierig sind. Ich versuche, Gott in allem zu sehen: in dem, was ich berühre, und in denen, die mir begegnen. Das ist wichtiger als die *Ereignisse* in meinem Leben. Wenn ich diese Veränderung meiner Wahrnehmung erreiche, ändern sich auch meine Reaktionen, und ich habe das stärkste Gefühl von Sicherheit. Man kann sich nicht verirren. Diese Art von Verständnis hat zu einer ganz bestimmten Zeit eingesetzt. Ich arbeitete gerade im Speisesaal – jemand ging zur Essenszeit an mir vorbei und sagte: ›Ach Gott! So viele Leute!‹ Irgend etwas in mir bewirkte, daß ich erwiderte: ›Du lieber Gott! So viele Götter!‹ Das veränderte alles; ich hatte eine Erfahrung der Seligkeit.«

* * *

Gärtner – Ian Sargent und Judith Bone

Ian Sargent hat im Sommer 1989 den Park-Garten als Focaliser übernommen. Früher haben wir zusammen in Drumduan gearbeitet, und ich habe große Hochachtung vor seinen gärtnerischen Fähigkeiten und vor ihm selbst. Er ist 47 Jahre alt, ein stiller Engländer, der inzwischen in den von ihm heißgeliebten Süden Englands zurückgekehrt ist, um dort Gärtner von Chalice Well in Glastonbury zu werden, ebenfalls einem sehr berühmten ›New-Age‹-Zentrum.

Ian Sargent

»In meiner Kindheit habe ich auf der Grenze von Surrey und Sussex in einem Haus mit einem Garten von einem Morgen Größe gewohnt, dessen Hintertor auf Feld und Wald hinausging. Mein Vater war Flugzeugmonteur, meine Mutter Hausfrau. Ich hatte keine Geschwister in meinem Alter und verbrachte viel Zeit draußen in der Natur; ich war gewissermaßen ein Einzelgänger.

Als ich mit fünf Jahren in die Schule kam, wollte ich immer nur hinaus ins Freie; ich hatte ein Gefühl, als sei ich meiner Freiheit beraubt worden. Vielleicht wäre es besser gewesen, wenn ich erst mit sieben die Schule besucht hätte, wie in den Steiner-Schulen. So aber habe ich die Schule mit 15 Jahren ohne Abschluß verlassen. In der Zwischenzeit waren wir schon zweimal umgezogen, ich wurde bei meiner Großmutter aufgenommen, die in der Nähe meines Heimatortes wohnte, und dort habe ich Arbeit als Filmvorführer gefunden. Danach hatte ich verschiedene Jobs, bis ich schließlich den Personenbeförderungsschein erwerben konnte und Busfahrer wurde.

Zwischendurch hatte ich mir das Gärtnern als Hobby erwählt – meine Großmutter sagte immer, ich hätte einen grünen Daumen, und ich habe viele Stunden mit ihr im Garten verbracht, ihr bei der Arbeit geholfen und von ihr gelernt.

1969 habe ich geheiratet, und ich habe zwei Kinder, einen Jungen und ein Mädchen. Wir gründeten einen Hausstand, und ich bearbeitete eine Parzelle Land sowie einen Ziergarten rings ums Haus. Anfang der siebziger Jahre emigrierte meine jüngere Schwester nach Australien. Sie behauptete, es sei herrlich dort, und überredete uns, nachzukommen. Beim ersten Schritt aus dem Flugzeug wußte ich, daß es ein Fehler war. Wir hatten schwere Zeiten zu bestehen, die unsere Ehe belasteten. Wir hatten Heimweh und kehrten schließlich nach Großbritannien zurück, aber das Geld lockte uns wieder nach Australien. Meiner Frau fehlte das Haus, das wir uns gekauft hatten.

Wir lebten uns jedoch allmählich auseinander, trennten uns und reichten schließlich die Scheidung ein. In dieser Zeit las ich *Das geheime Leben der Pflanzen* und war begeistert vom letzten Kapitel über die Findhorn-Gemeinschaft. Später stieß ich in der örtlichen Bücherei auf Eileens Buch *Findhorn – Zentrum des Lichts* und konnte es nicht wieder aus der Hand legen. Seine Schlichtheit und Macht faszinierten mich – es war, als hätte ich danach mein Leben lang gesucht. Ich wußte, daß ich zu dieser Gemeinschaft gehen würde. Der Aufenthalt in Australien hatte mich gelehrt, materiellen Werten nicht den Vorrang zu geben, sondern die einfachen Dinge des Lebens zu schätzen, Dinge, die frei verfügbar sind – unser Erbteil von Gott. Ich danke von ganzem Herzen für diese Lektion.

1984 habe ich meine Erfahrungswoche absolviert. Ich habe in jener Woche in drei Gärten gearbeitet. Niemand erwähnte die Devas oder Naturgeister, was mich enttäuschte, aber ich fühlte mich sehr wohl und erlebte vieles, das mir vollkommen neu war. Die Gartenarbeit war eine reine Freude! Ich mußte noch einmal fortgehen, um alles verdauen zu können, aber im Juni wollte ich bereits wieder zurück. Im September begann ich, in den Gärten von Cullerne zu arbeiten. Bei den Einstimmungen schienen alle ihre Differenzen hervorzukehren; es ging fast ausschließlich um persönliches Wachstum und innere Kraft. Mir fehlte etwas dabei – die Beziehung zu den Kräften der Natur. Ich dachte: ›Das möchte ich gern wieder einführen.‹ Ich nahm am Orientierungskurs teil und arbeitete im Drumduan-Garten. Das war damals ein wunderschöner alter, verwilderter Garten. Als ich ihn zum ersten Mal sah, wußte ich, daß das mein Reich war. Zu dritt fingen wir dort an zu arbeiten. Jeden Montagmorgen fand eine Meditation statt, um die neuangekommenen Gäste willkommen zu heißen. Dabei nahmen wir untereinander und mit den Naturgeistern Kontakt auf und zeigten den Gästen dann den Garten, damit sie selbst sahen, was alles geschah.

Wenn wir etwas pflanzten, stimmten wir uns auf das Wesen der Gewächse ein, um sie zu segnen. Wir kooperierten wirklich mit den Naturkräften. Vergaßen wir das, gediehen die Pflanzen nicht so gut. Bereits im ersten Jahr hatten wir sehr gute Ergebnisse; alles sprühte vor Lebendigkeit, wie ich es noch nie erlebt hatte. Ein Areal ließen wir wild für die Naturgeister. Dahinein setzte nie jemand seinen Fuß. Dieses Stück Land lag auf einer Seite des Weges, den wir durch die Waldung angelegt hatten. Gegen Ende der Saison wuchs eine Reihe leuchtendroter Fliegenpilze entlang des Weges. Da wußten wir, daß uns die Naturgeister symbolisch ihre Anerkennung zollten – Gnome hocken traditionsgemäß auf Giftpilzen, und Rot heißt immer: ›Stopp! Eintritt verboten!‹

1986, als die anderen Mitglieder die Gartenarbeit niederlegten, wurde ich Focaliser. Zu Anfang vermißte ich ihre Hilfe, aber bald darauf fand ich einen anderen Mitarbeiter aus der Gemeinschaft, und wir konnten die Verbindung zu den Naturgeistern aufrechterhalten. Ein Jahr später erfuhr ich in der Einstimmung, daß ich mich den Sommer über, in der Gästezeit, um Traigh Bhan, unser ›Haus der Stille‹ auf Iona, kümmern sollte. Es war erst recht schwierig für mich, jede Woche mit einer neuen Gruppe von Gästen dort zusammenzusein. Als ich mich daran gewöhnt hatte und der Druck der Verantwortung nicht mehr so stark auf mir lastete, spürte ich den Zauber der Insel. Ich wanderte umher und entdeckte die Energiezentren, die als Chakra-Punkte gelten. Während ich auf einer Stelle saß, die ›Wurzelchakra‹ genannt wird, stiegen mir Tränen in die Augen, ich weiß nicht, warum. Ich hatte das Empfinden, in eins der Geheimnisse der Erdenergie eingeweiht worden zu sein.

Auf Iona hatte ich Zeit, über alles nachzudenken, was ich erlebt hatte, und beschloß, die Gemeinschaft zu verlassen. Ich zog zu einer Tante in Dorset und nahm eine reguläre Arbeit auf, zuerst in einer Fleischkonservenfabrik, dann als Hausmeister in einer Privatschule für Knaben. Das war eine sichere Tätigkeit mit guten Pensionsaussichten, aber dieses Leben befriedigte mich nicht. Dann hörte ich, daß Eileen Caddy nach Glastonbury kam. Ich ging zu ihrem Vortrag, den sie in einem kalten, schmutzigen alten Saal hielt, und es waren kaum Zuhörer da. Eileen war wunderbar und strahlte wie ein Leuchtfeuer. Ich sah plötzlich, wie ein helles Licht von der Findhorn-Gemeinschaft ausging, und wußte, daß ich zurückkehren mußte. Einen Monat später war ich wieder dort.

Nach einigem Zögern stimmte ich mich auf den Park-Garten ein. Ich spürte, daß dort die Verbindung zu den Naturgeistern abgebrochen war und ich die Aufgabe hatte, diese Energie wieder zurückzuholen. Wir haben allmählich eine neue Gruppe gebildet und uns durch einen Berg von Persönlichkeitsproblemen hindurchgearbeitet, aber wir haben es geschafft, die Verbindung zu den Naturgeistern wiederherzustellen. Man sieht das, wenn man durch den Garten geht und die Schwingungen der Pflanzen in sich aufnimmt – die ursprüngliche Qualität aus den sechziger Jahren stellt sich wieder ein.«

Ich fragte Ian, inwiefern die Gemeinschaft ihn verändert hatte.

»Bevor ich hierher kam, war ich ein Skeptiker und habe alles in Frage gestellt. Jetzt ist es so, als habe sich in meinem Innern eine Tür geöffnet. Ich neigte früher auch dazu, es anderen immer recht machen zu wollen. Hier habe ich die Chance gehabt, diese Muster zu durchbrechen und das zu tun, was für mich richtig ist. Die Workshops, an denen ich teilgenommen habe, sind mir dabei eine Hilfe gewesen. Ich war zu schüchtern, um in einer Gruppe den Mund aufzumachen – das ist vorbei. Jetzt leite ich Meditationen und helfe Gästen, sich gemeinsam ins Naturerleben zu vertiefen. Meine Sensibilität gegenüber der Natur hat hier ungeheuer zugenommen, besonders auf esoterischer Ebene. Obwohl ich die Naturgeister nie gesehen habe, merke ich es sofort, wann sie anwesend sind. Aber weißt du, irgend etwas hat sich in meinem Leben in dem Augenblick verändert, als ich in Australien Eileens Weisungen gelesen habe. Damals habe ich schon versucht, ihre Lehren in meinem täglichen Leben als Busfahrer in die Tat umzusetzen. Ich hatte des öfteren ziemlich üble Fahrgäste. Es funktionierte – das Unmögliche geschah, und mein Leben wurde eine wahre Freude.

Manchmal denke ich, es wäre schön, verheiratet zu sein und ein normales Leben zu führen. Es kann hier sehr einsam sein, und es gibt gewisse autoritäre Figuren – Leute, die ständig reden, so daß die scheueren, weniger auffallenden Menschen nicht recht zu Wort kommen. Das finde ich schwierig. Ich hatte auch schon ungute Gefühle wegen Geldmangels. Ich versuche, das nötige Vertrauen zu gewinnen, um davon überzeugt zu sein, daß meine Bedürfnisse befriedigt werden.

Ich halte es für das Beste, immer nur einen Schritt zu tun und nicht zu weit vorauszuschauen. Ich versuche, jeden Tag so voll zu leben, als sei es mein letzter. Ich würde gern wieder die Gartenplanung für das nächste Jahr machen und dabei aus den Fehlern dieses Jahres lernen. Ich bin der Findhorn-Gemeinschaft dankbar und empfinde es als Privileg, Mitglied sein zu dürfen. Sie hat mich eine Menge gelehrt. Und wenn ich je einmal fortgehen sollte, so hat mein Leben durch meinen Aufenthalt hier doch ungemein viel gewonnen.«

* * *

Judith Bone

Judith Bone ist Focaliser der Gärten von Cullerne, unseren größten Gartenanlagen. Ich freue mich ganz besonders darüber, wie gut sie gedeihen, denn 1984, als ich dort arbeitete, hatte ich das Empfinden, als setze ein langanhaltender Heilungsprozeß ein – bei der Erde, den zwischenmenschlichen Beziehungen und ebenso auch im Verhältnis der Gärten zur Foundation. Judith ist 41 Jahre alt und Engländerin, eine Frau, die sich Gedanken macht und sich selbst in Frage stellt.

»Ich bin im Nordosten Englands aufgewachsen. Meine Eltern gingen ziemlich regelmäßig zur Kirche, aber die Kirche spielte doch keine Hauptrolle in ihrem Leben. Ich ging zur Sonntagsschule, wurde konfirmiert und war auch Mitglied bei den Jungen Anglikanern. Als ich älter wurde, stand ich unter dem Einfluß des Humanismus, und mit 15 Jahren hörte ich auf, in die Kirche zu gehen. Ich kam von religiösen Vorstellungen ab, und als ich zur Ausbildung an ein Lehrerinnen-College in Cambridge ging, wurde ich durch Vorlesungen in Philosophie so geprägt, daß ich eine Zeitlang sogar Atheistin war. Aber ich interessierte mich für das, was die Welt in Gang hielt.

Ein Jahr habe ich in einer Dorfschule unterrichtet. Ich fühlte mich zu unreif für die Lehrtätigkeit – es kostete mich Überwindung, eine ›Miss‹ zu sein –, und so beschloß ich, auf Reisen zu gehen. Ich dachte daran, mich beim freiwilligen Hilfsdienst für Übersee zu melden, aber meine Eltern waren dagegen. Statt dessen ging ich nach Deutschland und verliebte mich dort in einen Deutschen. Ich blieb sechs Jahre, arbeitete eine Weile als Au-pair-Mädchen und danach als Englischlehrerin. Ich hatte eine gute Stelle und fühlte mich wohl, aber das war nicht genug. Ich wollte etwas Wichtiges und Gutes tun, etwas Wertvolles. Ein Teil von mir war beständig auf der Suche.

Ich las eine Menge, und dabei wurde mir allmählich bewußt, daß vieles von dem, was ich für selbstverständlich hielt, von meiner christlichen Erziehung herrührte. Ich lebte ein vorgeprägtes Leben. Ich reiste nach Indien und dann nach Japan, wo ich neun Monate blieb und Englisch unterrichtete. Es war wie eine Offenbarung, andere Lebensweisen kennenzulernen. Die Menschen in Japan haben eine Lebensanschauung, die vom Zen-Buddhismus beeinflußt ist; sie üben sich darin und knien sich wirklich hinein. Wieder in Deutschland zurück, begann ich in München bei einem japanischen Lehrer mit T'ai Chi. Er unterwies auch in der Zen-Meditation.

Die Findhorn-Gemeinschaft habe ich erstmals 1981 besucht. Ich hatte ein Gefühl, als würde ich heimkehren. Ich hatte stets nach einer Gemeinschaft Gleichgesinnter gesucht, und da war sie. Die Leute, die ich kennenlernte, inspirierten mich. Ich fand auch den Ort sehr schön – das Stadtleben war ich leid. Ich hatte vor, Mitglied zu werden, ging jedoch eine Beziehung mit Joshua ein, einem Italiener, und verbrachte ein Jahr mit ihm in Rom. Obwohl ich für das ›Essenz‹-Programm zurückkehrte, war ich erst 1986 wirklich so weit, daß ich der Gemeinschaft beitreten konnte.

Seit ich hier bin, habe ich immer als Gärtnerin gearbeitet. Es ist mir wichtig, draußen an der frischen Luft und mit der Erde in Berührung zu sein. Das war für mich eine Erfahrung, die mich ruhig gemacht und zu meiner Mitte geführt hat. Die Arbeit mit den vielen Gästen in Cullerne hat mich wirklich in die Gegenwart versetzt. In meiner Familie galten diplomatisches Geschick, Charm und Taktgefühl als Werte. In der Atmosphäre der Ehrlichkeit, die hier in der Gemeinschaft herrscht, muß ich mich darum bemühen, klar verständlich zu sein.

Die größte Bewährungsprobe lag für mich darin, daß ich mit Joshua hier ankam und nun wieder eine alleinstehende Frau bin. Ich mußte ernsthaft meine Rolle innerhalb von Beziehungen überprüfen und lernen, meine Gefühle auszudrücken. Der Trennungsprozeß hat lange gedauert. Ich bin ausgezogen, weil ich nicht mehr zwischen Joshua und mir unterscheiden konnte. Wir waren einander keine Hilfe. Die ganze Zeit war aber stets unterschwellig das Gefühl da, daß es richtig sei, auseinanderzugehen. Jetzt werde ich mir zum ersten Mal im Leben darüber klar, wer ich im Verhältnis zu jemand anders eigentlich bin und was ich will. Eingefahrene Verhaltensmuster sind ins Wanken geraten, aber wenn ich bisweilen das Gefühl hatte, mich zu verschließen, hat etwas mich doch immer wieder dazu gedrängt, offen und liebevoll zu bleiben. In einer schwierigen Phase habe ich Rebirthing gemacht, wodurch ich Dinge freisetzen konnte, die ich jahrelang in mir unter Verschluß gehalten hatte. Jetzt eröffnen sich neue Möglichkeiten für Joshua und mich, aufeinander einzugehen.

Mitten in alledem starb meine Mutter. Ich war die letzten drei Wochen bei ihr. Die Weltsicht, die ich von der Gemeinschaft übernommen habe, hat mir die Kraft gegeben, bei ihr bleiben zu können. Ich habe so viel dadurch empfangen, daß ich die Loslösung meiner Mutter miterleben durfte. Es war offenkundig, daß nur ihre physische Hülle starb. In gewisser Weise war meine Mutter nach ihrem Tod mehr da für mich als vorher; wir waren nicht länger geographisch und örtlich voneinander getrennt. Außerdem habe ich dadurch mir selbst eine Mutter werden können.

Nach nur einem Jahr im Garten war ich das dienstälteste Mitglied der Gruppe! Wenn ich nicht Focaliser geworden wäre, hätte jemand von draußen kommen müssen. Dummköpfe, die hier herumlaufen! Ich fühlte mich der Sache gar nicht gewachsen, aber die übrige Gruppe leistete mir Beistand. Jetzt habe ich das Empfinden, sowohl in persönlicher Hinsicht als auch im Umgang mit den Gästen kompetent zu sein. Im gärtnerischen Bereich gibt es eine Menge zu lernen, und so wird es immer bleiben. Mein Ideal wäre, daß die ganze Gärtnergruppe von Kompetenz und Kraft erfüllt ist. Ich sehe Geist in allem, was wir tun. Das Reich der Pflanzen und Tiere ist mit uns allen gleichberechtigter Teil der einen Welt, deren Zusammenhalt durch Liebe und Wertschätzung gewährleistet wird. Viele Lektionen, die der Garten aufgibt, handeln von der Verbundenheit, die erkannt werden muß. Unsichtbare Kräfte sind da, und das Wachstum ist ein Mysterium. Ich spüre es zum Beispiel bei der Kompostbereitung. Obwohl ich die Naturgeister nicht sehe, bin ich mir ihrer immer deutlicher bewußt: Im Folientunnel, unter dem die Tomaten und Paprikaschoten wachsen, habe ich wirklich die Anwesenheit von etwas wahrgenommen, das mit normalen Augen nicht zu sehen war. Ich habe gelernt, mich bei der Arbeit auf meine Intuition zu verlassen, und kann daher jetzt Botschaften des ›Engels von Cullerne‹ empfangen.

Mit den Gästen rede ich nicht viel, sondern bemühe mich, ihnen ein Vorbild zu sein. Wenn sie ihre eigenen Erfahrungen machen dürfen, öffnen sich die Pforten ihrer Wahrnehmung dem, was im Garten gegenwärtig und möglich ist.

Ich liebe das abwechslungsreiche Leben hier. Ich mache beim *Sacred Dance* und beim Spiel der Wandlung mit. Früher einmal, auf meinen Reisen als Lehrerin, habe ich Tanz studiert, und so hat es mir der ›heilige Tanz‹ gleich angetan. Spiritualität hat viel mit Freude zu tun, und im ›heiligen Tanz‹ kann ich den Zauber gemeinsamer Bewegungen spüren. Ich leite gern Erfahrungswochen-Gruppen dazu an. Vor kurzem habe ich mit Anna Barton zusammen einen Workshop über sakralen Tanz fokalisiert, und in dieser Richtung möchte ich noch mehr tun. Ich mag es, wenn Leute zu Einsichten über sich selbst kommen und sich, statt mit Worten, in der Bewegung damit auseinandersetzen.

Was das Spiel der Wandlung betrifft, so bin ich Helferin beim kleinen Spiel, während ich beim großen Protokoll führe. Ich möchte mich als Spielleiterin qualifizieren. Das Spiel verhilft mir zu der machtvollen Erfahrung, mit unsichtbaren Wesen zusammenzuwirken; es hat etwas Magisches, wie die Dinge miteinander verknüpft sind – eine klare Zielsetzung bewirkt ein entsprechendes Erlebnis. Für mich ist es eines der besten Hilfsmittel zur inneren Wandlung, und ich benutze die Sprache des Spiels, um die Entwicklung zum Ausdruck zu bringen, die ich hier durchgemacht habe.

Während eines Spiels, als ich Protokoll führte, äußerte eine Spielerin, daß sie sich davor verschließe, mit Gott in Berührung zu kommen. Da wurde mir klar, daß es mir genauso ging. Ich nahm mir oft vor, zu meditieren, und machte statt dessen etwas anderes. Ich ertappte mich dabei und zwang mich zum Hinsetzen. Und plötzlich *wußte* ich, das Gott die Liebe und die stärkste Kraft die Liebe ist. Es war eine absolute innere Erkenntnis. Das Erlebnis dauerte minutenlang an. Es war beseligend!

* * *

Mit der Umwelt arbeiten – John Talbott

John Talbott

John Talbott ist schwer festzuhalten, besonders um diese Zeit, wo ihn die komplexe Aufgabe der Verkabelung unserer Windkraftanlage mit dem Stromnetz beschäftigt. Er ist 37, wirkt jedoch alterslos, und ist ein visionärer Praktiker, der noch nie in Zynismus verfallen ist.

»Ich bin in Wiltshire geboren, bin also britischer Herkunft. Aber meine Eltern waren Amerikaner und gingen nach Portland im Staate Oregon zurück, als ich nicht ganz ein Jahr alt war. Von dort habe ich noch die Parkbäume in der Nähe unseres Hauses in Erinnerung, riesige alte Douglasfichten, die Überreste eines großen Waldes. Ich pflegte unter ihnen spazierenzugehen, wobei mich ein wundersames Gefühl des Friedens erfüllte, aber auch Anteilnahme an ihrem traumatischen Schmerz über den Verlust der großen Wälder, die abgeholzt worden waren. Schon als kleines Kind empfand ich tiefe Freundschaft für sie und verpflichtete mich ihnen unbewußt. Als ich etwa dreieinhalb Jahre alt war, habe ich auf meinem Weg zum Kindergarten den Bäumen erklärt: ›Ich habe eine Menge Arbeit vor mir!‹

Ich bin katholisch erzogen worden, und die Kirche hat mich in meiner Jugend tiefbewegt, aber sie vermochte mich nicht zu halten, und mit 12 oder 13 Jahren war ich gewissermaßen bereits Atheist. Als Jugendlicher schloß ich mich in den Bergen und Wäldern Oregons wieder der Natur an. Mit 19 Jahren, ich war gerade auf einer Wandertour, spürte ich, wie etwas aus dem Wald auf mich zukam und mich umkreiste. Ich konnte es nicht sehen, aber ich hörte und spürte es. Ich war von ehrfürchtiger Scheu ergriffen und einigermaßen erschreckt, und ich habe nie jemandem etwas davon erzählt.

Auf der Universität habe ich zuerst Englisch studiert, bin jedoch später zum Maschinenbau übergewechselt. Einige Jahre danach, als ich eine Anstellung bei einer großen multinationalen Firma gefunden hatte, schlug ich auch bewußt den spirituellen Weg ein. Nach meiner Arbeit in der Geschäftswelt besuchte ich abends Meditationsgruppen und andere Gruppen, die auf spirituellem Erkundungspfad waren. Ich habe auch Traumarbeit gemacht. Träume waren mir immer wichtig. Nach zwei oder drei Jahren gab mir jemand das Buch *Der Zauber von Findhorn*, und da wurde mir klar, daß ich mit 19 Jahren offenbar eine Begegnung mit einem Elementarwesen gehabt hatte. Zwei Monate später war ich bei der Findhorn-Gemeinschaft. Ich blieb ein paar Wochen, aber erst in der letzten Woche hatte ich in einem Workshop mit dem Titel ›Offenbarung‹ eine solche – und wußte, daß ich wiederkommen würde. In den Vereinigten Staaten zurück, meditierte ich jeden Tag und gewöhnte mich innerlich daran.

In meinem Beruf war ich ein aufsteigender Stern und erklomm die Karriereleiter. Ich sollte als Ingenieur die Planung eines Großprojekts meiner Firma übernehmen und wurde zum Firmenhauptquartier in Chicago geschickt. Auf dem Hinflug, wir flogen gerade die Warteschleife vor der Landung auf dem O'Hare-Flughafen, hatte ich auf einmal das Empfinden, als sagte etwas zu mir: ›Jetzt ist die Zeit gekommen, wo wir dich brauchen.‹ Das war ein Ruf des Geistes, und ich wußte, daß *jetzt* gemeint war. Am nächsten Morgen kündigte ich meiner Firma, verbrachte dann ein paar Monate damit, meine Angelegenheiten zu regeln, legte noch letzte Prüfungen ab und kam zur Findhorn-Gemeinschaft. Ich dachte daran, meinen Ingenieursberuf an den Nagel zu hängen und lieber im Garten zu arbeiten, aber nach einer Woche gehörte ich zur Instandhaltung und habe seitdem dort und in der Bauabteilung gearbeitet.

In den ersten zwei Jahren ging es mir phantastisch. Ich hatte eine Stadt mit einer halben Million Einwohner verlassen, um bei einer winzigen Gemeinschaft anzukommen. Dabei träumte ich, ich sei von etwas Winzigkleinem zu etwas Riesigem übergewechselt. In meiner Traumarbeit und beim Spiel der Wandlung nahm ich Verbindung zu einem Archetyp der Findhorn-Gemeinschaft auf, der Lebendigkeit und Intelligenz der Natur, und alle frühen Erinnerungen an die Bäume meiner Kindheit wurden wieder wach.

1982 war ein entscheidendes Jahr. Die Idee des ›planetarischen Dorfes‹ kam mir zu Ohren, das die Ökologie des Menschen mit der Natur in Einklang bringen und Vorbild für den Erdball sein sollte. Es war, als riefe mich das Leben. Dann lernte ich noch Frances kennen und träumte, in ihr meine Lebensgefährtin gefunden zu haben. Wir waren beide von der Idee einer Zusammenarbeit mit der Natur begeistert, die sich als lokales planetarisches Dorf verwirklichen sollte. Drei Jahre lebten wir zusammen, dann hatten wir das Gefühl, daß Gott uns eine tiefergehende Verpflichtung abverlangte, und heirateten. Es war auch die Verpflichtung zu einer weiterreichenden Vision.

Bis vor vier Jahren habe ich mich in erster Linie darauf konzentriert, mich selbst weiterzuentwickeln. Zu Anfang hatte ich einen Traum, in dem es hieß: ›Du wirst beim Bau mitwirken können, wenn du erst am Empfang gearbeitet hast!‹ Ich wurde mir darüber klar, daß damit ›Empfänglichkeit‹ gemeint war. Mir wurde eine Menge Heilung zuteil. 1985 bis 1986 war meinem Empfinden nach die Einweihung vorbei, meine Lehrzeit war abgeschlossen, und so übernahm ich denn mehr und mehr eine Führungsrolle und wurde im Verwaltungskomitee tätig. Jetzt kam ich mir vor wie ein Handwerksgeselle und machte endlich von meinen beruflichen Fähigkeiten Gebrauch. Ich entwarf einen Workshop zum Thema ›Träume und Spiritualität‹, den ich mehrere Jahre leitete. Ich lernte, Spielleiter beim Spiel der Wandlung zu sein und halte immer noch Spiel-Workshops ab – das ist ein guter Ausgleich zu körperlicher Arbeit.

Die Hauptsache aber war für mich die Entwicklung einer naturbezogenen Ökologie. Ich spüre förmlich die ungeheure Begeisterung im Reich der Natur angesichts der Möglichkeit, mit einer bewußten Menschheit zusammenzuarbeiten. Das ist meine grundlegende Motivation. Ich habe den Zauber dieser gemeinsamen schöpferischen Tätigkeit erfahren, als wir Traigh Bhan renovierten, wofür ich sieben Jahre lang die Verantwortung getragen habe. Das Dachdecken war eine sehr schwierige Arbeit, und wir haben über einen Monat dazu gebraucht. Das Klima dort ist ungemein feucht. Zu Beginn haben wir gebetet, daß es nicht regnen möge. Wir hatten das Empfinden, erhört worden zu sein. Am Tag, bevor wir die Arbeit aufnahmen, regnete es, und dann fiel 38 Tage lang kein Tropfen mehr. Allmorgendlich meditierten wir und baten die Wetterdevas, nach Möglichkeit keinen Regen fallen zu lassen, wir wollten ihnen auch sehr dankbar sein. Einen Tag nach Beendigung der Dacharbeiten regnete es. Wenn wir auf dem Dach herumkletterten, spürten wir eine höhere Kraft, die mit uns war. Diese Kraft ist in der Findhorn-Gemeinschaft ebenfalls zu spüren und wartet darauf, angesprochen zu werden.

Ausdruck des gemeinsamen Schaffens hier ist die Verwirklichung eines planetarischen Dorfes im Park. Dabei handelt es sich nicht um das einzige planetarische Dorf. Es ist nur eins von Tausenden, die im Wachsen begriffen sind und eine ›nachhaltige‹ Lebensweise vorführen. Die Voraussetzung dafür ist eine Kombination aus folgenden vier Elementen: Spiritualität, ökologisches Bewußtsein, ein nachhaltiges Wirtschaften sowie eine kulturell und sozial heilsame Atmosphäre. Hier arbeiten wir mit allen vier Elementen; andernorts wird oft dem einen oder anderen Element der Vorzug gegeben. Alles in der Findhorn-Gemeinschaft ist von spirituellen Impulsen ausgegangen; durch unsere Kosmologie haben wir ein Ziel und einen Platz auf dieser Erde; und es gibt bereits ein reichhaltiges Gemeinschaftsleben. Neuland erschließen wir in bezug auf Vielseitigkeit im ökonomischen Bereich. Endziel ist ein ökologisch verträglicher, nachhaltiger Lebensstil, der geschäftliche Neuentwicklungen miteinbezieht. Es liegt aber noch ein weiter Weg vor uns. Wir haben gerade erst angefangen, die Idee des ökologischen Hausbaus zu verwirklichen.

Unsere Ideen nehmen dadurch greifbare Form an, daß wir zuerst verstehen, was vorhanden ist, und dann unsere Bedürfnisse mit denen der Natur abstimmen. Wir untersuchen den Boden und die geologische Beschaffenheit, überlegen uns, welche Materialien verwendet werden sollten und wie die Gebäude in die Landschaft eingefügt werden können. Im Augenblick sind wir an dem Punkt angelangt, an dem wir von Entwurf und Gesamtplanung zum praktischen Teil, dem Bauen, übergehen. Es hat länger gedauert, als wir gedacht hatten, aber rückblickend läßt sich sagen, daß der Zeitpunkt genau richtig ist. Die Gemeinschaft muß bereit sein, alte Vorstellungen aufzugeben und sich neuen Ideen zu öffnen.

Wir stellen gerade ein Team für Bauen und Landschaftsgestaltung zusammen. Es war schwierig, Leute hierherzuholen, die über die benötigten Fähigkeiten verfügen – etwa Baumeister und Landschaftsarchitekten – und diese mit spiritueller Bewußtheit ausüben. Auf diese besondere Synthese kommt es an. Gegenwärtig sind zwölf Leute in der Bauabteilung beschäftigt und acht weitere mit Entwurf und Planung befaßt. Wir haben eine Entwicklungsabteilung gegründet, um unsere Vorstellungen verwirklichen zu können. Sie ist von der Erziehungsabteilung der Foundation getrennt, untersteht jedoch ebenfalls dem Förderverein. Wir sind alle Freiwillige mit spiritueller Motivation. Was hier entstehen soll, ist eine Schule für Bauen und Landschaftsgestaltung, in der wir neue Möglichkeiten der Haus- und Landschaftsarchitektur lehren, die sich darauf konzentrieren, ›Arbeit als tätige Liebe‹ praktisch zum Ausdruck zu bringen. Eine Selbstbau-Gruppe ist 1990 zu uns gekommen, um uns bei der Bauschule zu helfen, die wir hoffentlich bald noch auf Landschafts- und Gartengestaltung erweitern können. Die erste Windkraftanlage steht im Park; unsere Zukunftsvision ist die, unseren Energiebedarf aus erneuerbaren, umweltfreundlichen Quellen zu decken, etwa zu 70 Prozent durch Windkraft, 20 Prozent durch Sonnenenergie und 10 Prozent durch erneuerbare Brennstoffe wie Holz. Ferner beschäftigen wir uns gerade mit einem neuen System zur Abwasseraufbereitung, damit unsere gesamten organischen Abfallprodukte an Ort und Stelle recycelt werden können. Vielleicht läßt sich daraus auch Energie gewinnen – wir hoffen, demnächst ein Pilotprojekt in dieser Richtung zu starten. Darüber hinaus würden wir gern eine eigene Wasserversorgung nebst Filtersystem entwickeln und unsere Nahrungsmittelproduktion steigern.

Wir sollten nach Möglichkeit jedes Jahr fünf bis zehn Häuser mit ungiftigen, vor Ort erhältlichen Werkstoffen bauen. Sie sollten durch Sonnenenergie betriebene Heizungsanlagen haben, aber trotzdem energiesparend isoliert sein; sie sollten schön und dem ganzen Menschen förderlich sein und in ihrer Anordnung und Lage unseren Gefühlen entsprechen.

Die Vorstellungen der Gründer der Findhorn-Gemeinschaft sind für mich noch sehr real. Gott ist lebendig und für uns da. Die Natur ist intelligent, bereit und willens, mit uns zusammenzuarbeiten. Wir haben alle eine eigene Eileen oder Dorothy in uns, die uns dazu verhelfen, bei unserem Tagewerk wieder mit Gott und dem Reich der Natur in Berührung zu kommen. Ich glaube, daß wir nur auf dieser Ebene der Kooperation unser planetarisches Dorf mit Erfolg verwirklichen können.«

* * *

Unabhängigkeit, Musik und Tanz – Barbara Swetina und Anna Barton

Barbara Swetina

In der Gemeinschaft wird Musik verschiedenster Art gemacht, meistens mit Gesang. Es gibt einen lockeren Singkreis, einen örtlichen Chor – die Culbin Singers, dem etliche Gemeinschaftsmitglieder angehören – und unseren eigenen Chor. Außerdem finden andere, eher zwanglose musikalische Veranstaltungen statt, die oft von *Barbara Swetina* organisiert werden. Dann spielt sie zum Beispiel an einem Vortragsabend Klavier, bei einem Sommerfest Akkordeon, zum Tanz Flöte oder singt bei einer Zeremonie mit geistlicher Musik. Sie ist 34 Jahre alt.

»Ich bin in Wien geboren. Meine Eltern waren beide Grafiker von Beruf, und ich verlebte eine sehr glückliche, ungestörte Kindheit. Musik war in unserer Familie immer von Bedeutung. Mit sechs Jahren habe ich Blockflöte spielen gelernt. Als ich acht war, sah ich auf einem Fest bei einer Freundin mein erstes Klavier und entdeckte, daß ich darauf sogleich Melodien spielen konnte. Eine Freundin meiner Mutter bot zur darauffolgenden Weihnachtszeit einen Flügel zum Verkauf an, und meine Eltern erstanden ihn für mich als Weihnachtsgeschenk. Natürlich lernen viele Kinder in Österreich Instrumente zu spielen.

Damals hatte ich meine eigene Theorie von der Reinkarnation. Ich war der Meinung, wir würden alle dreimal hier leben. Meine Freundin, die ihre Schokolade für später aufbewahrte, befand sich offensichtlich schon in ihrer dritten Verkörperung, während ich, die ich sie hinunterschlang, nur in der ersten sein konnte. Ich pflegte mir vorzustellen, wie ich mit den Engeln auf einer Wolke saß und mein Leben wie einen Film anschaute. Manchmal war es zum Fürchten, aber ich wußte ja, daß es nur ein Film war und ich zu guter Letzt wieder bei den Engeln sein würde. Die Schule hat mich gelangweilt, während ich am Flügel träumen konnte. Ich schrieb eigene Kompositionen, und es machte mir Spaß, die verschiedenen großen Komponisten auseinanderzuhalten.

Mit 17 Jahren ging ich an eine Musikschule. Es war eine schwierige Zeit. Ich war recht verwirrt und suchte Nähe und Zuwendung bei meinem Freund. Mit meinen Eltern kam ich nicht mehr gut aus, und so war ich bemüht, die Wahrheit über meine Beziehung zu dem Jungen zu verbergen. Das Erwachsenenleben erschien mir völlig stumpfsinnig, und weder Sex noch mein tägliches Klavierspiel vermochten die Leere zu füllen, die ich inwendig verspürte. Ich begann, Marihuana zu rauchen, das dieser inneren Dunkelheit Zauber und funkelnden Glanz zu verleihen schien. Obwohl ich nicht sicher war, ob Gott wirklich existierte, betete ich um Hilfe.

Bald darauf lernte ich einen Mann kennen, der Yoga übte. Er führte mich in Huxleys Buch *Die Pforten der Wahrnehmung* ein. Mir wurde klar, daß die Wirklichkeit, die wir sahen, nicht die einzige war und daß es besser war, sich durch Meditation zu öffnen als durch Drogen, weil das Erreichte dann blieb und keine Nebenwirkungen zu befürchten waren. Ich begann Yoga zu üben und las Bücher von C.G. Jung und Rudolf Steiner. Das Wissen um die unsichtbaren Welten brachte das Funkeln wieder in mein Leben zurück, auch ohne Drogen.

Ich zog nach Salzburg, um mich als Grundschullehrerin auszubilden, habe jedoch nie unterrichtet. Eines Tages besuchte ich Musikstudenten, alles Meisterschüler, und da war eine Studentin aus Japan und spielte Bachsonaten solo auf der Geige. Für mich war das ein tiefgreifendes Erlebnis – wie eine Anrufung des Göttlichen. Ich mußte endlich wieder Musik machen. Ich übte Klavier und Blockflöte und verdiente mir ein bißchen Geld durch Straßenmusik. Bei der anthroposophischen Gemeinschaft, in der ich mich engagierte, hörte ich auch von der Findhorn-Gemeinschaft. Ich las *Der Findhorn-Garten* und war nicht nur begeistert von den Abbildungen, sondern auch von der Liebe und Sorgfalt, mit denen das Buch gestaltet worden war. 1978 buchte ich einen Flug und kam hierher. Ich war 23 Jahre alt. Mir war, als würde ich heimkommen, als wäre fünfmal soviel von mir da, als ich je zuvor erlebt hatte. Aber ich wollte erst meine musikalische Ausbildung abschließen. Ich war noch nicht reif für die Mitgliedschaft.

Sieben Jahre später wohnte ich in München, hatte einen Freund, ein hübsches Haus mit Garten und einen Heiratsantrag. Ich beschloß, nur noch einmal zur Findhorn-Gemeinschaft zu fahren – und damit war das Kapitel meines ›normalen‹ Lebens beendet. Ich lief nicht davor weg – es war einfach abgeschlossen.

Gerade bereitete ich mich auf den Orientierungskurs vor, als mir der ›Engel von Findhorn‹ eine Wahlmöglichkeit ließ. Ich wurde eingeladen, mich einer argentinischen Musikgruppe anzuschließen, Los Incas, und ein ›Star‹ zu werden! Ich erfüllte mir meinen Traum und ging eine Zeitlang mit ihnen auf Tour, doch auf die Dauer befriedigte es mich nicht. Die ›Orientierung‹ hatte ich zwar verpaßt, aber ich kam noch rechtzeitig zum ›Essenz‹-Programm, und damals konnte man auch Mitglied werden, wenn man nur daran teilgenommen hatte. Für mich persönlich brach eine schwierige Zeit an, in der mir jedoch die Gruppe viel Liebe und Unterstützung gewährte.

Drei von uns aus dem ›Essenz‹-Programm traten der Foundation bei, doch als der Rest der Gruppe wieder fort war, wurde es recht einsam. Zu Anfang war es schwer. Ich arbeitete in der Küche. Ganz allmählich führte ich dort ein, daß die Arbeit mit Liedern und musikalischen Spielen aufgelockert wurde. Wenn ich mich trotz meiner Schüchternheit dazu durchgerungen hatte, fand ich, daß die Musik uns ein Zusammengehörigkeitsgefühl und neuen Elan gab. Ich fing an, von den Gästen Lieder, Kanons und Songs aus verschiedenen Kulturkreisen zu sammeln.

Nach einiger Zeit wurde ich eingeladen, mit der Gästegruppe einer anderen Abteilung einen Musikabend zu bestreiten. Ein paar Deutsche, die dabei waren, luden mich nach Deutschland ein, wo ich ein gleiches tun sollte. Ich versuchte es, um meinen Glauben zu erproben. Drei Leute kamen, unter ihnen allerdings eine Yoga-Lehrerin, und sie organisierte einen Workshop und lud all ihre Freunde dazu ein. Diesmal waren es dreißig, und diese arrangierten wiederum etwas mit ihren eigenen Freunden, und auf einmal merkte ich, daß ich Workshop-Leiterin geworden war.

Nach zwei Jahren in der Gemeinschaft wuchs bei mir das Bedürfnis, mehr Zeit für die Musik zu haben. Meine Seele schrie förmlich danach; ohne Musik war ich nicht glücklich. Die Personalabteilung unterstützte mich dabei, mich selbständig zu machen, wenngleich ich keine Ahnung hatte, wie es weitergehen sollte. Jetzt, zwei Jahre später, besitze ich einen Wohnwagen im Caravanpark und gehe zwei- bis dreimal im Jahr auf Europatournee. Hier beteilige ich mich mit ein paar kleinen Arbeiten, zum Beispiel gebe ich Musikunterricht, und durch meine Arbeit beim Verlag habe ich einige Mahlzeiten frei. Ich spiele auch in unserer Ceilidh-Band mit, und wir haben gemeinsam eine Kassette produziert. Ich organisiere häufig zwanglose Konzerte und musiziere bei Meditationen, Zeremonien und Konferenzen. Ich bin tatsächlich die Gemeinschaftsmusikantin geworden!

Den Leuten verhilft meine Arbeit zu Inspiration und Heilung. Musik und Gesang sind eine Art geistiger Hygiene, die im Leben vieler Menschen fehlt. Einmal habe ich mit Danaan Parry einen Workshop über ›Berufung‹ abgehalten – ich spürte, daß mir im großen Puzzle das Teilchen zukommt, mehr Gesang und Tanz auf dem Planeten zu verbreiten.

Mein Traum und meine Hoffnung ist, daß wir uns zu einer heiligen Gesellschaft entwickeln, einer Gesellschaft, die mit Liebe und Wahrheit in Berührung ist. Ich schaffe mit meiner Arbeit geheiligte Räume, in denen wir einander auf einer neuen Seinsebene begegnen und sehen können, wie uns das gefällt. Musik löst Freude und Begeisterung bei uns aus und heilt uns von innen her. Je mehr ich meine Beziehung zur Musik vertiefe, um so mehr spüre ich, daß sie eine Form des Gebets ist und das Göttliche zwischen uns greifbar macht. Für die Zukunft wünsche ich mir, daß meine Musik dazu beiträgt, die Kluft zwischen den Völkern zu überbrücken und die Barrieren zwischen den Religionen niederzureißen. Wir sind alle Kinder des einen göttlichen Wesens.

* * *

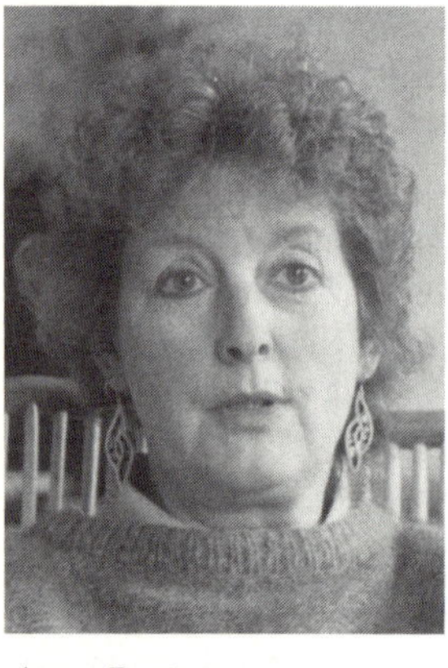

Anna Barton

In *Rainbow Bridge*, dem internen Nachrichtenmagazin der Gemeinschaft, tauchen von Zeit zu Zeit Artikel aus Städten wie Paris, Bologna oder Stuttgart auf. Das sind Auszüge aus den Reisetagebüchern von *Anna Barton*, die liebevoll an uns geschickt wurden, um uns über den Ablauf ihrer Sacred-Dance-Workshops im Ausland zu informieren. Anna ist 53 Jahre alt.

»Mein Vater war Polizist. Im Krieg waren wir in Surrey evakuiert, aber eigentlich bin ich Londonerin. Ich war das älteste von vier Kindern, und so wurde von mir erwartet, verantwortungsbewußt zu sein, was mich seitdem verfolgt. Wir gehörten zur anglikanischen Kirche, und auch das ist an mir haftengeblieben, obwohl ich nichts vom Beichten und dem Gerede vom ›elenden Sünder‹ halte. Ich neige noch immer dazu, Gott als Vaterfigur zu sehen, der mich belohnt, wenn ich gut bin, und bestraft, wenn ich ungezogen bin. Ich möchte dieser Vorstellung gern entwachsen, weil sie nicht wahr ist. Es gibt allerdings auch einen Teil von mir, der an den inneren Gott glaubt, der aus meiner eigenen Mitte heraus arbeitet und von dem ich weiß, daß das Gott ist. Ich komme jetzt leichter dahin als früher.

Nach der Schule habe ich eine kaufmännische Ausbildung als Sekretärin gemacht und dann sechs Monate als Telefon- und Empfangsdame gearbeitet. Aber ich war nicht mit dem Herzen dabei, und schließlich erlaubten mir meine Eltern, Lehrerin zu werden und zu diesem Zweck das Lincoln Training College zu besuchen. Nach einem schrecklichen Probejahr unter einer schwierigen Schulleiterin habe ich geheiratet. Damit war meine Lehrerinnenlaufbahn beendet.

Dick war in der Air Force in Cornwall. Infolge seines Berufes reisten wir viel und setzten alle zwei Jahre Kinder in die Welt, bis wir uns schließlich in Cornwall niederließen und eine alte Mühle kauften, die groß genug war, daß seine Eltern zu uns ziehen konnten. Dort lebten wir über acht Jahre. Ich war bald voll in die lokale Szene integriert, gründete eine Vorschul-Spielgruppe und bildete mich als deren Leiterin aus. Ich lernte, Töpferwaren zu bemalen und genoß die kreative Betätigung. Geld interessierte mich nicht so sehr; freiwillige Arbeit war mir wichtiger.

Gegen Ende dieses Zeitraums wurde Dick zur Kinloss Air Base versetzt. Er schrieb uns über die Findhorn-Gemeinschaft und über Eileen, die er mehrmals besuchte. Er schrieb auch von erstaunlichen Begegnungen mit Naturgeistern und Geistwesen – und das, obwohl er gar nicht daran glaubte! Wir anderen beschlossen, hinzufahren und uns den Ort einmal anzusehen. Das war 1972. Ich fand es toll, wie die Leute dort waren. Mein Leben war ziemlich konventionell und puritanisch verlaufen. Und hier waren lauter Flower-Power-People, die sangen und tanzten. Ich arbeitete in der Töpferei. Zuerst haben wir nur einen Besuch gemacht; unser Leben in der Mühle war zu angenehm, und außerdem hatten wir eine Menge Arbeit in Haus und Garten gesteckt. Doch wir fühlten uns hierher gezogen. Wir hielten eine Familienkonferenz darüber ab. Ich entschied, daß wir nicht umziehen würden, wenn einer von uns dagegen wäre, aber wir waren alle dazu bereit. Wir warteten noch ab, bis Dick 1974 seinen Abschied nahm. In der Zwischenzeit gründeten wir eine New-Age-Gruppe und machten aus der Mühle mit Kerzen, Makramé und Töpferwaren ein Kunstgewerbezentrum.

Es kostete uns doch noch Überwindung, sie zugunsten der Findhorn-Gemeinschaft zu verlassen. Zu acht Personen sind wir hier angekommen – vier Kinder und vier Erwachsene. Dick ging sofort in die Verwaltung. Ich hatte verschiedene Jobs und habe unter anderem den Empfang fokalisiert und neuorganisiert. Wir spielten alle eine wichtige Rolle in der Gemeinschaft. Wir haben mit Hilfe eines Rechtsassessors den Garten von Pineridge wieder in Schuß gebracht; bei den Sharings sangen und spielten wir; ich kam in die Kerngruppe. Dick und Fred (mein Schwiegervater) engagierten sich auch in Cullerne, aber das wollte ich nicht. Ich wollte lieber mehr zu Hause sein. Außerdem wurde mir der Sacred Dance immer wichtiger.

1976 kam Bernhard Wosien hierher, um einen Tanz-Workshop abzuhalten. Er hat mit dem Sacred Dance angefangen, überall Volkstänze gesammelt und sie zu Kreistänzen mit spirituellem Sinn vereinfacht. Da ich mir in seinem Workshop Notizen über die Tänze gemacht hatte, wurde ich Focaliser der Tanzgruppe, die sich danach bildete. Der heilige Tanz war es, der mich 1979 durchhalten ließ, einem für mich schlimmen Jahr. Ich war gerade vorher krank gewesen und hatte mich mehreren Operationen unterziehen müssen, unsere Mütter starben, und mein Mann ging eine Beziehung mit jemand anderem ein. Eine Zeitlang versuchten wir, uns ›new-age-mäßig‹ zu verhalten und ein Dreiecksverhältnis zu akzeptieren, aber das war die reine Hölle. Zu guter Letzt gingen sie. Ich war 42 Jahre alt, ohne Mann, und meine Kinder wuchsen heran. Ich dachte, mein Leben sei vorbei, aber das Tanzen hielt mich über Wasser.

1980 habe ich meinen ersten Workshop außerhalb der Gemeinschaft abgehalten. Dann wurde ich nach Paris und Florenz eingeladen, und damit begann meine zweite Karriere – die erste hatte ich mit der Erziehung meiner Kinder abgeschlossen. Je mehr ich tanzte, um so klarer wurde mir, daß ich dazu berufen war. Dick war weg, und dadurch war ich finanziell auf die Gemeinschaft angewiesen; kein Auto, kein Telefon, keine Ferien. Ich kam mir ein bißchen so vor wie eine abhängige alte Dame. Als die Kinder aus dem Haus gingen, wurde ich gebeten, mein Heim mit jemandem zu teilen, dabei wollte ich doch mehr Unabhängigkeit. 1985 wurde ich selbständige Tanzlehrerin. Zuerst war es einfach, aber jetzt muß ich Geschäftliches hinzulernen. Ich habe keine Ahnung von Buchhaltung und Rechnungen. Je komplizierter es wird, um so weniger blicke ich durch. Dabei meine ich, daß das Leben einfach sein sollte. Ich versuche in der Praxis, zu einer einfachen Lebensweise zurückzufinden mit nur acht oder neun Workshops im Jahr. Vierzehn wie im letzten Jahr sind zuviel. Wenn ich so viel fort bin, kann ich nicht in meinem Garten sein, den ich liebe.

Ich bleibe gern mit der Gemeinschaft in Verbindung, während ich fort bin, deshalb schicke ich Auszüge von meinen Aufzeichnungen an *Rainbow Bridge*. Hier leite ich alle Sacred-Dance-Workshops, ferner Workshops wie ›Meditation in der Bewegung‹ oder ›Die Freude des Tanzens‹. Ich bin für alle heiligen Tänze in der Gemeinschaft verantwortlich. Das ist mit einer Menge Arbeit und Organisation verbunden: eine laufende Gruppe am Dienstagabend, gelegentlich eine Gruppe am Mittwochabend, Aufführungen für Festtage und Feiern, Kassetten, Schritte für neue Tänze ausarbeiten, alle Briefe beantworten, die ich bekomme.

Seit ich selbständig bin, habe ich mich etwas von der Foundation zurückgezogen. Ich esse nicht mehr im Gemeinschaftszentrum und habe einen kleineren Freundeskreis als früher. Ich lege jetzt ein eher gemäßigtes Tempo vor; zwischen den Workshops brauche ich mehr Ruhe und Entspannung.

Wenn ich zurückschaue, muß ich sagen, daß ich hier zwar viel Leid erfahren habe und Verluste zu tragen hatte, aber ich habe auch wesentlich mehr gewonnen, als ich draußen je hätte gewinnen können. Meine Wertvorstellungen und Überzeugungen haben sich geändert. Früher hatte ich feste Wertbegriffe. Jetzt kann ich eine Situation betrachten und nach der ihr innewohnenden Wahrheit suchen. Als zum Beispiel meine älteste Tochter mit 16 Jahren mit ihrem Freund zusammenziehen wollte, sagte ich: ›Nein.‹ Aber als ich darüber nachdachte, wurde mir klar, daß ich mir mehr Sorgen darüber machte, was die Leute von *mir* denken mochten, statt von ihr – und da änderte ich meine Meinung. Ehe ich hierherkam, hätte ich nie eine Beziehung mit einem jüngeren Mann angeknüpft – ich habe Alain, meinen derzeitigen Partner, 1983 in Südfrankreich kennengelernt –, aber jetzt spielt das für mich keine Rolle mehr. Wer dieser Mensch ist, zählt, nicht das Alter. Meine Kinder haben auch eine wertvolle Erfahrung gemacht. Als sie endlich aufs College gehen konnten, waren sie froh, von hier wegzukommen. Sie hatten die Gemeinschaft allmählich mit den gleichen Augen betrachtet, wie es ihre Kameraden draußen tun. Doch als sie draußen waren, wurde ihnen bewußt, wieviel sie dadurch gewonnen hatten, daß sie hier aufgewachsen waren. Sie waren viel reifer als ihre Freunde.

Die letzten sechs Jahre waren die glücklichsten meines Lebens, sowohl in meiner Partnerschaft als auch in meiner Tätigkeit als Tanzlehrerin. Mein Hauptlebenssinn ist der, den heiligen Tanz zu verbreiten. Er hat mein Leben verändert, und ich bin sicher, er wird auch anderen helfen, ihr Leben zu verändern.«

* * *

Der Newbold-Focaliser – Kajedo Wanderer

Kajedo Wanderer

Kajedo Wanderer lebt seit acht Jahren im Newbold-Haus und seit fünf Jahren als Focaliser. Er ist 32 Jahre alt. Zur Zeit ist er der einzige in der dortigen Gemeinschaft, der auch Mitglied der Foundation ist. Seine Einsichten sind für die Gemeinschaft sehr wertvoll, da kleine Unterschiede zwischen dem Leben in Newbold und in der Foundation bestehen, und es ist für beide Seiten sehr fruchtbar, Vergleiche über die Art und Weise anzustellen, wie etwas bewerkstelligt wird. Mit ihm als Focaliser sind auch feine Veränderungen in Newbold eingetreten, und so stehen heute die spirituelle Übung, ihre praktische Nutzung und die weitere Entwicklung der Gruppe im Vordergrund.

»Ich bin in Kassel in Deutschland geboren. Meinen Vater habe ich im Grunde nicht gekannt, denn meine Eltern trennten sich, als ich erst zwei Jahre alt war. Ich habe ihn nur einmal gesehen, als ich sechs war. Meine Mutter spielte eine zentrale Rolle in meinem Leben, ebenso mein Großvater, ein wahrhaft ehrwürdiger alter Mann mit langem, weißem Haar und einem großen Herzen. Ich bin ihm immer noch stark verbunden. Meine Mutter heiratete dann einen Politiker, und ich sollte auch einer werden. Schon früh konnte ich mich am Gespräch der Erwachsenen beteiligen, was sie zum Lachen brachte. Ich habe die schönsten Erinnerungen an Großvaters ausgedehnten Garten mit seinen alten Bäumen, an altmodische Tanten und Onkel in Salons, die mit Eichenmöbeln eingerichtet waren und in denen Zigarrenrauch hing. Mein Urgroßvater war Schneidermeister, und in seiner spiegelgeschmückten Schneiderei stand ein großer Arbeitstisch, auf dem Lehrlinge mit gekreuzten Beinen saßen und an vielfarbigen Stoffen nähten. Dort wurde ich in eine Märchenwelt entführt.

Als ich ein Teenager war, brach meine Kinderwelt zusammen, und ich geriet in eine Krise. In meinem Innern hatte ich ein Gefühl der Sinnlosigkeit, das sich auch auf die Außenwelt erstreckte und das ich nicht ertragen konnte, so daß ich mit dem Trinken anfing. Ich war klein, und das machte ich durch Zähigkeit wett – und durchs Trinken. Meine Eltern wollten mich in eine Reha-Klinik für Alkoholiker stecken. Ich wußte jedoch, daß ich meine Depression nur selbst bekämpfen konnte und einen Sinn im Leben finden mußte. Ich hielt mich viel bei Gruppen auf, deren Mitglieder in einer ähnlich verzweifelten Lage waren, schloß mich aber auch der Hare-Krishna-Bewegung und anderen religiösen Kulten und Sekten an. Eine Gruppe der Jesus-People faszinierte mich, die sich mit dem Leben auseinandersetzten und Liebe hineinbrachten. Sie hatten ein Café für Leute wie mich. Ich ging hin und führte Streitgespräche mit ihnen, während mir gleichzeitig nach Selbstmord zumute war, und ich soff weiter und fing draußen Schlägereien an.

Schließlich sagte einer von ihnen: ›Sechs Monate haben wir nun schon miteinander geredet, und es hat sich nichts verändert. Jetzt werde ich für dich beten. Komm mit, wenn du keine Angst hast.‹ Dieser Aufforderung konnte ich nicht ausweichen. Mehrere von uns gingen in den Gebetsraum, darunter auch ein riesiger schwarzer amerikanischer GI, der während des Betens zu weinen anfing. Ich merkte, daß er meinetwegen weinte. Ich rannte hinterher durch Nacht und Regen, 16 Jahre alt und vollkommen entsetzt darüber, daß ein Fremder über mich weinen konnte. Am nächsten Tag kehrte ich verzweifelt wieder zurück. Ich versuchte, mit Gott zu sprechen, und sagte: ›Wenn es dich wirklich gibt, dann übernimm du mein Leben.‹ Und dann habe ich zum erstenmal in meinem Leben bedingungslose Liebe bewußt erlebt; jeder Gegenstand und jedes Lebewesen um mich herum strahlte unmittelbar Liebe auf mich aus. Damals sagte ich, Jesus hätte mich errettet.

Ich gab das Trinken und Rauchen auf und schloß mich der Bewegung an. Tagsüber machte ich eine Ausbildung zum Förster, und am Abend arbeitete ich im Rehabilitationszentrum mit Drogenabhängigen und Prostituierten im Kindesalter. Ich lernte die spirituellen Grundwahrheiten der Bibel. Sie sind noch immer eine Art Resonanzkasten für mich; andere Lehren, von denen ich lese, sind ein Widerhall dessen, was Christus gesagt und getan hat.

Einige von uns trennten sich von den anderen, weil sie sich für unser Empfinden zu sehr am Establishment orientierten. Vier von uns boten ihre Wohnung entlassenen Strafgefangenen und Exfixern als Zwischenstation an. Ich hatte unendliche Energie. Den ganzen Tag über arbeitete ich als Förster, dann bis zwei Uhr in der Frühe mit Leuten aus der Gosse. Das Geld, das wir verdienten, gaben wir weg. Einmal haben wir alles, was wir besaßen, für Blumen ausgegeben, die wir an die Leute auf der Straße verteilt und dazu gesagt haben: ›Gott liebt dich.‹ Ein andermal haben wir im Keller einer Kirche ein unglaublich üppiges Weihnachtsmahl veranstaltet und mit Taxen Drogensüchtige und Huren zum Essen angekarrt. Vier meiner Freunde, denen wir zu helfen versuchten, starben an einer Überdosis Heroin. Damals waren ›wiedergeborene‹ Christen keine schlechte Sache.

Aber die etablierten Kirchen und die Polizei waren geteilter Meinung über uns, obwohl wir mit Drogen nichts zu tun hatten. Die Polizei durchsuchte die Wohnung. Die Kirche stellte uns zwar keine Räumlichkeiten zur Verfügung, schickte uns jedoch ihre ›aussichtslosen‹ Fälle. Nach und nach ging uns die Puste aus.

Während ich meinen Zivildienst in einem alternativen Kindergarten für türkische Kinder ableistete, lernte ich einen ›Weisen‹ kennen – einen überaus gütigen Freund und Lehrer, der mich tiefer in die Spiritualität hineinführte und mir einen Zugang zu den östlichen Religionen und Übungen verschaffte. Dann begann ich bei einem hinduistischen Mönch zu lernen. Eine alte Dame lehrte mich die Vipassana-Meditation, und wir fanden uns drei Jahre lang in ihrem Andachtsraum zu buddhistischen Studien und gemeinsamer Meditation zusammen.

Nach fünf Jahren Forstarbeit und anderthalb Jahren Kindergartentätigkeit gab ich alles auf, nahm meinen Rucksack und ging drei Jahre auf die Reise, wobei ich Klöster und spirituelle Gemeinschaften in Europa und Asien besuchte. Ich übte Zazen und T'ai Chi und lebte bei Franziskanern, Benediktinern und tibetischen Buddhisten.

Ein wichtiges Erlebnis für mich war, als ich in Nepal die buddhistischen Gelübde ablegte – meine Zuflucht nahm, wie es heißt. Während der Zeremonie wurden mir die Haare abgeschoren, und dann rezitierte ich mit meinem Lehrer-Lama vor einer wunderschönen Statue des mitfühlenden Buddha buddhistische Sutren. Dabei erschien mir in einer klaren Vision neben dem Buddha Christus, der mir zuzwinkerte, mich anlächelte und ein Zeichen mit aufmunternd hochgestrecktem Daumen machte. Ich hatte das Empfinden, harmonisch zwischen Buddha und Christus zu leben. Später, während einer tantrischen Meditation, wurde ich sehr krank. Ich machte eine Nahtod-Erfahrung und wäre gestorben, wenn die Mönche nicht gewesen wären, die sich um mich kümmerten. Doch während dieser Erfahrung hatte ich ein Empfinden reinen Bewußtseins, der Einheit Gottes ohne Dualität.

Auf meinen Reisen hatte ich auch die Findhorn-Gemeinschaft schon besucht. Ich hatte einen gewissen Widerstand gegen diese völlig andere Art von Spiritualität hier, aber nach drei oder vier Besuchen, bei denen ich mich in den Garten von Newbold verliebte, hatte ich doch das Gefühl, bleiben zu sollen. Ich konnte ihm nicht lange widerstehen. Nach wenigen Wochen war ich bereits Focaliser für den Garten, und nach drei Jahren für ganz Newbold. Als Cally mir den Vorschlag machte, Focaliser zu werden, lehnte ich ab. Es entsprach nicht meinem Hippie-Selbstbild. Dabei wußte ich, daß der tiefere Grund dafür Angst war. Ich blieb offen und fragte Gott. Am Ende mußte ich sagen: ›Ja. Die Antwort lautet: Nicht mein Wille, sondern dein Wille geschehe.‹

Ich bin froh, daß ich eingewilligt habe. Es war herrlich, Newbold wachsen zu sehen. Um in Harmonie leben zu können, muß man die Gaben zu würdigen wissen, die man mit auf den Weg bekommen hat, statt zu versuchen, ein anderer zu sein. Es hat acht Jahre gedauert, bis ich diese Gaben endlich verstanden habe, durch die Newbold in der Findhorn-Gemeinschaft einzigartig ist und die eine Menge mit dem ›Wurzelraum‹ zu tun haben, dem Dunklen, Weiblichen, der Erde als einem lebendigen Wesen. Damit der Geist eines jeden von uns in dieser Gemeinschaft Frucht tragen kann, müssen wir sowohl unsere Wurzeln ernähren wie uns zum Licht strecken, uns um die Eigenschaften von Yin und Yang gleichermaßen kümmern.

Wir müssen als ein Aspekt und untrennbarer Bestandteil der größeren Findhorn-Gemeinschaft verstanden werden. Für mich ist das Ganze im Yin-Yang-Zeichen symbolisiert, wobei Newbold, Erraid und Iona für das Erdhafte und die inneren Kräfte stehen, während der Park, die Universal Hall und ›Outreach‹ die nach außen drängenden Yang-Energien darstellen. Manches findet seine energetische Entsprechung in der Foundation, anderes hier bei uns. Unser Land und unsere Bäume sind ihrer Energie nach wie ein Schoß, während der Park licht und offen ist. Der Park ist Wohn- und Geschäftsbereich, Cluny die Universität, und Newbold könnte ein neues Modell für eine klösterliche Erziehungsstätte sein. Ein Vorstandsmitglied der Foundation hat es einmal das Ashram der Gemeinschaft genannt. Ich verbringe 12 bis 15 Wochen jährlich in Stille und konzentriere mich auf unsere spirituellen Übungen während der verschiedenen Workshops und Programme zur inneren Einkehr, die ich hier leite. Vielen Menschen macht Schweigen Angst. Wir schaffen hier eine Atmosphäre der Sicherheit, in der die Stille, das Unbegrenzte, Weibliche, noch Ungeborene, ausgekostet werden kann.

Für die britischen Behörden war es o.k., daß wir als religiöse Einrichtung und nicht als Unternehmen eingetragen wurden, und das sind wir ja auch. In diesem Frühjahr haben wir uns selbst verpflichtet, in allem, was wir tun, den Geist an die erste Stelle zu setzen – das Sein dem Tun voranzustellen, so daß jede Tätigkeit zu Gebet und Gottesdienst werden kann. Was die Form betrifft, sind keine großen Veränderungen zu verzeichnen, obwohl bereits zwei ›Retreats‹, stille Selbstbesinnungszeiten, von jeweils einem Monat Dauer bei uns stattgefunden haben, nur ist die allgemeine Energie und Atmosphäre des Hauses viel stärker auf Spiritualität gegründet, und die Mitglieder widmen sich mit viel mehr Hingabe spirituellen Übungen. Für uns ist auch in Zukunft ausschlaggebend, im Geist zu wachsen; in welcher Form das geschieht, ist weniger wichtig.

Unsere Lebensweise hier ist auf das Miteinanderteilen ausgerichtet. Immer mehr Menschen kommen her, um längere Zeit bei uns zu leben, und die ›Einheit aller‹ ist ein Hauptthema in unseren Programmen, als Form der spirituellen Lehre und Botschaft. Augenblicklich wollen mehr Menschen daran teilhaben, als wir unterbringen können. Wir haben angefangen, führende spirituelle Persönlichleiten hierher einzuladen. Ein katholischer Priester hat in unserem Andachtsraum das Abendmahl mit uns geteilt, und indianische Lehrer haben Erde-Himmel-Zeremonien bei uns abgehalten. Diese Ereignisse schaffen eine besondere Atmosphäre und machen uns zu einem Treffpunkt vieler spiritueller Traditionen.

Ich wünsche mir für die Zukunft von Newbold, daß es immer mehr zu einem Ort der Zuflucht und des Lernens wird, ein Ort, der auf unsere Liebe zu Gott gegründet ist, die wir miteinander teilen.«

* * *

Ein spiritueller Geschäftsmann – François Duquesne

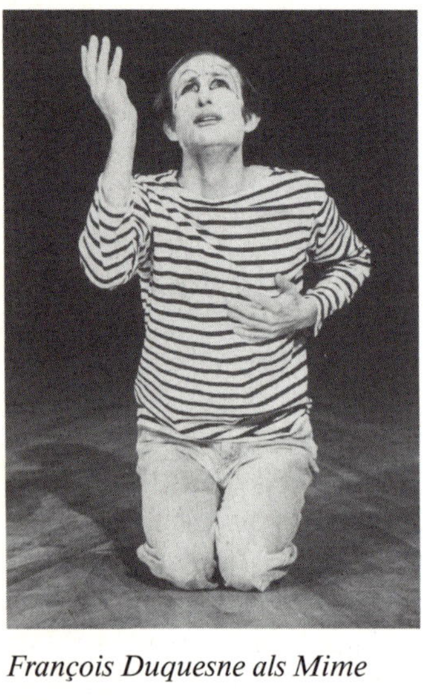

François Duquesne als Mime

François Duquesne war der erste, der die Idee des »planetarischen Dorfes« ausführlich entwickelt hat, die Anfangsversion dessen, was heute die größere Findhorn-Gemeinschaft ist. Da man hier seine Ideen gern ins reale Leben überträgt, wurde François Geschäftsmann in der Gemeinschaft und Teilhaber der Alternative-Data-Software-Gesellschaft. Interessant ist, daß er diese Situation als eine größere Herausforderung ansieht als alles, mit dem er vorher zu tun hatte, sogar als seine Focaliser-Tätigkeit für die ganze Gemeinschaft, die immerhin sehr anspruchsvoll war. Mittlerweile hat François den Mut gehabt, Geschäftsführer einer großen Computer-Firma zu werden, und ist von der Gemeinschaft weggezogen. Viele Menschen hier sind der

Ansicht, daß er durch seine Führungsrolle die Foundation in einer schwierigen Zeit gerettet hat.

In unserem Gespräch bin ich weniger auf seine künstlerischen Fähigkeiten eingegangen. Er ist ein wunderbarer Pantomime und Schauspieler. Von der Pantomime sagt er:

»Sie gestattet es einem, vollkommen offen und verletzlich zu sein, sich ganz unverbindlich zu offenbaren, ohne zu sagen: ›Das hier bin ich.‹ Vielleicht bin ich es ja, aber das weißgemalte Gesicht setzt ein Fragezeichen. Es ist befreiend, sich ohne hindernde Worte ausdrücken zu können; für mich ist das eine Art von Therapie.« –

»Ich bin in Paris geboren. Nach einem Jurastudium verlegte sich mein Vater, bis dahin von Beruf Grafiker und für die Presse tätig, mit meiner Mutter zusammen aufs Immobiliengeschäft. Ich habe nicht viele Kindheitserinnerungen. Ich war ein strebsamer, hart arbeitender Schüler. Besonders in Mathematik, Physik und Sprachen habe ich mich hervorgetan.

Meine Eltern waren spirituell interessiert, und ungefähr mit 16 Jahren habe ich angefangen, mich durch ihre Bibliothek östlicher und westlicher Mystik hindurchzulesen. Besonders gern las ich über die spirituellen Praktiken des Ostens. Allerdings opponierte ich gegen die Ansichten meines Vaters und widersprach ihm eine Zeitlang in allem. Schließlich las ich ein Buch, das mich wirklich ansprach: Lobsang Rampas *Drittes Auge*.

Nach dem Abitur ging ich zur Wirtschaftsschule, und Teil der Ausbildung war eine Studienreise. Ich wählte mir Indien, angeblich zu dem Zweck, dort die Wirkung der grünen Revolution zu untersuchen. In Wirklichkeit hatte ich die Absicht, Ashrams zu besuchen. Ich erforschte alle Ebenen der indischen Gesellschaft und Kultur, bis ich auf einmal ein Telegramm von meiner Freundin erhielt. Sie war schwanger! Ich kehrte nach Hause zurück, um sie zu heiraten, und dann wurde mein Sohn Philippe geboren. Mit meiner Hochzeit war das Abenteuer Osten beendet!

Kurz darauf las ich ein Heft über die Findhorn-Gemeinschaft. Weihnachten 1971 haben wir einen Besuch gemacht. Hier war offenbar alles, wovon ich geträumt hatte – sozusagen der Himmel auf Erden! Ich schloß die Wirtschaftsschule ab und kehrte 1972 wieder zur Gemeinschaft zurück. ROC, Spangler, Dorothy, alle waren hier; alles vibrierte nur so und war erfüllt von Licht – eine winzige Gemeinschaft, aber sehr eindrucksvoll. Ich beschloß sofort, zu bleiben, und hielt meinen Einzug in der Buchhaltung. Meine Frau war darüber nicht so glücklich. Wir hatten das Beste aus unserer Ehe zu machen versucht, aber die Liebe fehlte darin. Nach drei Jahren zog sie mit Philippe nach Frankreich zurück.

Ich kümmerte mich um das Rechnungswesen, die Verwaltung und die Management-Gruppe. Nach Spanglers Weggang entwickelte ich das erst im Keim vorhandene Mitglieder-›College‹ weiter, das er eingeführt hatte. Mit Michael Lindfield zusammen, der später das Buch *Tanz der Wandlung** schrieb, habe ich allerlei Kurse über ›die große Ordnung des Universums‹ abgehalten. Das hat viel Spaß gemacht. Ich bin auch für die Foundation auf Reisen gegangen.

Um 1978 herum kriselte es in der Beziehung von Peter und Eileen. Peter fühlte sich zu anderen Frauen hingezogen, und allmählich ging ihre Ehe in die Brüche. Er beschloß, Eileen zu verlassen und nach Hawaii zu gehen. Als Peter ankündigte, er wolle fortgehen, kam ich gerade von einer Vortragsreise in den Vereinigten Staaten zurück und hatte selbst vor, die Gemeinschaft zu verlassen. Peter sagte so etwas wie: ›Ich gehe. Nimm du das Baby!‹ Ich war 28 Jahre alt, und es war eine echte Herausforderung für mich. Ich dachte: ›Na gut, ich mach's!‹

Mein Erbe war eine Krisensituation der Gemeinschaft in dreifacher Hinsicht. Erstens gab es eine spirituelle Krise – was den Glauben und die visionäre Kraft betraf. Es erhob sich die Frage: Hat die Findhorn-Gemeinschaft ihre Blüte überschritten? Geht es nun abwärts mit ihr? Zweitens gab es eine Führungskrise. Peters bisweilen ziemlich autokratischer Führungsstil hatte eine allgemeine Autoritätsfeindlichkeit ausgelöst. Außerdem hatten die Leute Peter und Eileen idealisiert, und dieses Ideal sank nach deren Trennung in den Staub. Drittens gab es eine Finanzkrise. Wir standen am Rande des Bankrotts. Wir konnten nicht einmal so einfache Dinge bezahlen wie die Telefonrechnung; irgendwann wurde uns die Leitung gesperrt. Viele fingen ein Projekt an, steckten Geld hinein und verschwanden wieder. Es gab weder eine Finanzplanung noch eine genaue Buchhaltung.

Wir mußten in allen drei Bereichen gleichzeitig tätig werden. Um den Glauben wiederzubeleben, mußten wir der Meditation neues Gewicht geben, uns wieder als Gemeinschaft zusammenfinden und die nächste Stufe der Vision verwirklichen, diejenige vom ›planetarischen Dorf‹. Vor allem war es wichtig, vom blendenden Zerrbild der New-Age-Hippie-Bewegung abzukommen und wieder Sinn zu entwickeln für die höhere Bestimmung in dem, was wir taten. Wir begannen mit Meditationsgruppen und organisierten Gemeinschaftsversammlungen über unsere Visionen und Ziele, und 1982 haben Roger Doudna und ich eine Konferenz zum Thema ›Planetarisches Dorf‹ fokalisiert.

* erschienen im Greuth Hof Verlag 1989

In Sachen Führung haben wir demokratische Prinzipien eingeführt, aber die Mitgliederzahl der Gemeinschaft schrumpfte innerhalb von zwei Jahren auf die Hälfte, und das machte den von uns aufgestellten ›Gemeinderat‹ überflüssig. Fortan legten wir mehr Gewicht auf die Focaliser und starteten das Programm für Vollmitglieder, für das wir neue Visaregelungen mit dem britischen Innenministerium vereinbarten. Wir wollten dauerhafte Strukturen schaffen, die mit einem Fuß in der realen Welt standen.

In finanzieller Hinsicht war es lebensnotwendig, Kontrollen einzuführen. Zu Anfang betrug die jährliche Telefonrechnung 12.000 Pfund. Nachdem wir 16 Monate lang die Telefone abgeschlossen hielten und Leitungen abgemeldet hatten, machten wir Gewinn! Wir stellten ein neues Rechnungssystem auf die Beine und übertrugen den Focalisern ihre eigene Haushaltsplanung. Auf der einen Seite mußten wir die Löcher stopfen, damit unsere Mittel nicht mehr abflossen, und auf der anderen war es notwendig, die Foundation langfristig auf eine solide finanzielle Grundlage zu stellen. Sie konnte nicht ausschließlich von Spenden und Gebühren abhängen. Das warf kein Kapital ab, mit dem die Expansion finanziert werden konnte.

All das traf mit der Möglichkeit zusammen, unser Gelände zu kaufen und damit ein Hauptsymbol der Unbeständigkeit zu beseitigen. Ich hegte die Erwartung, daß der Wohnwagenpark ein Drittel unserer Einnahmen bestreiten würde. Um die Kaufsumme aufzubringen, stellten wir ein Focaliser-Team aus Mitgliedern auf, das die Gemeinschaft in Schwung brachte. Zwei Drittel der Kosten konnten wir durch Spenden decken und das letzte Drittel in zwei Jahren abbezahlen, so daß wir jetzt einen Aktivposten von 400.000 Pfund haben.

Ich hatte das Gefühl, daß damit meine Zeit als Focaliser der Gemeinschaft abgeschlossen war. Jetzt hatte die Findhorn Foundation wieder eine Zukunftsvision, entwickelte neue Methoden der Selbstverwaltung und verfügte über die Mittel, ihre Schulden zu tilgen. Ich empfand es als eine runde Sache. Ich war die endlosen Versammlungen leid – ich sehnte mich danach, irgend etwas zu tun. Ich wollte weg von hier, aber dann lernte ich Hannah kennen, die gerade zur Gemeinschaft gestoßen war. Für sie war es eindeutig richtig, hier zu sein, also blieb auch ich. Meine Seele schrie jedoch danach, die Gemeinschaft zu verlassen. Achtmal hatte ich in dem Jahr eine schwere Bronchitis. Später sagte mir mein Gefühl, daß ich mein Leben verloren hätte, wenn ich länger Mitglied geblieben wäre.

Ich hatte allerdings so viel vom planetarischen Dorf geredet, daß ich unbedingt den Wunsch verspürte, von Grund auf daran mitzubauen.

Ein Jahr arbeitete ich in den New Findhorn Directions mit und entwickelte ein Time-sharing-Projekt, mit dem ein neuer Gebäudekomplex, ein Millionen-Pfund-Gemeinschaftszentrum, finanziert werden sollte, aber unsere Vorstellungen wurden mehrmals durchkreuzt *(siehe Kapitel 11 – C.R.)*. Dann lernte ich Stephan kennen. Mir kam der Gedanke: ›Ich werde meine Zeit nicht an die Gemeinschaft verschwenden – diesmal baue ich ein Unternehmen auf, bei dem ich mehr Kontrolle über mein Schicksal habe!‹ Und so wurde ich Unternehmer.

Zuerst erarbeiteten wir gemeinsam ein neues Buchhaltungssystem für die Gemeinschaft. Daraus ist Alternative Data entstanden. Die Herausforderung bestand für uns darin, Spiritualität und Geschäft miteinander auszusöhnen. Bisher hatte ich mich dazu weder in der Lage gefühlt noch Neigung dazu verspürt.

Geschäftsunternehmen sind die vorherrschenden Einrichtungen unserer Kultur. Sie erfordern Leute mit entsprechendem Bewußtsein, sonst kann nichts daraus werden. Ich wollte ein erfolgreiches Unternehmen aufbauen, in dem von Anfang an Geschäft und Spiritualität miteinander vereint waren, und durch mein praktisches Beispiel einen Beitrag zur Gemeinschaft leisten. Es wurden so viele Workshops über die Wirtschaft im Neuen Zeitalter abgehalten. Und es gibt jede Menge Berater. Aber konnten wir die Institution ›Geschäft‹ *von innen her* verändern? Ich wollte es versuchen.

Die eigentliche Erfahrung war schwer, wenn auch das Projekt selbst viel Spaß gemacht hat. Unsere Geschäftskollegen und -partner sind großartig. Die Gesellschaft ist in Gottes Hand – viele Male standen wir kurz vor dem Zusammenbruch und sind wieder auf die Beine gebracht worden. Die zwischenmenschlichen Beziehungen sind es, die mich geschockt haben. Inzwischen ist mir bewußt geworden, in welchem Maße Gewalt durch das Geschäftsleben legitimiert wird. Keine physische Gewalt, sondern psychische Gewalt durch Machtausübung. Im allgemeinen wird nur ein Teil der Persönlichkeit eines Menschen im Geschäftsleben aktiv. Das gesamte System basiert auf Status-Hierarchien. Plötzlich stecke ich mittendrin und sage mir: ›Kein Wunder, daß diese Welt aus den Fugen ist.‹ Macht ist die schwierigste Transaktion des Menschen und führt auch in unserem Büro dauernd zu Streitigkeiten.

Ich dachte, es würde reichen, Montag morgens gemeinsam zu meditieren und nett zu den Kunden zu sein; statt dessen mußte ich mich mit schweren Persönlichkeitskonflikten herumschlagen in einem System, in dem Macht mit Geld gleichgesetzt wird. Und doch ist es sehr spannend. Alle Schwierigkeiten hatten mit der Auslegung des Machtbegriffs zu tun. Macht kann hemmen und manipulieren oder schöpferisch, belebend und anspornend wirken. Es gibt keine andere Möglichkeit, mit Machtfragen umzugehen, als sie auf den Tisch zu bringen und durchzuarbeiten, bis man zu einem Ergebnis kommt.

Ich mache vertrauensvoll weiter in dem Glauben, daß dieser Weg ebenfalls ein Herz hat.«

* * *

Eine letzte Perspektive – Mary Inglis

Mary Inglis

Als ich eine Liste der Leute zusammenstellte, mit denen ich für den dritten Teil dieses Buches Gespräche führen wollte, erschien es mir nur natürlich, mit *Mary Inglis* abzuschließen, ebenso wie es für die Mitglieder selbstverständlich war, sie in unsere Kerngruppe zu wählen. Mary lebt seit vielen Jahren hier, sie ist im Vorstand und strahlt eine stille Integrität und Ausgeglichenheit aus. Durch ihre derzeitige Arbeit als Focaliser des Spiels der Wandlung in der Findhorn-Gemeinschaft ist sie sowohl Teil der Foundation als auch unabhängig davon. Die Leitung von Workshops im Ausland hat ihr zu einer umfassenderen Sicht der Dinge verholfen. Unser Gespräch war faszinierend und hat viereinhalb Stunden gedauert, und es hat mir leid getan, meine Aufzeichnungen davon drastisch kürzen zu müssen. Vielleicht versteht Mary diesen Wink und schreibt einmal ein eigenes Buch über ihr Leben. Sie ist 44 Jahre alt.

»Ich bin in Edinburgh geboren, aber mein Vater stand im Kolonialdienst, und infolgedessen verließen wir Schottland, als ich ein Jahr alt war. Ich wuchs in Afrika auf, ein paar Jahre in Nigeria und dann in Lesotho. Wir wohnten in sogenannten ›Camps‹, Verwaltungszentren der Kolonialregierung, mit etwa zehn weißen Familien und einer wechselnden Zahl von schwarzen Familien zusammen. Meine Welt war sicher; ich war viel draußen im Freien und fand das wunderbar. Später wurde ich auf ein Internat in Südafrika geschickt und war immer erleichtert, wenn ich in den Ferien wieder nach Hause durfte, die Schuhe ausziehen und barfuß herumlaufen konnte. Meine Geschwister und ich hatten alle Hornhaut unter den Füßen!

Dann kam ich auf eine Mädchenschule in Pietermaritzburg. Es hat mir nicht besonders gefallen, außer in den letzten zwei Jahren, aber ich habe gern gelernt und war dort sehr gut. Mein Vater war in Lesotho beliebt. Er sah seine Aufgabe darin, die Leute auf ihre Unabhängigkeit vorzubereiten, und achtete sie ohne Ansehen ihrer Hautfarbe. Eine Trennung erfolgte eher nach Klasse als nach Rasse. Die Rassentrennung und Apartheid in Südafrika traf mich wie ein Schock. Zum Teil lag das an dem Gegensatz zu Lesotho, wo die Rassentrennung gerade aufgehoben wurde, während sie sich in Südafrika verfestigte und durch immer schärfere Gesetze vollzogen wurde. Ich begann, über das zu schreiben, was ich sah, dachte und erlebte, stieß auf die Bücher von Alan Paton und beschloß, Journalistin zu werden.

An der Universität wirkte ich bei der wöchentlich erscheinenden Studentenzeitung mit und engagierte mich für die Gewerkschaftspolitik der Nationalunion Südafrikanischer Studenten. Ich schrieb für eine liberale Zeitung (bei der ich später Mitarbeiter wurde) Artikel über Studentenangelegenheiten, leitete nach meinem Studium ein Jahr lang eine Nachrichtenagentur für die Studentenpresse und war für das Institut für Rassenbeziehungen tätig. In der Zwischenzeit wurde Lesotho unabhängig, mein Vater starb, und meine Familie zog nach Südafrika. Die Art von Aktivitäten, in die ich verwickelt war, fand offenbar keinen Anklang bei den südafrikanischen Behörden, denn meinem Antrag auf eine permanente Aufenthaltserlaubnis wurde nicht stattgegeben; ich wurde vielmehr aufgefordert, das Land zu verlassen. Ich erhob Einspruch dagegen, und nach einem langwierigen Prozeß, in dessen Verlauf ich noch dreimal zum Gehen aufgefordert wurde, erhielt ich endlich meine Aufenthaltserlaubnis. Damals arbeitete ich schon drei Jahre als Zeitungsjournalistin.

In Lesotho hatte meine Familie eine Heilerin gekannt, und sie hat lange einen Einfluß auf mich gehabt. Als ich mir bei einem Autounfall den Arm brach und er durch Knochentransplantation wieder zusammengeflickt werden mußte, ließ sie mir eine Fernheilung zuteil werden, so daß ich mich rasch erholte. In einer Gruppe in Kapstadt hielten wir Oui-ja-Board-Séancen ab, bei denen wir spirituelle Lehren für etwa ein Jahr empfingen. Besonderer Nachdruck wurde darauf gelegt, daß die Motivation für politisches Handeln sehr wichtig sei. Wenn Haß, Gewalttätigkeit und Vorurteile die treibenden Kräfte waren, war alles erfolglos. Gegen Ende des Jahres wurde uns eine letzte Botschaft übermittelt, in der es hieß, daß die Saat nun angelegt und das Ende für dieses Stadium der Lehre gekommen sei. Diese Erfahrung hat mich wieder mit der Kirche und dadurch mit der Bewegung für Christliches Erziehungs- und Führungstraining (CELT) in Verbindung gebracht, wo innerhalb eines christlichen Rahmens von Techniken der Gruppendynamik, Human Relations und des Encounters Gebrauch gemacht wurde. Ich war begeistert von dieser Arbeit und der verwandelnden Kraft, die sie in den multi-ethnischen ökumenischen Gruppen ausübte, die von CELT organisiert wurden, und gab zu guter Letzt meinen Job auf, um mich in Großbritannien eingehender damit zu befassen.

In den nächsten zwei Jahren studierte ich vielfältige Ansätze individueller und Gruppenarbeit – Gestalttherapie, Reevaluation-Co-Counselling, Massage, Meditation sowie T-Gruppen und Gruppendynamik. Ich verbrachte einen Sommer in Nordirland mit einem Projekt, bei dem es darum ging, katholische und protestantische Jugendliche bei Arbeit und Freizeitaktivitäten zusammenzuführen. Eine besonders wichtige Zeit waren für mich sechs Monate bei der St.-Mungo-Gemeinschaft in London, einer Gruppe, die sich um notleidende Männer kümmerte. Dort wurden all die wohlfundierten Überzeugungen und Verhaltensweisen, zu denen ich in den vergangenen paar Jahren gekommen war, in Frage gestellt, und ich versank auf einmal in tiefste Hoffnungslosigkeit und Verzweiflung, so daß es mir schien, als wären wir im tiefsten Herzen alle notleidend. Damit vermochte ich nur fertig zu werden, indem ich das Denken einstellte, keine Urteile mehr fällte und keine Bewertungen mehr vornahm, sondern nur noch in der Gegenwart lebte ... und dann geschah es wundersamerweise, daß ich von neuem Gottes immanente Gegenwart wahrnahm und eine unglaubliche Freude verspürte. Ich merkte, daß mir Lehren erteilt wurden, selbst durch das, was ich zufällig zum Lesen in die Hand bekam oder was ich bei meinen seltenen Fernsehstunden sah. Es war eine Schlüsselzeit in meinem Leben.

Meine Mutter hatte von der Findhorn-Gemeinschaft gehört, und als sie 1972 nach Großbritannien kam, besuchten wir die Gemeinschaft zusammen. Die Frau, die uns herumführte, sprach von Engeln, und ich hatte dabei das Gefühl, als legten sich Hände auf meine Schultern, aber als ich hinsah, war nichts da. Elfreda sagte: ›Sie werden zurückkommen. Sie gehören hierher.‹

Ich ging wieder nach Südafrika, hatte aber kein Verlangen, dort zu bleiben. Dann verbrachte ich ein paar Wochen bei der Gemeinschaft; der Ort hatte eine starke Anziehungskraft auf mich, aber ich konnte mich nicht zu einer Mitgliedschaft entschließen. Ich wollte mich weiter gesellschaftlich engagieren; außerdem war mir nicht sehr wohl dabei, daß die Menschen in der Gemeinschaft sich kaum mit ihren Emotionen auseinandersetzten. Ich ging nach London zurück, wo mir einige Monate später von der anglikanischen Kirche ein gutes Angebot in der Jugendarbeit gemacht wurde. Jetzt mußte ich mich entscheiden. Nach anfänglicher Unschlüssigkeit wurde mir klar, daß ich zur Findhorn-Gemeinschaft mußte. Im August 1973 kam ich wieder her und bin seitdem geblieben. Ich erinnere mich noch, daß damals Hühner an der Stelle scharrten, wo jetzt die Universal Hall steht!

In der Nacht nach meiner Ankunft hatte ich einen Traum. Ich befand mich in meinem eigenen geliebten Haus und sollte um vier Uhr sterben. Ich brachte das ganze Haus in Ordnung und setzte mich dann ans Fenster in die Sonne, bereit zu sterben. Am nächsten Morgen, als ich erwachte, hatte ich ein ganz neues Selbstgefühl.

Ich war eines von mehreren, schon etwas älteren Mitgliedern, die die ›Jugendwelle‹ Anfang der siebziger Jahre ablösten. Wir scheuten uns nicht, laut unsere Meinung kundzutun, wie die Dinge sein sollten. Das paßte den schon länger Ansässigen nicht. Wir gründeten einen Chor und schrieben eine Messe in D für Engel und Menschen – nach unserem Verständnis war D der Ton des Neuen Zeitalters. Damals gab es noch kein Orientierungsprogramm für Neuankömmlinge, aber die Mitwirkung im Chor bot Raum und Gelegenheit genug, um viele der Fragen aufzugreifen, die zum Integrationsprozeß hier gehören. Es war ein intensives Gruppenerlebnis, das uns half, uns gegen den Rest der Gemeinschaft abzuschirmen, und umgekehrt natürlich! Als wir schließlich voller Stolz die Messe aufführten, wurde der halben Gemeinschaft hinterher schlecht. ROC nahm uns beiseite und sagte, D sei der Ton der Reinigung!

Ich machte mich im Verlag nützlich und begann, mich für David Spanglers Werke zu interessieren, da ich einige seiner Bücher tippen und setzen mußte. Ich habe viel von meiner Zeit hier an diese Abteilung gewandt, habe lektoriert, geschrieben und veröffentlicht. Doch auch mit der Erziehung hatte ich eine Menge zu tun. Als ich hierherkam, war in der Gemeinschaft kaum Raum für die Nöte der Menschen, und es herrschte ein generelles Mißtrauen gegen ›helfende Techniken‹. Es war so ein Gefühl vorhanden, als wäre die Ebene des Spirituellen ›gut‹ und die Ebene des Persönlichen ›nicht gut‹. Einige von uns – überwiegend Frauen – mit Erfahrungen in emotionaler und Gruppenarbeit, erhoben daraufhin die Stimme und wurden aktiv, aber wir wurden als Bedrohung angesehen, und ein Teil von uns wurde vor die ausschließlich aus Männern bestehende Management-Gruppe zitiert, wo wir uns rechtfertigen sollten. Es war klar, daß wir entweder neue Wege für unsere Arbeit finden oder gehen mußten, also entwickelten wir lieber Selbsterfahrungs-Komponenten für die hiesigen Programme und versuchten, sie unter die esoterischen Theorien zu mischen, die damals vor allem gelehrt wurden.

Wir starteten auch das Programm ›Gruppenentdeckung‹, das jetzt Teil der Erfahrungswoche ist. Nach und nach wurden diese Neuerungen in das

Erziehungsprogramm integriert, und die ›helfenden Techniken‹ wurden anerkannt.

Nach 18 Monaten wurde ich selbst in die Managementgruppe aufgenommen. Sie traf sich jeden Morgen. Erst gab es eine Meditation, und danach diskutierten Peter, François und Dick Barton diverse Theorien. Andere Anwesende sagten wenig, und wenn sie doch den Mund aufmachten, hörte ihnen keiner richtig zu. Mein Vorschlag von einem Sharing im Kreis herum, bei dem jeder Gehör finden konnte, wurde monatelang überhört. Als wir es schließlich doch so machten, war es ein solcher Durchbruch, daß es sich schnell als Norm durchsetzte. Ich war dabei, mir den spirituellen Kontext anzueignen, galt aber jahrelang als Wortführerin für den menschlichen Kontext – dafür, daß dem ganzen Menschen Raum gegeben wird. Heute habe ich allerdings manchmal das Gefühl, daß wir uns davor hüten müssen, zu sehr in den persönlichen Prozeß hineingezogen zu werden und dabei den spirituellen Kontext zu vergessen.

Ich war jahrelang in der Verwaltung der Gemeinschaft tätig; mehrmals gehörte ich zur Managementgruppe und drei Jahre zur Personalabteilung. Aber mit der Zeit bekam meine laufende Beschäftigung mit dem Spiel der Wandlung immer mehr Gewicht, so daß ich 1987 Focaliser für das Spiel wurde.

1988 befürwortete die Gemeinschaft meinen Beitritt zur spirituellen Kerngruppe. Ich hatte zuerst gemischte Gefühle, weil ich nicht mehr so intensiv an den Einzelheiten der Foundation-Arbeit Anteil nehme; ich widme meine Zeit und Aufmerksamkeit in der Hauptsache dem Spiel der Wandlung. Andererseits liegt mir die Gemeinschaft am Herzen, und ich meine, Perspektiven anbieten zu können. Ich fühle mich außerdem der Energie stark verbunden, die dieses Zentrum durchpulst und die ich als Freund und Lehrer empfinde. Die Kerngruppe ist eine Gruppe, die diese Energie einfängt und verstärkt, und wir können auf einige sehr machtvolle Meditationen zurückblicken.

Im Grunde sind das Spiel und die Foundation sich in ihrer Funktion sehr ähnlich. Beiden geht es um die Wandlung des menschlichen Bewußtseins. Ich glaube, daß Wandlung heißt, sich voller zu verwirklichen und mehr von sich in diese Welt einzubringen. Wir haben uns noch nicht voll verwirklicht, weder als einzelne noch als menschliche Art. Wir wandern in Körpern umher, aber wir sind noch nicht ganz hier. In dem Maße, in dem wir uns dem Geist und der Fülle dessen öffnen, was wir sind oder sein könnten, wird Druck auf die Punkte unseres Selbst ausgeübt, die sich dem Geist widersetzen – und genau da wird es wichtig, an sich zu arbeiten. Es hilft uns nämlich, falsche Identifikationen und Blockierungen aus dem Weg zu räumen. Man denke nur an Moses und den brennenden Dornbusch – an das Feuer, das brannte, ohne sich zu verzehren. Das ist für mich ein Sinnbild der Inkarnation und Verwirklichung. Je mehr wir uns verwirklichen, um so eher vermögen wir in jedem Augenblick des Daseins voll dazusein und um so stärker erfahren wir die Unmittelbarkeit der Gegenwart Gottes. Jeder Busch wird dann zum brennenden Busch; wir sind endlich ganz die, die wir sind, belebt vom Feuer des Geistes.«

Schlußwort

Große Türen drehen sich auf kleinen Angeln. Gewaltige Ereignisse entstehen aus ganz kleinem Anlaß. Ich sage dir, was in Findhorn so klein begonnen hat, wird wachsen und sich ausweiten zu einer weltweiten, universellen Bewegung; eine Offenbarung wird zur Revolution werden. Meine Wege sind sehr seltsam und höchst wunderbar; es sind nicht deine Wege. Beschreite Meine Wege in absolutem Glauben und Vertrauen und sieh, wie sich Meine Wunder und Herrlichkeiten entfalten. Der Frühling des neuen Zeitalters ist da, er bricht hervor in vollkommener Harmonie, Schönheit und Fülle; niemand kann ihn aufhalten. Alles hat seine Zeit und Reife, und jetzt ist die Zeit reif für die Geburt des neuen Zeitalters. Verweile deshalb nicht in der Vergangenheit, laß alles hinter dir; und sieh, was Ich für dich bereithalte an diesem neuen, herrlichen Tag. Sieh, wie sich Meine wunderbaren Verheißungen alle erfüllen, und danke in Ewigkeit für alles. Hab stets die Vision des neuen Himmels und der neuen Erde vor Augen.

Eileen Caddys Weisung

Es ist ein herrlicher, milder Herbsttag nach einem wunderbaren Sommer. Doch selbst das schöne Wetter weckt Ängste. Ist es vielleicht eine Begleiterscheinung des Treibhauseffekts statt eines der seltenen guten Jahre? Wir wissen es nicht, aber die Flut ist in der Bucht nie so hoch angestiegen; in 30 Jahren liegen vielleicht große Teile der Gegend unter Wasser. Wir aber sind tätig und lebendig, denn die Gegenwart und die Gemeinschaft summen vor Aktivität. Diese Woche wird die Windkraftanlage errichtet, und Mitglieder und Gäste haben einen Graben gezogen und ein 11.000-Volt-Kabel verlegt, um die erzeugte Energie von dieser Stelle etwa eine halbe Meile weit durch den Wald von Pineridge zu transportieren. Zwei neue Faßhäuser haben ihre Dächer bekommen, und die Gärten rund um die neue Erweiterung des Gemeinschaftszentrums nehmen langsam Gestalt an. Stetig ziehen neue Leute in diese Gegend, um sich in der größeren Findhorn-Gemeinschaft niederzulassen. Die »Sommersaison« ist vorüber, aber noch immer treffen Gäste ein. Dreizehn unserer männlichen Mitglieder sind neu inspiriert von einem Männer-Retreat in den Cairngorms zurückgekehrt. In Minton House hat sich eine kleine ökumenische Christengruppe versammelt, um die Bedeutung der vorhandenen Kirchenstrukturen für die kommende Zeit zu diskutieren – und um in Frage zu stellen, ob diese Strukturen überhaupt noch tragfähig sind. Die Grünen von Großbritannien haben bei ihren Konferenzen »Einstimmungen« eingeführt. Diese Woche werden uns noch zwei Fernsehteams einen Besuch abstatten. Wir führen weiterhin ein Leben, das Vorbild sein soll.

Ein Blick auf die Findhorn-Gemeinschaft sollte ihre Bedeutung für die soziale und politische Sackgasse unserer Zeit aufzeigen, in der die materialistische Weltordnung sich letztlich selbst in den Schwanz beißt. Der erste Teil des Buches ist unter diesem Blickwinkel geschrieben worden. Ein anderer beleuchtet unser Leben, unsere Arbeit und Organisation und soll sichtbar machen, daß eine spirituelle Lebensweise praktisch und effektiv sein kann. Unter diesem Blickwinkel ist der zweite Teil geschrieben. Und ein dritter Blickwinkel auf die Findhorn-Gemeinschaft eröffnet sich durch die Lebensgeschichten ihrer Mitglieder. Es sind Geschichten von ganz normalen Leuten unterschiedlicher Herkunft, Nationalität und Religion, die schließlich »ja« gesagt haben zu den spirituellen Chancen, die das Leben ihnen anbot. Sie haben einen Weg durch das Labyrinth von Gier und Verzweiflung gefunden, um in aller Bescheidenheit die Lösung vorzuleben, die die Menschheit wirklich braucht – das Leben als Weg zum Göttlichen im eigenen Innern. Ihre individuellen Blickwinkel machen den dritten Teil des Buches aus. Eine vierte Perspektive vermitteln die schönen Zeichnungen von Harley Miller sowie die Fotografien von Chris Giles und anderen.

Eine letzte Perspektive eröffnet sich durch die *Energie*, die dieses Buch ausstrahlt. Denn mir geht es weder um eine trockene Beschreibung der Findhorn-Gemeinschaft, die den Leser nicht berührt und bewegt, noch darum, eine ebensolche passive Reaktion auszulösen wie die unablässige Berieselung durch Fernsehberichte. Wir gehören alle zur gleichen globalen Arche Noah, einer Arche mit einem Leck, in die viel Reparaturarbeit gesteckt werden muß, wenn sie die Fluten des Zynismus und der Ernüchterung überstehen soll, die uns zu verschlingen drohen. Der Weg nach vorn, den unsere Gemeinschaft erkundet hat, macht den Menschen nicht zu einem unerheblichen, machtlosen Rädchen in den politischen und wirtschaftlichen Unternehmen anderer.

Durch so einfache Fragen wie: »Warum bin ich hier? Worum geht es überhaupt?« und ein wenig Zeit für die stille, innere Suche nach einer Antwort, nach der Liebe Gottes als unserer eigenen Essenz, kann die Kehrtwende eingeleitet werden, durch die das Alltagsleben wieder sinnvoll und lebenswert wird. Wenn wir uns hingegen von diesem inneren Funken abwenden, übernimmt der Stumpfsinn wieder die Herrschaft, werden die Augen wieder trübe, ist alles wieder sinnentleert, und dann zwingen wir uns nur darum zum Handeln, weil wir aus dem Gedächtnis löschen wollen, was wir verloren haben. In diesem Fall helfen uns auch keine Besitztümer mehr, nützen uns weitere nichtssagende Fernsehprogramme nichts mehr, verschaffen uns Bandentum, Vandalismus und Drogen keine Befriedigung mehr, verliert das Streben nach Reichtum, Macht und Status seinen Reiz, und selbst ein Abstecher in die Scheinwelt der Zauberei, des Aberglaubens und Okkulten bringt keinen Gewinn mehr –, denn wenn innen Leere herrscht, vermögen auch Äußerlichkeiten und Ablenkungen nicht zu erfüllen.

Die Findhorn-Gemeinschaft demonstriert die praktische Erforschung einer Wahrheit – der höchsten Wahrheit –, deren Zeit für die Menschheit gekommen ist. *Der Sinn des menschlichen Lebens leitet sich von innen her, ist die Herauslösung des wahren Selbst, der Essenz, der Gottnatur aus dem Ego-Selbst, das sich uns, die wir in einer profanen Welt heranwachsen, überstülpt. Das äußere Leben mit seinen Sinneserfahrungen ist unser Lehrer bei dieser Suche nach dem wahren heiligen Gral; unser Handeln in der Wahrnehmungswelt bringt unsere innere Erkenntnis zum Ausdruck.*

Das ist die heute angebrachte Theologie, und zwar nicht nur für einige wenige im Kloster oder für eine kleine spirituelle Elite; sie ist eine praktikable Theologie, die für uns alle da ist. Jeder kann mit Leichtigkeit diese Wende in seinem Leben auf seine Mitte hin vollziehen, frei und unabhängig, ohne sich durch etablierte Formen eingezwängt zu fühlen, selbst unter den widrigsten politischen, wirtschaftlichen und persönlichen Umständen.

Diese individuelle Spiritualität ist heute die einzige Lebenspraxis, die sinnvolle Lösungen für die gegenwärtige Lage des Menschen anzubieten hat. Langsam, aber sicher werden wir alle das begreifen und merken, daß es sich dabei nicht um eine letzte Notlösung handelt, sondern um die Möglichkeit, ein frohes, anregendes, pulsierendes Leben zu führen. Der eigentliche Zweck dieses Buches ist der, Ihnen, den Lesern, diese Gedanken nahezubringen, damit Sie die Ausrichtung Ihres Lebens einmal in Frage stellen und sich neu orientieren. Viele weitsichtige Menschen raten zur Veränderung. In der Findhorn-Gemeinschaft zeigen wir, wie das in der Praxis funktioniert, und in jeder Weltgegend gibt es solche wie uns. Wo Liebe ohne Dogmen oder Bedingungen zum Ausdruck kommt, da sind sie zu finden – einzelne, Gruppen und Gemeinschaften.

Es ist ein großer Irrtum, die Wende nach innen als selbstsüchtige Abkehr von den großen Problemen, der Armut, dem Hunger und der Desillusionierung, die die Welt heimsuchen, zu bezeichnen. Wer Verbindung mit dem

Wahren, der Liebe im eigenen Innern aufnimmt, setzt stetig zunehmende Handlungsenergien für die Erfahrungswelt außen frei; die Motive werden geläutert, und Frömmelei und Moralität haben keinen Platz darin. Die unerschöpfliche Liebe und Energie, die Mutter Theresa den Ärmsten Kalkuttas und der Welt entgegenbringt, kommt daher, daß sie Gott den ersten Platz einräumt und Ihn infolgedessen in allen Menschen wahrnimmt, in Katholiken und Hindus, Krüppeln und Kranken. Und jeder, welcher religiösen Herkunft er auch sein mag, spricht darauf an. Wenn der Gott im Innern der Brennpunkt unseres Daseins wird, haben wir in unserer menschlichen Gestalt ungeheure Möglichkeiten. Jedes neue Fünkchen Liebe, das Sie in sich entdecken, legt die Fundamente zu Ihrer neuen Identität; Liebe läßt sich in jeder Situation verwirklichen – zu Hause, in der Partnerbeziehung, in der Freundschaft, in der Gemeinde, in Dorf und Stadt, in Büro und Fabrik oder in politischen Aktivitäten –, und sie wird die jeweilige Situation und die Menschen in Ihrer Umgebung verwandeln.

Wenn Sie diesem Weg folgen, wird es Ihnen bisweilen so vorkommen, als würden Sie wieder in Angst, Ärger, Bedürftigkeit und Schuld zurückfallen. Verurteilen Sie sich nicht unnützerweise wegen Ihrer Unzulänglichkeit; denken Sie daran, daß der Weg nicht unbedingt kurz ist, und nutzen Sie die Gelegenheit, aus Ihren Reaktionen zu lernen. Indem Sie von den Einsichten Gebrauch machen, die Sie gewinnen, bereiten Sie sich auf Ihren nächsten Schritt nach vorn vor. Die Hürden, die Sie überwinden müssen, eröffnen Ihnen auch die Möglichkeit, mehr Liebe zu finden.

Versuchen Sie nicht, liebevoll zu sein, wenn Ihnen gar nicht danach zumute ist. Das ist Heuchelei. Damit leisten Sie nur der Verlogenheit der Gesellschaft Vorschub, einem inneren Stalinismus, bei dem das, was gesagt wird, nicht dem Gefühl entspricht und das, was getan wird, dem widerspricht, was behauptet wird. Aber geben Sie sich nie mit Ihrer Lieblosigkeit zufrieden; suchen Sie nach deren Ursprung und finden Sie Mittel und Wege, vielleicht mit Hilfe anderer, daran etwas zu ändern. Das ist eine berechtigte Selbstprüfung, die paradoxerweise den Vorteil hat, Ihr Ego zu beschwichtigen, während es abgebaut wird. Und wenn Sie den Sieg davongetragen haben, dann wenden Sie sich wieder nach außen und betrachten Sie die Folgen. So schaffen Sie aktiv ein neues Menschenbild, das am kollektiven Aufbau einer dem 21. Jahrhundert angemessenen Zivilisation mitwirkt.

Gott ist auf unserer Seite; die Kräfte der Natur sind auf unserer Seite. Die mit den Sinnen erfahrbare Welt ist für den spirituell Suchenden weder objektiv noch neutral. Wir haben in der Findhorn-Gemeinschaft vorgeführt und werden es weiter tun, daß wir als Menschen auf der spirituellen Suche

Teilnehmer eines magischen Spiels werden, und wie *Ein Kurs in Wundern* uns zeigt, sind tägliche Wunder die Norm für diejenigen, die nach der Liebe, ihrem wahren Wesen, forschen. Zahllose kleine Beispiele sind in diesem Buch angeführt. Die Findhorn-Gemeinschaft hat sie nicht für sich allein gepachtet. Die äußere Welt wirkt statisch und unpersönlich, wenn man sie für die einzige Wirklichkeit hält.

Betrachten Sie nicht den Fortschritt oder Stillstand anderer auf diesem Weg als Kriterium für sich selbst. Sie bemühen sich um das Glück und den Sinn ihres eigenen Lebens. Indem Sie diese Richtung einschlagen, tragen Sie automatisch ebenso zur Verwandlung des Ganzen bei, wie Sie selbst Befriedigung empfinden. Grübeln Sie nicht über die Probleme dieser Welt nach, aber verschließen Sie auch nicht Ihre Augen davor. Achten Sie lieber auf die großen Veränderungen, die stattfinden, und machen Sie sich klar, daß Sie durch ihre eigene Veränderung ein Teil jener Energie sind, durch die sie ausgelöst werden.

Hier in der Findhorn-Gemeinschaft wie auch in allen anderen Zentren des Lichts rings auf dem Erdball tun wir das gleiche. Lernen Sie von uns; teilen Sie mit uns; lehren Sie uns. Aber teilen Sie mit uns nur Ihre Lebenspraxis und die Theorien, die Sie darin voll verwirklicht haben; teilen Sie uns mit, was Sie praktisch tun, um ein Problem zu lösen, und lassen Sie die abstrakten Erörterungen über die Art und Weise, wie Probleme, mit denen Sie keine persönlichen Erfahrungen haben, theoretisch gelöst werden könnten! Vergessen Sie nicht, daß alles, was Sie von der Liebe als Mitte und Essenz Ihres Selbstverständnisses wegführt, bloß wieder in eine Sackgasse einmündet. Und davon haben wir schon genug.

In der Findhorn-Gemeinschaft haben wir, wie ich meine, unsere Grundlektionen in Sachen Blendwerk schon gelernt. Wir führen ein ebenso aufregendes wie anregendes normales Leben, ohne das Exotische dem Alltäglichen vorzuziehen. Unser Alltagsleben ist voller Verheißungen und kleiner Wunder. Aber sie sind nur die Würze in unserer anregenden Kost, nicht der nahrhafte Teil. Milliarden von Menschen auf dieser Erde leben ein ganz normales Leben. Das muß keine scheinbar end- und sinnlose Tretmühle mit gelegentlichen Vergnügungen, bei denen wir für ein Weilchen Vergessen suchen, oder Geschichten, die uns über ein paar weitere langweilige Monate hinweghelfen. Bei der Findhorn-Gemeinschaft zeigen wir, wie sprühend, kreativ und anhaltend magisch das normale Leben trotz dürftiger Mittel sein kann, wenn Liebe der Antrieb ist. Im Grunde ist jedes spielende Kind unbewußt der beste Beweis dafür, wenn wir nur Augen dafür haben.

Um einen der Lieblingsaussprüche von Eileen zu zitieren: »Alles ist sehr,

sehr gut.« Lassen Sie uns gemeinsam ein neues Menschenbild für das kommende Jahrhundert schaffen. Die Strukturen der Heuchelei, Angst, Gewinnsucht, Exklusivität, Armut und Rohheit sind im Begriff, unter der sanften Berührung der Liebe zusammenzubrechen. Ihr widersteht nichts. Geben Sie der Liebe in Ihrem Innern, in Ihrer bestehenden Lebenssituation Raum, jetzt.

Califer Hill in der Nähe von Forres

Anhang
Die Findhorn-Gemeinschaft und die westliche Mysterienschule

Im Gegensatz zu Eileen hatte Peter Caddy eine Ausbildung und umfangreiche Kenntnisse auf dem Gebiet der Esoterik. In den Anfangsjahren der Gemeinschaft war dieser esoterische Hintergrund eine Art von spirituellem Saatbeet, das bei esoterischen Gruppen aus ganz Großbritannien und dem Ausland Interesse und Unterstützung fand. Kraftpunkte, erhabene Meister – insbesondere St. Germain –, Ley-Linien, fliegende Untertassen, die Kräfte von Kristallen, das alles waren zu verschiedenen Zeiten Themen, die unter den Mitgliedern heftig diskutiert wurden. Sowohl ROC und David Spangler als auch Sir George Trevelyan, jahrelang eines unserer Vorstandsmitglieder, besaßen tiefgehende Kenntnisse in esoterischen Dingen, und auch François Duquesne, der zweite Focaliser, war gründlich darin ausgebildet.

Nachdem Peter Ende der siebziger Jahre die Gemeinschaft verlassen hatte, verloren diese Themen ihr Gewicht. Eileen Caddys Weisungen fußten nicht darauf. Dennoch werden in unserem Gemeinschaftsjargon esoterische Begriffe verwendet, und bis zu einem gewissen Grad sind sie auch in die Sprache des Spiels der Wandlung aufgenommen worden. »Die große Invokation« zum Beispiel hängt an der Wand im Park-Andachtsraum. Wir benutzen auch den Begriff »Christusbewußtsein« und meinen damit das Wesen des Bewußtseins Jesu – etwas, das uns zugänglich ist und nur bedingt mit den geschichtlich überlieferten Fakten zu tun hat. Der Gebrauch der Worte »Verblendung« oder »falscher Glanz« *(glamour)*, mit denen eine spirituelle Fehlentwicklung beschrieben wird, stammt aus den Schriften von Alice Bailey, und so fort.

Die Teilnehmer am Orientierungsprogramm können esoterisches »Lehrmaterial« bekommen, falls sie es lesen wollen. Im 19. Jahrhundert schossen esoterische Schulen wie Pilze aus dem Boden, die sich angeblich von den verschiedensten mystischen Traditionen herleiteten bis hin zu den alten Ägyptern. Die meisten dieser Schulen waren sich darin einig, daß es ein geheimes »inneres Wissen« gab, das nur Eingeweihten zugänglich war oder von sogenannten »Sensitiven« oder Medien empfangen werden konnte. Sie waren häufig elitär und exklusiv und erlebten ähnliche Spaltungen wie die politische Linke in den sechziger und siebziger Jahren dieses Jahrhunderts. Als Sammelbegriff für solche Gruppen hat sich »westliche Mysterienschule« eingebürgert, und es gibt ein zweibändiges Werk darüber, *Der westliche Weg*, von Caitlin und John Matthews, falls jemand mehr darüber lesen will.

In *One Earth* Nr. 2 (6), 1982, unserer Zeitschrift, umreißt Nicholas Rose diese Tradition und versucht den Bezug darzustellen, in dem die Findhorn-Gemeinschaft dazu steht. Er schreibt:

> Den Mysterientraditionen ist ein Hauptmerkmal eigen, nämlich daß sie alle einem Bewußsein der Ganzheit und dem Wissen um die Wirklichkeit spiritueller Reiche entspringen. Sämtliche Karten, die hergestellt wurden – ob mit Symbolen der Geheimwissenschaften, der Astrologie oder Alchemie, der Rosenkreuzer oder gar aus vorchristlicher Zeit – sind aus der Idee des Einsseins und der wechselseitigen Beziehung von spiritueller Wirklichkeit und materieller Welt entstanden. Unserer Kultur ist dieses Bewußtsein verlorengegangen, aber wir versuchen heute, es auf Weisen wiederzuerlangen, die unserem Zeitalter angemessen sind. Und das ist gewiß auch das Bewußtsein, das der Arbeit in Findhorn zugrunde liegt ... Es stellt eine Rückkehr zum Wesen und Kern der Mysterienlehren dar. (S. 14)

Es besteht kein Zweifel, daß wir den Theosophen und den Anthroposophen (Steiner) wie auch den Schriften Alice Baileys gedanklich einiges verdanken. Aber die Findhorn-Gemeinschaft hatte nie solche Alleinvertretungsansprüche wie die Anhänger dieser Lehren und ebensowenig deren Tendenz zum Separatismus. Eine Verbindung zu den Naturkräften, wie sie Dorothy Maclean und ROC hier als erste aufgenommen haben, ist schon aus heidnischer Zeit überliefert, aber auch von den Essenern und dem heiligen Franziskus. Ein paar fundamentalistische Christen haben uns, nachdem sie ROCs Aufzeichnungen über seine Visionen von Pan gelesen haben, beschuldigt, Teufelsanbeter zu sein!

Dabei sind Eileens Weisungen reinste christliche Mystik, und sie haben viel mehr mit Meister Eckehart und Juliana von Norwich gemeinsam als mit irgend etwas vom Obengenannten. Von den Lehren, deren Mittler sie ist, läßt sich die große Mehrheit all derer inspirieren, die zur Findhorn-Gemeinschaft kommen. Es ist eine reine Botschaft der göttlichen Liebe, und sie ist in den Jahren nach dem zweiten Weltkrieg von Mystikern auf unterschiedlichste Art zum Ausdruck gebracht worden. Aus ihrer Mitte habe ich zwei herausgenommen und im Text besonders erwähnt – die dem Hinduismus entlehnte Lehre Sathya Sai Babas und den *Kurs in Wundern*. Der Grund dafür ist, daß beide einen mindestens ebensogroßen Einfluß auf die heutige Spiritualität haben wie die Findhorn-Gemeinschaft und daß beide heute gern und oft von unseren Mitgliedern und Gästen studiert werden. Dennoch sollte auch der esoterische Hintergrund unserer geschichtlichen Entwicklung nicht ganz vergessen werden. Vielleicht wird er eines Tages ein beliebtes Jagdrevier für Theologiestudenten.

Über die Autorin

Carol Riddell, gebürtige Britin, lehrte bis 1978 Soziologie an den Universitäten von Strathclyde und Lancaster. Sie übte Zen-Meditation und arbeitete mit psychologischer Umprogrammierung, Gestalttherapie und Bioenergetik.

Carol besuchte Heilkurse und Seminare für Kräuterkunde und intuitives Hören in Kalifornien. 1983 wurde sie Mitglied der Findhorn-Gemeinschaft und ist seit 1985 eine Anhängerin von Sathya Sai Baba. Sie lebt in Findhorn, koordinierte dort verschiedene Arbeitsbereiche, Konferenzen und Workshops und trägt auf ihren Vortrags- und Seminarreisen das Licht von Findhorn in die Welt.

Von ihr erschienen ist das Buch *Approaching Sociology* (mit Margaret Coulson), in Vorbereitung ist *Geschenke göttlicher Liebe* (mit Marianne Kersten).

WEITERE BÜCHER IM GREUTH HOF VERLAG

Reihe Findhorn

Eileen Caddy

SPUREN AUF DEM WEG ZUM LICHT

»Ich schaute einen Pfad mit Fußspuren und hörte die Worte: ›Folge mir nach‹.« Eileen Caddy lauschte viele Jahre hindurch auf die Stimme Gottes in ihrem Inneren, die sie führte, belehrte und in schwierigen Zeiten ermutigte. Die Botschaften, die sie täglich erhielt, offenbarten ihr den göttlichen Plan für ihr Leben.

Das Buch enthält eine Auswahl der inspirierenden Weisungen und bietet dem Leser eine Art zu leben an, die bedeutungs- und sinnvoller ist als sein bisheriges Leben und voller Friede und unzerstörbarer Freude. Die Botschaften sind eine Art Spiegel, in dem wir uns selbst erkennen. Liest man die Weisungen als Einstimmung zur eigenen Meditation, helfen sie dem Suchenden, seinen eigenen Weg zu finden, Gott im Inneren zu erkennen.

Mit anderen Worten: Die Botschaften können wahrhaft Spuren auf dem Weg sein, die uns zum Zweck und Ziel unseres Lebens führen.

188 Seiten

Reihe Findhorn

Eileen Caddy

MORGEN DER VERÄNDERUNG

Dies ist der weiterführende Meditationsband für die vielen Leser, denen Eileen Caddy mit ihrem ersten Buch *Spuren auf dem Weg zum Licht* geholfen hat, auf die »leise Stimme in ihrem Inneren« zu lauschen und Kraft zu schöpfen. Sie erhellt unseren Alltag mit dem Licht einfacher, klarer und einleuchtender Ratschläge: Im Jetzt zu leben; offen für Veränderungen zu sein; bei allem, was wir tun, mit dem Herzen dabeizusein; alles mit Liebe zu tun; mit den Augen des Geistes sehen zu lernen ...

Die Einfachheit, Schönheit und Tiefe der Texte ermutigen und begleiten uns auf unserem Weg ins Neue Zeitalter. Der *Morgen der Veränderung* ist bereits angebrochen.

256 Seiten

Reihe Findhorn

Eileen Caddy

GOTT SPRACH ZU MIR

»Nimm diesen Tag als einen besonderen Tag an, einen Tag der Wiedergeburt. Dies ist Mein Geschenk an dich. Du wirst im Geist und in der Wahrheit wiedergeboren. Dies ist der größte Wendepunkt in deinem Leben — von diesem Tag an ist alles neu.«

Eileen Caddy, die Mitbegründerin der Findhorn-Gemeinschaft, teilt mit uns in diesem Buch eine Auswahl der Botschaften aus der frühen Findhorn-Zeit, die sie während ihrer Meditationen empfangen hat; Worte, die sowohl herausfordern als auch Hoffnung und Vertrauen geben, die zeigen, wie real und greifbar das erwachende Bewußtsein der Menschheit und auch die Schönheit und Göttlichkeit der ganzen Schöpfung sind.

Nach *Spuren auf dem Weg zum Licht* und *Morgen der Veränderung* ist dies der dritte Band unserer Meditationsreihe, die schon vielen zum Wegweiser geworden ist.

Die Gründung und Entwicklung von Findhorn war eine direkte Folge des Vertrauens und Gehorsams, die Eileen und Peter Caddy der inneren Stimme entgegenbrachten, der Stimme Gottes, die Eileen in stiller Meditation vernahm. Die Inspiration und Vision, die Findhorn entstehen ließen, glühen in diesen Texten.

216 Seiten

EIN KURS IN WUNDERN

Der *Kurs in Wundern* — aus höchster Schau inspiriert — lehrt uns, im Einklang mit der wahren Wirklichkeit zu denken und mit den geistigen Gesetzen zu arbeiten. Vieles scheint zunächst ungewöhnlich und stößt traditionelle Denk- und Verhaltensweisen um. Der Kurs erinnert uns an die unwandelbare Wahrheit im eigenen Herzen, die uns befähigt, Wunder zu wirken. Er hilft Schuldgefühle, Haß, Ängste und Angriffe als unwirkliche Konzepte zu erkennen und dem Licht in uns zu übergeben.

So trägt er zur Transformation bei, zeigt Wege, emotionale Konflikte aufzulösen und uns zu öffnen für wahren Frieden, Liebe und Glück. Vergebung ist der Schlüssel zur Erlösung aus Depression und Krankheit, zur Heilung aus dem Inneren.

Erscheinungstermin: voraussichtlich 1992

Reihe Findhorn

Eileen Caddy

FLUG IN DIE INNERE FREIHEIT

Die Autobiographie der Mitbegründerin der Findhorn-Gemeinschaft

Dies ist eine außergewöhnliche Geschichte, erzählt von einer ganz gewöhnlichen Frau.

Eileen Caddy wurde weltweit als Mitbegründerin der Findhorn-Foundation im Norden von Schottland bekannt. Durch die spirituelle Tiefe und Weisheit ihrer Bücher fühlte sich eine Generation von Menschen zur Findhorn-Gemeinschaft hingezogen.

Ihre Fähigkeit zur Offenbarung stellte hohe Anforderungen an Eileens Leben, doch immer wieder entdeckte sie, daß die inneren Weisungen ihr einen lichtvollen Weg zeigten durch alle Höhen und Tiefen des Lebens hindurch und ihr halfen, alle Schwierigkeiten und Mühen durchzustehen und daran zu wachsen.

Die Befreiung durch ihr Vertrauen, ihre feste Überzeugung und ihren unerschütterlichen Glauben, daß Gott in unserem Inneren ist, wurde Eileens *Flug in die innere Freiheit,* hinein in die offene Weite ihrer erfüllten Beziehung zu Gott.

316 Seiten

DER VERGESSENE GESANG

Die Entstehungsgeschichte von
Ein Kurs in Wundern

Ein Kurs in Wundern ist ein beispielloses Unterrichtswerk mit dem Ziel, uns zu einer veränderten Wahrnehmung und zur spirituellen Entwicklung zu verhelfen. Er wurde zwischen 1965 und 1972 von Dr. Helen Schucman, einer angesehenen Psychologieprofessorin, niedergeschrieben aufgrund einer »Stimme«, die sie hörte und die ihr den gesamten Text diktierte. Von Anfang an stand ihr dabei Dr. William Thetford, Professor an der New Yorker Columbia-Universität, zur Seite.

Dieser authentische Dokumentarfilm in deutscher Fassung, der in das Werk einführt, wurde an den Orten des Geschehens gefilmt und zeichnet das Leben Helen Schucmans nach. Er schließt nachgespielte Szenen aus ihren Visionen und Träumen ein, die zur Niederschrift des Kurses führten, sowie wörtliche Abschnitte aus ihrer unveröffentlichten Autobiographie.

VHS-Video, 60 Min.

ENGELKARTEN

Die Engel-Meditationskarten wurden in Findhorn entwickelt — zur Erforschung und Transformation des Bewußtseins. Sie enthalten Schlüsselworte, die uns helfen, uns auf bestimmte Aspekte unseres Inneren Lebens zu konzentrieren.

Engel geben uns die Möglichkeit, einer reinen Schwingung zu begegnen, die freudig und weise mit dem Lichte Gottes arbeitet. Die Partnerschaft mit den Engeln führt zur bewußten Kommunikation mit unseren Seelenqualitäten. Jedes Engel-Set enthält eine Anleitung, wie die Karten in der Meditation und zur Stärkung und Verinnerlichung im täglichen Leben benutzt werden können. »Ein himmlisches Spiel.«

DAS SPIEL DER WANDLUNG
THE TRANSFORMATION GAME

Ein in Findhorn entwickeltes Brettspiel in englisch. Mit vollständiger und ausführlicher Übersetzung der Spielanleitung und aller Begriffe. Leicht spielbar — keine besonderen Englischkenntnisse mehr nötig.

Dieses Spiel kann dein Leben verändern, denn es erlaubt dir, auf anregende und fröhliche Weise mehr über dich und andere zu erfahren. Es spiegelt die Lebenssituation der Spieler mit unglaublicher Treffsicherheit wider, läßt Selbsterkenntnis und Wachstum zum spannenden Krimi werden und macht riesigen Spaß.

Weil das *Spiel der Wandlung* jedes Problem mitten ins Herz trifft, wird es dir immer wieder helfen, wichtige persönliche Fragen zu klären und unmittelbare Führung für deinen nächsten Schritt zu erlangen. Du wirst neue Wege finden, mehr Reichtum in deine Beziehungen zu bringen, deinen persönlichen Beitrag zu erkennen und deine Fähigkeiten zu entwickeln.

SEGENSKARTEN — BLESSING CARDS

Amerikanisches Original mit beiliegender deutscher Übersetzung.

Segenskarten wurden — wie die Engelkarten — in Findhorn als Teil des »Spiels der Wandlung« entwickelt. Die rund 200 zentralen Wesensqualitäten sind 7 Ebenen des Erlebens zugeordnet und können zur eigenen Inspiration, als Geschenk, zur Heilung, als Ausdruck der Freude und Zuneigung verwendet werden. Sie bringen Licht in deinen Tag und erfreuen alle, mit denen du sie teilst.

David Spangler

DER GEIST DER SYNTHESE

Zusammenarbeit mit dem Geist —
Licht auf den Weg in die 90er Jahre

In *Zusammenarbeit mit dem Geist* erfahren wir Näheres über Struktur und Bestimmung der Erde und der geistigen Welt, und wie diese beiden Reiche schöpferisch zusammenarbeiten können zur gegenseitigen Stärkung und zum Wohle unseres Planeten. *Licht auf den Weg in die 90er Jahre* behandelt ausführlich weltpolitische Fragen unserer Gegenwart, u. a. die Aufgabe und karmische Bestimmung der Vereinigten Staaten, der Sowjetunion und Chinas, ihre Verantwortung für die Erde und die kommenden Veränderungen, die Rolle des Islam, wie der einzelne angemessen und verantwortungsvoll handeln kann.

Hier wird aufgezeigt, welch unerschütterliches Vertrauen die geistigen Kräfte in die menschliche Zukunft haben. Das einzige Buch, das die gegenwärtig stattfindende Öffnung der Sowjetunion (Glasnost) aus geistiger Sicht beleuchtet. Ein Buch voller Zuversicht.

128 Seiten

Walter Stanietz

DER VOLLENDETE

Ein Buch der strömenden Liebe, die jeder auf sich einwirken lassen kann. Es führt zu mehr Klarheit und Einblick in die geistigen Werte des Wassermann-Zeitalters. Es ist die Wahrheit des Christus-Erlebens, wie Walter Stanietz sie gesehen und verstanden hat; jede Zeile strahlt das Licht jener geistigen Inspiration aus.

Der Autor, der zehn Jahre in die Stille ging, sagt in aller Bescheidenheit: »Mir ist es, als hätte ich dieses Buch niemals geschrieben. Ich verdanke es der geistigen Zustrahlung des Einen Ewigen ICH BIN ...«

186 Seiten

Reihe Findhorn

Michael Lindfield

TANZ DER WANDLUNG

Ein ökologisch-spiritueller Ansatz zur Transformation

Alle Organismen — seien es Menschen, Institutionen oder Nationen — sind der Veränderung unterworfen. Gegenwärtig befindet sich unsere Gesellschaft an einem kritischen Punkt der Umwandlung. Viele Formen der Regierung, Wirtschaft, Erziehung und des Sozialwesens sowie deren Institutionen sind vom Zusammenbruch bedroht. Die Erschütterungen, mit denen sich die Verwandlung ankündigt, werden immer stärker in unserem eigenen Leben fühlbar.

Um eine Zukunft zu gestalten, die alles Leben auf der Erde nährt und erhält, müssen wir uns einem individuellen und kollektiven Lernprozeß unterziehen, in dem die uns innewohnenden kreativen Fähigkeiten gefördert und in unser praxisbezogenes Alltagsleben übertragen werden.

Tanz der Wandlung vertieft unser Verständnis für die zyklische Natur der Zeit und hilft uns, zu bewußten Teilnehmern des anstehenden Umwandlungsprozesses zu werden.

Michael wurde 1973 Mitglied der Findhorn-Foundation, für die er Konferenzen und Ausbildungsprogramme organisierte.

214 Seiten

Lee Coit

NACH INNEN HÖREN

Anleitung zum Wahrnehmen der inneren Stimme

Wir alle haben eine innere Stimme, einen Führer, der uns beisteht, wann immer wir ihn brauchen. Eine Stimme, die ein Quell der Wahrheit ist und Antwort auf unsere Fragen geben kann.

Wenn wir uns unserer inneren Stimme bewußt werden und auf sie hören, wird daraus eine große Ruhe und Zufriedenheit entstehen.

Lee Coit bezieht sich auf den *Kurs in Wundern* und beschreibt Wege, um die innere Stimme zu finden. Er zeigt auf, daß sie ganz nahe ist, näher als unsere eigenen Gedanken. Wir lernen, wie wir auf diese Stimme hören können und wie sie unserem Leben eine Ausrichtung geben und dabei helfen kann, Entscheidungen zu treffen.

Auf unsere innere Stimme hören können wir jederzeit und überall — daraus erwachsen uns innere Sicherheit und Ausgewogenheit.

132 Seiten

Sir George Trevelyan

UNTERNEHMEN ERLÖSUNG

»Wir leben in einer Zeit dramatischer, ja sensationeller Veränderungen. Das große Thema lautet, daß es keine Erneuerung ohne Sterben geben kann und keinen Tod ohne Auferstehung. So dürfte das Geschehen in den nächsten Jahrzehnten von apokalyptischer Art sein — damit umfaßt es, was ich *Unternehmen Erlösung* genannt habe, eine hohe Hoffnung, daß Heimsuchung und läuternde Wandlung das Vorspiel einer kommenden Morgendämmerung sind.«

Aus dem Inhalt: das holistische (ganzheitliche) Weltbild; das geistige Erwachen; der Kosmische Christus im Neuen Zeitalter; Gedanken zur Wiederkunft; der Buddha und der Christus; die Suche nach dem Inneren Lehrer; Erforschung des Inneren Raumes; der Mensch und sein Verhältnis zum Tierreich; alternativer Lebensstil und holistische Weltsicht.

»Der Autor führt den Leser vor einen weiten und tiefen geistig-religiösen Horizont hin. Er beginnt bei den holistischen Gesichtspunkten, wie sie bei den einzelnen Religionen zu finden sind, leitet zu den Engelerfahrungen über und umreißt Möglichkeiten zur Begegnung mit dem Inneren Lehrer bzw. zur Erforschung des Inneren Raumes. Daß George Trevelyan der Anthroposophie Rudolf Steiners Wesentliches verdankt, wird in den Abschnitten des Buches offenkundig, in denen er auf den Christus-Impuls zu sprechen kommt und diesen in seiner zentralen Bedeutung für Gegenwart und Zukunft herausstellt. Ein überaus perspektivenreiches Werk.«

Gerhard Wehr

250 Seiten

KIRTAN — GESÄNGE VON LOB UND FREUDE

Eine Sammlung traditioneller indischer Kirtana (Noten und Texte zum Nachsingen und -spielen) sowie einige englischsprachige Chants (Gebetslieder). Kirtan ist die Sanskrit-Bezeichnung für einfache, sich ständig wiederholende Gesänge, die Gott in seinen verschiedenen Aspekten anrufen. Das Buch ist mit liebevollen Zeichnungen versehen. (Siehe auch unsere Kirtan-Kassetten.)

72 Seiten, handgeschrieben und illustriert

Reihe Findhorn

Eileen Caddy

HERZENSTÜREN ÖFFNEN

»Laß das Gestern zurück und widme dich ganz dem neuen Tag, der, wie du weißt, nur das Beste für dich bereithält, und erwarte auch nur das Beste von ihm. Sieh meine Hand in allem, was geschieht, und erkenne die Geburt eines neuen Himmels und einer neuen Erde.«

Dieser Jahrweiser, der dich täglich begleitet, enthält eine weitere inspirierende Sammlung der Weisungen, die Eileen Caddy, Mitbegründerin der Findhorn-Gemeinschaft, empfangen hat. Was Eileen Caddy innerlich erfuhr, wurde in ihrem Leben sichtbar, wurde lebendig, um in ihr und durch sie Gestalt anzunehmen. Wer sich täglich mit diesen einfachen Lehren voller spiritueller Wahrheit und visionärer Kraft befaßt, dem können sie dabei helfen, sich geistig zu erneuern und Kraft zu gewinnen.

Vor über 35 Jahren erhielt Eileen Caddy zum ersten Mal persönliche Weisungen, deren Ursprung sie den Gott im Innern nennt. Seitdem hat diese leise innere Stimme nicht nur ihre eigene spirituelle Entwicklung gefördert, sondern war auch eine ständige Quelle der Inspiration für die Gründung und Entwicklung der internationalen spirituellen Gemeinschaft, die heute als »Findhorn-Foundation« bekannt ist und in der Eileen Caddy nach wie vor lebt. Sie ist für viele eine Freundin und Ratgeberin, die ihnen auf dem geistigen Weg zur Seite steht.

406 Seiten